U0947854

中华人民共和国行业推荐性标准

公路桥涵施工技术规范

Technical Specification for Construction of Highway Bridge and Culvert

JTG /T F50—2011

主编单位:中交第一公路工程局有限公司
批准部门:中华人民共和国交通运输部
实施日期:2011 年 08 月 01 日

人民交通出版社

图书在版编目(CIP)数据

公路桥涵施工技术规范:JTG/T F50—2011 / 中交第一公路工程局有限公司主编. —北京:人民交通出版社,2011.7

ISBN 978-7-114-09224-4

I. ①公… II. ①中… III. ①公路桥 - 桥涵工程 - 工程施工 - 技术规范 - 中国 IV. ①U448.145.2

中国版本图书馆 CIP 数据核字(2011)第 119142 号

中华人民共和国行业推荐性标准

公路桥涵施工技术规范

JTG/T F50—2011

中交第一公路工程局有限公司 主编

人民交通出版社股份有限公司出版发行

(100011 北京市朝阳区安定门外外馆斜街 3 号)

各地新华书店经销

北京市密东印刷有限公司印刷

开本:880×1230 1/16 印张:25 字数:535 千

2011 年 7 月 第 1 版

2019 年 8 月 第 18 次印刷

定价:110.00 元

ISBN 978-7-114-09224-4

中华人民共和国交通运输部

公　　告

2011 年第 32 号

关于公布《公路桥涵施工技术规范》(JTG/T F50—2011)的公告

现公布《公路桥涵施工技术规范》(JTG/T F50—2011),作为公路工程行业推荐性标准,自 2011 年 8 月 1 日起施行,原《公路桥涵施工技术规范》(JTJ 041—2000)同时废止。

该规范的管理权和解释权归交通运输部,日常解释和管理工作由主编单位中交第一公路工程局有限公司负责。请各有关单位在实践中注意总结经验,及时将发现的问题和修改意见函告中交第一公路工程局有限公司(地址:北京市朝阳区管庄周家井,邮政编码:100024),以便修订时研用。

特此公告。

中华人民共和国交通运输部

二〇一一年六月七日

主题词:公路　规范　公告

交通运输部办公厅　　2011 年 6 月 9 日印发

前　言

本规范系根据中华人民共和国交通部交公路发〔2006〕439号文《关于下达2006年度公路工程标准制修订项目计划的通知》的要求，由中交第一公路工程局有限公司作为主编单位，对《公路桥涵施工技术规范》(JTJ 041—2000)进行修订而成。

在修订过程中，编制组进行了广泛的调查研究和专题论证，并在总结近年来公路桥涵施工的成功经验以及相关科研成果的基础上，吸纳了其中成熟的技术和工艺，同时也借鉴了国外先进的技术标准和规范，体现了安全、耐久、节能的公路桥涵工程建设理念。

本次修订重点突出了技术的成熟性和先进性，规定了公路桥涵工程施工中应遵守的准则、技术要求以及对施工关键工序的控制原则，并与相关的标准、规范协调配套。修订的主要内容为：

(1)原规范的条文部分共22章，本次修订新增加了4章：第13章“扩大基础、承台与墩台”，第20章“海洋环境桥梁”，第25章“安全施工与环境保护”，第26章“工程交工”，修订后条文部分共26章。

原规范有28个附录，本次修订进行了适当调整，调整后为17个附录。

原规范有84条术语，本次修订保留19条，取消65条，新增7条，修订后为26条。

(2)对有关章节的编排和内容作了适当调整。将原规范中钢围堰的内容调整到第13章“扩大基础、承台与墩台”；将原规范分散在各章与拱桥有关的规定(拱架、拱圈砌筑等)统一调整到第15章“拱桥”；钢桥面铺装一节原规范列于悬索桥一章中，现调整到第21章“桥面及附属工程”；将原规范中的第11章第11.10节“热期、雨期施工”与第14章“冬期施工”的内容合并，成为单独一章。

(3)在原规范的基础上，本次修订新增加了环氧涂层钢筋、高性能混凝土、真空辅助压浆、无黏结预应力和体外预应力、桩底后压浆、膜袋围堰、钢拱桥、斜腿刚构桥、拓宽改建梁桥拼接施工、大型箱梁整孔预制安装、钢索塔、矮塔斜拉桥、无背索斜拉桥、自锚式悬索桥、波形钢涵洞、涵洞接长、加筋土桥台等内容。

(4)钢筋的机械连接取消了锥螺纹连接接头，对镦粗直螺纹、滚轧直螺纹和套筒挤压连接三种接头予以规定。增加了束筋施工的技术要求。

(5)对混凝土工程，依据近年来新颁布实施的相关标准，对原规范的有关规定作了修改和调整：对水泥的含碱量提出了明确要求；集料的有关指标按方孔筛标准列出(原规范为圆孔筛)；列出了粗集料的表观密度、松散堆积密度、空隙率和吸水率等指标要求；对掺合料和外加剂等混合材料作了更为严格的规定；对混凝土的配合比设计增加了耐久性指标的要求；对混凝土强度检验评定标准作了修改。

(6)在后张预应力管道材料中，增加了对塑料波纹管的有关规定；对后张预应力孔道压浆,提高了压浆材料、浆液性能、制浆设备和压浆工艺的技术要求及质量标准。

(7)对挖孔灌注桩,增加了挖孔施工的安全要求;并对岩溶、采空区、软土、冻土等特殊地区的灌注桩施工作了相应规定。

(8)明确规定片石混凝土仅适用于基础、墩台身等圬工受压结构中。

(9)沉井增加了泥浆润滑套下沉沉井的有关技术要求。地下连续墙增加了钻抓法、铣削法、钻劈法、抓取法等成槽方法的施工技术要求。

(10)斜拉桥增加了对拉索锚固区、环形预应力束、钢锚箱等的施工要求,以及对钢绞线拉索制作和安装的技术规定。

(11)悬索桥增加了索鞍、预制索股和索夹等制造方面的技术要求,以及主缆架设空中纺线法的施工规定;取消了原规范中钢加劲梁制造加工的内容,统一执行第19章"钢桥"的规定。

(12)"钢桥"一章中对钢梁的厂内试拼装作出了更详细的规定。原规范的焊接工艺评定引用其他标准,现将焊接工艺评定的规定列入本规范的附录中,便于直接遵照执行。

(13)对大跨径桥梁施工过程控制的要求作出了原则规定。

(14)"海洋环境桥梁"一章中提出了对海上桥梁的特殊施工要求,以及海洋腐蚀环境条件下保证结构耐久性的施工技术要求。

(15)"安全施工与环境保护"一章中,在安全施工方面,主要对桥涵工程施工场地的规划和临时设施的设置、机具设备和参加施工的作业人员、高处作业、水上作业、施工现场用电、起重吊装施工、防火、季节性施工、爆破施工,以及在特殊地区进行桥涵工程施工时的安全作出了较明确的规定;环境保护方面,主要对防止水土的污染和流失、空气污染和噪声污染,以及对文物、古迹和自然生态环境的保护等予以规定。

请各有关单位将执行本规范过程中所发现的问题和修改意见函告中交第一公路工程局有限公司(地址:北京市朝阳区管庄周家井,邮政编码:100024),以便下次修订时研用。

主编单位: 中交第一公路工程局有限公司

参编单位: 四川公路桥梁建设集团有限公司
湖南路桥建设集团公司
广东省长大公路工程有限公司
重庆高速公路集团有限公司
路桥集团国际建设股份有限公司
中交第二公路工程局有限公司
中交第二航务工程局有限公司
中交第四航务工程局有限公司

主要起草人: 弓天云　田克平　荣学军　张志新　曹　瑞　刘玉兰　王中文
李海鹰　郭光松　牛亚洲　汪德隆　李加才　曹玉新　朱金坤
光　明　雒玉军　范文理　田启军　钟建锋　钟　宁　檀兴华
杜洪池　张国志　陈绍华

目　　录

1 总则

1.0.1 为适应我国公路桥涵工程建设的需要，提高施工技术水平，保证施工的质量和安全，制定本规范。

1.0.2 本规范适用于各级公路桥涵新建、改建和扩建工程的施工。

1.0.3 公路桥涵工程施工应符合设计文件的规定，满足安全、耐久、节能的要求，并应文明施工。

1.0.4 公路桥涵工程施工应遵守国家建设工程质量方面的法律法规，建立健全质量保证体系，明确质量责任，加强质量管理，保证工程质量。

1.0.5 公路桥涵工程施工应遵守国家安全生产的有关法律法规，建立健全安全生产管理体系，明确安全责任，严格执行安全操作规程，保障施工人员的职业健康，保证施工安全。

1.0.6 公路桥涵工程施工应遵守国家环境保护的有关法律法规，节约用地，少占农田，减少污染，保护环境。施工结束后，应及时对各种临时工程、临时辅助设施、临时用地和弃土等进行处理，做到工完场清。

1.0.7 公路桥涵工程施工应积极推广使用可靠的新技术、新工艺、新材料和新设备。

1.0.8 公路桥涵工程的施工，除应符合本规范的规定外，尚应符合国家及行业现行有关标准的规定。

2 术语

2.0.1 止水帷幕 ring curtain wall de-watering

用以隔断水源,减少渗流水量,防止流沙、突涌、管涌、潜蚀等,在基坑边线外设置的一圈隔水幕。

2.0.2 大直径桩 large diameter pile

直径大于或等于2.5m的钻孔灌注桩。

2.0.3 超长桩 super long pile

桩长大于或等于90m的钻孔灌注桩。

2.0.4 高强度混凝土 high strength concrete

强度等级C60及以上的混凝土。

2.0.5 高性能混凝土 high performance concrete

采用混凝土的常规材料、常规工艺,在常温下,以低水胶比、大掺量优质掺合料和严格的质量控制措施制作的,具有良好的施工工作性能且硬化后具有高耐久性、高尺寸稳定性及较高强度的混凝土。

2.0.6 大体积混凝土 mass concrete

现场浇筑的最小边尺寸大于或等于1m,且必须采取措施以避免因水化热引起的内表温差过大而导致裂缝的混凝土。

2.0.7 结构物的表面系数 surface factor of structure

结构物冷却面积(m^2)与结构体积(m^3)的比值。

2.0.8 移动模架逐跨现浇法 span by span method with stepping formwork

采用可在桥墩上纵向移动的支架及模板,在其上逐跨现浇梁体混凝土,并逐跨施加预应力的施工方法。

2.0.9 悬臂浇筑法 cast-in-place cantilever method

在以桥墩为中心的顺桥向两侧，采用专用设备对称平衡地逐段向跨中浇筑混凝土梁体，并逐段施加预应力的施工方法。

2.0.10 挂篮 movable suspended scaffolding

悬臂法浇筑混凝土梁体时，用于承受梁体自重及施工荷载，能逐段向前移动、经特殊设计的主要工艺设备。主要组成部分有承重系统、提升系统、锚固系统、行走系统、模板与支架系统。

2.0.11 施工缝 construction joint

因设计要求或施工需要分次浇筑，而在先、后浇筑的混凝土之间形成的接缝。

2.0.12 悬臂拼装法 balance cantilever erection method

在以桥墩为中心的顺桥向两侧，采用专用设备对称平衡地逐段向跨中拼装混凝土梁体预制块件，并逐段施加预应力的施工方法。

2.0.13 预制节段逐跨拼装法 segmental construction span by span

将预制好的梁体混凝土块件利用专用设备逐跨进行拼装，并逐跨施加预应力的施工方法。

2.0.14 支架 support

用于支承模板或其他施工荷载的临时结构。

2.0.15 托架（牛腿） corbel

在桥梁某些悬臂部位施工时，利用预埋件与钢构件拼制联结而成的支架。

2.0.16 顶推施工法 incremental launching method

梁体在桥头逐段浇筑或拼装，在梁前端安装导梁，采用千斤顶等设备纵向顶推（拉）或牵引，使梁体通过各墩顶的临时滑动支座就位的施工方法。

2.0.17 预拱度 camber

为抵消梁、拱、桁架等结构在荷载作用下产生的位移（挠度），在施工或制造时所预留的与位移方向相反的校正量。

2.0.18 施工荷载 construction load

施工阶段施加在结构或构件上的临时荷载，包括施工机具设备、模板和其他材料、人群、风力、拱桥单向推力等。

2.0.19 风缆系统 cable-stayed stability system

为保证永久结构或临时结构在施工过程中的稳定而进行专门设计的包括风缆及其附属设施的临时装置。

2.0.20 缆索吊装法 erection with cableway method

利用支承在索塔上的缆索,运输和安装桥梁构件的施工方法。

2.0.21 转体施工法 construction by swing method

利用地形地貌预制两个半孔桥跨结构,在桥墩或桥台上旋转就位跨中合龙的施工方法。

2.0.22 试拼装 test assembling

在安装施工前为检验预制构件是否满足安装质量要求而进行的拼装。

2.0.23 猫道 catwalk

为悬索桥上部结构施工需要而架设的,一般由缆索支承的空中施工通道。

2.0.24 空中纺线法 airspinning method

一种将单根钢丝在锚体之间往返编织而形成悬索桥主缆的架设方法。

2.0.25 预制平行钢丝索股法 shop-fabricated parallel wire strand method

以多根平行钢丝预制成索股,并将其从一端锚体向另一端锚体牵引就位锚固而形成悬索桥主缆的架设方法。

2.0.26 顶进施工法 jack-in construction method

利用千斤顶等设备将预制的箱形或圆管形构造物逐渐顶入路基,以构成立体交叉通道或涵洞的施工方法。

3 施工准备和施工测量

3.1 施工准备

3.1.1 桥涵工程施工前应熟悉设计文件、领会设计意图，且宜由设计单位进行设计交底。

3.1.2 应在对工程进行全面施工调查和现场核对后，根据设计要求、合同条件及现场情况等，编制实施性施工组织设计。

3.1.3 对技术条件复杂的工程，应进行多方案比选，编制安全可靠、技术可行、经济合理的专项施工技术方案和专项安全技术方案。

3.1.4 施工前应建立健全质量保证体系和质量管理体系，明确质量方针、质量目标和质量责任；同时应建立质量管理机构、质量检测体系及流程，制定质量管理制度，提出质量保证措施，对工程的施工实施质量控制。

3.1.5 施工前应建立健全安全生产管理体系，落实安全责任，提出安全技术组织措施。对施工中可能存在的各种潜在风险应进行分析、评估，提出防范对策，制订必要的突发事件应急预案，使施工的全过程能安全地进行。

3.1.6 施工前应建立健全环保管理体系，制订保护环境、节能减排和文明施工的实施方案，减少工程施工过程中对环境的污染。

3.1.7 应根据工程的规模和有关规定，建立工地试验室。工地试验室配备的试验人员和试验仪器应满足工程施工的需要，且试验仪器应通过国家法定计量机构的检验标定。

3.1.8 施工人员的配备应满足工程施工的需要，并应在进场时对其进行岗前培训和技术、安全交底。

3.1.9 水泥、砂、石、外加剂等施工原材料的选择应在工程开工前通过试验确定。各种原材料进场时,应按本规范的有关规定进行相应的质量检测和试验工作;进场后,应根据不同的品种、规格及用途分别妥善存放,对容易受潮、锈蚀的材料应有防雨、防潮或防锈的措施。

3.1.10 应结合工程的规模、工期、地形特点等情况合理布置施工场地,所设置的各种临时设施应满足工程施工的需要及安全施工的要求,开工前应完成现场的“四通一平”工作。

3.1.11 应根据工程施工的需要,配备足够的机械设备和生产工具,且应在施工前对施工机具进行安装调试。

3.1.12 对拟采用新技术、新工艺、新材料、新设备的工程项目,应提前做好试验研究和论证等工作,保证工程施工能顺利进行。

3.1.13 施工前应根据工程的特点,制定现场管理的各项规章制度,并应在施工过程中贯彻执行。

3.2 施工测量

3.2.1 桥涵工程施工前应根据其结构形式、跨径及精度要求等编制施工测量方案,选定控制测量等级,确定测量方法。

3.2.2 施工前应由勘测设计单位对控制性桩点进行现场交桩,并应在复测原控制网的基础上,根据施工需要适当加密、优化,建立施工测量控制网。

3.2.3 对测量控制点,应编号绘于施工总平面图上,并应采取有效措施妥善保护。施工过程中,应对控制网(点)进行不定期的检测和定期复测,定期复测周期不应超过6个月,当发现控制点的稳定性有问题时,应立即进行局部或全面复测。

3.2.4 桥涵工程施工的平面控制测量应符合下列规定:

1 各等级平面控制测量,其最弱点点位中误差为±50mm,最弱相邻点间相对点位中误差为±30mm,最弱相邻点边长相对中误差不得大于表3.2.4-1的规定。

表3.2.4-1 平面控制测量精度要求

测量等级	最弱相邻点边长相对中误差	测量等级	最弱相邻点边长相对中误差
二等	1/100 000	四等	1/35 000
三等	1/70 000	一级	1/20 000

2 桥梁工程平面控制测量的等级不得低于表3.2.4-2的规定,同时桥梁轴线精度尚

应符合表3.2.4-3的规定。对特大跨径及特殊结构桥梁,应根据其施工允许误差,确定控制测量的精度和等级。

表3.2.4-2　平面控制测量等级

多跨桥梁总长 L(m)	单跨桥梁跨径 L_K(m)	其他构造物	测量等级
$L \geqslant 3\ 000$	$L_K \geqslant 500$	—	二等
$2\ 000 \leqslant L < 3\ 000$	$300 \leqslant L_K < 500$	—	三等
$1\ 000 \leqslant L < 2\ 000$	$150 \leqslant L_K < 300$	高架桥	四等
$L < 1\ 000$	$L_K < 150$	—	一级

表3.2.4-3　桥梁轴线相对中误差

测量等级	桥梁轴线相对中误差	测量等级	桥梁轴线相对中误差
二等	≤1/150 000	四等	≤1/60 000
三等	≤1/100 000	一级	≤1/40 000

3　大桥、特大桥以及特殊结构桥梁的平面控制测量坐标系,其投影长度变形值不应大于10mm/km,投影分带位置不得选在桥址处。

4　当采用独立坐标系、抵偿坐标系时,应确认与国家坐标系的转换关系。

5　在布设平面控制点时,四等及以上平面控制网中相邻点之间的距离不得小于500m;一级平面控制网中相邻点之间的距离在平原、微丘区不得小于200m,重丘、山岭区不得小于100m;最大距离不应大于平均边长的2倍。特大桥及特殊结构桥梁的每一端应至少埋设2个平面控制点。

3.2.5　桥涵工程施工的高程控制测量应符合下列规定:

1　同一工程项目应采用同一高程系统,并应与相邻工程项目的高程系统相衔接。桥位水准点的高程测量应与路线控制高程联测。

2　用于跨越水域或深谷的大桥、特大桥的高程控制网最弱点高程中误差为±10mm。

3　高程控制网每千米观测高差中误差和附合(环线)水准路线长度应小于表3.2.5-1的规定。

表3.2.5-1　高程控制测量的技术要求

测量等级	每千米高差中数中误差(mm)		附合或环线水准路线长度(km)
	偶然中误差 M_Δ	全中误差 M_W	
二等	±1	±2	100
三等	±3	±6	10
四等	±5	±10	4

注:控制网节点间的长度不应大于表中长度的0.7倍。

4　桥梁工程的高程控制测量等级不得低于表3.2.5-2的规定。

表 3.2.5-2　高程控制测量等级

多跨桥梁总长 L(m)	单跨桥梁跨径 L_K(m)	其他构造物	测量等级
$L \geqslant 3\ 000$	$L_K \geqslant 500$	—	二等
$1\ 000 \leqslant L < 3\ 000$	$150 \leqslant L_K < 500$	—	三等
$L < 1\ 000$	$L_K < 150$	高架桥	四等

5　施工水准网中的各水准点,对于大桥和特大桥应构成连续水准环。大桥和特大桥的每端应至少设置 2 个水准点,作为水准网的控制点。

3.2.6　对与相邻工程项目接合处的平面位置和高程,应在施工前进行联测,发现问题应查明原因,及时处理。

3.2.7　宽阔水域和海上桥梁工程的施工测量宜采用 GPS 测量,且宜在水域和海上建立专门的测量平台。

3.2.8　宽阔水域和海上桥梁工程的 GPS 平面控制网宜分为首级网、首级加密网、一级加密网和二级加密网 4 个等级,首级和首级加密网宜由勘测设计单位布设,一级和二级加密网宜由施工单位布设。一级和二级加密网的布设和使用应符合下列规定:

1　加密网应采用与全桥统一的坐标系统,且宜由三角形或大地四边形组成,并应一次完成网形设计、施测与平差。加密网应保证至少与最近的 2 个高级网点为起算点进行联测,任一加密网点应至少与另外 2 个控制点通视。加密网应按一级 GPS 测量精度施测,其精度应保证最弱相邻点点位中误差小于 ±10mm。

2　控制网点应安全、稳定,在使用过程中应进行定期或不定期检测,当对控制点的稳定性有怀疑时,应立即进行局部或全面复测。加密网两次复测的间隔时间不应超过 3 个月。

3　宜每隔 1.5km 左右选择一个桥墩先行施工其基础,并应在该基础上设立稳固可靠且带有强制对中观测装置的测量控制点,作为桥梁其他墩台施工放样的基准点。

3.2.9　宽阔水域和海上桥梁工程的高程控制网应采用全桥统一的高程基准。对首级网点、首级加密网点和全桥高程贯通测量,应采用不低于国家二等水准测量的精度进行联测;对一级和二级加密网点,应采用不低于国家三等水准测量的精度进行联测。先行施工桥墩的高程控制宜采用 GPS 测量,其间的其他桥墩、桥塔及上部结构可根据跨海贯通测量的成果,采用常规的高程测量方法进行测量。采用 GPS 高程测量时,应符合下列规定:

1　宜选用与桥位区大地水准面较密合的重力场模型,根据高程联测结果,采用曲面拟合法,求取先行施工桥墩或海中暂时无法进行水准测量的 GPS 测量点的高程异常值和正常高。当跨海水准贯通测量完成后,应根据贯通测量成果对正在施工桥墩的 GPS 高程值进行修正。

2　采用拟合法求得的 GPS 测量点的正常高,在其精度情况得到确认后可代替三等以下精度的水准测量或三角高程测量。

3.2.10 采用 GPS 实时动态测量系统(RTK)进行宽阔水域、海上桥梁工程的定测和施工放样测量时,基准站的设置及测量方法宜符合所用产品的相应技术规定,测量精度应满足本规范的要求。

3.2.11 桥涵工程施工放样测量时,应对桥涵各墩台的控制性里程桩号、基础坐标、设计高程等数据进行复核计算,确认无误后再施测。

3.2.12 施工放样测量需设置临时控制点时,其精度应符合相应等级的精度要求,并应与相邻控制点闭合。

3.2.13 特大桥以及特殊结构的桥梁,在施工过程中宜对主要墩、台(或索塔、锚碇)的沉降变形、倾斜度等进行监测。

3.2.14 桥涵工程完工后,应配合交(竣)工验收进行交(竣)工测量。

3.2.15 桥涵工程的施工测量除应符合本规范的规定外,尚应符合现行行业标准《公路勘测规范》(JTG C10)的规定。

4 钢筋

4.1 一般规定

4.1.1 桥涵工程中采用的普通钢筋应符合现行国家标准《钢筋混凝土用钢 第1部分:热轧光圆钢筋》(GB 1499.1)、《钢筋混凝土用钢 第2部分:热轧带肋钢筋》(GB 1499.2)、《钢筋混凝土用余热处理钢筋》(GB 13014)、《冷轧带肋钢筋》(GB 13788)的规定;环氧树脂涂层钢筋应符合现行行业标准《环氧树脂涂层钢筋》(JG 3042)的规定;其他特殊钢筋应符合其相应产品标准的规定。

4.1.2 钢筋应具有出厂质量证明书和试验报告单,进场时除应检查其外观和标志外,尚应按不同的钢种、等级、牌号、规格及生产厂家分批抽取试样进行力学性能检验,检验试验方法应符合现行国家标准的规定。钢筋经进场检验合格后方可使用。

4.1.3 钢筋分批检验时,可由同一牌号、同一炉罐号、同一尺寸的钢筋进行组批,每批的质量不宜大于60t,超过60t的部分,每增加40t(或不足40t的余数)应增加一个拉伸和一个弯曲试验试样;钢筋的进场检验亦可由同一牌号、同一冶炼方法、同一浇注方法的不同炉罐号组成混合批进行,但各炉罐号的含碳量之差应不大于0.02%,含锰量之差应不大于0.15%。

4.1.4 钢筋在运输过程中应避免锈蚀、污染或被压弯;在工地存放时,应按不同品种、规格,分批分别堆置整齐,不得混杂,并应设立识别标志,存放的时间不宜超过6个月。存放场地应有防、排水设施,且钢筋不得直接置于地面,应垫高或堆置在台座上,顶部应采用合适的材料予以覆盖,防止水浸和雨淋。

4.1.5 在工程施工过程中,应采取适当的措施,防止钢筋产生锈蚀。对设置在结构或构件中的预留钢筋的外露部分,当外露时间较长且环境湿度较大时,宜采取包裹、涂刷防锈材料或其他有效方式,进行临时性防护。

4.1.6 钢筋的级别、种类和直径应按设计规定采用,当需要代换时,应得到设计人员的书面认可。

4.1.7 预制构件的吊环，必须采用未经冷拉的热轧光圆钢筋制作，且其使用时的计算拉应力应不大于 50MPa。

4.2 钢筋的加工

4.2.1 钢筋的表面应洁净、无损伤，使用前应将表面的油渍、漆皮、鳞锈等清除干净，带有颗粒状或片状老锈的钢筋不得使用；当除锈后钢筋表面有严重的麻坑、斑点，已伤蚀截面时，应降级使用或剔除不用。

4.2.2 钢筋应平直、无局部弯折，成盘的钢筋和弯曲的钢筋均应调直。采用冷拉方法调直钢筋时，HPB235 级钢筋的冷拉率不宜大于 2%；HRB335 级、HRB400 级钢筋的冷拉率不宜大于 1%。

4.2.3 钢筋的形状、尺寸应按照设计的规定进行加工。加工后的钢筋，其表面不应有削弱钢筋截面的伤痕。

4.2.4 钢筋的弯制和端部的弯钩应符合设计要求，设计未要求时，应符合表 4.2.4 的规定。

表 4.2.4 受力主钢筋制作和末端弯钩形状

弯曲部位	弯曲角度	形状图	钢筋种类	公称直径 d（mm）	弯曲直径 D	平直段长度
末端弯钩	180°	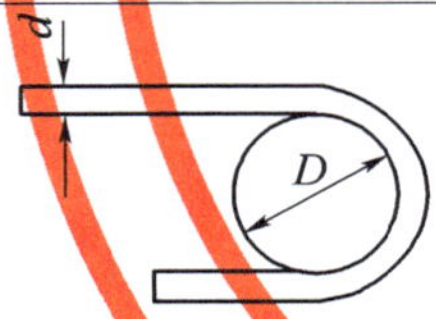	HPB235 HPB300	6～22	≥2.5d	≥3d
	135°	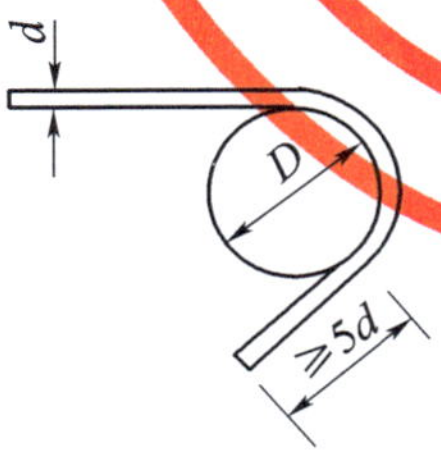	HRB335	6～25	≥3d	≥5d
				28～40	≥4d	
				50	≥5d	
			HRB400	6～25	≥4d	
				28～40	≥5d	
				50	≥6d	
			RRB400	8～25	≥3d	
				28～40	≥4d	
	90°	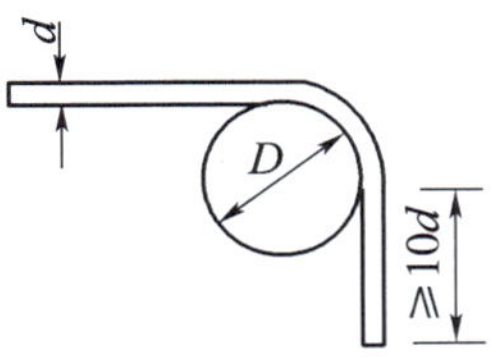	HRB335	6～25	≥3d	≥10d
				28～40	≥4d	
				50	≥5d	
			HRB400	6～25	≥4d	
				28～40	≥5d	
				50	≥6d	
			RRB400	8～25	≥3d	
				28～40	≥4d	

续上表

弯曲部位	弯曲角度	形状图	钢筋种类	公称直径 d (mm)	弯曲直径 D	平直段长度
中间弯折	≤90°		各种钢筋		≥20d	—

注:采用环氧树脂涂层钢筋时,除应满足表内规定外,当钢筋直径 d≤20mm 时,弯钩内直径 D 不应小于 4d;当 d > 20mm 时,弯钩内直径 D 不应小于 6d;直线段长度不应小于 5d。

4.2.5 箍筋的末端应做弯钩,弯钩的形状应符合设计规定。弯钩的弯曲直径应大于被箍受力主钢筋的直径,且 HPB235 级钢筋应不小于箍筋直径的 2.5 倍,HRB335 级钢筋应不小于箍筋直径的 4 倍。弯钩平直部分的长度,一般结构应不小于箍筋直径的 5 倍;有抗震要求的结构,应不小于箍筋直径的 10 倍。设计对弯钩的形状未规定时,可按图 4.2.5a)、b)加工;有抗震要求的结构,应按图 4.2.5c)加工。

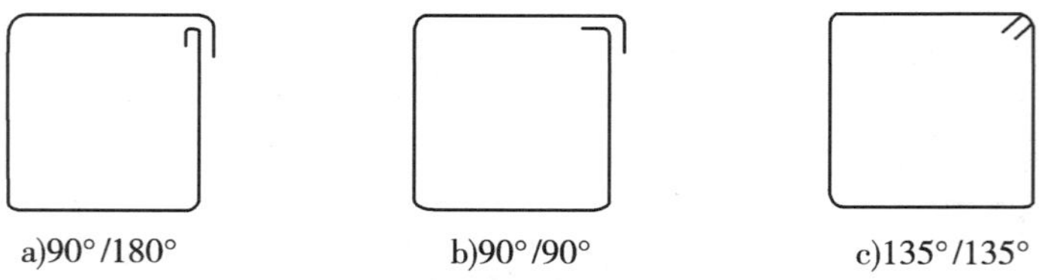

图 4.2.5　箍筋弯钩形式图

4.2.6 钢筋加工的质量应符合表 4.2.6 的规定。

表 4.2.6　钢筋加工的质量标准

项　　目	允许偏差(mm)
受力钢筋顺长度方向加工后的全长	±10
弯起钢筋各部分尺寸	±20
箍筋、螺旋筋各部分尺寸	±5

4.3 钢筋的连接

4.3.1 钢筋的连接宜采用焊接接头或机械连接接头。绑扎接头仅当钢筋构造复杂施工困难时方可采用,绑扎接头的钢筋直径不宜大于 28mm,对轴心受压和偏心受压构件中的受压钢筋可不大于 32mm;轴心受拉和小偏心受拉构件不应采用绑扎接头。

4.3.2 受力钢筋的连接接头应设置在内力较小处,并应错开布置。对焊接接头和机械连接接头,在接头长度区段内,同一根钢筋不得有两个接头;对绑扎接头,两接头间的距离应不小于1.3倍搭接长度。配置在接头长度区段内的受力钢筋,其接头的截面面积占总截面面积的百分率,应符合表4.3.2的规定。

表4.3.2　接头长度区段内受力钢筋接头面积的最大百分率

接头形式	接头面积最大百分率(%)	
	受拉区	受压区
主钢筋绑扎接头	25	50
主钢筋焊接接头	50	不限制

注:1. 焊接接头长度区段内是指35d(d为钢筋直径)长度范围内,但不得小于500mm,绑扎接头长度区段是指1.3倍搭接长度。

2. 在同一根钢筋上宜少设接头。

3. 装配式构件连接处的受力钢筋焊接接头可不受此限制。

4. 绑扎接头中钢筋的横向净距不应小于钢筋直径且不应小于25mm。

4.3.3　钢筋的焊接接头应符合下列规定:

1　钢筋的焊接接头宜采用闪光对焊,或采用电弧焊、电渣压力焊或气压焊,但电渣压力焊仅可用于竖向钢筋的连接,不得用作水平钢筋和斜筋的连接。钢筋焊接的接头形式、焊接方法和焊接材料应符合现行行业标准《钢筋焊接及验收规程》(JGJ 18)的规定,质量验收标准按本规范附录A1执行。

2　每批钢筋焊接前,应先选定焊接工艺和焊接参数,按实际条件进行试焊,并检验接头外观质量及规定的力学性能,试焊质量经检验合格后方可正式施焊。焊接时,对施焊场地应有适当的防风、雨、雪、严寒的设施。

3　电弧焊宜采用双面焊缝,仅在双面焊无法施焊时,方可采用单面焊缝。采用搭接电弧焊时,两钢筋搭接端部应预先折向一侧,两接合钢筋的轴线应保持一致;采用帮条电弧焊时,帮条应采用与主筋相同的钢筋,其总截面面积不应小于被焊接钢筋的截面面积。电弧焊接头的焊缝长度,对双面焊缝不应小于5d,单面焊缝不应小于10d(d为钢筋直径)。电弧焊接与钢筋弯曲处的距离不应小于10d,且不宜位于构件的最大弯矩处。

4.3.4　钢筋的机械连接宜采用镦粗直螺纹、滚轧直螺纹或套筒挤压连接接头。镦粗直螺纹和滚轧直螺纹连接接头适用于直径大于或等于25mm的HRB335、HRB400级热轧带肋钢筋;套筒挤压连接接头适用于直径16～40mm的HRB335、HRB400级热轧带肋钢筋。各类接头的性能均应符合现行行业标准《钢筋机械连接技术规程》(JGJ 107)的规定,并应符合下列规定:

1　钢筋机械连接接头的等级应选用Ⅰ级或Ⅱ级,接头的性能指标应符合本规范附录A2的规定。

2　钢筋机械连接接头的材料、制作、安装施工及质量检验和验收,应符合现行行业标准《镦粗直螺纹钢筋接头》(JG 171)、《滚轧直螺纹钢筋连接接头》(JG 163)或《钢筋机械连接技术规程》(JGJ 107)的规定。

3 钢筋机械连接件的最小混凝土保护层厚度,应符合设计受力主筋混凝土保护层厚度的规定,且不得小于20mm;连接件之间或连接件与钢筋之间的横向净距不宜小于25mm。

4 对受力钢筋机械连接接头的位置要求,应符合本章第4.3.2条焊接接头的规定。

5 连接套筒、锁母、丝头在运输和储存过程中应采取防护措施,防止雨淋、沾污和损伤。

4.3.5 钢筋机械接头在施工现场的检验与验收应符合下列规定:

1 技术提供单位应向使用单位提交有效的型式检验报告。

2 钢筋连接工程开始前及施工过程中,应对第一批进场钢筋进行接头工艺试验。进行工艺试验时,每种规格钢筋的接头试件不应少于3个,3个接头试件的抗拉强度和残余变形均应满足本规范附录A2的要求。

3 现场检验应进行外观质量检查和单向拉伸强度试验。

4 接头的现场检验应按验收批进行。同一施工条件下采用同一批材料的同等级、同形式、同规格接头,以500个为一个验收批进行检验与验收,不足500个时亦作为一个验收批。

5 对接头的每一个验收批,应在工程结构中随机截取3个试件做抗拉强度试验,当3个接头试件的抗拉强度符合相应等级要求时,该验收批评为合格。如有1个试件的抗拉强度不合格,应再取6个试件进行复检,复检中如仍有一个试件试验结果不合格,则该验收批评为不合格。

6 在现场连续检验10个验收批,其全部试件抗拉强度试验一次抽样均合格时,验收批接头数量可扩大1倍。

4.3.6 钢筋机械接头连接组装完成后,应符合下列规定:

1 对镦粗直螺纹连接接头,套筒每端不宜有一扣以上的完整螺纹外露,加长丝头型、扩口型及加锁母型接头的外露螺纹不受此限制,但应有明显标记。

2 对滚轧直螺纹连接接头,标准型接头连接套筒外应有有效螺纹外露,正反丝扣型接头套筒单边外露有效螺纹不得超过2倍螺距,其他连接形式应符合产品设计要求。

3 对套筒挤压接头,挤压后套筒长度应为原套筒长度的1.10~1.15倍,压痕道数应符合型式检验确定的道数。

4.3.7 钢筋的绑扎接头应符合下列规定:

1 绑扎接头的末端距钢筋弯折处的距离,不应小于钢筋直径的10倍,接头不宜位于构件的最大弯矩处。

2 受拉钢筋绑扎接头的搭接长度,应符合表4.3.7的规定;受压钢筋绑扎接头的搭接长度,应取受拉钢筋绑扎接头搭接长度的0.7倍。

表 4.3.7 受拉钢筋绑扎接头的搭接长度

钢筋类型	混凝土强度等级		
	C20	C25	>C25
HPB235	35d	30d	25d
HRB335	45d	40d	35d
HRB400、RRB400	—	50d	45d

注:1. 当带肋钢筋直径 d 大于 25mm 时,其受拉钢筋的搭接长度应按表中值增加 5d 采用;当带肋钢筋直径 d 小于或等于 25mm 时,其受拉钢筋的搭接长度按表中值减少 5d 采用。

2. 当混凝土在凝固过程中受力钢筋易受扰动时,其搭接长度应增加 5d。

3. 在任何情况下,纵向受拉钢筋的搭接长度均不应小于 300mm,受压钢筋的搭接长度均不应小于 200mm。

4. 环氧树脂涂层钢筋的绑扎接头搭接长度,受拉钢筋按表值的 1.5 倍采用。

5. 两根不同直径的钢筋的搭接长度,以较细的钢筋直径计算。

3 受拉区内 HPB235 钢筋绑扎接头的末端应做弯钩;HRB335、HRB400、RRB400 钢筋的绑扎接头末端可不做弯钩;直径不大于 12mm 的受压 HPB235 钢筋的末端可不做弯钩,但搭接长度应不小于钢筋直径的 30 倍。钢筋搭接处,应在其中心和两端用铁丝扎牢。

4.4 钢筋的绑扎与安装

4.4.1 安装钢筋时应符合下列规定:

1 钢筋的级别、直径、根数、间距等应符合设计的规定。

2 对多层多排钢筋,宜根据安装需要在其间隔处设立一定数量的架立钢筋或短钢筋,但架立钢筋或短钢筋的端头不得伸入混凝土保护层内。

3 当钢筋过密影响到混凝土浇筑质量时,应及时与设计人员协商解决。

4.4.2 钢筋的绑扎应符合下列规定:

1 钢筋的交叉点宜采用直径 0.7~2.0mm 的铁丝扎牢,必要时可采用点焊焊牢。绑扎宜采取逐点改变绕丝方向的 8 字形方式交错扎结,对直径 25mm 及以上的钢筋,宜采取双对角线的十字形方式扎结。

2 结构或构件拐角处的钢筋交叉点应全部绑扎;中间平直部分的交叉点可交错绑扎,但绑扎的交叉点宜占全部交叉点的 40% 以上。

3 钢筋绑扎时,除设计有特殊规定者外,箍筋应与主筋垂直。

4 绑扎钢筋的铁丝丝头不应进入混凝土保护层内,

4.4.3 钢筋与模板之间应设置垫块,垫块的制作、设置和固定应符合下列规定:

1 混凝土垫块应具有足够的强度和密实性;采用其他材料制作垫块时,除应满足使用强度的要求外,其材料中不应含有对混凝土产生不利影响的成分。垫块的制作厚度不应出现负误差,正误差应不大于 1mm。

2 用于重要工程或有防腐蚀要求的混凝土结构或构件中的垫块,宜采用专门制作的定型产品,且该类产品的质量同样应符合第1款的规定。

3 垫块应相互错开、分散设置在钢筋与模板之间,但不应横贯混凝土保护层的全部截面进行设置。垫块在结构或构件侧面和底面所布设的数量应不少于3个/m^2,重要部位宜适当加密。

4 垫块应与钢筋绑扎牢固,且其绑丝的丝头不应进入混凝土保护层内。

5 混凝土浇筑前,应对垫块的位置、数量和紧固程度进行检查,不符合要求时应及时处理,应保证钢筋的混凝土保护层厚度满足设计要求和本规范的规定。

4.4.4 钢筋骨架的焊接拼装应在坚固的工作台上进行,操作时应符合下列规定:

1 拼装前应按设计图纸放大样,放样时应考虑焊接变形的预留拱度。拼装时,在需要焊接的位置宜采用楔形卡卡紧,防止焊接时局部变形。

2 骨架焊接时,不同直径钢筋的中心线应在同一平面上,较小直径的钢筋在焊接时,下面宜垫以厚度适当的钢板。施焊顺序宜由中到边对称地向两端进行,先焊骨架下部,后焊骨架上部。相邻的焊缝应采用分区对称跳焊,不得顺方向一次焊成。

3 钢筋骨架拼装的允许偏差不得超过表4.4.4的规定。

表4.4.4 钢筋焊接骨架质量标准

项　　目	允许偏差(mm)
骨架的宽及高	±5
骨架长度	±10
箍筋间距	±10

4.4.5 钢筋网的焊点应符合设计规定,当设计未规定时,应按下列要求进行焊接:

1 在焊接钢筋网的受力钢筋为HPB235或冷拉HPB235钢筋的情况下,当焊接钢筋网只有一个方向为受力钢筋时,网两端边缘的两根锚固横向钢筋与受力钢筋的全部交叉点必须焊接;当焊接钢筋网的两个方向均为受力钢筋时,则沿网四周边缘的两根钢筋的全部交叉点均应焊接;其余的交叉点可焊接或绑扎一半,或根据运输和安装条件决定。

2 当焊接钢筋网的受力钢筋为冷拔低碳钢丝,而另一方向的钢筋间距小于100mm时,除网两端边缘的两根钢筋的全部交叉点必须焊接外,中间部分的焊点距离可增大至250mm。

3 焊接钢筋网的允许偏差不得超过表4.4.5的规定。

表4.4.5 焊接钢筋网质量标准

项　　目	允许偏差(mm)
网的长、宽	±10
网眼的尺寸	±10
网眼的对角线差	15

4.4.6 束筋施工时，其规格、数量、位置及锚固长度应符合设计要求。束筋的搭接接头应先由单根钢筋错开搭接，接头中距应为表4.3.7规定单根钢筋搭接长度的1.3倍；再用一根长度为$1.3(n+1)l_s$的通长钢筋进行搭接绑扎，其中n为组成束筋的单根钢筋根数，l_s为单根钢筋搭接长度（图4.4.6）。

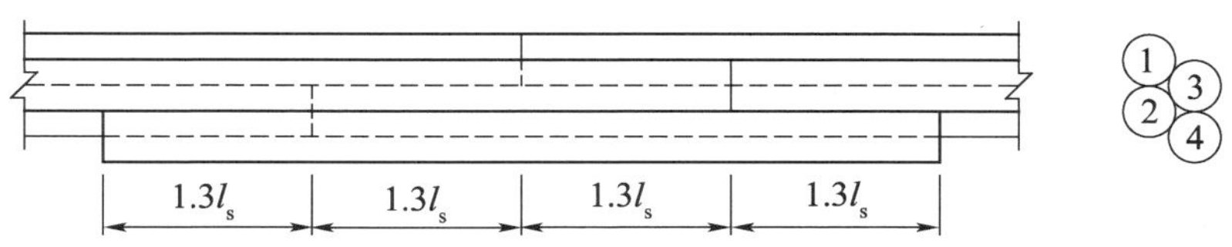

图4.4.6 束筋的搭接

1、2、3-组成束筋的单根钢筋；4-通长钢筋

4.4.7 灌注桩钢筋骨架的制作、运输与安装应符合下列规定：

1 制作时应采取必要措施，保证骨架的刚度，主筋的接头应错开布置。大直径长桩的钢筋骨架宜在胎架上分段制作，且宜编号，安装时应按编号顺序连接。

2 应在骨架外侧设置控制混凝土保护层厚度的垫块，垫块的间距在竖向不应大于2m，在横向圆周不应少于4处。

3 钢筋骨架在运输过程中，应采取适当的措施防止其变形。骨架的顶端应设置吊环。

4 灌注桩钢筋骨架制作和安装质量应符合表4.4.7的规定。

表4.4.7 灌注桩钢筋骨架制作和安装质量标准

项目	允许偏差	项目	允许偏差
主筋间距（mm）	±10	保护层厚度（mm）	±20
箍筋间距（mm）	±20	中心平面位置（mm）	20
外径（mm）	±10	顶端高程（mm）	±20
倾斜度（%）	0.5	底面高程（mm）	±50

4.4.8 绑扎或焊接的钢筋网和钢筋骨架不得有变形、松脱和开焊，钢筋安装质量应符合表4.4.8的规定。

表4.4.8 钢筋安装质量标准

<table>
<tr><th colspan="3">项目</th><th>允许偏差（mm）</th></tr>
<tr><td rowspan="3">受力钢筋间距</td><td colspan="2">两排以上排距</td><td>±5</td></tr>
<tr><td rowspan="2">同排</td><td>梁、板、拱肋</td><td>±10</td></tr>
<tr><td>基础、锚碇、墩台、柱</td><td>±20</td></tr>
<tr><td colspan="3">箍筋、横向水平钢筋、螺旋筋间距</td><td>±10</td></tr>
<tr><td colspan="2" rowspan="2">钢筋骨架尺寸</td><td>长</td><td>±10</td></tr>
<tr><td>宽、高或直径</td><td>±5</td></tr>
</table>

续上表

项　　目		允许偏差(mm)
绑扎钢筋网尺寸	长、宽	±10
	网眼尺寸	±20
弯起钢筋位置		±20
保护层厚度	柱、梁、拱肋	±5
	基础、锚碇、墩台	±10
	板	±3

5 模板、支架

5.1 一般规定

5.1.1 模板宜采用钢材、胶合板或其他适宜的材料制作；支架宜采用钢材或常备式定型钢构件等材料制作。钢材的性能和质量应符合现行国家标准《碳素结构钢》(GB/T 700)的规定；胶合板的性能和质量应符合现行国家标准《混凝土模板用胶合板》(GB/T 17656)或现行行业标准《混凝土模板用竹材胶合板》(LY/T 1574)的规定；其他材料应符合其相应国家或行业标准的规定，常备式定型钢构件应符合该产品相应的技术规定。

5.1.2 模板和支架应符合下列规定：

1 模板和支架应具有足够的强度、刚度和稳定性，应能承受施工过程中所产生的各种荷载。

2 模板、支架的构造应简单、合理，结构受力应明确，安装、拆除应方便。

3 模板应能与混凝土结构或构件的特征、施工条件和浇筑方法相适应，应保证结构物各部位形状尺寸和相互位置的准确。

4 模板的板面应平整，接缝处应严密且不漏浆；模板与混凝土的接触面应涂刷隔离剂，但不得采用废机油等油料，且不得污染钢筋及混凝土的施工缝。

5 支架应稳定、坚固，应能抵抗在施工过程中可能发生的振动和偶然撞击。

5.1.3 模板和支架均应进行施工图设计，经批准后方可用于施工。施工图设计应包括下列内容：

1 工程概况和工程结构简图；

2 结构设计的依据和设计计算书；

3 总装图和细部构造图；

4 制作、安装的质量及精度要求；

5 安装、拆除时的安全技术措施及注意事项；

6 材料的性能质量要求及材料数量表；

7 设计说明书和使用说明书。

5.1.4 在模板上设置的吊环，严禁采用冷加工钢筋制作，且吊环的计算拉应力应不大于50MPa。

5.2 模板、支架设计

5.2.1 模板、支架的设计应根据工程结构形式、荷载情况、地基土类别、施工设备和材料性能等条件进行。

5.2.2 钢模板和钢支架的设计应符合现行国家标准《钢结构设计规范》(GB 50017)的规定,采用冷弯薄壁型钢时应符合现行国家标准《冷弯薄壁型钢结构技术规范》(GB 50018)的规定;采用定型组合钢模板时应符合现行国家标准《组合钢模板技术规范》(GB 50214)的规定。木模板和木支架的设计应符合现行国家标准《木结构设计规范》(GB 50005)的规定。采用定型钢管脚手架作为支架材料时,支架的设计应分别符合现行行业标准《建筑施工碗扣式钢管脚手架安全技术规范》(JGJ 166)、《建筑施工门式钢管脚手架安全技术规范》(JGJ 128)或《建筑施工扣件式钢管脚手架安全技术规范》(JGJ 130)的规定。采用其他材料的模板和支架的设计应符合其相应的专门技术规定。

5.2.3 支架的地基与基础设计应符合现行行业标准《公路桥涵地基与基础设计规范》(JTG D63)的规定,并应对地基承载力进行计算。

5.2.4 模板的构造要求应符合下列规定:

1 模板背面应设置主肋和次肋作为其支承系统,主肋和次肋的布置应根据模板的荷载和刚度要求进行。次肋的配置方向应与模板的长度方向相垂直,应能直接承受模板传递的荷载,其间距应按荷载数值和模板的力学性能计算确定;主肋应承受次肋传递的荷载,且应能起到加强模板结构的整体刚度和调整平直度的作用,支架或支撑的着力点应设置在主肋上。

2 模板的配板应根据配模面的形状、几何尺寸及支撑形式决定。配板时宜选用大规格的模板为主板,其他规格的模板作为补充;配板后的板缝应规则,不得杂乱无章。

3 对在墩柱、梁、板的转角处使用的模板及各种模板面的交接部分,应采用连接简便、结构牢固、易于拆除的专用模板。

4 当设置对拉螺杆或其他拉筋,需要在模板上钻孔时,应使钻孔的模板能多次周转使用,并应采取措施减少或避免在模板上钻孔。

5.2.5 支架的构造要求应符合下列规定:

1 支架的总体构造和细部构造均应设置成几何不变体系。

2 支架的立杆之间应根据其受力要求和结构特点设置水平和斜向等支撑连接杆件,增强支架的整体刚度和稳定性。

3 采用定型碗扣式钢管脚手架材料作支架时,其构造应符合下列要求:

1）应根据支架所承受的实际荷载选择立杆的间距和步距。立杆底部应设置可调底座或固定底座，底层纵、横向水平杆作为扫地杆时，距地面的高度应小于或等于350mm；立杆上端包括可调螺杆伸出顶层水平杆的长度应不大于0.7m，立杆上端应采用U形顶托，且该顶托应支撑在模板主肋的底部。

2）支架高度大于4.8m时，其顶部和底部均应设置水平剪刀撑，中间水平剪刀撑的设置间距应不大于4.8m。

3）立杆间距小于或等于1.5m时，应在支架的四周及中间的纵、横向，由底至顶连续设置竖向剪刀撑，其间距应不大于4.5m；立杆间距大于1.5m时，应在拐角处设置通高的专用斜杆，中间每排每列均应设置通高的八字形斜杆或剪刀撑。剪刀撑的斜杆与地面的夹角应在45°~60°之间，斜杆应每步与立杆扣接。

4）支架的高宽比宜小于或等于2；当高宽比大于2时，宜扩大下部架体尺寸或采取其他构造措施。

5）支架周围有主体结构时，应设置连墙体。

6）在支架中设置通道时，其宽度应小于或等于4.8m。应在通道的上部架设专用横梁，通道两侧的立杆应加密并应加设斜杆，与架体的连接应牢固。通行机动车的通道，应设置防撞击的设施。

4　采用定型门式或扣件式钢管脚手架材料作支架时，其构造要求应分别符合现行行业标准《建筑施工门式钢管脚手架安全技术规范》（JGJ 128）和《建筑施工扣件式钢管脚手架安全技术规范》（JGJ 130）的规定。

5.2.6　模板、支架的设计应考虑下列各项荷载，并应按表5.2.6的规定进行荷载组合：

1　模板、支架自重；

2　新浇筑混凝土、钢筋、预应力筋或其他圬工结构物的重力；

3　施工人员及施工设备、施工材料等荷载；

4　振捣混凝土时产生的振动荷载；

5　新浇筑混凝土对模板侧面的压力；

6　混凝土入模时产生的水平方向的冲击荷载；

7　设于水中的支架所承受的水流压力、波浪力、流冰压力、船只及其他漂浮物的撞击力；

8　其他可能产生的荷载，如风荷载、雪荷载、冬季保温设施荷载等。

表5.2.6　模板、支架设计计算的荷载组合

模板、支架结构类别	荷载组合	
	强度计算	刚度验算
梁、板的底模板以及支撑板、支架等	1+2+3+4+7+8	1+2+7+8
缘石、人行道、栏杆、柱、梁、板等的侧模板	4+5	5
基础、墩台等厚大结构物的侧模板	5+6	5

5.2.7 验算模板、支架的刚度时,其最大变形值不得超过下列允许值:

1 结构表面外露的模板,挠度为模板构件跨度的1/400。

2 结构表面隐蔽的模板,挠度为模板构件跨度的1/250。

3 支架受载后挠曲的杆件(横梁、纵梁),其弹性挠度为相应结构计算跨度的1/400。

4 钢模板的面板变形为1.5mm,钢棱和柱箍变形为$L/500$和$B/500$(其中L为计算跨径,B为柱宽)。

5.2.8 验算模板、支架在自重和风荷载等作用下的抗倾覆稳定性时,其抗倾覆稳定系数应不小于1.3。

5.3 模板的制作与安装

5.3.1 模板的制作应符合下列规定:

1 钢模板应按批准的加工图进行制作,成品经检验合格后方可使用。组装前应对零部件的几何尺寸和焊缝进行全面检查,合格后方可进行组装。面板变形及整体刚度应符合第5.2.7条的规定。

2 制作钢木组合模板时,钢与木之间的接触面应贴紧。面板采用防水胶合板的模板,除应使胶合板与背楞之间密贴外,对在制作过程中裁切过的防水胶合板茬口,应按产品的要求及时涂刷防水涂料。

3 木模板与混凝土接触的表面应刨光且应保持平整。木模板的接缝可制作成平缝、搭接缝或企口缝,当采用平缝时,应有防止漏浆的措施;转角处应加嵌条或做成斜角。

4 采用其他材料(高分子合成材料面板、硬塑料或玻璃钢)制作模板时,其接缝应严密,边肋及加强肋应安装牢固,并应与面板成一整体。

5.3.2 模板的安装应符合下列规定:

1 模板应按设计要求准确就位,且不宜与脚手架连接。

2 安装侧模板时,支撑应牢固,应防止模板在浇筑混凝土时产生移位。

3 模板在安装过程中,必须设置防倾覆的临时固定设施。

4 模板安装完成后,其尺寸、平面位置和顶部高程等应符合设计要求,节点联系应牢固。

5 梁、板等结构的底模板应设置预拱度。

6 固定在模板上的预埋件和预留孔洞均不得遗漏,安装应牢固,位置应准确。

5.3.3 采用提升模板施工时,应设置脚手平台、接料平台、挂吊脚手及安全网等辅助设施。

5.3.4 采用翻转模板和爬升模板施工时,其结构应满足强度、刚度及稳定性要求。液压爬模应由专业单位设计和制造，并应有检验合格证明及操作说明书。施工应符合下列规定：

1 混凝土的强度应达到规定的数值后方可拆模并进行模板的翻转或爬架爬升。作用于爬模上接料平台、脚手平台和拆模吊栏的荷载应均衡，不得超载，严禁混凝土吊斗碰撞爬模系统。

2 模板沿墩身周边方向应始终保持顺向搭接。在施工过程中，应随时检查爬模中线、水平位置和高程等，发现问题应及时纠正。

5.3.5 采用滑升模板时，除应遵守现行国家标准《滑动模板工程技术规范》(GB 50113)的规定外，尚应符合下列规定：

1 模板的高度宜根据结构物的实际情况确定；模板的结构应具有足够的强度、刚度和稳定性；支撑杆及提升设备应能保证模板竖直均衡上升。组装时应使各部尺寸的精度符合设计要求，组装完毕应经全面检查试验合格后，方可正式投入使用。

2 模板的滑升速度宜为100～300mm/h，滑升时应检测并控制其位置。滑升模板的施工宜连续进行，因故中断时，宜在中断前将混凝土浇筑齐平，中断期间模板仍应继续缓慢地滑升，直到混凝土与模板不致粘住时为止。

5.3.6 模板制作、安装精度应分别符合表5.3.6-1和表5.3.6-2的规定。

表5.3.6-1 模板、支架制作质量标准

项目			允许偏差(mm)
木模板制作	模板的长度和宽度		±5
	不刨光模板相邻两板表面高低差		3
	刨光模板相邻两板表面高低差		1
	平板模板表面最大的局部不平	刨光模板	3
		不刨光模板	5
	拼合板中木板间的缝隙宽度		2
	支架尺寸		±5
	榫槽嵌接紧密度		2
钢模板制作	外形尺寸	长和宽	+0，-1
		肋高	±5
	面板端偏斜		0.5
	连接配件(螺栓、卡子等)的孔眼位置	孔中心与板面的间距	±0.3
		板端中心与板端的间距	+0，-0.5
		沿板长、宽方向的孔	±0.6
	板面局部不平		1
	板面和板侧挠度		±1

注：板面局部不平用2m靠尺、塞尺检测。

表 5.3.6-2 模板、支架安装质量标准

项目		允许偏差(mm)
模板高程	基础	±15
	柱、梁	±10
	墩台	±10
模板尺寸	上部构造的所有构件	+5，-0
	基础	±30
	墩台	±20
轴线偏位	基础	15
	柱	8
	梁	10
	墩台	10
装配式构件支承面的高程		+2，-5
模板相邻两板表面高低差		2
模板表面平整		5
预埋件中心线位置		3
预留孔洞中心线位置		10
预留孔洞截面内部尺寸		+10，-0
支架	纵轴的平面位置	跨度的1/1 000或30

5.4 支架的制作与安装

5.4.1 支架的制作应符合下列规定：

1 支架宜采用标准化、系列化、通用化的钢构件制作拼装。

2 制作木支架时，两相邻立柱的连接接头宜分设在不同的水平面上，并应减少长杆件接头。主要压力杆的接长连接，宜使用对接法，并宜采用木夹板或铁夹板夹紧；次要构件的连接可采用搭接法。

5.4.2 支架的安装应符合下列规定：

1 支架应按施工图设计的要求进行安装。立柱应垂直，节点连接应可靠。

2 支架在纵桥向和横桥向均应加强水平、斜向连接，增强整体稳定。高支架应设置足够的斜向连接、扣件或缆风绳，横向稳定应有保证措施。

3 应通过预压的方式，消除支架地基的不均匀沉降和支架的非弹性变形并获取弹性变形参数，或检验支架的安全性。预压荷载宜为支架需承受全部荷载的1.05～1.10倍，预压荷载的分布应模拟需承受的结构荷载及施工荷载。

4 支架在安装完成后，应对其平面位置、顶部高程、节点连接及纵、横向稳定性进行全面检查，符合要求后，方可进行下一工序。

5.4.3 支架应结合模板的安装一并考虑设置预拱度和卸落装置,并应符合下列规定:

1 设置的预拱度值,应包括结构本身需要的预拱度和施工需要的预拱度两部分。

2 施工预拱度应考虑下列因素:模板、支架承受施工荷载引起的弹性变形;受载后由于杆件接头的挤压和卸落装置压缩而产生的非弹性变形;支架地基在受载后的沉降变形。

3 专用支架应按其产品的要求进行模板的卸落;自行设计的普通支架应在适当部位设置相应的木楔、木马、砂筒或千斤顶等卸落模板的装置,并应根据结构形式、承受的荷载大小确定卸落量。

5.4.4 支架制作、安装质量应分别符合表5.3.6-1 和表5.3.6-2 的规定。

5.5 模板、支架的拆除

5.5.1 模板、支架的拆除期限和拆除程序等应严格按施工图设计的要求进行,设计未要求时,应根据结构物特点、模板部位和混凝土所应达到的强度要求决定。

5.5.2 非承重侧模板应在混凝土抗压强度达到2.5MPa,且能保证其表面及棱角不致因拆模而受损坏时方可拆除。

5.5.3 芯模和预留孔道的内模,应在混凝土强度能保证其表面不发生塌陷或裂缝现象时,方可拆除。

5.5.4 钢筋混凝土结构的承重模板、支架,应在混凝土强度能承受其自重荷载及其他可能的叠加荷载时,方可拆除。

5.5.5 对预应力混凝土结构,在符合第5.5.2 条规定的条件下,其侧模应在预应力钢束张拉前拆除;底模及支架应在结构建立预应力后方可拆除。

5.5.6 模板、支架的拆除应遵循后支先拆、先支后拆的原则顺序进行。墩、台的模板宜在其上部结构施工前拆除。

5.5.7 拆除梁、板等结构的承重模板时,在横向应同时、在纵向应对称均衡卸落。简支梁、连续梁结构的模板宜从跨中向支座方向依次循环卸落;悬臂梁结构的模板宜从悬臂端开始顺序卸落。

5.5.8 在低温、干燥或大风环境下拆除模板时,应采取必要的措施,防止混凝土表面产生裂缝。

5.5.9 拆除模板、支架时,不得损伤混凝土结构。

6 混凝土工程

6.1 一般规定

6.1.1 本章适用于公路桥涵混凝土施工的原材料选择、配制、拌制、运输、浇筑、养护及质量检验,预应力混凝土及水下混凝土等的特殊要求尚应分别符合本规范第7章和第8章的规定。

6.1.2 混凝土工程所用的各种原材料,均应符合现行国家或行业标准的规定,并应在进场时对其性能和质量进行检验。

6.1.3 在进行试配和质量检测时,混凝土的抗压强度应以边长为150mm的立方体尺寸标准试件测定,且应取其保证率为95%。试件应以同龄期者3个为一组,每组试件的抗压强度以3个试件测值的算术平均值(计算精确至0.1MPa)为测定值,当有1个测值与中间值的差值超过中间值的15%时,取中间值为测定值;当有两个测值与中间值的差值均超过15%时,则该组试件无效。

6.1.4 混凝土的抗压强度应以标准方式成型的试件,置于标准养护条件下(温度20℃±2℃,相对湿度不低于95%)养护28d所测得的抗压强度值(MPa)进行评定。采用蒸汽养护的混凝土抗压强度,试件应先随构件同条件蒸汽养护,再转入标准条件下养护,累计养护时间应为28d。当混凝土中掺用粉煤灰等矿物掺合料时,确定混凝土抗压强度时的龄期应符合设计规定。

6.1.5 公路桥涵混凝土宜使用非碱活性集料,当条件不具备必须使用时,其他材料中的碱含量及混凝土中的最大总碱含量应符合本规范的规定。

6.2 水泥

6.2.1 公路桥涵工程采用的水泥应符合现行国家标准《通用硅酸盐水泥》(GB 175)的规定,水泥的品种和强度等级应通过混凝土配合比试验选定,且其特性应不会对混凝土的强度、耐久性和工作性能产生不利影响。当混凝土中采用碱活性集料时,宜选用含碱量不大于0.6%的低碱水泥。

6.2.2 水泥进场时,应附有生产厂的品质试验检验报告等合格证明文件,并应按批次对同一生产厂、同一品种、同一强度等级及同一出厂日期的水泥进行强度、细度、安定性和凝结时间等性能的检验,散装水泥应以每500t为一批,袋装水泥应以每200t为一批,不足500t或200t时,亦按一批计。当对水泥质量有怀疑或受潮或存放时间超过3个月时,应重新取样复验,并应按其复验结果使用。水泥的检验试验方法应符合现行行业标准《公路工程水泥及水泥混凝土试验规程》(JTG E30)的规定。

6.2.3 公路桥涵混凝土工程宜采用散装水泥,散装水泥在工地应采用专用水泥罐储存;采用袋装水泥时,在运输和储存过程中应防止受潮,且不得长时间露天堆放,临时露天堆放时应设支垫并覆盖。不同品种、强度等级和出厂日期的水泥应分别按批存放。

6.3 细集料

6.3.1 细集料宜采用级配良好、质地坚硬、颗粒洁净且粒径小于5mm的河砂;当河砂不易得到时,可采用符合规定的其他天然砂或人工砂;细集料不宜采用海砂,不得不采用时,应经冲洗处理。细集料的技术指标应符合表6.3.1的规定。

表6.3.1 细集料技术指标

项目			技术要求		
			Ⅰ类	Ⅱ类	Ⅲ类
有害物质含量	云母(按质量计,%)		≤1.0	≤2.0	≤2.0
	轻物质(按质量计,%)		≤1.0	≤1.0	≤1.0
	有机物(比色法)		合格	合格	合格
	硫化物及硫酸盐(按 SO_3 质量计,%)		≤1.0	≤1.0	≤1.0
	氯化物(以氯离子质量计,%)		<0.01	<0.02	<0.06
天然砂含泥量(按质量计,%)			≤2.0	≤3.0	≤5.0
泥块含量(按质量计,%)			≤0.5	≤1.0	≤2.0
人工砂的石粉含量(按质量计,%)	亚甲蓝试验	MB值<1.4或合格	≤5.0	≤7.0	≤10.0
		MB值≥1.4或不合格	≤2.0	≤3.0	≤5.0
坚固性	天然砂(硫酸钠溶液法经5次循环后的质量损失,%)		≤8	≤8	≤10
	人工砂单级最大压碎指标(%)		<20	<25	<30
表观密度(kg/m³)			>2 500		
松散堆积密度(kg/m³)			>1 350		
空隙率(%)			<47		

续上表

项目	技术要求		
	Ⅰ类	Ⅱ类	Ⅲ类
碱集料反应	经碱集料反应试验后,由砂配制的试件无裂缝、酥裂、胶体外溢现象,在规定试验龄期的膨胀率应小于0.10%		

注:1. 砂按技术要求分为Ⅰ类、Ⅱ类、Ⅲ类。Ⅰ类宜用于强度等级大于C60的混凝土;Ⅱ类宜用于强度等级C30~C60及有抗冻、抗渗或其他要求的混凝土;Ⅲ类宜用于强度等级小于C30的混凝土和砌筑砂浆。
2. 天然砂包括河砂、湖砂、山砂、淡化海砂,人工砂包括机制砂和混合砂。
3. 石粉含量系指粒径小于0.075mm的颗粒含量。
4. 砂中不应混有草根、树叶、树枝、塑料、煤块、炉渣等杂物。
5. 当对砂的坚固性有怀疑时,应做坚固性试验。
6. 当碱集料反应不符合表中要求时,应采取抑制碱集料反应的技术措施。

6.3.2 细集料宜按同产地、同规格、连续进场数量不超过400m^{3}或600t为一验收批,小批量进场的宜以不超过200m^{3}或300t为一验收批进行检验;当质量稳定且进料量较大时,可以1 000t为一验收批。检验内容应包括外观、筛分、细度模数、有机物含量、含泥量、泥块含量及人工砂的石粉含量等;必要时尚应对坚固性、有害物质含量、氯离子含量及碱活性等指标进行检验。检验试验方法应符合现行行业标准《公路工程集料试验规程》(JTG E42)的规定。

6.3.3 砂的分类应符合表6.3.3的规定。

表6.3.3 砂的分类

砂组	粗砂	中砂	细砂
细度模数	3.7~3.1	3.0~2.3	2.2~1.6

注:细度模数主要反映全部颗粒的粗细程度,不完全反映颗粒的级配情况,混凝土配制时应同时考虑砂的细度模数和级配情况。

6.3.4 细集料的颗粒级配应处于表6.3.4中的任一级配区以内。

表6.3.4 细集料的分区及级配范围

方孔筛筛孔边长尺寸	累计筛余(%)		
	级配区		
	Ⅰ区	Ⅱ区	Ⅲ区
4.75mm	10~0	10~0	10~0
2.36mm	35~5	25~0	15~0
1.18mm	65~35	50~10	25~0
600μm	85~71	70~41	40~16

续上表

方孔筛筛孔边长尺寸	累计筛余(%)		
	级配区		
	Ⅰ区	Ⅱ区	Ⅲ区
300μm	95~80	92~70	85~55
150μm	100~90	100~90	100~90

注:1. 表中除4.75mm和600μm筛孔外,其余各筛孔的累计筛余允许超出分界线,但其超出量不得大于5%。
2. 人工砂中150μm筛孔的累计筛余:Ⅰ区可放宽到100%~85%,Ⅱ区可放宽到100%~80%,Ⅲ区可放宽到100%~75%。
3. Ⅰ区砂宜提高砂率配低流动性混凝土;Ⅱ区砂宜优先选用配不同强度等级的混凝土;Ⅲ区砂宜适当降低砂率保证混凝土的强度。
4. 对高性能、高强度、泵送混凝土宜选用细度模数为2.9~2.6的中砂。2.36mm筛孔的累计筛余量不得大于15%,300μm筛孔的累计筛余量宜在85%~92%范围内。

6.4 粗集料

6.4.1 粗集料宜采用质地坚硬、洁净、级配合理、粒形良好、吸水率小的碎石或卵石,其技术指标应符合表6.4.1的规定。

表6.4.1 粗集料技术指标

项目		技术要求		
		Ⅰ类	Ⅱ类	Ⅲ类
碎石压碎指标(%)		<18	<20	<30
卵石压碎指标(%)		<20	<25	<25
坚固性(硫酸钠溶液法经5次循环后质量损失值,%)		<5	<8	<12
吸水率(%)		<1.0	<2.0	<2.5
针片状颗粒含量(按质量计,%)		<5	<15	<25
有害物质含量	含泥量(按质量计,%)	<0.5	<1.0	<1.5
	泥块含量(按质量计,%)	0	<0.5	<0.7
	有机物含量(比色法)	合格	合格	合格
	硫化物及硫酸盐(按 SO_3 质量计,%)	<0.5	<1.0	<1.0
岩石抗压强度(水饱和状态,MPa)		火成岩>80;变质岩>60;水成岩>30		
表观密度(kg/m^3)		>2 500		
松散堆积密度(kg/m^3)		>1 350		
空隙率(%)		<47		
碱集料反应		经碱集料反应试验后,试件无裂缝、酥裂、胶体外溢等现象,在规定试验龄期的膨胀率应小于0.10%		

注:1. Ⅰ类宜用于强度等级大于C60的混凝土;Ⅱ类宜用于强度等级为C30~C60及有抗冻、抗渗或其他要求的混凝土;Ⅲ类宜用于强度等级小于C30的混凝土。
2. 粗集料中不应混有草根、树叶、树枝、塑料、煤块、炉渣等杂物。
3. 岩石的抗压强度除应满足表中要求外,其抗压强度与混凝土强度等级之比应不小于1.5。岩石强度首先应由生产单位提供,工程中可采用压碎值指标进行质量控制。
4. 当粗集料中含有颗粒状硫酸盐或硫化物杂质时,应进行专门检验,确认能满足混凝土耐久性要求后,方可采用。
5. 采用卵石破碎成砾石时,应具有两个及以上的破碎面,且其破碎面应不小于70%。

6.4.2 当混凝土结构物处于不同环境条件下时,粗集料坚固性试验的结果除应符合表6.4.1的规定外,尚应符合表6.4.2的规定。

表6.4.2 粗集料的坚固性试验

混凝土所处环境条件	在硫酸钠溶液中循环5次后的质量损失(%)
寒冷地区,经常处于干湿交替状态	<5
严寒地区,经常处于干湿交替状态	<3
混凝土处于干燥条件,但粗集料风化或软弱颗粒过多时	<12
混凝土处于干燥条件,但有抗疲劳、耐磨、抗冲击要求或强度等级大于C40	<5

注:有抗冻、抗渗要求的混凝土用硫酸钠法进行粗集料坚固性试验不合格时,可再进行直接冻融试验。

6.4.3 粗集料宜根据混凝土最大粒径采用连续两级配或连续多级配,不宜采用单粒级或间断级配配制,必须使用时,应通过试验验证。粗集料的级配范围应符合表6.4.3的规定。

表6.4.3 粗集料级配范围

级配情况	公称粒级(mm)	累计筛余(按质量计,%)											
		方孔筛筛孔边长尺寸(mm)											
		2.36	4.75	9.50	16.0	19.0	26.5	31.5	37.5	53.0	63.0	75.0	90.0
连续级配	5~10	95~100	80~100	0~15	0								
	5~16	95~100	85~100	30~60	0~10	0							
	5~20	95~100	90~100	40~80		0~10	0						
	5~25	95~100	90~100		30~70		0~5	0					
	5~31.5	95~100	90~100	70~90		15~45		0~5	0				
	5~40		95~100	70~90		30~65			0~5	0			
单粒级配	10~20		95~100	85~100		0~15	0						
	16~31.5		95~100		85~100			0~10	0				
	20~40			95~100		80~100			0~10	0			
	31.5~63				95~100			75~100	45~75		0~10	0	
	40~80					95~100			70~100		30~60	0~10	0

6.4.4 粗集料最大粒径宜按混凝土结构情况及施工方法选取,但最大粒径不得超过结构最小边尺寸的1/4和钢筋最小净距的3/4;在两层或多层密布钢筋结构中,最大粒径不得超过钢筋最小净距的1/2,同时不得超过75.0mm。混凝土实心板的粗集料最大粒径不宜超过板厚的1/3且不得超过37.5mm。泵送混凝土时的粗集料最大粒径,除应符合上述规定外,对碎石不宜超过输送管径的1/3;对卵石不宜超过输送管径的1/2.5。

6.4.5 施工前应对所用的粗集料进行碱活性检验,在条件许可时宜避免采用有碱活性反应的粗集料,必须采用时应采取必要的抑制措施。

6.4.6 粗集料的进场检验组批应符合本规范第6.3.2条的规定,检验内容应包括外观、颗粒级配、针片状颗粒含量、含泥量、泥块含量、压碎值指标等,检验试验方法应符合现行行业标准《公路工程集料试验规程》(JTG E42)的规定。

6.4.7 粗集料在生产、运输与储存过程中,不得混入影响混凝土性能的有害物质。粗集料应按品种、规格分别堆放,不得混杂。在装卸及存储时,应采取措施,使集料颗粒级配均匀,并保持洁净。

6.5 水

6.5.1 符合国家标准的饮用水可直接作为混凝土的拌制和养护用水;当采用其他水源或对水质有疑问时,应对水质进行检验。水的品质指标应符合表6.5.1的规定。

表6.5.1 混凝土用水的品质指标

项 目	预应力混凝土	钢筋混凝土	素混凝土
pH值	≥5.0	≥4.5	≥4.5
不溶物(mg/L)	≤2 000	≤2 000	≤5 000
可溶物(mg/L)	≤2 000	≤5 000	≤10 000
氯化物(以Cl^-计,mg/L)	≤500	≤1 000	≤3 500
硫酸盐(以SO_4^{2-}计,mg/L)	≤600	≤2 000	≤2 700
碱含量(rag/L)	≤1 500	≤1 500	≤1 500

注:1. 对设计使用年限为100年的结构混凝土,氯离子含量不得超过500mg/L;对使用钢丝或热处理钢筋的预应力混凝土,氯离子含量不得超过350mg/L。
2. 碱含量按$Na_2O+0.658K_2O$计算值表示。采用非碱活性集料时,可不检验碱含量。

6.5.2 混凝土用水尚应符合下列规定:

1 水中不应有漂浮明显的油脂和泡沫,及有明显的颜色和异味。

2 严禁将未经处理的海水用于结构混凝土的拌制。

6.6 外加剂

6.6.1 公路桥涵工程使用的外加剂,与水泥、矿物掺合料之间应具有良好的相容性。

6.6.2 所采用的外加剂,应是经过具备相关资质的检测机构检验并附有检验合格证明的产品,且其质量应符合现行国家标准《混凝土外加剂》(GB 8076)的规定。外加剂使用前应进行复验,复验结果满足要求后方可用于工程中。外加剂的品种和掺量应根据使用要求、施工条件、混凝土原材料的变化等通过试验确定。

6.6.3 采用膨胀剂时应符合下列规定:

1 在公路桥涵混凝土工程中采用的膨胀剂,其性能应符合现行国家标准《混凝土膨胀剂》(GB 23439)的规定。

2 膨胀剂的品种和掺量应通过试验确定。

3 掺入膨胀剂的混凝土宜采取有效的持续保湿养护措施,且宜按不同结构和温度适当延长养护时间。

6.7 掺合料

6.7.1 掺合料应保证其产品品质稳定,来料均匀;掺合料应由生产单位专门加工,进行产品检验并出具产品合格证书。掺合料的技术要求见本规范附录B1。

6.7.2 混凝土中需要掺用粉煤灰、磨细矿渣、硅灰等掺合料时,其掺入量应在使用前通过试验确定。

6.7.3 掺合料在运输与存储过程中,应有明显标识,严禁与水泥等其他粉状材料混淆。

6.8 混凝土配合比

6.8.1 混凝土的配合比应以质量比表示,并应通过计算和试配选定。试配时应使用施工实际采用的材料,配制的混凝土拌和物应满足和易性、凝结时间等施工技术条件;制成的混凝土应满足强度、耐久性(抗冻、抗渗、抗侵蚀)等质量要求。

6.8.2 普通混凝土的配合比,可按照现行行业标准《普通混凝土配合比设计规程》(JGJ 55)的规定进行计算,并应通过试配确定。混凝土的试配强度,应根据设计强度等级,并考虑施工条件的差异和变化以及原材料质量可能的波动,按照本规范附录B2计算确定;混凝土的坍落度和工作性能宜根据结构物情况和施工工艺要求确定,在满足工艺要求的前提下,宜采用低坍落度的混凝土施工。通过设计和试配确定的配合比,应经批准后方可使用,且应在混凝土拌制前将理论配合比换算为施工配合比。

6.8.3 混凝土的最大水胶比、最小水泥用量及最大氯离子含量应符合表6.8.3的规定。

表 6.8.3 混凝土的最大水胶比、最小水泥用量及最大氯离子含量

环境类别	环境条件	最大水胶比	最小水泥用量（kg/m^3）	最低混凝土强度等级	最大氯离子含量（%）
Ⅰ	温暖或寒冷地区的大气环境、与无侵蚀的水或土接触的环境	0.55	275	C25	0.30
Ⅱ	严寒地区的大气环境、使用除冰盐环境、滨海环境	0.50	300	C30	0.15
Ⅲ	海水环境	0.45	300	C35	0.10
Ⅳ	受侵蚀性物质影响的环境	0.40	325	C35	0.10

注：1. 水胶比、氯离子含量系指其与胶凝材料用量的百分比。

2. 最小水泥用量，包括掺合料。当掺用外加剂且能有效地改善混凝土的和易性时，水泥用量可减少 $25kg/m^3$。

3. 严寒地区系指最冷月份平均气温低于或等于 -10℃，且日平均温度低于或等于 5℃ 的天数在 145d 以上的地区。

4. 预应力混凝土结构中的最大氯离子含量为 0.06%，最小水泥用量为 350 kg/m^3。

5. 封底、垫层及其他临时工程的混凝土，可不受本表的限制。

6.8.4 在混凝土中掺入外加剂时，除应符合本规范第 6.6 节的规定外，尚应符合下列规定：

1 在钢筋混凝土和预应力混凝土中，均不得掺用氯化钙、氯化钠等氯盐。

2 当从各种组成材料引入的氯离子含量（折合氯盐含量）大于表 6.8.3 规定的限值时，宜在混凝土中采取掺加阻锈剂、增加保护层厚度、提高密实度等防腐蚀措施。

3 掺入引气剂的混凝土，其含气量宜为 3.5% ~5.5%。

6.8.5 除应对由各种组成材料带入混凝土中的碱含量进行控制外，尚应控制混凝土的总碱含量。每立方米混凝土的总碱含量，对一般桥涵不宜大于 $3.0kg/m^3$，对特大桥、大桥和重要桥梁不宜大于 $1.8kg/m^3$；当混凝土结构处于受严重侵蚀的环境时，不得使用有碱活性反应的集料。

6.8.6 泵送混凝土的配合比宜符合下列规定：

1 最小水泥用量宜为 280 ~ $300kg/m^3$（输送管径 100 ~ 150mm）。通过 0.3mm 筛孔的砂不宜少于 15%，砂率宜控制在 35% ~45% 范围内。

2 混凝土拌和物的出机坍落度宜为 100 ~ 200mm，泵送入模时的坍落度宜控制在 80 ~ 180mm之间。

3 宜通过试验掺用适量的减水剂、泵送剂和掺合料。

6.9 混凝土拌制

6.9.1 混凝土的配料宜采用自动计量装置，各种衡器的精度应符合要求，计量应准确。

计量器具应定期标定,迁移后应重新进行标定。拌制混凝土所用的各项材料应按质量投料,配料数量的允许质量偏差应符合表6.9.1的规定。

表6.9.1 配料数量允许质量偏差

材料类别	允许偏差(%)	
	现场拌制	预制场或集中搅拌站拌制
水泥、干燥状态的掺合料	±2	±1
粗、细集料	±3	±2
水、外加剂	±2	±1

6.9.2 外加剂宜以稀释溶液加入,其稀释用水和原液中的水量,应从拌和加水量中扣除。加入搅拌筒的外加剂溶液应充分溶解,并搅拌均匀。掺合料应采用与水泥相同的输送、计量方式加入。

6.9.3 混凝土应采用机械拌制,拌制时,自全部材料装入搅拌筒开始搅拌至开始出料的最短搅拌时间,应按照搅拌机产品说明书的要求并经试验确定。

6.9.4 混凝土拌和物应搅拌均匀,颜色一致,不得有离析和泌水现象,对在施工现场集中拌制的混凝土,应检测其拌和物的均匀性。检测时,应在搅拌机的卸料过程中,从卸料流的1/4~3/4之间部位取试样进行试验,试验结果应符合下列规定:

1 混凝土中砂浆密度两次测值的相对误差应不大于0.8%。

2 单位体积混凝土中粗集料含量两次测值的相对误差应不大于5%。

6.9.5 混凝土搅拌完毕后,应按下列要求检测混凝土拌和物的各项性能:

1 混凝土拌和物的坍落度及其损失,宜在搅拌地点和浇筑地点分别取样检测,每一工作班或每一单元结构物不应少于两次,评定时应以浇筑地点的测值为准。当混凝土拌和物从搅拌机出料起至浇筑入模的时间不超过15min时,其坍落度可仅在搅拌地点取样检测。

2 必要时,尚宜对工作性能、泌水率及含气量等混凝土拌和物的其他指标进行检测。

6.10 混凝土运输

6.10.1 运输能力应与混凝土的凝结速度和浇筑速度相适应,应使浇筑工作不间断且混凝土运到浇筑地点时仍能保持其均匀性和规定的坍落度。混凝土的运输宜采用搅拌运输车,或在条件允许时采用泵送方式输送;采用吊斗或其他方式运输时,运距不宜超过100m且不得使混凝土产生离析。

6.10.2 采用搅拌运输车运输混凝土时,途中应以2~4r/min的慢速进行搅动,卸料前应以常速再次搅拌。混凝土运至浇筑地点后发生离析、泌水或坍落度不符合要求时，应进行第二次搅拌，二次搅拌时不宜任意加水，确有必要时，可同时加水、相应的胶凝材料和外加剂并保持其原水胶比不变；二次搅拌仍不符合要求时，则不得使用。

6.10.3 混凝土采用泵送方式时应符合下列规定：

1 混凝土的供应宜使输送混凝土的泵能连续工作，泵送的间歇时间不宜超过15min。在泵送过程中，受料斗内应具有足够的混凝土，应防止吸入空气产生阻塞。

2 输送管应顺直，转弯处应圆缓，接头应严密不漏气。

3 向低处泵送混凝土时，应采取必要措施，防止混凝土离析或堵塞输送管。

6.11 混凝土浇筑

6.11.1 浇筑混凝土前应进行以下准备工作：

1 应根据待浇筑结构物的情况、环境条件及浇筑量等制订合理的浇筑工艺方案，工艺方案应对施工缝设置、浇筑顺序、浇筑工具、防裂措施、保护层的控制等作出明确规定。

2 应对支架、模板、钢筋和预埋件等进行检查，模板内的杂物、积水及钢筋上的污物应清理干净。模板如有缝隙或孔洞时，应堵塞严密且不漏浆。

3 应对混凝土的均匀性和坍落度等性能进行检测。

6.11.2 自高处向模板内倾卸混凝土时，应防止混凝土离析。直接倾卸时，其自由倾落高度不宜超过2m；超过2m时，应通过串筒、溜管(槽)或振动溜管(槽)等设施下落；倾落高度超过10m时，应设置减速装置。

6.11.3 混凝土应按一定的厚度、顺序和方向分层浇筑，且应在下层混凝土初凝或能重塑前浇筑完成上层混凝土；上下层同时浇筑时，上层与下层的前后浇筑距离应保持1.5m以上；在倾斜面上浇筑混凝土时，应从低处开始逐层扩展升高，并保持水平分层。混凝土分层浇筑的厚度不宜超过表6.11.3的规定。

表6.11.3 混凝土分层浇筑厚度

振捣方式		浇筑层厚度(mm)
采用插入式振动器		300
采用附着式振动器		300
采用表面振动器	无筋或配筋稀疏时	250
	配筋较密时	150

6.11.4 采用振动器振捣混凝土时，应符合下列规定：

1 插入式振动器的移位间距应不超过振动器作用半径的1.5倍，与侧模应保持50~100mm的距离，且插入下层混凝土中的深度宜为50~100mm。

2 表面振动器的移位间距应使振动器平板能覆盖已振实部分不小于100mm。

3 附着式振动器的布置距离,应根据结构物形状和振动器的性能通过试验确定。

4 每一振点的振捣延续时间宜为20~30s,以混凝土停止下沉、不出现气泡、表面呈现浮浆为度。

6.11.5 混凝土的浇筑宜连续进行,因故中断间歇时,其间歇时间应小于前层混凝土的初凝时间或能重塑时间。混凝土的运输、浇筑及间歇的全部时间不宜超出表6.11.5的规定;当超出时应按浇筑中断处理,并应留置施工缝,同时应记录。

表6.11.5 混凝土的运输、浇筑时间及间歇的全部允许时间(min)

混凝土强度等级	气温≤25℃	气温>25℃
≤C30	210	180
>C30	180	150

注:当混凝土中掺有促凝剂或缓凝剂时,其允许时间应通过试验确定。

6.11.6 施工缝的位置应在混凝土浇筑之前确定,且宜留置在结构受剪力和弯矩较小并便于施工的部位,施工缝宜设置成水平面或垂直面。对施工缝的处理应符合下列规定:

1 处理层混凝土表面的松弱层应予以凿除。对处理层混凝土的强度,当采用水冲洗凿毛时,应达到0.5MPa;人工凿毛时,应达到2.5MPa;采用风动机凿毛时,应达到10MPa。

2 经凿毛处理后的混凝土面,应采用洁净水冲洗干净。

3 重要部位及有抗震要求的混凝土结构或钢筋稀疏的钢筋混凝土结构,宜在施工缝处补插锚固钢筋;有抗渗要求的混凝土,其施工缝宜做成凹形、凸形或设置止水带;施工缝为斜面时宜浇筑或凿成台阶状。

6.11.7 在环境相对湿度较小、风速较大的条件下浇筑混凝土时,应采取适当措施防止混凝土表面过快失水。浇筑混凝土期间,应随时检查支架、模板、钢筋、预应力管道和预埋件等的稳固情况,并应及时填写混凝土施工记录。新浇筑混凝土的强度达到2.5 MPa之前,不得使其承受行人、运输工具、模板、支架及脚手架等荷载。

6.12 混凝土养护

6.12.1 对新浇筑混凝土的养护,应满足其对温度、湿度和时间的要求。应根据施工对象、环境条件、水泥品种、外加剂或掺合料以及混凝土性能等因素,制订具体的养护方案,并严格实施。

6.12.2 混凝土浇筑完成后,应在其收浆后尽快予以覆盖并洒水保湿养护。对干硬性混凝土、高强度和高性能混凝土、炎热天气浇筑的混凝土以及桥面等大面积裸露的混凝土,应加强初始保湿养护,具备条件的可在浇筑完成后立即加设棚罩,待收浆后再予以覆盖和洒水养护,覆盖时不得损伤或污染混凝土的表面。混凝土面有模板覆盖时,应在养护期间使模板保持湿润。

6.12.3 混凝土的养护不得采用海水或含有害物质的水。混凝土的洒水保湿养护时间应不少于7d,对重要工程或有特殊要求的混凝土,应根据环境湿度、温度、水泥品种,以及掺用的外加剂和掺合料等情况,酌情延长养护时间,并应使混凝土表面始终保持湿润状态。当气温低于5℃时,应采取保温养护的措施,不得向混凝土表面洒水。当采用喷洒养护剂对混凝土进行养护时,所使用的养护剂应不会对混凝土产生不利影响,且应通过试验验证其养护效果。

6.12.4 新浇筑的混凝土与流动的地表水或地下水接触时,应采取临时防护措施,保证混凝土在7d以内且强度达到设计强度的50%以前,不受水的冲刷侵袭;当环境水具有侵蚀作用时,应保证混凝土在10d以内且强度达到设计强度的70%以前,不受水的侵袭。混凝土处于冻融循环作用的环境时,宜在结冰期到来4周前完成浇筑施工,且在混凝土强度未达到设计强度等级的80%前不得受冻,否则应采取技术措施,防止发生冻害。

6.13 大体积混凝土、抗冻混凝土和抗渗混凝土

6.13.1 大体积混凝土在选用原材料和进行配合比设计时,应按照降低水化热温升的原则进行,并应符合下列规定:

1 宜选用低水化热和凝结时间长的水泥品种。粗集料宜采用连续级配,细集料宜采用中砂。宜掺用可降低混凝土早期水化热的外加剂和掺合料,外加剂宜采用缓凝剂、减水剂;掺合料宜采用粉煤灰、矿渣粉等。

2 进行配合比设计时,在保证混凝土强度、和易性及坍落度要求的前提下,宜采取改善粗集料级配、提高掺合料和粗集料的含量、降低水胶比等措施,减少单方混凝土的水泥用量。

3 大体积混凝土进行配合比设计及质量评定时,可按60d龄期的抗压强度控制。

6.13.2 大体积混凝土的施工应提前制订专项施工技术方案,并应对混凝土采取温度控制措施。大体积混凝土的浇筑、养护和温度控制应符合下列规定:

1 施工前应根据原材料、配合比、环境条件、施工方案和施工工艺等因素,进行温控设计和温控监测设计,并应在浇筑后按该设计要求对混凝土内部和表面的温度实施监测和控制。对大体积混凝土进行温度控制时,应使其内部最高温度不大于75℃、内表温差不大于25℃。

2 大体积混凝土可分层、分块浇筑,分层、分块的尺寸宜根据温控设计的要求及浇筑能力合理确定;当结构尺寸相对较小或能满足温控要求时,可全断面一次浇筑。

3 分层浇筑时,在上层混凝土浇筑之前应对下层混凝土的顶面作凿毛处理,且新浇混凝土与下层已浇筑混凝土的温差宜小于20℃,并应采取措施将各层间的浇筑间歇期控制在7d以内。

4 分块浇筑时,块与块之间的竖向接缝面应平行于结构物的短边,并应在浇筑完成拆模后按施工缝的要求进行凿毛处理。分块施工所形成的后浇段,应在对大体积混凝土实施温度控制且其温度场趋于稳定后方可浇筑;后浇段宜采用微膨胀混凝土,并应一次浇筑完成。

5 大体积混凝土的浇筑宜在气温较低时进行,但混凝土的入模温度应不低于5℃;热期施工时,宜采取措施降低混凝土的入模温度,且其入模温度不宜高于28℃。

6 大体积混凝土的温度控制宜按照"内降外保"的原则,对混凝土内部采取设置冷却水管通循环水冷却,对混凝土外部采取覆盖蓄热或蓄水保温等措施进行。在混凝土内部通水降温时,进出口水的温差宜小于或等于10℃,且水温与内部混凝土的温差宜不大于20℃,降温速率宜不大于2℃/d;利用冷却水管中排出的降温用水在混凝土顶面蓄水保温养护时,养护水温度与混凝土表面温度的差值应不大于15℃。

7 大体积混凝土采用硅酸盐水泥或普通硅酸盐水泥时,其浇筑后的养护时间不宜少于14d,采用其他品种水泥时不宜少于21d。在寒冷天气或遇气温骤降天气时浇筑的混凝土,除应对其外部加强覆盖保温外,尚宜适当延长养护时间。

6.13.3 有抗冻性要求的混凝土,应符合下列规定:

1 宜选用硅酸盐水泥或普通硅酸盐水泥,不宜使用火山灰质硅酸盐水泥。粗集料宜选用连续级配,其最大粒径不宜大于37.5mm,含泥量应不大于1%;细集料的含泥量应不大于2%。集料的坚固性5次循环试验质量损失应不大于3%,并不得含有泥块。

2 抗冻混凝土的配合比设计除应符合本章第6.8节的规定外,最大水胶比尚应小于0.50,同时应进行抗冻融性能试验。混凝土抗冻性试验方法应符合现行行业标准《公路工程水泥及水泥混凝土试验规程》(JTG E30)的规定。

3 位于水位变动区有抗冻要求的混凝土,其抗冻等级指标不应低于表6.13.3-1的规定。

表6.13.3-1 水位变动区混凝土抗冻等级选定标准

结构物所在地区	海水环境	淡水环境
严重受冻地区(最冷月的月平均气温低于-8℃)	F350	F250
受冻地区(最冷月的月平均气温在-4~-8℃之间)	F300	F200
微冻地区(最冷月的月平均气温在0~-4℃之间)	F250	F150

注:1.试验过程中试件所接触的介质应与结构物实际接触的介质相近。

2.墩、台身等结构物的混凝土应选用比同一地区高一级的抗冻等级。

4 有抗冻性要求的混凝土宜掺入适量引气剂,同时宜掺入减水剂,其拌和物的适宜含气量应在表6.13.3-2范围内选择。

表 6.13.3-2 有抗冻性要求的混凝土拌和物含气量控制范围

集料最大粒径(mm)	含气量范围(%)	集料最大粒径(mm)	含气量范围(%)
9.5	5.0~8.0	31.5	3.5~6.5
19.0	4.0~7.0	37.5	3.0~6.0

注:当要求的含气量为某一定值时,其检测结果与要求值的允许偏差范围应为±1.0%;当含气量要求值为某一范围时,检测结果应满足规定范围的要求。

6.13.4 有抗渗性要求的混凝土应符合下列规定:

1 混凝土的抗渗等级应符合设计规定。

2 粗集料宜选用连续级配,其最大粒径不宜大于 37.5mm。

3 胶凝材料总量不宜小于 320kg/m³;砂率宜为 35%~45%;最大水胶比应符合表 6.13.4 的规定。

表 6.13.4 抗渗混凝土最大水胶比

抗渗等级	最大水胶比	
	C20~C30 混凝土	C30 以上混凝土
W6	0.60	0.55
W8~W12	0.55	0.50
W12 以上	0.50	0.45

4 掺引气剂的抗渗混凝土,应做含气量试验,其含气量宜控制在 3%~5% 之间。

5 混凝土抗渗性试验方法应符合现行行业标准《公路工程水泥及水泥混凝土试验规程》(JTG E30)的规定。试配时要求的抗渗水压值应比设计值提高 0.2MPa。

6.14 高强度混凝土

6.14.1 本节适用于按常规工艺生产的 C60 及以上强度等级混凝土的施工。

6.14.2 高强度混凝土原材料的选用应符合下列规定:

1 水泥宜选用强度等级不低于 52.5 的硅酸盐水泥和普通硅酸盐水泥,不得使用立窑水泥。

2 细集料除应符合本规范第 6.3 节的规定外,尚宜选用质地坚硬、级配良好的中砂,细度模数应不小于 2.6,含泥量应不大于 1.5%;配制 C70 及以上等级混凝土时,含泥量应不大于 1.0%,且不应有泥块存在,必要时应冲洗后使用。

3 粗集料宜选用质地坚硬、级配良好、无风化颗粒的碎石。其质量指标除应满足本规范第 6.4 节的规定外,粗集料的最大粒径尚不宜大于 26.5mm,含泥量应不大于 0.5%,针片状颗粒含量不宜大于 5%;配制 C80 及以上等级混凝土时,最大粒径不宜大于 19mm。

4 外加剂的性能应符合本规范第 6.6 节的规定。所采用的减水剂应为高效减水剂或缓凝高效减水剂,其掺量应根据试验确定。

5 掺合料可选用粉煤灰、磨细矿渣和硅灰等,其技术条件应符合本规范第6.7节的规定,掺量应根据试验确定。

6 拌和与养护用水应符合本规范第6.5节的规定。

6.14.3 高强度混凝土的配合比应有利于减少温度收缩、干燥收缩和自身收缩引起的体积变形,避免早期开裂,配合比设计除应符合本规范第6.8节的规定外,尚应符合下列规定:

1 配制高强度混凝土所用砂率及所采用的外加剂和矿物掺合料的品种、掺量等,均应通过试验确定。

2 高强度混凝土的水泥用量不宜大于500kg/m^3,胶凝材料总量不宜大于600kg/m^3。

3 当采用3个不同的配合比进行混凝土强度试验时,其中一个应为基准配合比,另外两个配合比的水胶比宜较基准配合比分别增加和减少0.02~0.03。

4 高强度混凝土的设计配合比确定后,尚应采用该配合比进行不少于6次的重复试验进行验证,其平均值应不低于配制强度。

6.14.4 高强度混凝土的施工技术要求除应符合本章普通混凝土的规定外,尚应符合下列规定:

1 混凝土应采用强制式搅拌机拌制,不得采用自落式搅拌机搅拌。配料数量的允许偏差应符合本规范表6.9.1中预制场或集中搅拌站拌制的规定。

2 应准确控制用水量,粗、细集料的含水率应及时测定,并应按测定值调整用水量和集料用量,不得在拌和物出机后再加水。

3 搅拌混凝土时高效减水剂宜采用后掺法,且宜制成溶液后再加入,并应在混凝土用水量中扣除溶液用水量。加入减水剂后,混凝土拌和料在搅拌机中继续搅拌的时间不宜少于30s。

4 高强度混凝土的入模温度应根据环境状况和结构所受的内、外约束程度加以限制。保湿养护的时间应不少于7d。

6.15 高性能混凝土

6.15.1 本节适用于高性能混凝土的原材料选用和配合比设计。

6.15.2 高性能混凝土的原材料和配合比除应符合本规范的规定外,尚应符合现行行业标准《公路工程混凝土结构防腐蚀技术规范》(JTG/T B07-01)的规定。

6.15.3 配制高性能混凝土时,应选用优质水泥和级配良好的优质集料,同时应掺加与水泥相匹配的高效减水剂及优质掺合料。

6.15.4 水泥宜选用品质稳定、标准稠度低、强度等级不低于42.5的硅酸盐水泥或普通硅酸盐水泥,不宜采用矿渣硅酸盐水泥、火山灰质硅酸盐水泥及粉煤灰硅酸盐水泥。水泥的技术要求除应符合现行国家标准《通用硅酸盐水泥》(GB 175)的规定外,尚应符合表6.15.4的规定。

表6.15.4 水泥技术要求

项　　目	技术要求	检验标准
比表面积(m^2/kg)	≤350(硅酸盐水泥、抗硫酸盐硅酸盐水泥)	《水泥比表面积测定方法(勃氏法)》(GB/T 8074)
80μm方孔筛筛余(%)	≤10.0(普通硅酸盐水泥)	《水泥细度检验方法(筛析法)》(GB/T 1345)
游离氧化钙含量(%)	≤1.5	《水泥化学分析方法》(GB/T 176)
碱含量(%)	≤0.60	
熟料中的C_3A含量(%)	≤8;海水环境下≤10	按《水泥化学分析方法》(GB/T 176)检验后计算求得
氯离子含量(%)	≤0.03	《水泥原料中氯离子的化学分析方法》(JC/T 420)

6.15.5 细集料宜选用级配良好、质地均匀坚固、吸水率低、空隙小、细度模数2.6~3.2的洁净天然中粗河砂,或符合要求的人工砂,不得使用山砂和海砂。细集料的技术要求除应符合本规范第6.3节的规定外,其有害物质含量的限值尚应符合表6.15.5的规定。

表6.15.5 细集料有害物质含量限值

项　　目	有害物质含量限值		
	混凝土强度等级		
	<C30	C30~C45	≥C50
含泥量(%)	≤3.0	≤2.5	≤2.0
泥块含量(%)	≤0.5		
云母含量(%)	≤0.5		
轻物质含量(%)	≤0.5		
氯离子含量(%)	<0.02		
有机物含量	合格		
硫化物及硫酸盐含量(按SO_3质量计,%)	≤0.5		

注:对可能处于干湿循环、冻融循环下的混凝土,细集料的含泥量应小于1.0%。

6.15.6 粗集料宜选用质地均匀坚硬、粒形良好、级配合理、线胀系数小的洁净碎石或卵石,不宜采用砂岩加工成的碎石。粗集料的技术要求除应符合本规范第6.4节的规定外,其压碎指标尚应不大于18%;坚固性试验结果失重率对钢筋混凝土结构应小于8%,对预应力混凝土结构应小于5%。粗集料应采用两级配或多级配,其松散堆积密度应大于1 500kg/m^3;紧密空隙率宜小于40%;吸水率应小于2%,当用于干湿循环、冻融循环下的混凝土时应小于1%。粗集料的最大粒径不宜超过26.5mm(大体积混凝土除外),且不得超过保护层厚度的2/3。粗集料中有害物质含量的限值应符合表6.15.6的规定。

表6.15.6　粗集料有害物质含量限值

项　　目	有害物质含量限值		
	混凝土强度等级		
	<C30	C30~C45	≥C50
含泥量(%)	≤1.0	≤1.0	≤0.5
泥块含量(%)	≤0.25		
针片状颗粒含量(%)	≤7		
硫化物及硫酸盐含量(按SO_3质量计,%)	≤0.5		
氯离子含量(%)	<0.02		
有机物含量(比色法)	合格		

6.15.7　外加剂应选用高效减水剂或复合减水剂,并应选择减水率高、坍落度损失小、适量引气、与水泥之间具有良好的相容性、能明显改善或提高混凝土耐久性能且质量稳定的产品;引气剂或引气型外加剂应有良好的气泡稳定性。用于提高混凝土抗冻性的引气剂、减水剂和复合外加剂中均不得掺有木质硫酸盐组分,并不得采用含有氯盐的防冻剂。外加剂的性能指标应符合表6.15.7的规定。

表6.15.7　外加剂性能指标

项　　目		指　　标	检验标准
水泥净浆流动度(mm)		≥240	《混凝土外加剂匀质性试验方法》(GB/T 8077)
硫酸钠含量(%)		≤5.0	
氯离子含量(%)		≤0.02	
碱含量($Na_2O+0.658K_2O$,%)		≤10.0	
减水率(%)		≥20	《混凝土外加剂》(GB 8076)
含气量(%)	用于配制非抗冻混凝土时	≥3.0	
	用于配制抗冻混凝土时	≥4.5	
坍落度保留值(mm)	30min	≥180	《混凝土泵送剂》(JC 473)
	60min	≥150	
常压泌水率比(%)		≤20	《混凝土外加剂》(GB 8076)
压力泌水率比(%)		≤90	《混凝土泵送剂》(JC 473)

续上表

项目		指标	检验标准
抗压强度比(%)	3d	≥130	《混凝土外加剂》(GB 8076)
	7d	≥125	
	28d	≥120	
对钢筋锈蚀作用		无锈蚀	
收缩率比(%)		≤135	
相对耐久性指标(200次,%)		≥80	

注:表中坍落度保留值、压力泌水率比仅适用于泵送混凝土用外加剂。

6.15.8 矿物掺合料应选用品质稳定、来料均匀的粉煤灰、磨细矿渣粉和硅灰等。所用掺合料的技术要求除应符合本章第6.7节的规定外,尚应分别符合表6.15.8-1~表6.15.8-3的规定。

表6.15.8-1 粉煤灰技术要求

项目	技术要求		检验标准
	C50以下混凝土	C50及以上混凝土	
细度(%)	≤20	≤12	《用于水泥和混凝土中的粉煤灰》(GB/T 1596)
需水量比(%)	≤105	≤100	
含水率(%)	≤1.0(干排灰)		
烧失量(%)	≤5.0	≤3.0	《水泥化学分析方法》(GB/T 176)
SO_3含量(%)	≤3		
CaO含量(%)	≤10(硫酸盐侵蚀环境)		
游离CaO含量(%)	F类粉煤灰≤1.0 C类粉煤灰≤4.0		
氯离子含量(%)	≤0.02		《水泥原料中氯离子的化学分析方法》(JC/T 420)
安定性(雷氏夹沸煮后增加距离,mm)	C类粉煤灰≤5.0		《水泥标准稠度用水量、凝结时间、安定性检验方法》(GB/T 1346)

表6.15.8-2 磨细矿渣粉技术要求

项目	技术要求	检验标准
比表面积(m^2/kg)	350~450	《水泥比表面积测定方法(勃氏法)》(GB/T 8074)
需水量比(%)	≤100	《高强高性能混凝土用矿物外加剂》(GB/T 18736)
含水率(%)	≤1.0	《用于水泥和混凝土中的粒化高炉矿渣粉》(GB/T 18046)
烧失量(%)	≤3	《水泥化学分析方法》(GB/T 176)
SO_3含量(%)	≤4	
MgO含量(%)	≤14	
氯离子含量(%)	≤0.02	《水泥原料中氯的化学分析方法》(JC/T 420)
28d活性指数(%)	≥95	《用于水泥和混凝土中的粒化高炉矿渣粉》(GB/T 18046)

表 6.15.8-3 硅灰技术要求

项目	技术要求	检验标准
比表面积(m^2/kg)	≥18 000	《高强高性能混凝土用矿物外加剂》(GB/T 18736)
需水量比(%)	≤125	
含水率(%)	≤3.0	《水泥化学分析方法》(GB/T 176)
烧失量(%)	≤6	
SiO_2 含量(%)	≥85	《高强高性能混凝土用矿物外加剂》(GB/T 18736)
氯离子含量(%)	≤0.02	《水泥原料中氯的化学分析方法》(JC/T 420)
28d 活性指数(%)	≥85	《高强高性能混凝土用矿物外加剂》(GB/T 18736)

6.15.9 高性能混凝土的配合比应根据原材料品质、设计强度等级、耐久性以及施工工艺对工作性能的要求,通过计算、试配和调整等步骤确定。进行配合比设计时应符合下列规定:

1 对不同强度等级混凝土的胶凝材料总量应进行控制,C40 以下不宜大于 400kg/m^3;C40 ~ C50 不宜大于 450 kg/m^3;C60 及以上的非泵送混凝土不宜大于 500kg/m^3,泵送混凝土不宜大于 530 kg/m^3。配有钢筋的混凝土结构,在不同环境条件下其最大水胶比和单方混凝土中胶凝材料的最小用量应符合设计要求,设计未要求时应符合表6.15.9-1的规定。

表 6.15.9-1 高性能混凝土的最大水胶比和最小胶凝材料用量(kg/m^3)

环境作用等级	强度等级	最大水胶比	最小胶凝材料用量	强度等级	最大水胶比	最小胶凝材料用量
	设计基准期 100 年			设计基准期 50 年		
A	C30	0.55	280	C25	0.60	260
B	C35	0.50	300	C30	0.55	280
C	C40	0.45	320	C35	0.50	300
D	C45	0.40	340	C40	0.45	320
E	C50	0.36	360	C45	0.40	340
F	C50	0.32	380	C50	0.36	360

注:1. 大掺量矿物掺合料混凝土的水胶比应不大于 0.42。
2. 对环境作用等级为 E 或 F 的重要工程,其混凝土材料的拌和用水量不宜高于 150kg/m^3。
3. 对冻融和化学腐蚀环境下的薄壁结构或构件,其水胶比宜适当低于表中对应的数值。

2 混凝土中宜适量掺加优质的粉煤灰、磨细矿渣粉或硅灰等矿物掺合料,用以提高其耐久性,改善其施工性能和抗裂性能,其掺量宜根据混凝土的性能要求通过试验确定,且不宜小于胶凝材料总量的 20%。当混凝土中粉煤灰掺量大于 30% 时,混凝土的水胶比不得大于 0.45;在预应力混凝土及处于冻融环境的混凝土中,粉煤灰的掺量不宜大于

30%,且粉煤灰的含碳量不宜大于2%。对暴露于空气中的一般构件混凝土,粉煤灰的掺量不宜大于20%,且单方混凝土胶凝材料中的硅酸盐水泥用量不宜小于240kg。

3 对耐久性有较高要求的混凝土结构,试配时应进行混凝土和胶凝材料抗裂性能的对比试验,并从中优选抗裂性能良好的混凝土原材料和配合比。

4 混凝土中宜适量掺加符合本规范表6.15.7规定的外加剂,且宜选用质量可靠、稳定的多功能复合外加剂。

5 冻融环境下的混凝土宜采用引气混凝土。冻融环境作用等级D级及以上的混凝土必须掺用引气剂,并应满足表6.15.9-1对相应强度等级中最大水胶比和胶凝材料最小用量的要求;对处于其他环境作用等级的混凝土,亦可通过掺加引气剂(含气量不小于4%)提高其耐久性。混凝土抗冻性的耐久性指数(DF)应符合现行行业标准《公路工程混凝土结构防腐蚀技术规范》(JTG/T B07-01)的规定。引气混凝土的适宜含气量和气泡间距系数应符合表6.15.9-2的规定。

表6.15.9-2 引气混凝土的适宜含气量和气泡间距系数

集料最大粒径(mm)	含气量(%)		
	高度水饱和环境	中度水饱和环境	盐冻环境
9.5	7.0	5.5	7.0
16.0	6.5	5.0	6.5
26.5	6.0	4.5	6.0
37.5	5.5	4.0	5.5
气泡间距系数(μm)	≤250	≤300	≤200

注:1. 高度水饱和指冰冻前长期或频繁接触水或湿润土体,混凝土体内高度水饱和;中度水饱和指冰冻前偶受雨水或潮湿,混凝土体内饱水程度不高。
2. 表中含气量为在现场新拌混凝土中取样测得的平均值,允许误差为±1.0%。
3. 气泡间距系数为在现场或模拟现场的硬化混凝土中钻芯取样测得的数值。

6 对混凝土中总碱含量的控制,应符合本规范第6.8.5条的规定。混凝土中的氯离子总含量,对钢筋混凝土不应超过胶凝材料总质量的0.10%;对预应力混凝土不应超过0.06%。

7 混凝土的坍落度宜根据施工工艺的要求确定,条件允许时宜选用低坍落度的混凝土施工。

6.16 质量检验

6.16.1 混凝土的质量宜分为施工前、施工过程和施工后三个阶段进行检验。施工前检验的项目应全部合格方可进行施工;施工过程中的检验项目不合格时,应分析原因,采取措施调整,待合格后方可继续施工;施工后的检验应与施工前、施工过程的检验共同作为混凝土质量评定和验收的依据。

6.16.2 混凝土施工前的检验项目应包括下列内容：

1 施工设备和场地；

2 混凝土的原材料和各种组成材料的质量；

3 混凝土配合比及其拌和物的工作性能、力学性能及抗裂性能等，对耐久性混凝土，尚应包括耐久性的性能；

4 基础、钢筋、预埋件等隐蔽工程及支架、模板；

5 混凝土的运输、浇筑和养护方法及设施，安全设施。

6.16.3 混凝土施工过程的检验项目应包括下列内容：

1 混凝土组成材料的外观及配料、拌制，每一工作班应不少于2次，必要时应随时抽样试验；

2 混凝土的和易性、坍落度及扩展度等工作性能，每工作班应检验不少于2次；

3 砂石材料的含水率，每日开工前应检测1次，天气有较大变化时应随时检测；当含水率变化较大并将使配料偏差超过规定时，应及时调整；

4 钢筋、预应力管道、模板、支架等的安装位置和稳固性；

5 混凝土的浇筑质量；

6 外加剂使用效果。

6.16.4 混凝土拆模且养护结束后应对实体混凝土进行下列检验：

1 养护情况；

2 混凝土强度，拆模时间；

3 混凝土外露面质量；

4 结构的外形尺寸、位置、裂缝、变形和沉降等。

6.16.5 对混凝土应制取试件检验其在标准养护条件下28d龄期的抗压强度。不同强度等级及不同配合比的混凝土应分别制取试件，试件应在浇筑地点从同一盘混凝土或同一车运送的混凝土中随机制取。试件制取组数应符合下列规定：

1 浇筑一般体积的结构物(如基础、墩台等)时，每一单元结构物应制取不少于2组。

2 连续浇筑大体积结构物时，每200m^3或每一工作班应制取不少于2组。

3 每片梁(板)，长16m以下的应制取1组，16～30m应制取2组，31～50m应制取3组，50m以上者应不少于5组。

4 就地浇筑混凝土的小桥涵，每一座或每一工作班应制取不少于2组；当原材料和配合比相同，并由同一拌和站拌制时，可几座合并制取不少于2组。

5 应根据施工需要，制取与结构物同条件养护的试件，作为判断结构混凝土在拆模、出池、吊装、预施应力、承受载荷等阶段强度的依据。

6.16.6 除另有规定外,混凝土应以标准养护条件下28d龄期试件的抗压强度进行评定,其合格条件应符合下列规定:

1 应以强度等级相同、龄期相同以及生产工艺条件和配合比相同的混凝土组成同一验收批,同一验收批的混凝土强度应以同批内所有各组标准尺寸试件的强度测定值(当为非标准尺寸试件时应进行强度换算)为代表值。

2 大桥等重要工程及中小桥、涵洞工程的试件大于或等于10组时,应以数理统计方法按下述条件评定:

$$m_{f_{cu}} \geqslant f_{cu,k} + \lambda_1 \cdot S_{f_{cu}} \tag{6.16.6-1}$$

$$f_{cu,min} \geqslant \lambda_2 \cdot f_{cu,k} \tag{6.16.6-2}$$

式中:$m_{f_{cu}}$——同一检验批 n 组混凝土立方体抗压强度的平均值(MPa);

$f_{cu,k}$——混凝土立方体抗压强度标准值(MPa);

$S_{f_{cu}}$——同一检验批混凝土立方体抗压强度的标准差(MPa),精确到0.01;当计算值小于2.5MPa时,应取2.5MPa;$S_{f_{cu}}$ 按下式计算:

$$S_{f_{cu}} = \sqrt{\frac{\sum_{i=1}^{n} f_{cu,i}^2 - n m_{f_{cu}}^2}{n-1}} \tag{6.16.6-3}$$

$f_{cu,i}$——第 i 组混凝土样本试件的立方体抗压强度代表值(MPa),精确到0.1;

n——本检验期内的样本数量;

$f_{cu,min}$——同一检验批 n 组混凝土立方体抗压强度的最小值(MPa);

λ_1、λ_2——合格判定系数,见表6.16.6-1。

表6.16.6-1 混凝土强度的合格判定系数

试件组数	10~14	15~19	≥20
λ_1	1.15	1.05	0.95
λ_2	0.90	0.85	

3 中小桥及涵洞等工程,同批混凝土试件少于10组时,可采用非统计方法按下述条件进行评定:

$$m_{f_{cu}} \geqslant \lambda_3 \cdot f_{cu,k} \tag{6.16.6-4}$$

$$f_{cu,min} \geqslant \lambda_4 \cdot f_{cu,k} \tag{6.16.6-5}$$

式中:λ_3、λ_4—— 混凝土强度的合格判定系数,见表6.16.6-2。

表6.16.6-2 混凝土强度的非统计方法合格判定系数

混凝土强度等级	<C60	≥C60
λ_3	1.15	1.10
λ_4	0.95	

4 当混凝土强度按试件强度进行评定达不到合格条件时,可采用无损检测法或钻取试样确定结构混凝土的实际强度和浇筑质量。如仍有不合格,应采取措施进行处理。

6.16.7 高性能混凝土的质量除应按本章的规定进行常规检验外,尚应对其耐久性质量进行检验。耐久性质量应根据不同要求和处于不同环境作用下的工程,对混凝土的拌和物及实体结构分别进行相应的检验。质量检验的结果应符合设计的规定,同时应符合本规范的相关规定;当质量检验评定结果不合格时,应委托专门的咨询机构就其耐久性质量进行评价,并应按其评价结论采取措施进行处理。耐久性的质量检验应符合下列规定:

1 对高性能混凝土的拌和物,宜进行抗渗、抗冻和电通量等耐久性指标的检验;对引气混凝土,尚应抽检其含气量。抗渗、抗冻检验的试验方法应符合现行行业标准《公路工程水泥及水泥混凝土试验规程》(JTG E30)的规定,电通量的检验应符合本规范附录B3的规定,高性能混凝土的电通量应不大于1 000C。检验结果应满足设计和经批准的施工配合比的要求。

2 实体结构在拆模且养护结束后,应对钢筋的混凝土保护层厚度,保护层混凝土的密实性、渗透性等进行检验。必要时,可从实体结构的混凝土中取芯制作试件,测定混凝土的含气量和气泡间距系数、抗冻等级或耐久性指数DF、氯离子扩散系数等指标。

3 高性能混凝土的保护层厚度,宜采用专用的钢筋保护层厚度检测仪进行无损检测;当对保护层厚度检测结果有怀疑时,可采用局部破损的方法进行复核,但复核结束后应对破损部位进行及时修复。

4 保护层混凝土的密实性宜采用标准预埋件的拔出试验或回弹仪试验,通过测定表层混凝土的强度并间接估计其质量。测定宜在达到28d龄期时进行,测得的强度平均值应不低于预先规定的数值。采用回弹仪测定时应在试验室内通过标定对比试验确定。

5 高性能混凝土的渗透性检验宜采用混凝土渗透性测试仪,测定结构物表层混凝土的抗渗性,其结果应不低于设定值。

7 预应力混凝土工程

7.1 一般规定

7.1.1 本章适用于预应力混凝土现浇结构和预制构件的施工。

7.1.2 预应力混凝土工程施工时，应采取必要的安全防护措施，防止发生事故。

7.2 预应力筋及其制作

7.2.1 预应力混凝土结构所采用的钢丝、钢绞线、螺纹钢筋等材料的性能和质量，应符合现行国家标准的规定。钢丝应符合《预应力混凝土用钢丝》(GB/T 5223)的规定；钢绞线应符合《预应力混凝土用钢绞线》(GB/T 5224)的规定；螺纹钢筋应符合《预应力混凝土用螺纹钢筋》(GB/T 20065)的规定。有涂层的预应力筋应符合相应的现行国家标准的规定。进口材料的性能和质量应符合合同规定标准的要求。

7.2.2 预应力筋进场时应分批验收，验收时，除应按合同要求对其质量证明书、包装、标志和规格等进行检查外，尚应按下列规定进行检验：

1 钢丝分批检验时每批质量应不大于60t。检验时应先从每批中抽查5%且不少于5盘，进行表面质量检查，如检查不合格，则应对该批钢丝逐盘检查。在表面质量检查合格的钢丝中抽取5%，但不少于3盘，在每盘钢丝的两端取样进行抗拉强度、弯曲和伸长率的试验。试验结果如有一项不合格时，则不合格盘报废，并从同批未试验过的钢丝盘中取双倍数量的试样进行该不合格项的复验；如仍有一项不合格，则该批钢丝为不合格。

2 钢绞线分批检验时每批质量应不大于60t，检验时应从每批钢绞线中任取3盘，并从每盘所选的钢绞线端部正常部位截取一组试样进行表面质量、直径偏差和力学性能试验。如每批少于3盘，则应逐盘取样进行上述试验。试验结果如有一项不合格时，则不合格盘报废，并再从该批未试验过的钢绞线中取双倍数量的试样进行该不合格项的复验；如仍有一项不合格，则该批钢绞线为不合格。

3 螺纹钢筋分批检验时每批质量应不大于100t，对表面质量应逐根目视检查，外观检查合格后在每批中任选2根钢筋截取试件进行拉伸试验。试验结果如有一项不合格时，则应另取双倍数量的试件重做全部各项试验；如仍有一根试件不合格，则该批钢筋为不合格。

4 预应力筋的实际强度不得低于现行国家标准的规定。预应力筋的检验试验方法应按现行国家标准的规定执行,用作拉伸试验的试件,不得进行任何形式的加工。在对预应力筋的拉伸试验中,应同时测定其弹性模量。

5 对特大桥、大桥或重要桥梁工程中使用的钢丝、钢绞线和螺纹钢筋,进场时应按上述规定进行检验;对预应力材料用量较少的一般桥梁工程,其预应力钢材的力学性能,可仅进行抗拉强度检验,或由生产厂提供力学性能试验报告。

7.2.3 预应力筋应保持清洁,在存放和搬运过程中应避免使其产生机械损伤和有害的锈蚀。进场后的存放时间不宜超过 6 个月,且宜存放在干燥、防潮、通风良好、无腐蚀气体和介质的仓库内;在室外存放时,不得直接堆放于地面,应支垫并遮盖,防止雨露和各种腐蚀性介质对其产生不利影响。

7.2.4 预应力筋制作时的下料应符合下列规定:

1 下料长度应通过计算确定,计算时应考虑结构的孔道长度或台座长度、锚夹具厚度、千斤顶长度、镦头预留量、冷拉伸长值、弹性回缩值、张拉伸长值和张拉工作长度等因素。

2 钢丝束两端采用镦头锚具时,宜采用等长下料法对钢丝进行下料。

3 预应力筋的下料,应采用切断机或砂轮锯切断,严禁采用电弧切割。

7.2.5 高强钢丝的镦头宜采用液压冷镦,镦头前应确认钢丝的可镦性。钢丝镦头的强度不得低于钢丝强度标准值的 98%。

7.2.6 制作挤压锚时,模具与挤压锚应配套使用,挤压锚具的外表面应涂润滑介质,挤压力和挤压操作应符合产品使用说明书的规定。挤压后的预应力筋外端应露出挤压套筒 2 ~ 5mm。钢绞线压花锚成型时,表面应清洁、无油污,梨形头的尺寸和直线段长度应不小于设计值。

7.2.7 预应力筋由多根钢丝或钢绞线组成且当采取整束穿入孔道内时应预先编束,编束时应将钢丝或钢绞线逐根理顺,防止缠绕,并应每隔 1 ~ 1.5m 捆绑一次,使其绑扎牢固、顺直。

7.3 锚具、夹具和连接器

7.3.1 锚具、夹具和连接器应按设计规定采用,并应具有可靠的锚固性能、足够的承载能力和良好的适用性,应能保证充分发挥预应力筋的强度,并安全地实现预应力张拉作业,其性能和质量应符合现行国家标准《预应力筋用锚具、夹具和连接器》(GB/T 14370)

的规定。

7.3.2 锚具应满足分级张拉、补张拉以及放松预应力的要求;锚固多根预应力筋的锚具除应具有整束张拉的性能外,尚应具有单根张拉的性能;用于承受低应力或动荷载的夹片式锚具应具有防松性能;锚具的锚口摩擦损失率不宜大于6%。

7.3.3 夹具应具有良好的自锚性能、松锚性能和安全的重复使用性能,主要锚固零件应具有良好的防锈性能,可重复使用的次数不应少于300次。需敲击才能松开的夹具,必须保证其对预应力筋的锚固没有影响,且对操作人员的安全不造成危险。

7.3.4 在混凝土结构或构件中的永久性预应力筋连接器,应符合锚具的性能要求;用于先张法施工且在张拉后还需进行放张和拆卸的连接器,应符合夹具的性能要求。

7.3.5 锚垫板应具有足够的强度和刚度,且宜设置锚具对中止口以及压浆孔或排气孔,压浆孔的内径不宜小于20mm。与后张预应力筋用锚具或连接器配套的锚垫板和局部加强钢筋,在规定的局部承压试件尺寸及混凝土强度下,应满足传力性能要求。

7.3.6 锚具、夹具和连接器进场时,应按合同核对其型号、规格和数量,以及适用的预应力筋品种、规格和强度等级,且生产厂家应提供产品质保书、产品技术手册、锚固区传力性能型式检验报告,以及夹片式锚具的锚口摩擦损失测试报告或参数。产品按合同验收后,应按下列规定进行进场检验:

1 外观检查:应从每批产品中抽取2%且不少于10套样品,检查其外形尺寸、表面裂纹及锈蚀情况。外形尺寸应符合产品质保书所示的尺寸范围,且表面不得有裂纹及锈蚀。当有下列情况之一时,本批产品应逐套检查,合格者方可进入后续检验:

1)当有1个零件不符合产品质保书所示的外形尺寸,则应另取双倍数量的零件重新检查,仍有1个不合格;

2)当有1个零件表面有裂纹或夹片、锚孔锥面有锈蚀。

对配套使用的锚垫板和螺旋筋可按上述方法进行外观检查,但允许表面有轻度锈蚀。

2 硬度检验:应从每批产品中抽取3%且不少于5套样品(对多孔夹片式锚具的夹片,每套抽取6片),对其中有硬度要求的零件进行硬度检验,每个零件测试3点,其硬度应符合产品质保书的规定。当有1个零件不合格时,则应另取双倍数量的零件重做检验;如仍有1个零件不合格,应对本批产品逐个检验,合格者方可使用或进入后续检验。

3 静载锚固性能试验:应在外观检查和硬度检验均合格的同批产品中抽取样品,与相应规格和强度等级的预应力筋组成3个预应力筋—锚具组装件,进行静载锚固性能试验。如有1个试件不符合要求时,则应另取双倍数量的样品重做试验;仍有1个试件不符合要求,则该批锚具为不合格。静载锚固性能试验方法应符合现行国家标准《预应力筋用锚具、夹具和连接器》(GB/T 14370)的规定。

4　对特大桥、大桥和重要桥梁工程中使用的锚具产品,应进行上述3项检查和检验;对锚具用量较小的一般中、小桥梁工程,如生产厂能提供有效的静载锚固性能试验合格的证明文件,则仅需进行外观检查和硬度检验。

5　进场检验时,同种材料、同一生产工艺条件下、同批进场的产品可视为同一验收批。锚具的每个验收批不宜超过2 000套;夹具、连接器的每个验收批不宜超过500套;获得第三方独立认证的产品其验收批可扩大1倍。检验合格的产品,在现场的存放期超过1年时,再用时应进行外观检查。

7.3.7　锚具、夹具和连接器在存放、搬运及使用期间均应妥善防护,避免锈蚀、沾污、遭受机械损伤、混淆和散失,但临时性的防护措施应不影响其安装和永久性防腐的实施。

7.3.8　预应力筋用锚具产品应配套使用,同一结构或构件中应采用同一生产厂的产品,工作锚不得作为工具锚使用。夹片式锚具的限位板和工具锚宜采用与工作锚同一生产厂的配套产品。

7.4　管道

7.4.1　在后张有黏结预应力混凝土结构或构件中,预应力筋的孔道宜由浇筑在混凝土中的刚性或半刚性管道构成,或采取钢管抽芯、胶管抽芯及金属伸缩套管抽芯等方法进行预留。设置于混凝土中的刚性或半刚性管道不应有漏浆现象,且应具有足够的强度和刚度,应能在浇筑混凝土重力的作用下保持原有的形状,并能按要求传递黏结应力。

7.4.2　管道的性能要求应符合下列规定:

1　刚性管道应是壁厚不小于2mm的平滑钢管,且应具有光滑的内壁并可被弯曲成适当的形状而不出现卷曲或被压扁;半刚性管道应是波纹状的金属管或高密度聚乙烯塑料管,且金属波纹管宜采用镀锌钢带制作,壁厚不宜小于0.3mm。

2　金属波纹管的性能和质量应符合现行行业标准《预应力混凝土用金属波纹管》(JG 225)的规定;塑料波纹管的制作材料、性能和质量应符合现行行业标准《预应力混凝土桥梁用塑料波纹管》(JT/T 529)的规定。

7.4.3　管道的进场检验应符合下列规定:

1　进场时除应按合同检查出厂合格证和质量保证书,核对其类别、型号、规格及数量外,尚应对其外观、尺寸、集中荷载下的径向刚度、荷载作用后的抗渗漏及抗弯曲渗漏等进行检验。检验试验方法应分别符合现行行业标准《预应力混凝土用金属波纹管》(JG 225)和《预应力混凝土桥梁用塑料波纹管》(JT/T 529)的规定。

2　管道应按批进行检验。金属波纹管每批应由同一钢带生产厂生产的同一批钢带所制造的产品组成,累计半年或50 000m生产量为一批,不足半年产量或50 000m也作为一批的，则取产量最多的规格；塑料波纹管每批应由同一配方、同一生产工艺、同设备稳定连续生产的产品组成，每批数量应不超过 10 000m。

3 检验时应先进行外观质量的检验，合格后再进行其他指标的检验。当其他指标中有不合格项时，应取双倍数量的试件对该不合格项进行复验；复验仍不合格时，则该批产品为不合格。

7.4.4 波纹管在搬运时应采用非金属绳捆扎，或采用专用框架装载，不得抛摔或在地面上拖拉。波纹管在存放时应远离热源及可能遭受各种腐蚀性气体、介质影响的地方，存放时间不宜超过 6 个月，在室外存放时不得直接堆于地面，应支垫并遮盖。

7.5 混凝土浇筑

7.5.1 浇筑混凝土前，除应符合本规范笃 6.11.1 条的规定外，尚应对预埋于混凝土中的锚具、管道和钢筋等进行全面检查验收，符合要求后方可开始浇筑。

7.5.2 浇筑混凝土时，宜根据结构或构件的不同形式选用插入式、附着式或平板式等振动器进行振捣。对箱梁腹板与底板及顶板连接处的承托、预应力筋锚固区及其他预应力钢束与钢筋密集的部位，应采取有效措施加强振捣；对先张构件应避免振动器碰撞预应力筋；对后张结构应避免振动器碰撞预应力筋的管道、预埋件等。浇筑过程中应随时检查模板、管道、锚固端垫板等的稳固性，保证其位置及尺寸符合设计要求。

7.5.3 用于判断现场预应力混凝土结构或构件强度的混凝土试件，应置于现场与结构或构件同环境、同条件养护。

7.6 施加预应力

7.6.1 预应力张拉用的机具设备和仪表应符合下列规定：

1 预应力筋的张拉宜采用穿心式双作用千斤顶，整体张拉或放张宜采用具有自锚功能的千斤顶；张拉千斤顶的额定张拉力宜为所需张拉力的 1.5 倍，且不得小于 1.2 倍。与千斤顶配套使用的压力表应选用防振型产品，其最大读数应为张拉力的 1.5 ~ 2.0 倍，标定精度应不低于 1.0 级。张拉机具设备应与锚具产品配套使用，并应在使用前进行校正、检验和标定。

2 张拉用的千斤顶与压力表应配套标定、配套使用，标定应在经国家授权的法定计量技术机构定期进行，标定时千斤顶活塞的运行方向应与实际张拉工作状态一致。当处于下列情况之一时，应重新进行标定：

1）使用时间超过 6 个月；

2）张拉次数超过 300 次；

3)使用过程中千斤顶或压力表出现异常情况;

4)千斤顶检修或更换配件后。

3 采用测力传感器测量张拉力时,测力传感器应按相关国家标准的规定每年送检一次。

7.6.2 施加预应力之前,施工现场的准备工作及结构或构件需达到的要求应符合下列规定:

1 施工现场已具备经批准的张拉顺序、张拉程序和施工作业指导书,经培训掌握预应力施工知识和正确操作的施工人员,以及能保证操作人员和设备安全的防护措施。

2 锚具安装正确,结构或构件混凝土已达到要求的强度和弹性模量(或龄期)。

7.6.3 对预应力筋施加预应力时,应符合下列规定:

1 千斤顶安装时,工具锚应与前端的工作锚对正,工具锚和工作锚之间的各根预应力筋不得错位、扭绞。实施张拉时,千斤顶与预应力筋、锚具的中心线应位于同一轴线上。

2 预应力筋的张拉顺序和张拉控制应力应符合设计规定。当施工中需要对预应力筋实施超张拉或计入锚圈口预应力损失时,可比设计规定提高5%,但在任何情况下均不得超过设计规定的最大张拉控制应力。

3 预应力筋采用应力控制方法张拉时,应以伸长值进行校核。实际伸长值与理论伸长值的差值应符合设计规定;设计未规定时,其偏差应控制在±6%以内,否则应暂停张拉,待查明原因并采取措施予以调整后,方可继续张拉。对环形筋、U形筋等曲率半径较小的预应力束,其实际伸长值与理论伸长值的偏差宜通过试验确定。

4 预应力筋的理论伸长值 ΔL_L(mm)可按式(7.6.3-1)计算:

$$\Delta L_L = \frac{P_P L}{A_P E_P} \tag{7.6.3-1}$$

式中:P_P——预应力筋的平均张拉力(N),直线筋取张拉端的拉力;两端张拉的曲线筋,计算方法见本规范附录C1;

L——预应力筋的长度(mm);

A_P——预应力筋的截面面积(mm^2);

E_P——预应力筋的弹性模量(N/mm^2)。

5 预应力筋张拉时,应先调整到初应力 σ_0,该初应力宜为张拉控制应力 σ_{con} 的10%~25%,伸长值应从初应力时开始量测。预应力筋的实际伸长值除量测的伸长值外,尚应加上初应力以下的推算伸长值。预应力筋张拉的实际伸长值 ΔL_s(mm)可按式(7.6.3-2)计算:

$$\Delta L_s = \Delta L_1 + \Delta L_2 \tag{7.6.3-2}$$

式中:ΔL_1——从初应力至最大张拉应力间的实测伸长值(mm);

ΔL_2——初应力以下的推算伸长值(mm),可采用相邻级的伸长值。

6 预应力筋的锚固,应在张拉控制应力处于稳定状态下进行。锚固阶段张拉端锚具变形、预应力筋的内缩量和接缝压缩值，应不大于设计规定或不大于表 7.6.3 所列容许值。

表 7.6.3 锚具变形、预应力筋回缩和接缝压缩容许值

锚具、接缝类型		变 形 形 式	容许值 ΔL_R(mm)
钢制锥形锚具		预应力筋回缩、锚具变形	6
夹片式锚具	有顶压时	预应力筋回缩、锚具变形	4
	无顶压时		6
镦头锚具		缝隙压密	1
粗钢筋锚具(用于螺纹钢筋)		预应力筋回缩、锚具变形	1
每块后加垫板的缝隙		缝隙压密	1
水泥砂浆接缝		缝隙压密	1
环氧树脂砂浆接缝		缝隙压密	1

7 在预应力筋张拉、锚固过程中及锚固完成后，均不得大力敲击或振动锚具。预应力筋锚固后需要放松时，对夹片式锚具宜采用专门的放松装置松开；对支撑式锚具可采用张拉设备缓慢地松开。

8 预应力筋在实施张拉或放张作业时，应采取有效的安全防护措施，预应力筋两端的正面严禁站人和穿越。

9 预应力筋张拉、锚固及放松时，均应填写施工记录。

7.7 先张法

7.7.1 先张法的墩式台座结构应符合下列规定：

1 承力台座应进行专门设计，并应具有足够的强度、刚度和稳定性，其抗倾覆安全系数应不小于 1.5，抗滑移系数应不小于 1.3。

2 锚固横梁应有足够的刚度，受力后挠度应不大于 2mm。

7.7.2 预应力筋的安装宜自下而上进行，并应采取措施防止其被台座上涂刷的隔离剂污染。预应力筋与锚固横梁间的连接，宜采用张拉螺杆。

7.7.3 先张法预应力筋的张拉除应符合第 7.6 节的相关规定外，尚应符合下列规定：

1 张拉前，应对台座、锚固横梁及各项张拉设备进行详细检查，符合要求后方可进行操作。

2 同时张拉多根预应力筋时，应预先调整其单根预应力筋的初应力，使相互之间的应力一致，再整体张拉。张拉过程中，应使活动横梁与固定横梁始终保持平行，并应检查预应力筋的预应力值，其偏差的绝对值不得超过按一个构件全部预应力筋预应力总值的 5%。

3 先张法预应力筋的张拉程序应符合设计规定；设计未规定时，其张拉程序可按表

7.7.3-1 的规定进行。

表 7.7.3-1 先张法预应力筋张拉程序

预应力筋种类		张拉程序
钢丝、钢绞线	夹片式等具有自锚性能的锚具	普通松弛预应力筋:0→初应力→1.03σ_{con}(锚固) 低松弛预应力筋:0→初应力→σ_{con}(持荷 5min 锚固)
	其他锚具	0→初应力→1.05σ_{con}(持荷 5min)→0→σ_{con}(锚固)
螺纹钢筋		0→初应力→1.05σ_{con}(持荷 5min)→0.9σ_{con}→σ_{con}(锚固)

注:1. 表中 σ_{con} 为张拉时的控制应力值,包括预应力损失值。

2. 超张拉数值超过第 7.6.3 条规定的最大超张拉应力限值时,应按该条规定的限制张拉应力进行张拉。

3. 张拉螺纹钢筋时,应在超张拉并持荷 5min 后放张至 0.9σ_{con}时再安装模板、普通钢筋及预埋件等。

4 张拉时,预应力筋的断丝数量不得超过表 7.7.3-2 的规定。

表 7.7.3-2 先张法预应力筋断丝限制

预应力筋种类	检查项目	控制数
钢丝、钢绞线	同一构件内断丝数不得超过钢丝总数的百分比	1%
螺纹钢筋	断筋	不容许

5 预应力筋张拉完毕后,其位置与设计位置的偏差应不大于 5mm,同时不应大于构件最短边长的 4%,且宜在 4h 内浇筑混凝土。

7.7.4 先张法预应力筋的放张应符合下列规定:

1 预应力筋放张时构件混凝土的强度和弹性模量(或龄期)应符合设计规定;设计未规定时,混凝土的强度应不低于设计强度等级值的 80%,弹性模量应不低于混凝土 28d 弹性模量的 80%。

2 在预应力筋放张之前,应将限制位移的侧模、翼缘模板或内模拆除。

3 预应力筋的放张顺序应符合设计规定;设计未规定时,应分阶段、均匀、对称、相互交错地放张。

4 多根整批预应力筋的放张,当采用砂箱放张时,放砂速度应均匀一致;采用千斤顶放张时,放张宜分数次完成;单根钢筋采用拧松螺母的方法放张时,宜先两侧后中间,并不得一次将一根预应力筋松完。

5 预应力筋放张后,对钢丝和钢绞线,应采用机械切割的方式进行切断;对螺纹钢筋,可采用乙炔—氧气切割,但应采取必要措施防止高温对其产生不利影响。

6 长线台座上预应力筋的切断顺序,应由放张端开始,依次向另一端切断。

7.8 后张法

7.8.1 采用金属或塑料管道构成后张预应力混凝土结构或构件的孔道时,应符合下列规定:

1 管道的规格、尺寸应符合设计规定,且其内横截面积应不小于预应力筋净截面积的2倍;对长度大于60m的管道,宜通过试验确定其面积比是否可以进行正常的压浆作业。

2　管道应按设计规定的坐标位置进行安装,并应采用定位钢筋固定,使其能牢固地置于模板内的设计位置,且在混凝土浇筑期间不产生位移。管道与普通钢筋重叠时,应移动普通钢筋,不得改变管道的设计坐标位置。固定各种成孔管道用的定位钢筋的间距,对钢管不宜大于1.0m;波纹管不宜大于0.8m;位于曲线上的管道和扁平波纹管道应适当加密。定位后的管道应平顺,其端部的中心线应与锚垫板相垂直。

3　管道接头处的连接管宜采用大一级直径的同类管道,其长度宜为被连接管道内径的5~7倍。连接时不应使接头处产生角度变化及在混凝土浇筑期间发生管道的转动或移位,并应缠裹紧密防止水泥浆的渗入。塑料波纹管应采用专用焊接机进行热熔焊接或采用具有密封性能的塑料结构连接器连接。当采用真空辅助压浆工艺进行孔道压浆时,管道的所有接头应具有可靠的密封性能,并应满足真空度的要求。

4　所有管道均应在每个顶点设排气孔及需要时在每个低点设排水孔。压浆管、排气管和排水管应是最小内径为20mm的标准管或适宜的塑性管,与管道之间的连接应采用金属或塑料结构扣件,长度应足以从管道引出结构物以外。

5　管道安装完毕后,其端口应采取可靠措施临时封堵,防止水或其他杂物进入。

6　后张预应力管道安装的允许偏差应符合表7.8.1的规定。

表7.8.1　后张预应力管道安装允许偏差

项　　目		允许偏差(mm)
管道坐标	梁长方向	30
	梁高方向	10
管道间距	同排	10
	上下层	10

7.8.2　采用胶管抽芯法制孔时,胶管内应插入芯棒或充以压力水增加刚度;采用钢管抽芯法制孔时,钢管表面应光滑,焊接接头应平顺。抽芯时间应通过试验确定,以混凝土抗压强度达到0.4~0.8MPa时为宜,抽拔时不得损伤结构混凝土。抽芯后,应采用通孔器或压气、压水等方法对孔道进行检查,如发现孔道堵塞或有残留物或与邻孔有串通,应及时处理。

7.8.3　预应力筋的安装应符合下列规定:

1　预应力筋可在浇筑混凝土之前或之后穿入孔道,穿束前应检查锚垫板和孔道,锚垫板的位置应准确;孔道内应畅通,无水和其他杂物。

2　宜将一根钢束中的全部预应力筋编束后整体穿入孔道中,整体穿束时,束的前端宜设置穿束网套或特制的牵引头,应保持预应力筋顺直,且仅应前后拖动,不得扭转。对钢绞线,可采用穿束机逐根将其穿入孔道内,但应保证其在孔道内不发生相互缠绕。

3　对在混凝土浇筑及养护之前安装在孔道中但在表7.8.3的规定时限内未压浆的

预应力筋,应采取防止锈蚀或其他防腐蚀的措施,直至压浆。

表 7.8.3 未采取防腐蚀措施的预应力筋在安装后至压浆时的容许间隔时间

暴 露 条 件	安装后至压浆时的容许间隔时间(d)
空气湿度大于70%或盐分过大时	7
空气湿度40% ~70%时	15
空气湿度小于40%时	20

4 预应力筋安装在管道中后,应将管道端部开口密封防止湿气进入。采用蒸汽养护混凝土时,在养护完成之前不应安装预应力筋。

5 在任何情况下,当在安装有预应力筋的结构或构件附近进行电焊时,均应对全部预应力筋、管道和附属构件进行保护,防止溅上焊渣或造成其他损坏。

6 对在混凝土浇筑之前穿束的管道,预应力筋安装完成后,应进行全面检查,查出可能被损坏的管道。在混凝土浇筑之前,应将管道上所有非有意留的孔、开口或损坏之处修复,并应在浇筑混凝土过程中随时检查预应力筋能否在管道内自由移动。

7.8.4 锚具、夹具和连接器在安装前,应擦拭干净,安装时应符合下列规定:

1 锚具和连接器的安装位置应准确,且应与孔道对中。锚垫板上设置有对中止口时,应防止锚具偏出止口。安装夹片时,应使夹片的外露长度基本一致。

2 采用螺母锚固的支撑式锚具,安装时应逐个检查螺纹的配合情况,应保证在张拉和锚固过程中能顺利旋合拧紧。

7.8.5 后张法预应力筋的张拉和锚固应符合下列规定:

1 预应力张拉之前,宜对不同类型的孔道进行至少一个孔道的摩阻测试,通过测试所确定的μ值和k值宜用于对设计张拉控制应力的修正。摩阻损失的测试方法见附录C2。

2 张拉时,结构或构件混凝土的强度、弹性模量(或龄期)应符合设计规定;设计未规定时,混凝土的强度应不低于设计强度等级值的80%,弹性模量应不低于混凝土28d弹性模量的80%。

3 预应力筋的张拉顺序应符合设计规定;设计未规定时,可采取分批、分阶段的方式对称张拉。

4 预应力筋应整束张拉锚固。对扁平管道中平行排放的预应力钢绞线束,在保证各根钢绞线不会叠压时,可采用小型千斤顶逐根张拉,但应考虑逐根张拉时预应力损失对控制应力的影响。

5 预应力筋张拉端的设置应符合设计规定;设计未规定时,应符合下列规定:

1)直线筋和螺纹钢筋可在一端张拉。对曲线预应力筋,应根据施工计算的要求采取两端张拉或一端张拉的方式进行,当锚固损失的影响长度小于或等于$L/2$(L为结构或构件长度)时,应采取两端张拉;当锚固损失的影响长度大于$L/2$时,可采取一端张拉。

2)当同一截面中有多束一端张拉的预应力筋时,张拉端宜分别交错设置在结构或构件的两端。

3)预应力筋采用两端张拉时,宜两端同时张拉,或先在一端张拉锚固后,再在另一端补足预应力值进行锚固。

6 后张预应力筋的张拉程序应符合设计规定;设计未规定时,可按表7.8.5-1的规定进行。

表7.8.5-1 后张法预应力筋张拉程序

锚具和预应力筋类别		张拉程序
夹片式等具有自锚性能的锚具	钢绞线束、钢丝束	普通松弛预应力筋:0→初应力→$1.03\sigma_{con}$(锚固)
		低松弛预应力筋:0→初应力→σ_{con}(持荷5min锚固)
其他锚具	钢绞线束	0→初应力→$1.05\sigma_{con}$(持荷5min)→σ_{con}(锚固)
	钢丝束	0→初应力→$1.05\sigma_{con}$(持荷5min)→0→σ_{con}(锚固)
螺母锚固锚具	螺纹钢筋	0→初应力→σ_{con}(持荷5min)→0→σ_{con}(锚固)

注:1. 表中σ_{con}为张拉时的控制应力,包括预应力损失值。

2. 两端同时张拉时,两端千斤顶升降压、画线、测伸长等工作应基本一致。

3. 超张拉数值超过本规范第7.6.3条规定的最大超张拉应力限值时,应按该条规定的限值进行张拉。

7 后张预应力筋断丝及滑移的数量不得超过表7.8.5-2的控制数。

表7.8.5-2 后张预应力筋断丝、滑移限制

类别	检查项目	控制数
钢丝束、钢绞线束	每束钢丝断丝或滑丝	1根
	每束钢绞线断丝或滑丝	1丝
	每个断面断丝之和不超过该断面钢丝总数的百分比	1%
螺纹钢筋	断筋或滑移	不容许

注:1. 钢绞线断丝系指单根钢绞线内钢丝的断丝。

2. 超过表列控制数时,原则上应更换;当不能更换时,在许可的条件下,可采取补救措施,如提高其他束预应力值,但必须满足设计各阶段极限状态的要求。

8 预应力筋在张拉控制应力达到稳定后方可锚固。对夹片式锚具,锚固后夹片顶面应平齐,其相互间的错位不宜大于2mm,且露出锚具外的高度不应大于4mm。锚固完毕并经检验确认合格后方可切割端头多余的预应力筋,切割时应采用砂轮锯,严禁采用电弧进行切割,同时不得损伤锚具。

9 切割后预应力筋的外露长度不应小于30mm,且不应小于1.5倍预应力筋直径。锚具应采用封端混凝土保护,当需长期外露时,应采取防止锈蚀的措施。

7.9 后张孔道压浆及封锚

7.9.1 预应力筋张拉锚固后,孔道应尽早压浆,且应在48h内完成,否则应采取避免预应力筋锈蚀的措施。

7.9.2 后张预应力孔道宜采用专用压浆料或专用压浆剂配制的浆液进行压浆。所用原材料应符合下列规定:

1 水泥应采用性能稳定、强度等级不低于42.5的低碱硅酸盐或低碱普通硅酸盐水泥,水泥的性能要求应符合本规范第6.15.4条的规定。

2 外加剂应与水泥具有良好的相容性,且不得含有氯盐、亚硝酸盐或其他对预应力筋有腐蚀作用的成分。减水剂应采用高效减水剂,且应满足现行国家标准《混凝土外加剂》(GB 8076)中高效减水剂一等品的要求,其减水率应不小于20%。

3 矿物掺合料的品种宜为Ⅰ级粉煤灰、磨细矿渣粉或硅灰,并应符合本规范第6.15.8条的规定。

4 水不应含有对预应力筋或水泥有害的成分,每升水中不得含有350mg以上的氯化物离子或任何一种其他有机物,宜采用符合国家卫生标准的清洁饮用水。

5 膨胀剂宜采用钙矾石系或复合型膨胀剂,不得采用以铝粉为膨胀源的膨胀剂或总碱量0.75%以上的高碱膨胀剂。

6 压浆材料中的氯离子含量不应超过胶凝材料总量的0.06%,比表面积应大于350 m^2/kg,三氧化硫含量不应超过6.0%。

7.9.3 采用压浆材料配置的浆液,其性能应符合表7.9.3的规定。

表7.9.3 后张预应力孔道压浆浆液性能指标

<table>
<tr><th colspan="2">项　　目</th><th>性能指标</th><th>检验试验方法标准</th></tr>
<tr><td colspan="2">水胶比(%)</td><td>0.26~0.28</td><td rowspan="3">《水泥标准稠度用水量、凝结时间、安定性检验方法》(GB/T 1346)</td></tr>
<tr><td rowspan="2">凝结时间(h)</td><td>初凝</td><td>≥5</td></tr>
<tr><td>终凝</td><td>≤24</td></tr>
<tr><td rowspan="3">流动度(25℃)(s)</td><td>初始流动度</td><td>10~17</td><td rowspan="3">附录C3</td></tr>
<tr><td>30min流动度</td><td>10~20</td></tr>
<tr><td>60min流动度</td><td>10~25</td></tr>
<tr><td rowspan="2">泌水率(%)</td><td>24h自由泌水率</td><td>0</td><td>附录C4</td></tr>
<tr><td>3h钢丝间泌水率</td><td>0</td><td>附录C5</td></tr>
<tr><td rowspan="2">压力泌水率(%)</td><td>0.22MPa
(孔道垂直高度≤1.8m时)</td><td rowspan="2">≤2.0</td><td rowspan="2">附录C6</td></tr>
<tr><td>0.36MPa
(孔道垂直高度>1.8m时)</td></tr>
<tr><td rowspan="2">自由膨胀率(%)</td><td>3h</td><td>0~2</td><td rowspan="2">附录C4</td></tr>
<tr><td>24h</td><td>0~3</td></tr>
<tr><td colspan="2">充盈度</td><td>合格</td><td>附录C7</td></tr>
</table>

续上表

项　　目		性能指标	检验试验方法标准
抗压强度(MPa)	3d	≥20	《水泥胶砂强度检验方法(ISO 法)》(GB/T 17671)
	7d	≥40	
	28d	≥50	
抗折强度(MPa)	3d	≥5	
	7d	≥6	
	28d	≥10	

注:1. 有抗冻性要求时,宜在压浆材料中掺用适量引气剂,且含气量宜为 1% ~3%。

2. 有抗渗性要求时,抗氯离子渗透的 28d 电量指标宜小于或等于 1 500C。

7.9.4 用于后张孔道压浆的设备性能应符合下列规定:

1 搅拌机的转速应不低于 1 000r/min,搅拌叶的形状应与转速相匹配,其叶片的线速度不宜小于 10m/s,最高线速度宜限制在 20m/s 以内,且应能满足在规定的时间内搅拌均匀的要求。

2 用于临时储存浆液的储料罐亦应具有搅拌功能,且应设置网格尺寸不大于 3mm 的过滤网。

3 压浆机应采用活塞式可连续作业的压浆泵,其压力表的最小分度值应不大于 0.1MPa,最大量程应使实际工作压力在其 25% ~75% 的量程范围内。不得采用风压式压浆泵进行孔道压浆。

4 真空辅助压浆工艺中采用的真空泵应能达到 0.10MPa 的负压力。

7.9.5 孔道压浆前的准备工作应符合下列规定:

1 应在工地试验室对压浆材料加水进行试配,各种材料的称量(均以质量计)应精确到 ±1%。经试配的浆液其各项性能指标均应满足表 7.9.3 的要求后方可用于正式压浆。

2 应对孔道进行清洁处理。对抽芯成型的孔道应冲洗干净并应使孔壁完全湿润;金属和塑料管道在必要时亦应冲洗清除附着于孔道内壁的有害材料。对孔道内可能存在的油污等,可采用已知对预应力筋和管道无腐蚀作用的中性洗涤剂或皂液,用水稀释后进行冲洗;冲洗后,应使用不含油的压缩空气将孔道内的所有积水吹出。

3 应对压浆设备进行清洗,清洗后的设备内不应有残渣和积水。

7.9.6 压浆时,对曲线孔道和竖向孔道应从最低点的压浆孔压入;对结构或构件中以上下分层设置的孔道,应按先下层后上层的顺序进行压浆。同一管道的压浆应连续进行,一次完成。压浆应缓慢、均匀地进行,不得中断,并应将所有最高点的排气孔依次一一打开和关闭,使孔道内排气通畅。

7.9.7 浆液自拌制完成至压入孔道的延续时间不宜超过40min,且在使用前和压注过程中应连续搅拌,对因延迟使用所致流动度降低的水泥浆,不得通过额外加水增加其流动度。

7.9.8 对水平或曲线孔道,压浆的压力宜为0.5~0.7MPa;对超长孔道,最大压力不宜超过1.0MPa;对竖向孔道,压浆的压力宜为0.3~0.4MPa。压浆的充盈度应达到孔道另一端饱满且排气孔排出与规定流动度相同的水泥浆为止,关闭出浆口后,宜保持一个不小于0.5MPa的稳压期,该稳压期的保持时间宜为3~5min。

7.9.9 采用真空辅助压浆工艺时,在压浆前应对孔道进行抽真空,真空度宜稳定在-0.06~-0.10MPa范围内。真空度稳定后,应立即开启孔道压浆端的阀门,同时启动压浆泵进行连续压浆。

7.9.10 压浆时,每一工作班应制作留取不少于3组尺寸为40mm×40mm×160mm的试件,标准养护28d,进行抗压强度和抗折强度试验,作为质量评定的依据。试验方法应按现行国家标准《水泥胶砂强度检验方法(ISO法)》(GB/T 17671)的规定执行;质量评定方法可参照本规范第6章的规定执行。

7.9.11 压浆过程中及压浆后48h内,结构或构件混凝土的温度及环境温度不得低于5℃,否则应采取保温措施,并应按冬期施工的要求处理,浆液中可适量掺用引气剂,但不得掺用防冻剂。当环境温度高于35℃时,压浆宜在夜间进行。

7.9.12 压浆后应通过检查孔抽查压浆的密实情况,如有不实,应及时进行补压浆处理。

7.9.13 压浆完成后,应及时对锚固端按设计要求进行封闭保护或防腐处理,需要封锚的锚具,应在压浆完成后对梁端混凝土凿毛并将其周围冲洗干净,设置钢筋网浇筑封锚混凝土;封锚应采用与结构或构件同强度的混凝土并应严格控制封锚后的梁体长度。长期外露的锚具,应采取防锈措施。

7.9.14 对后张预制构件,在孔道压浆前不得安装就位;压浆后,应在浆液强度达到规定的强度后方可移运和吊装。

7.9.15 孔道压浆应填写施工记录。记录项目应包括:压浆材料、配合比、压浆日期、搅拌时间、出机初始流动度、浆液温度、环境温度、稳压压力及时间,采用真空辅助压浆工艺时尚应包括真空度。

7.10 无黏结预应力

7.10.1 无黏结预应力所采用的材料应符合下列规定：

1 无黏结预应力筋的性能和质量应符合现行行业标准《无粘结预应力钢绞线》(JG 161)的规定；制作无黏结预应力筋的钢绞线，其质量应符合现行国家标准《预应力混凝土用钢绞线》(GB/T 5224)的规定。

2 无黏结预应力筋的护套应采用挤塑型高密度聚乙烯管，其性能和质量应符合现行国家标准《聚乙烯(PE)树脂》(GB/T 11115)的规定。护套表面应光滑，无裂缝、凹陷、可见钢绞线轮廓、气孔及机械损伤等缺陷。

3 防腐润滑脂应符合现行行业标准《无粘结的预应力筋专用防腐润滑脂》(JG 3007)的规定。

7.10.2 无黏结预应力筋的下料长度应经计算确定。下料宜采用砂轮锯成束切割，且宜采用先粗后精、略长于计算长度的二次下料法。无黏结预应力筋在运输、存放和安装过程中应采取可靠措施，防止对其产生任何损伤。

7.10.3 无黏结预应力筋的铺放和安装应符合下列规定：

1 铺放前应检查其规格、数量及是否有破损，并应在逐根确认其端部组装配件可靠无误后，方可铺放。

2 安装时应按设计规定的位置，采用定位钢筋控制定位，并应保持其顺直、牢固，浇筑混凝土时不应出现移位和变形。

3 当与其他构件位置有矛盾时，不应将无黏结预应力筋垂直位置抬高或降低。

4 当集束配置多根无黏结预应力筋时，应保持平行走向，防止其相互扭绞。

7.10.4 无黏结预应力筋的张拉和防护应符合下列规定：

1 施加预应力之前，应对结构或构件进行检验，符合要求后方可进行张拉。张拉应符合本规范第7.6节和第7.8节的规定。

2 张拉完毕后应及时对锚固区进行保护处理，应采用防腐油脂通过灌注孔将张拉形成的空腔全部灌注密实。将多余的预应力筋切割后，应先在锚具部位套上内涂防腐油脂的塑料封端罩，再采用细石混凝土或微膨胀砂浆进行封堵。

3 对不能使用细石混凝土或微膨胀砂浆封堵的部位，应将锚具全部涂以与无黏结预应力筋涂料层相同的防腐油脂，并采用具有可靠防腐和防火性能的保护罩将锚具全部密封。

7.11 体外预应力

7.11.1 体外预应力所采用的材料应符合下列规定：

1 体外预应力筋宜选用高强度低松弛预应力钢绞线,其质量应符合现行国家标准《预应力混凝土用钢绞线》(GB/T 5224)的规定。

2 体外束的外套管可选用高密度聚乙烯管或镀锌钢管。外套管和连接接头应完全密闭防水,在使用期应有可靠的耐久性;外套管应与预应力筋和防腐蚀材料具有良好的兼容性,且应能抵抗运输、安装和使用过程中所受的各种作用力而不被损坏。

3 防腐蚀材料的耐久性能应与体外束所处的环境类别和使用年限一致;防腐蚀材料在加工、运输、安装及张拉过程中应能保持其稳定性、柔性且不产生裂缝,并在所要求的温度范围内不流淌。

4 锚固体系应与束体的形式和组成相匹配。

7.11.2 外套管的安装应连接平滑且应完全密封,在安装过程中应防止外套管受到机械损伤。由多根预应力筋组成的体外预应力束的外套管,其管内应采用防腐油脂保护。

7.11.3 体外预应力束的锚固区和转向块应与主体结构同时施工,预埋的锚固件及管道的位置和方向应符合设计规定。转向块的偏角制造误差应小于1.2°,安装误差应不超过±5%,否则应采用可调节转向块。

7.11.4 体外预应力束的端部应垂直于承压板,曲线段的起点至张拉锚固点的直线长度不宜小于600mm。穿束时应采取保护措施,严禁在混凝土面上拖拽预应力筋,防止损坏其保护层而减弱防腐能力。

7.11.5 体外预应力束的张拉顺序应严格按设计规定进行,张拉时应保证结构或构件对称均匀受力,避免发生侧向弯曲或失稳。

7.11.6 体外预应力束张拉完成后,应对其锚具设置全密封防护罩,并应在防护罩内灌注油脂或其他可清洗的防腐蚀材料。

7.12 质量控制与检验

7.12.1 预应力工程在施工过程中应对其施工的质量进行控制和检验。控制和检验宜按照原材料进场、制作与安装、施加预应力、先张法放张或后张孔道压浆、锚具防护及封锚等阶段进行。

7.12.2 对预应力筋施加预应力时,宜对多台千斤顶张拉时的同步性、持荷时间、锚下的有效预应力及其均匀度等进行质量控制,并应符合下列规定:

1 在采用两台以上千斤顶实施对称和两端张拉时,各千斤顶之间同步张拉力的允许误差宜为±2%。

2 张拉至控制应力时，应按本章第7.7节和第7.8节的规定，保证千斤顶具有足够的持荷时间。张拉控制应力的精度宜为±1.5%。

3 张拉锚固后，预应力筋在锚下的有效预应力应符合设计张拉控制应力，两者的相对偏差应不超过±5%，且同一断面中的预应力束其有效预应力的不均匀度应不超过±2%。

7.12.3 先张法预应力筋放张后，预应力筋在构件端部的内缩值不宜大于2.0mm。

7.12.4 后张孔道压浆的质量应符合下列规定：

1 压浆所采用的水泥、外加剂、矿物掺合料、膨胀剂和水等原材料的质量，以及所配制浆液的性能应符合本规范第7.9节的规定。

2 孔道内的结硬浆体应饱满、密实，充盈度应满足要求。

7.12.5 锚具防护及封锚的质量应符合下列规定：

1 锚固端的混凝土保护层厚度应不小于50mm或符合设计规定。

2 封锚混凝土应密实、无裂纹。

3 无黏结和体外束的预应力筋端头、锚具夹片等应达到密封的要求。

8 钻(挖)孔灌注桩

8.1 一般规定

8.1.1 本章适用于采用钻机机械成孔和人工开挖成孔的灌注桩施工。

8.1.2 灌注桩施工前应具有工程地质和水文地质资料,对地质情况复杂地区的大直径嵌岩桩,宜有每桩一孔的钻探资料。

8.1.3 施工前应制订专项施工技术方案和安全技术方案。对工程地质、水文地质或技术条件特别复杂的钻孔灌注桩,宜在施工前进行工艺试桩,获得相应的工艺参数后再正式施工。

8.1.4 钻孔灌注桩施工前应制订环境保护的方案,施工过程中产生的泥浆应妥善处理,不得随意排放,污染环境。

8.1.5 临近堤防及其他水利、防洪设施进行灌注桩施工时,应符合相关部门的有关规定。

8.1.6 施工至一定深度但暂时不进行作业的桩孔,应对其孔口进行遮蔽防护,防止人员或物件坠入孔内。

8.2 钻孔灌注桩

8.2.1 桩位位于旱地时,可在原地适当平整并填土压实形成工作平台;位于浅水区时,宜采用筑岛法施工;位于深水区时,宜搭设钢制平台,当水位变动不大时,亦可采用浮式工作平台,但在水流湍急或潮位涨落较大的水域,不应采用浮式平台。各类施工平台的平面面积大小,应满足钻孔成桩作业的需要;其顶面高程应高于桩施工期间可能的最高水位1.0m以上,在受波浪影响的水域,尚应计及波高的影响。

8.2.2 钢制固定式施工平台应牢固、稳定,应能承受钻孔桩施工期间的全部静荷载和

动荷载。平台应进行专项施工设计,并应符合下列规定:

1 对钢管桩施工平台,钢管桩的位置偏差宜在 300mm 以内,倾斜度宜在 1% 以内;平台的顶面应平整,各连接处应牢固。

2 利用双壁钢围堰或钢套箱等作为钻孔桩的施工平台时,其施工应符合本规范第 13.3 节的规定;利用钢护筒搭设钻孔施工平台时,除应对钢护筒的受力情况进行验算外,尚应使其位置保持准确、相互连接稳定、倾斜度不超过允许偏差。

3 平台位于有冲刷的河流或水域时,应采取必要的措施对其基础进行冲刷防护;位于有流冰、漂浮物的河段时,应设置临时防撞设施,保证平台在施工期间的稳定性。

4 在通航水域中搭设的平台,除应有临时防撞措施外,尚应设置明显的通航标志。

5 水中施工平台均应配备水上救生设施。

8.2.3 组成浮式平台的船舶大小宜根据水流情况、平台尺寸及作用荷载等因素确定,所有船舶均应在四个方向抛锚定位,并应在钻孔桩施工期间每天对其位置的准确性进行监测、控制。

8.2.4 护筒的设置应符合下列规定:

1 护筒宜采用钢板卷制。在陆上或浅水区筑岛处的护筒,其内径应大于桩径至少 200mm,壁厚应能使护筒保持圆筒状且不变形;在水中以机械沉设的护筒,其内径和壁厚的大小,应根据护筒的平面、垂直度偏差要求及长度等因素确定;对参与结构受力的护筒,其内径、壁厚及长度应符合设计的规定。

2 护筒在埋设定位时,除设计另有规定外,护筒中心与桩中心的平面位置偏差应不大于 50mm,护筒在竖直方向的倾斜度应不大于 1%;对深水基础中的护筒,平面位置的偏差可适当放宽,但不应大于 80mm。在旱地和筑岛处设置护筒时,可采用挖坑埋设法实测定位,且护筒的底部和外侧四周应采用黏质土回填并分层夯实,使护筒底口处不致漏失泥浆;在水中沉设护筒时,宜采用导向架定位,并应采取有效措施保证其平面位置、倾斜度的准确,以及护筒接长连接处的焊接质量,焊接连接处的内壁应无突出物,且应耐拉、压,不漏水。

3 护筒顶宜高于地面 0.3m 或水面 1.0 ~ 2.0m;在有潮汐影响的水域,护筒顶应高出施工期最高潮水位 1.5 ~ 2.0m,并应在施工期间采取稳定孔内水头的措施;当桩孔内有承压水时,护筒顶应高于稳定后的承压水位 2.0m 以上。

4 护筒的埋置深度在旱地或筑岛处宜为 2 ~ 4m,在水中或特殊情况下应根据设计要求或桩位的水文、地质情况经计算确定。对有冲刷影响的河床,护筒宜沉入施工期局部冲刷线以下 1.0 ~ 1.5m,且宜采取防止河床在施工期过度冲刷的防护措施。

8.2.5 钻孔施工应符合下列规定:

1 钻机的选型宜根据孔径、孔深、桩位处的水文和地质情况、施工环境条件等因素综合确定,所选用的钻机及钻孔方法应能满足施工质量和施工安全的要求。

2 钻机就位前,应对钻孔的各项准备工作进行检查;钻机安装后,其底座和顶端应平稳。不论采用何种方法钻孔,开孔的孔位均必须准确;开钻时应慢速钻进,待导向部位或钻头全部进入地层后,方可正常钻进。钻机在钻进施工时不应产生位移或沉陷,否则应及时处理。分级扩孔钻进施工时应保持桩轴线一致。

3 采用正、反循环回旋钻机(含潜水钻)钻孔时应减压钻进,钻机的主吊钩始终应承受部分钻具的重力,孔底承受的钻压不应超过钻具重力之和(扣除浮力)的80%。

4 采用冲击钻机冲击成孔时,应小冲程开孔,并应使初成孔的孔壁坚实、竖直、圆顺,能起到导向的作用,待钻进深度超过钻头全高加冲程后,方可进行正常的冲击。冲击钻进过程中,孔内水位应高于护筒底口500mm以上;掏取钻渣和停钻时,应及时向孔内补水,保持水头高度。

5 采用全护筒法钻进时,钻机应安装平正,压进的首节护筒应竖直。钻孔开始后应随时检测护筒的水平位置和竖直线,如发现偏移,应将护筒拔出,调整后重新压入钻进。

6 采用旋挖钻机钻孔时,应根据不同的地质条件选用相应的钻斗。钻进过程中应保证泥浆面始终不低于护筒底部500mm以上,并应严格控制钻进速度,避免进尺过快造成坍孔埋钻事故。钻斗的升降速度宜控制在0.75~0.80m/s;在粉砂层或亚砂土层中,升降速度应更加缓慢。泥浆初次注入时,应垂直向桩孔中间进行注浆。

7 在钻孔排渣、提钻头除土或因故停钻时,应保持孔内具有规定的水位及要求的泥浆相对密度和黏度。处理孔内事故或因故停钻时,必须将钻头提出孔外。

8.2.6 钻孔泥浆应符合下列规定:

1 泥浆的配合比和配制方法宜通过试验确定,其性能应与钻孔方法、土层情况相适应。泥浆各种性能指标的测定方法见本规范附录D。

2 钻孔过程中,应随时对孔内泥浆的性能进行检测,不符合要求时应及时调整。

3 钻孔泥浆宜进行循环处理后重复使用,减少排放量。对重要工程的钻孔桩施工,宜采用泥浆处理器进行泥浆的循环。

4 施工完成后废弃的泥浆应采取先集中沉淀再处理的措施,严禁随意排放,污染环境和水域。

8.2.7 清孔应符合下列规定:

1 钻孔深度达到设计高程后,应对孔径、孔深和孔的倾斜度进行检验,符合本规范表8.7.3的要求后方可清孔。

2 清孔方法应根据设计要求、钻孔方法、机具设备条件和地层情况决定。不论采用何种清孔方法,在清孔排渣时,均必须保持孔内水头,防止坍孔。

3 在吊入钢筋骨架后,灌注水下混凝土之前,应再次检查孔内泥浆的性能指标和孔底沉淀厚度;如超过本规范表8.7.3的规定,应进行第二次清孔,符合要求后方可灌注水下混凝土。

4 不得用加深钻孔深度的方式代替清孔。

8.2.8 钢筋骨架的制作、运输要求应符合本规范第4.4.7条的规定。安装钢筋骨架时,应将其吊挂在孔口的钢护筒上,或在孔口地面上设置扩大受力面积的装置进行吊挂,不得直接将钢筋骨架支承在孔底。

8.2.9 灌注水下混凝土前的准备工作应符合下列规定:

1 应按水下混凝土灌注数量和灌注速度的要求配齐施工机具设备,设备的能力应满足桩孔在规定时间内灌注完毕的要求,且应保证其完好率,对主要设备应有备用。

2 水下混凝土宜采用钢导管灌注,导管的内径宜为200~350mm。导管使用前应进行水密承压和接头抗拉试验,严禁采用压气试压。进行水密试验的水压应不小于孔内水深1.3倍的压力,亦不应小于导管壁和焊缝可能承受灌注混凝土时最大内压力p的1.3倍,p可按式(8.2.9)计算:

$$p = \gamma_c h_c - \gamma_w H_w \tag{8.2.9}$$

式中:p——导管可能受到的最大内压力(kPa);

γ_c——混凝土拌和物的重度,取$24kN/m^3$;

h_c——导管内混凝土柱最大高度(m),以导管全长或预计的最大高度计;

γ_w——桩孔内水或泥浆的重度(kN/m^3);

H_w——桩孔内水或泥浆的深度(m)。

8.2.10 水下混凝土的配制应符合下列规定:

1 水泥可采用火山灰质硅酸盐水泥、粉煤灰硅酸盐水泥、普通硅酸盐水泥或硅酸盐水泥,采用矿渣硅酸盐水泥时应采取防离析的措施;粗集料宜选用卵石,如采用碎石宜适当增加混凝土配合比中的含砂率,粗集料的最大粒径不应大于导管内径的1/6~1/8和钢筋最小净距的1/4,同时不应大于37.5mm;细集料宜采用级配良好的中砂。

2 混凝土的配合比,可在保证水下混凝土顺利灌注的条件下,按本规范第6章的有关规定计算确定。掺用外加剂、粉煤灰等材料时,其技术条件及掺用量亦应符合本规范第6章的规定。混凝土的初凝时间应根据气温、运距及灌注时间长短等因素确定,混凝土可经试验掺配适量缓凝剂。

3 混凝土拌和物应具有良好的和易性,灌注时应能保持足够的流动性,其坍落度当桩孔直径$D<1.5m$时,宜为180~220mm;$D \geq 1.5m$时,宜为160~200mm,且应充分考虑气温、运距及施工时间的影响导致的坍落度损失。

8.2.11 灌注水下混凝土应符合下列规定:

1 水下混凝土的灌注时间不得超过首批混凝土的初凝时间。

2 混凝土运至灌注地点时,应检查其均匀性和坍落度等,不符合要求时不得使用。

3 首批灌注混凝土的数量应能满足导管首次埋置深度1.0m以上的需要,所需混凝土数量可按式(8.2.11)计算(图8.2.11):

$$V=\frac{\pi D^2}{4}(H_1+H_2)+\frac{\pi d^2}{4}h_1 \tag{8.2.11}$$

式中： V——灌注首批混凝土所需数量(m^3)；

D——桩孔直径(m)；

H_1——桩孔底至导管底端间距，一般为0.3~0.4m；

H_2——导管初次埋置深度(m)；

d——导管内径(m)；

h_1——桩孔内混凝土达到埋置深度 H_2 时，导管内混凝土柱平衡导管外(或泥浆)压力所需的高度(m)；

$$h_1=H_w\gamma_w/\gamma_c$$

H_w、γ_w、γ_c——意义同式(8.2.9)。

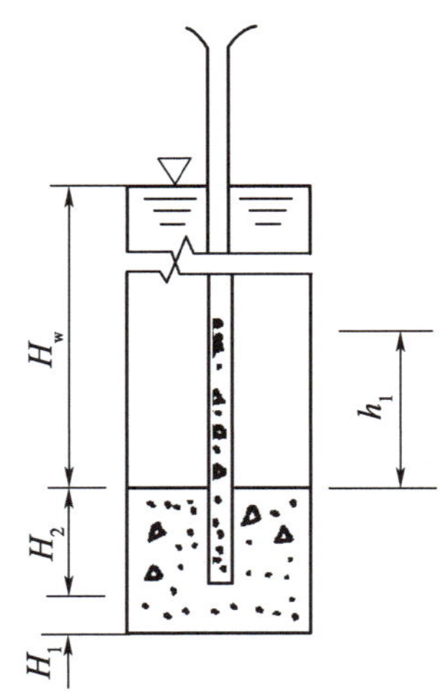

图 8.2.11 首批混凝土数量计算

4 首批混凝土入孔后，混凝土应连续灌注，不得中断。

5 在灌注过程中，应保持孔内的水头高度；导管的埋置深度宜控制在2~6m，并应随时测探桩孔内混凝土面的位置，及时调整导管埋深；应将桩孔内溢出的水或泥浆引流至适当地点处理，不得随意排放。

6 灌注时应采取措施防止钢筋骨架上浮。当灌注的混凝土顶面距钢筋骨架底部1m左右时，宜降低灌注速度；混凝土顶面上升到骨架底部4m以上时，宜提升导管，使其底口高于骨架底部2m以上后再恢复正常灌注速度。

7 对变截面桩，应在灌注过程中采取措施，保证变截面处的水下混凝土灌注密实。

8 采用全护筒钻机施工的桩在灌注水下混凝土时，护筒应随导管的提升逐步上拔，上拔过程中除应保证导管的埋置深度外，同时应使护筒底口始终保持在混凝土面以下。施工时应边灌注、边排水，并应保持护筒内的水位稳定。

9 混凝土灌注至桩顶部位时，应采取措施保持导管内的混凝土压力，避免桩顶泥浆密度过大而产生泥团或桩顶混凝土不密实、松散等现象；在灌注将近结束时，应核对混凝土的灌入数量，确定所测混凝土的灌注高度是否正确。灌注的桩顶高程应比设计高程高出不小于0.5m，当存在地质较差、孔内泥浆密度过大、桩径较大等情况时，应适当提高其超灌的高度；超灌的多余部分在承台施工前或接桩前应凿除，凿除后的桩头应密实、无松散层。

10 灌注中发生故障时，应查明原因，合理确定处置方案，进行处理。

8.3 岩溶、采空区和其他特殊地区的钻孔灌注桩

8.3.1 对岩溶和采空区的钻孔灌注桩，施工前应核对桩位处的地质勘察资料；当对地质情况有疑问时，宜适当补充地质钻孔，探明情况。

8.3.2 施工前应根据实际地质钻探资料确定钻机的类型和钻孔工艺，并应制订可行的

应对意外情况的预案,配备足够的抢险机具设备和材料。

8.3.3 钻孔施工时,护筒底部宜进入不透水层,泥浆的密度可比一般地区所用泥浆密度稍大,并应加强对钻进过程和孔内泥浆面高程的检测,避免发生坍塌、埋钻等事故。

8.3.4 当发生漏浆及坍孔等问题时,应按应急预案及时进行补浆或回填,避免出现大面积坍塌,并应采取措施保证平台、钻机和施工人员的安全。

8.3.5 清孔应在确认孔壁稳定安全后方可进行作业。

8.3.6 灌注水下混凝土时应符合下列规定:

1 安装钢筋骨架并清孔后,应尽快进行混凝土的灌注施工。

2 对岩溶特别发育的部位,应采取措施防止因混凝土压力增大而出现坍孔。

3 对出现过严重坍孔的桩孔,应适当控制混凝土的灌注速度。

8.3.7 其他特殊地区钻孔灌注桩的施工应符合下列规定:

1 在山坡上进行钻孔灌注桩的施工时,应清除坡面上的危石和浮土;若坡面有裂缝或可能坍塌时,应采取必要的防护措施。

2 在砂性土或粉性土层较厚的地区,钻孔施工应采取防止地层液化、缩颈、坍孔的有效措施;在软土地区,应采取防止缩颈、坍孔的有效措施。

3 多年冻土地区的钻孔灌注桩施工,宜采用能减少对冻土层扰动的钻机成孔,且宜采用低温或负温早强耐久性混凝土。

8.4 大直径桩、超长桩

8.4.1 钢护筒的制作和设置应符合下列规定:

1 钢护筒的内径 d(m)宜按式(8.4.1)计算确定:

$$d \geqslant (D/2 + h \times i + d') \times 2 \tag{8.4.1}$$

式中:D——设计桩径(m);

H——钢护筒长度(m);

i——护筒设置倾斜率(%);

d'——护筒平面位置允许误差(m)。

2 钢护筒的壁厚宜按刚度要求经计算确定。当钢护筒长度大于10m,需要锤击或振动下沉时,其径厚比不宜大于120。

3 钢护筒制作加工时,其椭圆度应小于 $d/100$,且不大于30mm;直径的允许偏差应为 ±10mm;筒体端面的倾斜度最大允许偏差为3mm;纵轴线弯曲矢高应不大于护筒长的0.1%,且不大于30mm;钢护筒对接时的错边量应不大于0.2倍钢板厚度,且不大于4mm。

4 在制作、运输时,每节钢护筒上下口内壁的径向宜布置一组或多组单向临时加劲撑架,撑架本身应具有足够的刚度。

8.4.2 钻孔宜采用高性能优质泥浆,泥浆的配合比应通过试验确定,配制时膨润土或聚丙烯酰胺(PHP)水解后宜静置24h。在钻孔过程中,宜采用泥水分离装置进行泥浆的循环。

8.4.3 大直径桩和超长桩的成孔宜采用大扭矩反循环回旋钻机。钻孔作业时,应根据不同土层、不同的钻孔深度采用不同的钻压、转速、配重、进尺速度及泥浆指标。

8.4.4 钢筋骨架宜在同一胎架上分节加工制作,主筋的连接宜采用机械连接接头。钢筋骨架吊装时,应制作专门的吊具,并应防止钢筋骨架变形。

8.4.5 水下混凝土的灌注应符合下列规定:

1 混凝土灌注前,宜采用相对密度小于1.05的优质泥浆循环置换孔内泥浆。

2 采用搅拌船或水上搅拌站拌制混凝土时,材料的储备应满足一根桩连续灌注的需要。

3 首批混凝土灌注时,宜采用大、小储料斗同时储料,料斗的出口应能方便快捷地开启或关闭,储料斗的体积应大于或等于首批灌注混凝土的体积,并应满足混凝土能完全充满导管连续灌注的要求。

8.5 桩底后压浆

8.5.1 压浆所采用水泥的强度等级不宜低于42.5,水泥浆的配合比应经试验确定。压浆管宜采用低压液体输送管制作,其质量应符合现行国家标准《低压流体输送用焊接钢管》(GB/T 3091)的规定;当桩内有声测管时,可利用其兼作压浆管。

8.5.2 压浆管的布设和压浆设备应符合下列规定:

1 压浆管应随钢筋骨架一起下放,且应保证其固定牢靠。管的接头处应密封,不漏水。

2 压浆管的布置应能保证压浆的均匀性,且应有3个及以上回路,并应便于安装和保护。

3 应在桩顶压浆管管口处设置压力表和卸压阀,进行压浆流量和压力的实测。

4 压浆泵的能力应大于实际压浆时压力和流量的要求。

8.5.3 桩底后压浆施工应符合下列规定:

1　桩身混凝土灌注后应及时采用高压水冲洗压浆管,疏通压浆通道。压浆工作宜在桩身混凝土强度达到设计强度的75%后进行,或在桩身的超声波检测工作结束后进行。

2　桩底压浆时,同一根桩中的全部压浆管宜同时均匀压入水泥浆,并应随时监测桩顶的位移和桩周土层的变化情况。压浆终止的时间应根据压浆量、压浆压力和孔口返浆等因素确定。在压浆10m范围内不得进行其他钻孔桩的施工作业。

3　桩底后压浆宜采取压浆量与压力双控,以压浆量控制为主,压力控制为辅。若压浆压力达到控制压力,并在持荷5min后达到设计压浆量的80%,可认为满足要求。压浆压力宜为桩底静水压力的2~4倍。

4　对桩底采用开放式后压浆时,压浆宜分3次进行,且宜依次按40%、40%、20%的压浆量循环压入。

5　每次循环压浆完成后,应立即采用清水将压浆软管清洗干净,再关闭阀门;压浆停顿时间超过30min,应对管路进行清洗。3次循环压浆完毕,应在阀门关闭40min后,方可拆卸阀门。

6　桩底后压浆的施工应记录压浆的起止时间、压浆量、压浆压力及桩的上抬量。

8.6　挖孔灌注桩

8.6.1　在无地下水或有少量地下水,且较密实的土层或风化岩层中,或无法采用机械成孔或机械成孔非常困难且水文、地质条件允许的地区,可采用人工挖孔施工;岩溶地区和采空区不宜采用人工挖孔施工;孔内空气污染物超过现行国家标准《环境空气质量标准》(GB 3095)规定的三级标准浓度限值,且无通风措施时,不得采用人工挖孔施工。

8.6.2　人工挖孔施工安全应符合下列规定:

1　施工前应制订专项安全技术方案并应对作业人员进行安全技术交底。

2　挖孔作业前,应详细了解地质、地下水文等情况,不得盲目施工。

3　桩孔内的作业人员必须戴安全帽、系安全带,安全绳必须系在孔口。

4　桩孔内应设防水带罩灯泡照明,电压应为安全电压,电缆应为防水绝缘电缆,并应设置漏电保护器。

5　人工挖孔作业时,应始终保持孔内空气质量符合第8.6.1条的要求。孔深大于10m时,必须采取机械强制通风措施。

6　桩孔内遇岩层需爆破作业时,应进行爆破的专门设计,且宜采用浅眼松动爆破法,并应严格控制炸药用量,在炮眼附近应对孔壁加强防护或支护。孔深大于5m时,必须采用电雷管引爆。桩孔内爆破后应先通风排烟15min并经检查确认无有害气体后,施工人员方可进入孔内继续作业。爆破作业的安全管理应按现行国家标准《爆破安全规程》(GB 6722)中的有关规定执行。

8.6.3 挖孔桩施工应符合下列规定:

1 人工挖孔施工应制订专项施工技术方案,并应根据工程地质和水文地质情况,因地制宜选择孔壁支护方式。

2 孔口处应设置高出地面不小于300mm的护圈,并应设置临时排水沟,防止地表水流入孔内。

3 挖孔施工时相邻两桩孔不得同时开挖,宜间隔交错跳挖。

4 采用混凝土护壁支护的桩孔必须挖一节浇筑一节护壁,护壁的节段高度必须按施工技术方案执行,严禁只挖不及时浇筑护壁的冒险作业。护壁外侧与孔壁间应填实,不密实或有空洞时,应采取措施进行处理。

5 桩孔直径应符合设计规定,孔壁支护不得占用桩径尺寸。挖孔过程中,应经常检查桩孔尺寸、平面位置和竖轴线倾斜情况,如有偏差应随时纠正。

6 挖孔的弃土应及时转运,孔口四周作业范围内不得堆积弃土及其他杂物。

7 挖孔达到设计高程并经确认后,应将孔底的松渣、杂物和沉淀泥土等清除干净。

8 孔内无积水时,混凝土的灌注可按本规范第6章的有关规定施工;孔内有积水且无法排净时,宜按水下混凝土灌注的要求施工。

8.7 质量检验与质量标准

8.7.1 钻孔灌注桩在终孔后,应对桩孔的孔位、孔径、孔形、孔深和倾斜度进行检验,清孔后,应对孔底的沉淀厚度进行检验;挖孔桩终孔并对孔底处理后,应对桩孔孔位、孔径、孔深、倾斜度及孔底处理情况等进行检验。

8.7.2 孔径、孔形、倾斜度和孔底沉淀厚度宜采用专用仪器检测,孔深可采用专用测绳检测。钢筋检孔器仅可用于对中、小桥梁工程桩孔的检测,检孔器的外径应不小于桩孔直径、长度宜为外径的4~6倍;采用钻杆测斜法量测桩的倾斜度时,量测应从钻孔平台顶面起算至孔底。

8.7.3 钻(挖)孔灌注桩成孔质量应符合表8.7.3的规定。

表8.7.3 钻(挖)孔灌注桩成孔质量标准

项目		规定值或允许偏差
钻(挖)孔桩	孔的中心位置(mm)	群桩:100;单排桩:50
	孔径(mm)	不小于设计桩径
	倾斜度(%)	钻孔:<1;挖孔:<0.5
	孔深(m)	摩擦桩:不小于设计规定 支承桩:比设计深度超深不小于0.05

续上表

项目		规定值或允许偏差
钻孔桩	沉淀厚度(mm)	摩擦桩:符合设计规定。设计未规定时,对于直径≤1.5m的桩,≤200;对桩径 > 1.5m或桩长 > 40m或土质较差的桩,≤300 支承桩:不大于设计规定;设计未规定时≤50
	清孔后泥浆指标	相对密度:1.03~1.10;黏度:17~20Pa·s;含砂率: < 2%;胶体率: > 98%

注:1. 清孔后的泥浆指标,是从桩孔的顶、中、底部分别取样检验的平均值。本项指标的测定,限指大直径桩或有特定要求的钻孔桩。

2. 对冲击成孔的桩,清孔后泥浆的相对密度可适当提高,但不宜超过1.15。

8.7.4 钻(挖)孔灌注桩的混凝土质量检验应符合下列规定:

1 桩身混凝土和桩底后压浆中水泥浆的抗压强度应符合设计规定。每桩的试件取样组数应各为3~4组,混凝土和水泥浆的检验要求应分别符合本规范第6章和第7章的规定。

2 对桩身的完整性进行检验时,检测的数量和方法应符合设计要求。宜选择有代表性的桩采用无破损法进行检测,重要工程或重要部位的桩宜逐桩进行检测;设计有规定时或对桩的质量有疑问时,应采用钻取芯样法对桩进行检测,当需检验柱桩的桩底沉淀与地层的结合情况时,其芯样应钻至桩底0.5m以下。

3 经检验桩身质量不符合要求时,应研究处理方案,报批处理。

8.7.5 当设计或合同有要求时,钻(挖)孔灌注桩应进行单桩承载力试验。采用自平衡法进行承载力试验时,应符合现行行业标准《基桩静载试验自平衡法》(JT/T 738)的规定。

9 沉入桩

9.1 一般规定

9.1.1 本章适用于预制钢筋混凝土桩、预应力混凝土桩和钢管桩等的制作、连接、吊运、存放、运输及沉入的施工,其他类型桩的施工可参照执行。

9.1.2 沉桩施工前应具备工程地质、水文等资料,并应制订专项施工技术方案,配置合理的沉桩设备;沉桩施工过程中如发现实际地质情况与勘测报告出入较大时,宜补充地质钻探。

9.1.3 制作、连接和沉桩的施工过程应有完整的施工记录。

9.2 桩的制作

9.2.1 用以制作桩的原材料应符合设计和本规范相关章节的规定。外购或自行制作的成品桩,均应有出厂合格证明、质量检验等资料。

9.2.2 钢筋混凝土桩和预应力混凝土桩制作时,预制场的设置、模板、钢筋、混凝土和预应力的施工除应符合本规范相关章节的规定外,尚应符合下列规定:

1 钢筋混凝土桩的主筋宜采用整根钢筋,如需接长时,宜采用对焊连接或机械连接,接头应相互错开,在桩尖、桩顶各2m长范围内的主筋不应有接头。箍筋或螺旋筋与纵筋的交接处宜采用点焊焊接;当采用矩形绑扎筋时,箍筋末端应为135°弯钩或90°弯钩加焊接;桩两端的加密箍筋均应采用点焊焊成封闭箍。

2 采用焊接连接的混凝土桩,应按设计要求准确预埋连接钢板。采用法兰盘连接的混凝土桩,法兰盘应对准位置连接在钢筋或预应力筋上;先张法预应力混凝土桩采用法兰盘连接时,应先将法兰盘连接在预应力筋上,然后再进行张拉;法兰盘应保证焊接质量。

3 预制桩钢筋骨架的施工质量应符合表9.2.2的规定。

4 每根或每一节桩的混凝土应由桩顶向桩尖方向连续浇筑,不得留施工缝。混凝土浇筑完毕后,应及时覆盖养护,并应在桩上标明编号、浇筑日期和吊点位置,同时应填写制桩记录。

表 9.2.2 预制桩钢筋骨架施工质量标准

项　　目	允许偏差(mm)
纵向钢筋间距	±5
箍筋间距或螺旋筋螺距	±10
纵向钢筋保护层厚度	±5
桩顶钢筋网片位置	±5
桩尖纵向钢筋位置	±5

9.2.3 预制钢筋混凝土桩和预应力混凝土桩的制作质量应符合表 9.2.3-1 的规定;采用法兰盘接头的预制桩,其法兰盘制成后的允许偏差应符合表 9.2.3-2 的规定。同时应符合下列规定:

1 钢筋混凝土桩的横向收缩裂缝宽度不得大于 0.2mm,深度不得大于 20mm,裂缝长度不得大于 1/2 桩宽;预应力混凝土桩不得有裂缝。

2 桩的表面出现蜂窝麻面时,其深度不得大于 5mm,每面的蜂窝麻面面积不得超过该面总面积的 0.5%。

3 有棱角的桩,棱角破损深度应在 5mm 以内,且每 10m 长的边棱角上只能有 1 处破损,在 1 根桩上边棱破损的总长度不得大于 500mm。

4 预制桩出场前应进行检验,出场时应具备出场合格检验记录。

表 9.2.3-1 预制钢筋混凝土桩和预应力混凝土桩制作质量标准

项　　目		允许偏差
混凝土强度(MPa)		在合格标准内
长度(mm)		±50
横断面	桩的边长(mm)	±5
	空心桩空心(管心)直径(mm)	±5
	空心中心与桩中心偏差(mm)	±5
桩尖对桩纵轴线偏差(mm)		10
桩轴线的弯曲矢高(mm)		桩长的 0.1%,且不大于 20
桩顶面与桩纵轴线的倾斜偏差(mm)		1% 桩径或边长,且不大于 3
接桩的接头平面与桩轴平面垂直度(%)		0.5

表 9.2.3-2 法兰盘的允许偏差

项　　目	允许偏差(mm)
法兰盘顶面任意两点高差	≤2
螺栓孔中心对法兰盘中心径向偏差	± 0.5
法兰盘顺圆周相邻两孔间距偏差	± 0.5
法兰盘顺圆周任意不相邻两孔间距偏差	≤1

9.2.4 先张法预应力混凝土管桩的制作应符合现行国家标准《先张法预应力混凝土管桩》(GB 13476)的规定;后张法预应力混凝土大直径管桩的制作应符合现行行业标准《港口工程桩基规范》(JTJ 254)的规定。预制管节的允许偏差应符合表9.2.4-1的规定;用于水上沉设的大直径管桩宜在预制场内按设计桩长拼接成整根长桩,拼接后管桩的允许偏差应符合表9.2.4-2的规定。

表9.2.4-1 预制管节允许偏差

项　　目	允许偏差(mm)	项　　目	允许偏差(mm)	项　　目	允许偏差(mm)
管节外周长	+15,-5	管节壁厚	+10,-0	管壁端面倾斜	$\delta/100$
				管节椭圆度	不大于5
管节长度	±3	管节端面倾斜	$d/1\,000$	预留孔直径	±3

注:d为管节直径;δ为管壁厚度。

表9.2.4-2 拼接后管桩的允许偏差

项　　目	允许偏差	项　　目	允许偏差
管桩长度(mm)	±100	拼接处错牙(mm)	6
桩顶倾斜(%)	<0.5d	拼接处弯曲矢高(mm)	8

注:d为管桩直径。

9.2.5 钢管桩的制作应符合下列规定:

1 制作钢管桩的材料应符合设计要求,并应有出厂合格证明和质量检验报告。钢管桩的分节长度应满足桩架的有效高度、制作场地条件、运输与装卸能力等要求。

2 钢管桩可采用成品钢管或自制钢管,焊接钢管的制作工艺应符合相应标准规范的规定。对焊接钢管的管节制作,管节外形尺寸的允许偏差应符合表9.2.5-1的规定。管节对口拼装时,相邻管节的焊接应错开1/8周长以上,相邻管节的管径允许偏差应符合表9.2.5-2的规定,板边高差应符合表9.2.5-3的规定。

3 钢管桩的防腐处理应符合设计要求及现行行业标准《公路桥梁钢结构防腐涂装技术条件》(JT/T 722)的规定。

表9.2.5-1 管节外形尺寸的允许偏差

偏差部位	允许偏差(mm)
周长	±0.5%周长,且不大于10
管端椭圆度	0.5%D,且不大于5
管端平整度	2
管端平面倾斜	小于0.5%D,且不大于4

注:D为管外径。

表9.2.5-2 相邻管节的管径允许偏差

管径(mm)	相邻管节管径允许偏差(mm)
≤700	≤2
>700	≤3

表 9.2.5-3　相邻管节对口板边的允许偏差

板厚 δ(mm)	相邻管节对口的板边高差 Δ(mm)
$\delta \leq 10$	<1.0
$10<\delta \leq 20$	<2.0
$\delta>20$	$<\delta/10$，且不大于 3

9.2.6　钢管桩的焊接应符合设计要求，设计未要求时，除应符合本规范第 19 章的相关规定外，尚应符合下列规定：

1　焊接前，应将焊缝上下 30mm 范围内的铁锈、油污、水和杂物清除干净，并应将焊丝、焊条和焊剂烘干。

2　管节拼接所用的辅助工具(如夹具等)不应妨碍管节焊接时的自由伸缩。

3　焊接定位点和施焊应对称进行。露天焊接时，应考虑由于阳光照射所造成的桩身弯曲。当环境温度低于 -10℃时不宜焊接。

4　钢管桩应采用多层焊，焊完每层焊缝后，应及时清除焊渣，并做外观检查，每一层焊缝均应错开。

5　焊缝外观的允许偏差应符合表 9.2.6-1 的规定；钢管桩成品外形尺寸的允许偏差应符合表 9.2.6-2 的规定。

表 9.2.6-1　焊缝外观允许偏差

缺陷名称	允许偏差
咬边(mm)	深度不超过 0.5，累计总长度不超过焊缝长度的 10%
超高(mm)	3
表面裂缝、未熔合、未焊透	不允许
弧坑、表面气孔、夹渣	不允许

表 9.2.6-2　钢管桩外形尺寸的允许偏差

项　　目	允许偏差(mm)
桩长	+300，-0
桩纵轴线的弯曲矢高	桩长的 0.1%，且不大于 30

9.3　桩的吊运、存放和运输

9.3.1　钢筋混凝土桩和预应力混凝土桩的吊运、存放和运输应符合下列规定：

1　桩在厂(场)内吊运时，桩身混凝土强度应符合设计规定，否则应经验算，确认不会对桩身混凝土产生损伤时方可进行。吊桩时桩身上的吊点位置距设计规定位置的允许偏差不应超过 ±20mm，并应使各吊点同时均匀受力；吊点处应采取适当措施进行保护，避免绳扣或桩角的损伤。

2　桩的存放场地应平整、坚实，不应有不均匀沉降，且场地应有防排水设施。堆放时

GTS

应设置垫木,支垫位置宜按设计吊点位置确定,其偏差不宜超过200mm;多层堆放时,各层垫木应位于同一垂直面上,且层数不宜超过3层。

3 桩在运输时,应采用多支垫堆放,垫木应均匀放置且其顶面应在同一平面上;桩的堆放形式应使装载工具在装卸和运输过程中保持平稳。采用驳船装运时,对桩体应采取加撑和系绑等措施,防止在风浪的影响下发生倾斜;对管桩应采用特殊支架进行固定,防止其滚动和坠落。

9.3.2 钢管桩的吊运、存放和运输应符合下列规定:

1 吊运时吊点的位置应符合设计规定。

2 钢管桩应按不同规格分别堆放,堆放的形式和层数应安全可靠,并应避免产生纵向变形和局部压曲变形;长期存放时,应采取防腐蚀等保护措施。

3 钢管桩在运输时,宜放置在半圆形专用支架上,必要时应采用缆索紧固;采用船舶装运多根不同规格的桩时,应考虑沉桩顺序的要求。

4 钢管桩在吊运、存放和运输过程中,应采取适当措施,防止对其产生碰撞或摩擦而导致防腐涂料破损、管身变形和其他损伤。

9.4 试桩与桩基承载力

9.4.1 除一般的中、小桥沉桩工程,其地质不复杂并有可靠的数据和实践经验可不进行试桩外,其他沉桩工程均应在施工前进行工艺试桩和承载力试桩,确定沉桩的施工工艺、技术参数和检验桩的承载力。

9.4.2 试桩的数量不宜少于2根,且附近应有钻探资料;试桩的规格应与工程桩一致,所用船机应与正式施工时相同。试桩试验办法见本规范附录E。

9.4.3 特大桥和地质复杂的大、中桥,宜采用静压试验方法确定单桩容许承载力;一般大、中桥的试桩,可采用静载试验法,在条件适宜时,亦可采用可靠的动力检测法;锤击沉入的中、小桥试桩,在缺乏上述试验条件时,可结合具体情况,选用适当的动力公式计算单桩容许承载力。当确定的单桩容许承载力不能满足设计要求时,应会同监理和设计单位研究处理。

9.5 沉桩

9.5.1 沉桩前应在陆域或水域建立平面测量与高程测量的控制网点,桩基础轴线的测量定位点应设置在不受沉桩作业影响处;应根据桩的类型、地质条件、水文条件及施工环境条件等确定沉桩的方法和机具,并应对地上和地下的障碍物进行妥善处理。

9.5.2 沉桩顺序宜由一端向另一端进行，当基础尺寸较大时，宜由中间向两端或四周进行；如桩埋置有深浅，宜先沉深的，后沉浅的；在斜坡地带，应先沉坡顶的，后沉坡脚的。在桩的沉入过程中，应始终保持锤、桩帽和桩身在同一轴线上。

9.5.3 桩的连接应符合设计要求，并应符合下列规定：

1 在同一墩、台的桩基中，同一水平面内的桩接头数不得超过基桩总数的1/4，但采用法兰盘按等强度设计的接头，可不受此限制。

2 接桩时，应保持各节桩的轴线在同一直线上，接好后应进行检查，符合要求方可进行下道工序。

3 接桩可采用焊接或法兰盘连接。当采用焊接连接时，焊接应牢固，位置应准确；采用法兰盘接桩时，法兰盘的结合处应密贴，法兰螺栓应对称逐个拧紧，并加设弹簧垫圈或加焊，锤击时应采取有效措施防止螺栓松动。

4 在宽阔水域沉设的大直径管桩和钢管桩，宜在厂（场）内制作时按设计桩长拼接成整根，不宜在现场连接接长；必须在现场连接时，每根桩的接头数不得超过1个。

9.5.4 锤击沉桩的施工应符合下列规定：

1 预制钢筋混凝土桩和预应力混凝土桩在锤击沉桩前，桩身混凝土强度应达到设计要求。

2 桩锤的选择宜根据地质条件、桩身结构强度、单桩承载力、锤的性能并结合试桩情况确定，且宜选用液压锤和柴油锤。其他辅助装备应与所选用的桩锤相匹配。

3 开始沉桩时，宜采用较低落距，且桩锤、送桩与桩宜保持在同一轴线上；在锤击过程中，应采用重锤低击。

4 沉桩过程中，若遇到贯入度剧变，桩身突然发生倾斜、移位或有严重回弹，桩顶出现严重裂缝、破碎，桩身开裂等情况时，应暂停沉桩，查明原因，采取有效措施后方可继续沉桩。

5 锤击沉桩应考虑锤击震动对其他新浇筑混凝土结构物的影响，当结构物混凝土未达到5MPa时，距结构物30m范围内，不得进行沉桩。

6 锤击沉桩控制，应根据地质情况、设计承载力、锤型、桩型和桩长综合考虑，并应符合下列规定：

1）设计桩尖土层为一般黏性土时，应以高程控制。桩沉入后，桩顶高程的允许偏差为+100mm，-0。

2）设计桩尖土层为砾石、密实砂土或风化岩时，应以贯入度控制。当沉桩贯入度已达到控制贯入度，而桩端未达到设计高程时，应继续锤击贯入100mm或锤击30～50击，其平均贯入度应不大于控制贯入度，且桩端距设计高程不宜超过1～3m（硬土层顶面高程相差不大时取小值）。超过上述规定，应会同监理和设计单位研究处理。

3）设计桩尖土层为硬塑状黏性土或粉细砂时，应以高程控制为主，贯入度作为校核。当桩尖已达到设计高程而贯入度仍较大时，应继续锤击使其贯入度接近控制贯入度，但继续下沉时,应考虑施工水位的影响;当桩尖距离设计高程较大,而贯入度小于控制贯入度时,可按本款第2)项执行。

7 对发生“假极限”、“吸入”、“上浮”现象的桩,应进行复打。

9.5.5 振动沉桩的施工应符合下列规定:

1 振动沉桩在选锤或换锤时,应验算振动上拔力对桩身结构的影响。振动沉桩机、机座、桩帽应连接牢固,与桩的中心轴线应保持在同一直线上。

2 开始沉桩时,宜利用桩自重下沉或射水下沉,待桩身入土达一定深度确认稳定后,再采用振动下沉。每一根桩的沉桩作业,宜一次完成,不宜中途停顿过久,避免土的阻力恢复,使继续下沉困难。

3 振动沉桩时,应以设计规定的或通过试桩验证的桩尖高程控制为主,以最终贯入度(mm/min)作为校核。当桩尖已达到设计高程,而与最终的贯入度相差校大时,应查明原因,会同监理和设计单位研究处理。

4 在沉桩过程中,如发生类似第9.5.4条第4款中的情况,或振动沉桩机的振幅有异常现象时,应立即暂停沉桩,查明原因,采取有效措施后再恢复施工。

9.5.6 射水沉桩的施工应符合下列规定:

1 在砂类土层、碎石类土层中,锤击沉桩困难时,可采用射水锤击沉桩,以射水为主锤击配合;在黏性土、粉土中采用射水锤击沉桩时,应以锤击为主;在湿陷性黄土中采用射水沉桩时,应按设计要求进行。

2 射水锤击沉桩时,应根据土质情况随时调节射水压力,控制沉桩速度。当桩尖接近设计高程时,应停止射水,改用锤击,保证桩的承载力。停止射水的桩尖高程,可根据沉桩试验确定的数据及施工情况决定;当缺乏资料时,距设计高程不得小于2m。

3 钢筋混凝土桩或预应力混凝土桩采用射水配合锤击沉桩时,宜采用较低落距锤击。

4 采用中心射水法沉桩时,应在桩垫和桩帽上留有排水通道;采用侧面射水法沉桩时,射水管应对称设置。

5 采用射水锤击沉桩后,应及时将其与邻桩或稳定结构夹紧固定,防止桩倾斜位移。

9.5.7 水上沉桩施工应符合下列规定:

1 水上沉桩应根据地形、水深、风向、水流和船舶性能等具体情况,充分利用有利条件,使沉桩施工能正常进行。沉桩应根据水上施工的特点采取有效措施,保证作业安全。

2 在浅水中沉桩,可设置筑岛围堰或固定平台等进行施工;在深水或有潮汐影响的水域沉桩,宜采用打桩船施打,在宽阔水域宜采用具有GPS定位功能的打桩船;在风浪条件恶劣的深水水域,宜采用自升式平台进行施工。

3 沉桩应设置导向设施,防止桩发生偏移或倾倒。若桩的自由长度较大,应适当增设支点。

4 采用固定平台沉桩施工应符合本规范第9.5.4条、第9.5.5条和第9.5.6条的规定；采用打桩船沉桩可按照现行行业标准《港口工程桩基规范》(JTJ 254)的规定执行。

5 已沉好的水中桩，应采用钢制杆件及时夹桩，将相邻桩连成一体加以防护，并应在水面设置标志。严禁在已沉好的桩上系缆。

9.5.8 钢管桩沉桩施工应符合下列规定：

1 钢管桩锤击沉桩时，锤的选择除应符合本规范第9.5.4条的相关要求外，尚应考虑钢管桩桩尖形式的影响因素。沉入封闭式桩尖的钢管桩时，应采取必要措施防止其上浮；在砂土中沉入开口或半封闭桩尖的钢管桩时，应防止管涌。

2 环境温度在-10℃以下时，应暂停钢管桩锤击沉桩施工。

3 钢管桩在水上接桩时应符合下列规定：

1)接桩前应做好充分准备，应避免接桩时间过长。

2)沉桩平台或打桩船应保持平稳，上、下节钢管桩应保持在同一轴线上；焊接工作平台应牢固，并应避免受潮水及波浪的影响；对口定位点焊应对称进行。

3)沉桩锤击后，如有变形和破损时，接桩前应将变形和破损的部分割除，并采用砂轮机磨平，同时应符合本规范表9.2.5-1的规定。

9.5.9 沉桩施工质量应符合表9.5.9的规定。

表9.5.9 沉桩施工质量标准

检查项目			允许偏差
桩位(mm)	群桩	中间桩	$d/2$，且不大于250
		外缘桩	$d/4$
	单排桩	顺桥方向	40
		垂直桥轴方向	50
倾斜度		直桩	1%
		斜桩	$\pm 0.15\tan\theta$

注：1. d为桩的直径或短边长度。

2. θ为斜桩轴线与垂线间的夹角。

3. 深水中采用打桩船沉桩时，其允许偏差应符合设计文件或现行行业标准《港口工程桩基规范》(JTJ 254)的规定。

10 沉井

10.1 一般规定

10.1.1 本章适用于钢筋混凝土沉井和钢沉井的施工,需下沉入土的双壁钢围堰、无底钢套箱围堰可参照执行。

10.1.2 沉井施工前,应根据设计文件提供的工程地质和水文地质资料及现场的实际情况决定是否补充地质钻探,并应对洪汛、凌汛、河床冲淤变化、通航及漂流物等进行调查,制订专项施工技术方案。需要在施工中度汛、度凌的沉井,应制订防护措施,保证安全。对水中特大沉井的施工,应在施工前进行河床冲淤变化和防护的数学模型分析计算,必要时应进行物理模型的模拟试验。

10.1.3 沉井下沉前,应对周边的堤防、建筑物和施工设备采取有效的防护措施,并应在下沉过程中,对其沉降及位移进行监测。

10.2 沉井制作

10.2.1 沉井位于浅水或可能被水淹没的岸滩上时,宜就地筑岛制作;位于无水的陆地时,若地基承载力满足设计要求,可就地整平夯实形成平台制作,地基承载力不足时应对地基采取加固措施;在地下水位较低的岸滩,若土质较好时,可在开挖后的基坑内制作。制作沉井的岛面、平台面和开挖基坑的坑底高程,应比施工期可能的最高水位(包括波浪影响)高出0.5~0.7m;有流冰时,应再适当加高。

10.2.2 在水中筑岛除应符合本规范第12章的有关规定外,尚应符合下列规定:

1 筑岛的尺寸应满足沉井制作及抽垫等施工的要求,对无围堰的筑岛,应在沉井周围设置不小于1.5m宽的护道;有围堰的筑岛其护道宽度可按式(10.2.2)计算:

$$b \geqslant H\tan\left(45^\circ - \frac{\varphi}{2}\right) \tag{10.2.2}$$

式中:b——护道宽度;

H——筑岛高度;

φ——筑岛土饱水时的内摩擦角。

如实际采用的护道宽度 b 小于按式(10.2.2)计算的值时,则应考虑沉井重力等对围堰所产生的侧压力的影响。

2 筑岛材料应采用透水性好、易于压实的砂性土或碎石土等,且不应含有影响岛体受力及抽垫下沉的块体。在斜坡上筑岛时应进行设计计算,并应有抗滑措施;在淤泥等软土上筑岛时,应将软土挖除,换填或采取其他加固措施。

3 岛面及地基承载力应满足设计要求;无围堰筑岛的临水面坡度宜为 1:1.75 ~ 1:3。在施工期内,应采取必要的防护措施保证岛体的稳定,坡面、坡脚不应被水冲刷损坏。

10.2.3 在支垫上立模制作钢筋混凝土沉井底节时,应符合下列规定:

1 支垫的布置应满足设计要求并应使抽垫方便。支垫顶面应与钢刃脚底面紧贴,应使沉井重力均匀分布于各支垫上。模板及支撑应具有足够的强度和刚度。内隔墙与井壁连接处的支垫应连成整体,底模应支承于支垫上,并应防止不均匀沉陷;外模应平直且光滑。

2 沉井的混凝土强度满足抽垫后受力的要求时方可将支垫抽除。支垫应分区、依次、对称、同步地向沉井外抽出,并应随抽随用砂土回填捣实;抽垫时应防止沉井偏斜。定位支点处的支垫,应按设计要求的顺序尽快地抽出。

10.2.4 沉井的分节制作高度,应能保证其稳定,且应具有适当重力便于顺利下沉。底节沉井的最小高度,应能抵抗拆除支垫后的竖向挠曲,土质条件许可时,可适当增加高度。混凝土浇筑前应检查沉井纵、横向中轴线位置是否符合设计要求。

10.2.5 钢沉井的制作除应符合本规范第 19 章的要求外,尚应符合下列规定:

1 钢沉井宜在工厂内加工,并应根据设计文件编制制造工艺,绘制加工图和拼装图。

2 钢沉井的分段、分块吊装单元应在胎架上组装、施焊。

3 首节钢沉井应在坚固的台座上或支垫上进行整体拼装,台座表面的高度误差应小于 4mm,并应有足够的承载能力,在拼装过程中不得发生不均匀沉降。

10.2.6 位于深水中的沉井,宜采用浮式沉井。浮式沉井的制作应根据沉井规模、河岸地形、设备条件等,进行技术经济比较,确定制作场地及下水方案。在浮船上或支架平台上制作沉井时,浮船、支架平台的承载力应满足制作的要求。

10.3 沉井浮运与就位

10.3.1 沉井在浮运前应进行下列准备工作:

1 应制订专项施工技术方案,并应对沉井的定位系统以及浮运、就位的稳定性进行验算;当沉井的实际重力与设计重力不符时,应对其重新进行验算。各类浮式沉井在下水、浮运前,均应进行水密性检查,对底节尚应根据其工作压力进行水压试验,合格后方可下水。

2 应对所经水域和沉井就位处的河床进行探查,所经水域应无妨碍浮运的水下障碍物,沉井就位处的河床应基本平整;必要时应进行河床冲淤变化和防护的数学模型分析计算或试验,并应对河床进行防护。

3 应根据浮运沉井的具体情况确定相应的浮运设备,浮运前应对拖运、定位、导向、锚碇、潜水、起吊及排、灌水等相关设备设施进行检查。

4 应掌握水文、气象和航运等情况,并应与海事或航道管理部门取得联系、配合,必要时宜在浮运及就位施工过程中进行航道管制。

10.3.2 浮式沉井的底节可采用滑道、涨水自浮或直接起吊等方法下水。入水后,对其悬浮接高时的初步定位位置,应根据下水方法、沉井的结构形式、环境条件等情况综合分析确定。

10.3.3 沉井的浮运、就位应符合下列规定:

1 沉井的浮运宜在气象和水文条件有利于施工时,以拖轮拖运或绞车牵引进行。对水深和流速大的河流,可在沉井两侧设置导向船增加其稳定性。在浮运、就位的任何时间内,沉井露出水面的高度均不应小于1m,并应考虑预留防浪高度或采取防浪措施。

2 就位前应对所有缆绳、锚链、锚碇和导向设备进行检查调整,使就位工作能顺利进行,并应考虑水位涨落对锚碇的影响。布置锚碇体系时,应使锚绳受力均匀,并应采取适当措施避免导向船和沉井产生过大摆动或折断锚绳。

10.4 沉井下沉与着床

10.4.1 应根据水文、地质情况和沉井的结构特点确定其下沉的施工方法,并应按照下沉的不同工况进行必要的验算。沉井的下沉应符合下列规定:

1 宜采用不排水的方式除土下沉;在稳定的土层中,可采用排水方式除土下沉,但应有安全措施,防止发生事故。下沉沉井时,不宜采用爆破方法除土;在特殊情况下必须采用爆破方法时,除应得到批准外,还应严格控制药量。爆破作业应严格遵守现行国家标准《爆破安全规程》(GB 6722)的规定。

2 下沉过程中,宜对下沉的状况进行动态化、信息化管理,应随时掌握土层情况,进行下沉的监测和控制,及时分析和检验土的阻力与沉井重力的关系,采取最有利的下沉措施。下沉通过黏土胶结层或沉井自身重力偏轻下沉困难时,可采用井外高压射水、降低井内水位等方法助沉;在结构受力容许的条件下,亦可采用压重或接高沉井等方法助沉;在土层条件适宜的情况下,可采用空气幕、泥浆润滑套等方法助沉。

3 正常下沉时,应自井孔中间向刃脚处均匀对称除土。采取排水除土下沉的底节沉井,对设计支承位置处的土,应在分层除土中最后同时挖除;由数个井室组成的沉井,应控制各井室之间除土面的高差,使下沉不发生倾斜,并应避免内隔墙底部在下沉时受到下面土层的顶托。采用吸泥吹砂等方法下沉时，必须备有向井内补水的设施，应保持井内外的水位平衡或井内水位略高于井外水位；吸泥吹砂在井内应均匀进行，应防止局部吸吹过深导致沉井偏斜。

4 下沉时应随时进行纠偏，保持竖直下沉，每下沉 1m 至少应检查 1 次；当沉井出现倾斜时，应及时校正。下沉至设计高程以上 2m 左右时，应适当放慢下沉速度并控制井内的除土量和除土位置，使沉井能平稳下沉，准确就位。

10.4.2 浮式沉井在水中下沉时，除应充分考虑风力、浮力、水流压力、波浪力、冰压力等对沉井的作用外，尚应符合下列规定：

1 浮运准确定位并接高后，应向井壁腔格内对称、均衡地灌水，使沉井迅速落至河床着床。

2 沉井在水中下沉和着床时，应随时监测由于沉井下沉的阻力和压缩流水断面后引起流速增大而造成的河床局部冲刷及因冲淤引起的土面高差，必要时可在沉井位置处采用卵、碎石垫填整平，改变河床上的粒径，减小冲刷深度，增加沉井着床后的稳定；或在着床后利用沉井外弃土进行调整，但对沉井外的弃土地点应合理安排，避免对沉井形成偏压；沉井着床后在土层中的下沉应符合本规范第 10.4.1 条的规定。

10.4.3 沉井的接高应符合下列规定：

1 接高前应将沉井的倾斜纠正到允许偏差范围内，并不得将刃脚下部的土层掏空，接高各节的竖向中轴线应与前一节的中轴线相重合。接高加重应均匀、对称地进行，并应采取措施防止沉井在接高过程中发生倾斜。

2 沉井在地面上接高时，井顶露出地面不应小于 0.5m。水上沉井接高时，井顶露出水面不应小于 1.5m，且在接高过程中，应采取措施保持沉井的入水深度不变；带气筒的浮式沉井，对气筒应加防护。

10.4.4 沉井下沉到倾斜岩层上时，应将岩层表面的松软层或风化层凿去并整平，沉井刃脚的 2/3 以上宜嵌搁在岩层上，嵌入深度最小处不宜小于 0.25m，其余未到岩层的刃脚部分，可采用袋装混凝土等填塞缺口。对刃脚以内井底岩层的倾斜面，应凿成台阶或榫槽后，清渣封底。

10.5 基底检验与沉井封底

10.5.1 沉井下沉至设计高程后，应检验基底的地质情况是否与设计相符。不排水下沉的沉井基底面应整平，基底为岩层时，岩面残留物应清除干净，清理后有效面积不得小于设计要求，岩面倾斜时的处理应符合本规范第 10.4.4 条的规定；排水下沉沉井的基底处理应符合本规范第 12 章的有关规定。井壁隔墙及刃脚与封底混凝土接触面处的泥污亦应清除干净。对下沉至设计高程后的沉井尚应进行沉降观测，沉降稳定且满足设计要求后方可封底。

10.5.2 沉井基底检验合格及沉降稳定后,应及时封底。不排水下沉的沉井应采用水下混凝土进行封底;对排水下沉的沉井,基底渗水的上升速度不大于 6mm/min 时,可按本规范第 6 章普通混凝土的浇筑方法进行封底,但应设置引流排水设施,及时排除明水,且应采取可靠措施使混凝土强度在达到 5MPa 前不受到压力水的作用;渗水上升速度大于上述规定时,宜采用水下混凝土进行封底。沉井的封底如设计为水下压浆混凝土时,应按设计要求施工。

10.5.3 沉井的混凝土封底厚度应根据基底的水压力和地基土的向上反力经计算确定,且封底混凝土的顶面高度应高出刃脚根部 0.5m 及以上。封底混凝土的强度等级不应低于 C25。

10.5.4 沉井的水下混凝土封底宜全断面一次连续灌注完成;对特大型沉井,可划分区域进行封底,但任一区域的封底工作均应一次连续灌注完成。

10.5.5 采用刚性导管法进行水下混凝土封底时,应符合下列规定:

1 封底混凝土的原材料、配合比等可按照钻孔灌注桩水下混凝土的相关规定执行。每根导管开始灌注时所用的混凝土坍落度宜采用下限,首批混凝土需要数量应通过计算确定。

2 灌注封底水下混凝土时,需要的导管间隔及根数,应根据导管作用半径及封底面积确定。采用多根导管灌注时,对其灌注的顺序应进行专门设计,并应采取有效措施防止发生混凝土夹层;若同时灌注,当基底不平时,应逐步使混凝土保持大致相同的高程。

3 在灌注过程中,导管应随混凝土面升高而逐步提升,导管的埋深宜与导管内混凝土下落深度相适应,且不宜小于表 10.5.5-1 的规定;采用多根导管灌注时,导管的埋深不宜小于表 10.5.5-2 的规定。同时应根据混凝土的堆高和扩展情况,调整坍落度和导管埋深,使每盘混凝土灌注后均形成适宜的堆高和不陡于 1:5的流动坡度。抽拔导管时应防止导管进水。

4 水下混凝土面的最终灌注高度,应比设计值高出 150mm 以上;待混凝土强度达到设计要求后,再抽水凿除表面松弱层。

表 10.5.5-1 不同灌注深度导管的最小埋深

灌注深度(m)	≤10	10~15	15~20	>20
导管最小埋深(m)	0.6~0.8	1.1	1.3	1.5

表 10.5.5-2 导管不同间距的最小埋深

导管间距(m)	≤5	6	7	8
导管最小埋深(m)	0.6~0.9	0.9~1.2	1.2~1.4	1.3~1.6

10.5.6 封底混凝土在灌注过程中发生事故或对封底施工的质量有疑问时,应对其进行检查鉴定,必要时可钻孔取芯检验。

10.5.7 不排水封底的沉井,应在封底混凝土强度满足设计要求后方可进行井内抽水,然后进行下一道工序。

10.6 井孔填充和顶板浇筑

10.6.1 井孔填充时,所采用的材料、数量及填充顺序等应符合设计规定。

10.6.2 沉井顶部钢筋混凝土顶板的浇筑施工应符合设计要求及本规范相关章节的规定。

10.7 质量检验与质量标准

10.7.1 沉井基础的施工应分阶段进行质量检验并填写检查记录。沉井基底应按本规范第10.5节的要求进行检查验收。

10.7.2 沉井基础施工质量应符合表10.7.2的规定。

表10.7.2 沉井基础施工质量标准

项 目		规定值或允许偏差
沉井混凝土强度(MPa)		在合格标准内
沉井平面尺寸(mm)	长度、宽度	±0.5%边长,大于24m时±120
	曲线部分的半径	±0.5%半径,大于12m时±60
	两对角线的差异	对角线长度的1%,且不大于180
沉井井壁厚度(mm)	混凝土	+40,-30
	钢壳和钢筋混凝土	±15
沉井刃脚高程(mm)		符合设计要求
中心偏位(纵、横向)(mm)	就地制作下沉	井高的1/100
	水中下沉	井高的1/100 +250
最大倾斜度(纵、横向)		井高的1/100
平面扭转角(°)	就地制作下沉	1
	水中下沉	2

注:1.对于钢沉井及结构构造、拼装等方面有特殊要求的沉井,其平面尺寸允许偏差值应按照设计要求确定。

2.井壁的表面应平滑、不外凸,且不得向外倾斜。

11 地下连续墙

11.1 一般规定

11.1.1 本章适用于用作公路桥梁基坑临时支护结构和永久基础的现浇混凝土地下连续墙的施工。

11.1.2 地下连续墙工程施工前,应具备水文、地质、区域内障碍物和有关试验等资料,必要时应补充地质勘察,并应制订专项施工技术方案。

11.1.3 在堤防等水利、防洪设施及其他既有构筑物周边进行地下连续墙工程的施工时,应就施工可能会导致对其不利的影响进行评估,必要时应采取有效措施进行保护。

11.2 施工平台与导墙

11.2.1 施工平台应坚固、平整,适合于重型设备和运输车辆行走,平面尺寸及高度应满足施工需要。

11.2.2 采用泥浆护壁挖槽构成的地下连续墙应先构筑导墙。导墙的材料、平面位置、形式、埋置深度、墙体厚度、顶面高程应符合设计要求;设计未要求时,应符合下列规定:

1 导墙宜采用钢筋混凝土构筑,混凝土强度等级不宜低于C20。导墙的形式根据土质情况可采用板墙形、匚形或倒L形,墙体的厚度应满足施工需要。

2 导墙的平面轴线应与地下连续墙轴线平行,两导墙的内侧间距宜比地下连续墙墙体的厚度大40~60mm。导墙应每隔1~1.5m距离设置1道支撑。

3 导墙底端埋入土内的深度宜大于1m;基底土层应夯实,如地基土较松散或较软弱时,构筑导墙前应采取加固措施;导墙顶端应高出地面,遇地下水位较高时,导墙顶端应高于稳定后的地下水位1.5m以上。

11.2.3 导墙的施工及质量要求应符合下列规定:

1 导墙分段施工时,段落的划分应与地下连续墙划分的节段错开。安装预制导墙块时，应按照设计要求施工，并应保证连接处的质量，防止渗漏。混凝土导墙在浇筑及养护时，应避免重型机械、车辆在附近作业和行驶。施工过程中，应对导墙的沉降和位移进行监测。

2　导墙平面轴线与地下连续墙平面轴线的偏差不应大于10mm；导墙内墙面应竖直，顶面应水平，墙后应填土且应与墙顶齐平；两导墙内墙面间的距离允许偏差为±5mm，导墙顶面高程的允许偏差为±10mm。

11.3　地下连续墙施工

11.3.1　地下连续墙的槽孔施工，应根据水文、地质情况和施工条件选用能满足成槽要求的机具与设备，必要时可选用多种设备组合施工。桩排式地下连续墙的施工可按本规范第8章的相关规定执行；桩排间的土层如采用压力注浆法予以加固和防渗透时，其施工可按本规范第12章的相关规定执行。

11.3.2　槽壁式地下连续墙的槽孔开挖应符合下列规定：

1　槽孔宜分段施工，开挖前应按已划分的单元槽段，决定各段开挖的先后次序，且相邻槽孔之间应留有足够的安全距离。挖槽施工开始后应连续进行，直到槽段完成。

2　成槽机械开挖一定深度后，应立即输入调制好的泥浆，并宜保持槽内的泥浆面不低于导墙顶面300mm。挖掘的槽壁及接头处应保持竖直，其倾斜率应不大于0.5%；接头处相邻两槽段的挖槽中心线在任一深度的偏差值均不得大于墙厚的1/3；槽底高程不得高于墙底的设计高程。

3　挖槽时应加强观测，如遇槽壁发生坍塌或槽孔偏斜超过允许偏差时，应查明原因，采取相应措施后方可继续施工。槽段开挖达到槽底设计高程后，应对成槽质量进行检验，合格后方可进行下一工序。

4　挖槽施工应做好施工记录，并应妥善处理废弃泥浆及钻渣，防止污染环境。

11.3.3　采用钻劈法施工槽孔时，钻头直径应满足设计墙厚的要求，且开孔钻头的直径应大于终孔钻头的直径。副孔长度应合理选择，且宜在主孔终孔后再劈打副孔。

11.3.4　采用钻抓法施工槽孔时，宜先采用钻机钻进主孔，再采用抓斗抓取副孔；采用两钻一抓法时，主孔的中心距不宜大于抓斗的开度。

11.3.5　采用抓取法和铣削法施工槽孔时，主孔长度宜等于抓斗开度和一次铣削长度，副孔长度宜为主孔长度的1/2～1/3。当采用铣削法时，宜根据槽孔的深度、斜率要求以及先期地下连续墙混凝土的强度，确定铣削先期墙段的长度和铣削接头的施工时间，且应对先期墙段混凝土铣削后的端部进行清理。施工槽孔时应随时测量接缝处端孔的孔斜率，并进行控制。接缝的位置应准确，并应将其标记在导墙上。

11.3.6 槽孔如需嵌入基岩,基岩面的确定应符合下列规定:

1 依照地下连续墙中心线地质剖面图,当孔深接近预计基岩面时,宜留取岩样,并根据岩样的性质确定基岩面。

2 当邻孔基岩面已确定时,亦可对照邻孔基岩面的高程,分析本槽孔的钻进情况,确定基岩面。

3 当采用上述方法难以确定基岩面,或对基岩面有怀疑时,应钻取芯样进行验证和确定。

11.3.7 槽孔的清底工作应在吊放接头装置之前进行。清底工序应包括清除槽底沉淀的泥渣和置换槽中的泥浆。清底应符合下列规定:

1 清底之前应检测槽段的平面位置、横截面和竖面;当槽壁的竖向倾斜、弯曲和宽度超过允许偏差时,应进行修槽工作,使其符合要求。修槽后的槽段接头处应进行清理。

2 清底的方法宜根据槽孔的形状、尺寸、施工环境条件及设备条件等确定,施工可参照本规范第8章的相关规定执行。

3 清理槽底和置换泥浆工作结束1h后,应进行检验,槽底以上200mm处的泥浆相对密度不应大于1.15,槽底沉淀物厚度应符合设计要求。

11.3.8 接头的结构形式应符合设计要求,施工应符合下列规定:

1 对接头管式接头,当初期的单元槽段开挖完成并清底后,应将钢制接头管竖直吊放入槽内,紧靠单元槽段两端;接头管的底端应插入槽底以下100~150mm,管长应略大于地下连续墙设计值。接头管可分节于管内用销子连接固定;管外应平顺无凸出物,管外径宜比墙厚小50mm。灌注水下混凝土时,应经常转动及小量提升接头管,待混凝土初凝后将接头管拔出,拔管时不得损坏接头处的混凝土。

2 对接头箱式和隔板式接头,在其吊放的钢筋骨架一端应带堵头钢板,堵头钢板向外伸出的水平钢筋应插入接头箱管中。灌注水下混凝土时,应使混凝土不流入接头箱管内;混凝土初凝后,应逐步吊出接头箱管,且先灌节段骨架的外伸钢筋应伸入邻段混凝土内。

3 当地下连续墙设计与梁、承台或墩柱连接时,结构接头的施工应在连接处按设计要求埋设连接钢筋,预埋的连接钢筋应与后浇的梁、承台或墩柱上的主钢筋可靠连接。

11.3.9 地下连续墙钢筋骨架的制作和吊放除应符合本规范第4章的相关规定外,尚应符合下列规定:

1 钢筋骨架应根据设计图和单元槽段的划分长度制作,并宜在胎架上试装配成型;骨架主筋的接长宜采用机械连接,骨架中间应留出上下贯通的导管位置。

2 吊放钢筋骨架时,应使其中心对准单元槽段中心。钢筋骨架应竖直、不变形并能顺利地下放插入槽内,下放时不得使骨架发生摆动。

3 全部钢筋骨架入槽后,应固定在导墙上,并应使骨架顶端高程符合设计要求。

4　当钢筋骨架不能顺利插入槽内时，应将骨架吊起，查明原因并采取措施后，重新放入，不得强行压入槽内。

11.3.10　水下混凝土应采用导管法灌注。单元槽段长度小于4m时，可采用1根导管灌注；单元槽段长度超过4m时，宜采用2或3根导管同时灌注；采用多根导管灌注时，导管间净距不宜大于3m，导管距节段端部不宜大于1.5m；各导管灌注的混凝土表面高差不宜大于0.3m；导管内径不宜小于200mm。

11.3.11　地下连续墙施工质量应符合表11.3.11的规定。

表11.3.11　地下连续墙施工质量标准

项　　目	规定值或允许偏差
混凝土强度(MPa)	在合格标准内
轴线位置(mm)	30
倾斜度	墙身高度的0.5%
沉淀厚度(mm)	符合设计要求
外形尺寸(mm)	+30，-0
顶面高程(mm)	±10
槽底高程(mm)	不高于设计值

注：对作为永久基础的地下连续墙，其墙体混凝土宜进行超声波无损检测。

12 明挖地基

12.1 一般规定

12.1.1 明挖地基施工前,应对基坑边坡的稳定性进行验算,并应制订专项施工技术方案和安全技术方案。基坑的开挖施工如需爆破,爆破作业的安全管理应符合现行国家标准《爆破安全规程》(GB 6722)的规定。

12.1.2 基坑开挖时,应对其边坡的稳定性进行监测。对特大型深基坑,除应按照边开挖、边支护的原则进行施工外,尚应建立边坡稳定信息化、动态化的监控系统,指导施工。挖基的废方应进行妥善处置,不得阻塞河道,影响泄洪,污染环境。

12.2 土石围堰

12.2.1 土石围堰的高程、平面尺寸及填筑应符合下列规定:

1 围堰顶面的高程应高出施工期间可能出现的最高水位(包括浪高)0.5~0.7m。

2 围堰的外形和尺寸应考虑河流断面被压缩后流速增大导致水流对围堰本身和河床的集中冲刷,以及对河道泄洪、通航和导流的影响等不利因素。堰内的平面尺寸应满足基础施工作业的需要。

3 围堰的填筑应分层进行,减少渗漏,并应满足堰身强度和稳定的要求。

12.2.2 土围堰的填筑施工应符合下列规定:

1 水深1.5m以内,流速0.5m/s以内,河床土质渗水性较小且满足泄洪要求时,可筑土围堰。

2 堰顶的宽度宜根据施工需要确定;边坡的坡度应按围堰位置的不同、高度及基坑开挖深度等条件确定。

3 在筑堰之前,应将堰底河床处的树根、石块及其他杂物清除干净。筑堰材料宜采用黏性土或砂夹黏土,填筑应自上游开始至下游合龙,超出水面之后应进行夯实。堰外坡面有受水流冲刷的危险时,应采用合适的材料对其进行防护。

12.2.3 土袋围堰的填筑应符合下列规定:

1　水深在3m以内,流速在1.5m/s以内,河床土质渗水性较小且满足泄洪要求时,可筑土袋围堰。

2　袋内填土宜采用黏性土,装填量宜为60%;水流流速较大时,在过水面及迎水面,袋内可装填粗砂或卵石。堆码时土袋的上下层和内外层应相互错缝,搭接长度宜为1/2~1/3,堆码应密实平整。

3　围堰的中心部分可填筑黏土及黏性土芯墙。堰外边坡坡度宜为1:0.5~1:1,堰内边坡坡度宜为1:0.2~1:0.5。

12.2.4　竹笼、木笼、铅丝笼及钢笼围堰的填筑应符合下列规定:

1　水深在4m以内,流速较大,且能满足泄洪要求时,可筑竹、木或铅丝笼围堰;水深超过4m时可筑钢笼围堰。

2　各种笼体的制作应坚固,并应满足使用要求。围堰的层数宜根据水深、流速、基坑大小及防渗要求等因素确定;宽度宜为水深的1.0~1.5倍。

3　宜在堰底外围堆填土袋,防止堰底渗漏。

12.2.5　膜袋围堰的填筑应符合下列规定:

1　水深在5m以内,流速在3.0m/s以内,且河(湖、海)床较平缓时,可筑膜袋围堰。

2　堰床处理除应符合本规范第12.2.2条第3款的规定外,还应将河(湖、海)床的陡坎整平。

3　膜袋的缝合应牢固严密,袋内可采用砂或水泥固化土材料填充,填充后应采取有效措施降低膜袋内的水分。

4　围堰沉降稳定后方可进行基坑的排水,排水时应控制水位降速。

12.3　基坑

12.3.1　基坑开挖前应根据水文、地质、开挖方式及施工环境条件等因素,确定是否对坑壁采取支护措施。当基坑深度较小且坑壁土层稳定时,可直接放坡开挖;坑壁土层不易稳定且有地下水影响,或放坡开挖场地受到限制,或放坡开挖工程量大时,应按设计要求对坑壁进行支护,设计未要求时,应结合实际情况选择适宜的坑壁支护方案。

12.3.2　基坑的顶面应设置防止地面水流入基坑的设施。基坑顶面有动荷载时,其边缘与动荷载之间应留有不小于1m宽的护道,动荷载较大时宜适当加宽护道;若水文和地质条件较差,应采取加固措施。

12.3.3　不支护坑壁进行基坑开挖施工时应符合下列规定:

1　基坑坑壁的坡度宜根据地质条件、基坑深度、施工方法等情况确定。当为无水基坑且土层构造均匀时,基坑坑壁的坡度可按表12.3.3确定;当土的湿度有可能使坑壁不稳定而引起坍塌时,基坑坑壁坡度应缓于该湿度下的天然坡度。

表 12.3.3　基坑坑壁坡度

坑壁土类别	坑壁坡度		
	坡顶无荷载	坡顶有静荷载	坡顶有动荷载
砂类土	1∶1	1∶1.25	1∶1.5
卵石、砾类土	1∶0.75	1∶1	1∶1.25
粉质土、黏质土	1∶0.33	1∶0.5	1∶0.75
极软岩	1∶0.25	1∶0.33	1∶0.67
软质岩	1∶0	1∶0.1	1∶0.25
硬质岩	1∶0	1∶0	1∶0

注:1. 坑壁有不同土层时,基坑坑壁坡度可分层选用,并酌设平台。

2. 坑壁土的类别按照现行行业标准《公路土工试验规程》(JTG E40)划分;岩面单轴抗压强度 <5MPa、5~30MPa、>30MPa 时,分别定为极软、软质、硬质岩。

3. 当基坑深度大于 5m 时,基坑坑壁坡度可适当放缓或加设平台。

2　当基坑有地下水时,地下水位以上部分可放坡开挖;地下水位以下部分,若土质易坍塌或水位在基坑底以上较高时,应采用加固土体或降地下水位等方法开挖。

3　基坑为渗水性的土质基底时,坑底的平面尺寸应根据排水要求(包括排水沟、集水井、排水管网等)和基础模板所需基坑大小确定。

12.3.4　对坑壁采取支护措施进行基坑的开挖时,应符合下列规定:

1　基坑较浅且渗水量不大时,可采用竹排、木板、混凝土板或钢板等对坑壁进行支护;基坑深度小于或等于 4m 且渗水量不大时,可采用槽钢、H 型钢或工字钢等进行支护;地下水位较高,基坑开挖深度大于 4m 时,宜采用锁口钢板桩或锁口钢管桩围堰进行支护,其施工要求应符合本规范第 13.3 节的规定;在条件许可时亦可采用水泥土墙、混凝土围圈或桩板墙等支护方式。

2　对支护结构应进行设计计算,当支护结构受力过大时应加设临时支撑,支护结构和临时支撑的强度、刚度及稳定性应满足基坑开挖施工的要求。

12.3.5　对特大型深基坑,其坑壁支护方式应符合设计规定,施工技术要求和质量要求应符合本规范的相关规定。

12.3.6　基坑坑壁采用喷射混凝土、锚杆喷射混凝土、预应力锚索和土钉支护等方式进行加固时,其施工应符合下列规定:

1　对基坑开挖深度小于 10m 的较完整风化基层,可直接喷射混凝土加固坑壁。喷射混凝土之前应将坑壁上的松散层或岩渣清理干净。

2　对锚杆、预应力锚索和土钉支护,均应在施工前按设计要求进行抗拉拔力的验证试验,并确定适宜的施工工艺。

3　采用锚杆挂网喷射混凝土加固坑壁时,各层锚杆进入稳定层的长度、间距和钢筋的直径均应符合设计要求。孔深小于或等于3m时,宜采用先注浆后插入锚杆的施工工艺;孔深大于3m时,宜先插入锚杆后注浆。锚杆插入孔内后应居中固定,注浆应采用孔底注浆法,注浆管应插至距孔底50～100mm处,并随浆液的注入逐渐拔出,注浆的压力不宜小于0.2MPa。

4　采用预应力锚索加固坑壁时,预应力锚索(包括锚杆)编束、安装和张拉等的施工应符合本规范第7章的规定,其他施工可参照现行国家标准《建筑边坡工程技术规范》(GB 50330)的规定执行。

5　采用土钉支护加固坑壁时,施工前应制订专项施工技术方案和施工监控方案,配备适宜的机具设备。土钉支护中的开挖、成孔、土钉设置及喷射混凝土面层等的施工可按现行行业标准《基坑土钉支护技术规程》(CECS 96)的规定执行。

6　不论采用何种加固方式,均应按设计要求逐层开挖、逐层加固,坑壁或边坡上有明显出水点处应设置导管排水。施工质量标准应符合现行行业标准《公路路基施工技术规范》(JTG F10)的相关规定。

12.4　挖基和排水

12.4.1　基坑的开挖施工应符合下列规定:

1　挖基施工宜安排在枯水或少雨季节进行。基坑的开挖应连续施工,对有支护的基坑应采取防碰撞的措施;基坑附近有其他结构物时,应有可靠的防护措施。

2　在开挖过程中进行排水时应不对基坑的安全产生影响,确认基坑坑壁稳定的情况下,方可进行基坑内的排水。排水困难时,宜采用水下挖基方法,但应保持基坑中的原有水位高程。

3　采用机械开挖时应避免超挖,宜在挖至基底前预留一定厚度,再由人工开挖至设计高程;如超挖,则应将松动部分清除,并应对基底进行处理。

4　基坑开挖施工完成后不得长时间暴露、被水浸泡或被扰动,应及时检验其尺寸、高程和基底承载力,检验合格后应立即进行基础工程的施工。

12.4.2　采用集水坑排水时应符合下列规定:

1　基坑开挖时,宜在坑底基础范围之外设置集水坑并沿坑底周围开挖排水沟,使水流入集水坑内,排出坑外。集水坑的尺寸宜视渗水量的大小确定。

2　排水设备的排水能力宜为总渗水量的1.5～2.0倍。

12.4.3　采用井点降水法排水时应符合下列规定:

1　井点降水法宜用于粉砂、细砂、地下水位较高、有承压水、挖基较深、坑壁不易稳定的土质基坑,在无砂的黏质土中不宜采用。井点类别的选择,宜按照土层的渗透系数、要求降低水位的深度以及工程特点确定。

2　井管的成孔可根据土质分别采用射水成孔或冲击钻机、旋转钻机及水压钻探机成孔。井点降水曲线应低于基底设计高程或开挖高程0.5m。

3　应做好沉降及边坡位移监测,保证水位降低区域内构筑物的安全,必要时应采取防护措施。

12.4.4　采用帷幕法防渗时应符合下列规定:

1　采用帷幕防渗方法施工时应进行施工设计。帷幕防渗层的厚度应满足基坑防渗的要求,截水帷幕的渗透系数宜小于10×10^{-6}mm/s。

2　采用防水土工膜在围堰外侧铺底防渗时,应将河床面杂物清除干净并整平。土工膜应从围堰外侧的水位以上铺起,并超过堰脚不小于3m;土工布之间的接头应搭接严密。铺底土工膜上应满压不小于300mm厚的砂土袋。

12.5　地基处理

12.5.1　对符合设计要求的细粒土、特殊土等基底,经修整完成后,应尽快进行基础的施工,不得使基底浸水或长期暴露;基坑开挖后如基底的地质情况与设计不符时,应按程序进行设计变更并应对地基进行处理。地基处理应根据地基土的种类、强度和密度,按照设计要求,并结合现场情况,采取相应的处理方法。地基处理的范围应宽出基础之外不小于0.5m。

12.5.2　对强度低、稳定性差的细粒土及特殊土地基,如饱和软弱黏土层、粉砂土层、湿陷性黄土、膨胀土、季节性冻土等,处理时应视该类土的处治深度和含水率等情况,采取固结、换填等措施,使之满足设计要求。

12.5.3　粗粒土和巨粒土地基的处理应符合下列规定:

1　对于强度和稳定性满足设计要求的粗粒土及巨粒土基底,应将其承重面平整夯实。

2　基底有水不能彻底排干时,应先将水引至排水沟,然后再在其上进行基础的施工。

12.5.4　岩层基底的处理应符合下列规定:

1　对风化岩层,应在挖至设计高程并满足地基承载力要求后尽快进行封闭,防止其继续风化。

2　在未风化的平整岩层上,基础施工前应先将淤泥、苔藓及松动的石块清除干净,并凿出新鲜岩面。

3　对坚硬的倾斜岩层,宜将岩层面凿平;倾斜度较大无法凿平时,则宜凿成多级台阶,台阶的宽度不宜小于0.3m。

12.5.5 多年冻土地基的处理应符合下列规定:

1 基础不应置于季节性冻融土层上,并不得直接与冻土接触。

2 基础位于多年冻土层(即永冻土)上时,基底之上应设置隔温层或保温层材料,其铺筑宽度应在基础外缘加宽1m。

3 按保持冻结原则设计的明挖地基,其多年平均地温高于或等于-3℃时,应在冬季施工;多年平均地温低于-3℃时,可在其他季节施工,但应避开高温季节,并应按下列规定处理:

1)严禁地表水流入基坑。

2)及时排除季节冻层内的地下水和冻土本身的融化水。

3)必须搭设遮阳棚和防雨棚。

4)施工前应做好充分准备,组织快速施工。施工完成的基础应立即回填封闭,不宜间歇;必须间歇时,应采用保温材料加以覆盖,防止热量侵入。

4 施工期间如有明水,应在距坑顶10m之外设置排水沟,并应将水引向远离基坑的位置排出;当有融化水时亦应及时排除。

12.5.6 溶洞地基的处理应符合下列规定:

1 处理溶洞地基时,不得堵塞溶洞的水路。

2 对干溶洞可采用砂砾石、碎石、干砌或浆砌片石及灰土等回填密实;基底的干溶洞较大,回填处理有困难时,可设置桩基进行处理,桩基的设置应履行设计变更手续,并应由设计单位进行设计。

12.5.7 泉眼地基的处理应符合下列规定:

1 可采用有螺口的钢管紧密打入泉眼,盖上螺帽并拧紧,阻止泉水流出;或向泉眼内压注速凝水泥砂浆,再打入木塞堵眼。

2 堵眼困难时,可采用管子塞入泉眼,将水引流至集水坑排出;或在基底下设盲沟引流至集水坑排出,待基础施工完成后,再向盲沟压注水泥浆堵塞。采取引流方式排水时,应防止砂土流失,引起基底沉陷。

3 不论采用何种方法处理基底的泉眼,均不应使基底饱水。

12.6 地基检验

12.6.1 地基的检验应包括下列内容:

1 基底的平面位置、尺寸和基底高程;

2 基底的地质情况和承载力是否与设计资料相符;

3 基底处理和排水情况是否符合本规范要求;

4 施工记录及有关试验资料等。

12.6.2 按桥涵大小、地基土质复杂(如溶洞、断层、软弱夹层、易溶岩等)程度及结构对地基有无特殊要求,可采用以下检验方法:

1 小桥涵的地基检验可采用直观或触探方法,必要时可进行土质试验。

2 大、中桥和地基土质复杂、结构对地基有特殊要求的地基检验,宜采用触探和钻探(钻深至少4m)取样做土工试验,或按设计的特殊要求进行荷载试验。

3 特大桥或特殊结构桥梁的地基检验应符合设计规定。

12.6.3 基底平面位置和高程的允许偏差应符合下列规定:

1 基底的平面位置应符合设计要求,且应满足基础施工作业的需要。

2 基底高程允许偏差:土质 ±50mm;石质 +50mm,-200mm。

13 扩大基础、承台与墩台

13.1 一般规定

13.1.1 本章适用于扩大基础、承台、墩台身、墩台帽、盖梁及钢围堰的施工。

13.1.2 扩大基础、承台和墩台身等结构属大体积混凝土的,应按本规范有关大体积混凝土的规定组织施工。

13.2 扩大基础

13.2.1 扩大基础的基底为非黏性土或干土时,在施工前应将其润湿,并应按设计要求浇筑混凝土垫层,垫层顶面不得高于基础底面设计高程;地基为淤泥或承载力不足时,应按设计要求处理后方可进行基础的施工;基底为岩石时,应采用水冲洗干净,且在基础施工前应铺设一层不低于基础混凝土强度等级的水泥砂浆。

13.2.2 扩大基础的施工宜采用钢模板。混凝土宜在全平截面范围内水平分层进行浇筑,且机械设备的能力应满足混凝土浇筑施工的要求;当浇筑量过大设备能力难以满足施工要求,或大体积混凝土温控需要时,可分块浇筑。

13.2.3 扩大基础施工质量应符合表 13.2.3 的规定。

表 13.2.3 扩大基础施工质量标准

检查项目		规定值或允许偏差
混凝土强度(MPa)		在合格标准内
平面尺寸(mm)		±50
基础底面高程(mm)	土质	±50
	石质	+50,-200
基础顶面高程(mm)		±30
轴线偏位(mm)		25

13.3 承台

13.3.1 承台施工前应进行桩基等隐蔽工程的质量验收,桩顶的混凝土面应按水平施工缝的要求凿毛,桩头预留钢筋上的泥土及鳞锈等应清理干净。承台基底为软弱土层时,应按设计要求采取措施避免在浇筑承台混凝土过程中产生不均匀沉降。

13.3.2 承台的钢筋和混凝土应在无水条件下进行施工,施工时应根据地质、地下水位和基坑内的积水等情况采取防水或排水的措施。应采取有效措施,使承台钢筋的混凝土保护层厚度符合设计规定。桩伸入承台的长度以及边桩外侧与承台边缘的净距应不小于设计规定值。

13.3.3 承台施工质量应符合表13.3.3的规定。

表13.3.3 承台施工质量标准

项目	规定值或允许偏差	项目		规定值或允许偏差
混凝土强度(MPa)	在合格标准内	尺寸(mm)	$B\leq30$m	±30
			$B>30$m	$\pm B/1\ 000$
轴线偏位(mm)	15	顶面高程(mm)		±20

注:1. B为承台边长。

2. 深水基础中以围堰作为承台模板时,承台的轴线偏位应符合设计规定。

13.3.4 承台施工采用钢围堰作为挡水(土)设施时,应根据承台的结构特点、水文、地质和施工条件等因素确定适宜的围堰形式,并应对围堰进行专项设计。钢围堰的设计与施工应符合下列规定:

1 围堰的平面尺寸宜根据承台的结构尺寸、安装及放样误差等确定,且宜满足承台施工操作空间的需要,围堰内侧距承台边缘的净距不宜小于1m(围堰内侧兼作模板时除外)。围堰的顶面高程应高出施工期间可能出现的最高水位(包括浪高)0.5~0.7m;在有潮汐的水域,应同时考虑最高和最低施工潮位对围堰的不利影响。

2 围堰除应满足自身的强度、刚度和稳定性要求外,尚应考虑河床断面被压缩后,流速增大导致的河床冲刷和对通航、导流等的影响。

3 对围堰结构进行计算时,除应考虑施工荷载及结构重力、水流压力、浮力、土压力等荷载外,尚应根据现场的具体情况考虑可能出现的冲刷、风力、波浪力、流冰压力、船舶或漂浮物撞击力等作用。

4 围堰结构应根据施工过程中的各种工况,按最不利荷载组合进行强度、刚度及稳定性计算。在围堰内设置支撑的,除应对内支撑结构本身进行局部验算外,尚应将其与围堰作为整体进行总体稳定性验算;设置内支撑时,应考虑其对承台及后续墩身施工的干扰影响。

5　钢围堰的混凝土封底厚度应符合设计规定；设计未规定时，应根据桩周摩擦力、浮力、围堰结构自重及封底混凝土自身强度等因素经计算后确定。

6　钢围堰在施工前应制订专项施工技术方案及安全技术方案，明确施工工艺流程。

7　围堰钢结构的制造可参照本规范第19章的相关规定执行，并应保证其在施工过程中防水严密，不渗漏。

8　在岸上整体加工制造的钢围堰，当通过滑道或其他装置下水时，其进入的水域面积和水深应足够，并应采取措施控制其下水的速度；采用起重船吊装时，起重船的吊装能力应能满足整体吊装的要求，各吊点的受力应控制均匀，必要时宜进行监控。

9　钢围堰在灌注封底混凝土之前，应将桩身和堰壁上附着的泥浆冲洗干净，经检验合格后方可进行封底混凝土的施工。封底的施工要求可按本规范第10.5节的规定执行。

10　钢围堰拆除时，除应采取措施防止撞击墩身外，对水下按设计规定可不拆除的结构，尚应保证其不会对通航产生不利的影响。

13.3.5　钢板桩围堰的施工应符合下列规定：

1　钢板桩的材质、性能和尺寸应符合产品的相应规定。钢板桩在存放、搬运和起吊时，应采取措施防止其变形及锁口损坏。经过整修或焊接后的钢板桩，应采用同类型的短桩进行锁口通过试验，合格者方可继续使用。

2　钢板桩施打前应设置测量观测点，控制其施打的定位。

3　钢板桩在施打前，其锁口宜采用止水材料捻缝，防止在使用过程中漏水。

4　施打钢板桩应有导向装置，应能保证桩的位置准确。施打顺序应按既定的施工技术方案进行，并宜从上游开始分两头向下游方向合龙。施打时应随时检查其位置和垂直度是否准确，不符合要求的应立即纠正或拔起重新施打。施打完成后所有钢板桩的锁口均应闭合。

5　同一围堰内采用不同类型的钢板桩时，宜将不同类型桩的各半拼焊成一根异型钢板桩，分别与相邻桩进行连接。接长的钢板桩，其相邻桩的接头位置应上下错开。

6　拔除钢板桩之前，应向堰内注水使堰内外的水位保持平衡。拔桩应从下游侧开始逐步向上游侧进行，拔除的钢板桩应对其锁口进行检修并涂油，堆码妥善保存。

13.3.6　锁口钢管桩围堰的施工除应符合第13.3.5条的相关规定外，尚应符合下列规定：

1　钢管的材质和截面特性应满足围堰受力的要求。锁口的形式应根据土层地质情况和止水要求确定，当用于水中或透水性土层中的围堰时，应对锁口采取可靠的止水处理措施。

2　施打钢管桩时，如土层中有孤石、片石或其他障碍物，其底口应作加强处理。

13.3.7　钢套箱围堰的施工应符合下列规定：

1　对有底钢套箱，除应进行结构的计算和验算外，尚应针对套箱内抽干水后的工况进行抗浮验算。钢套箱采取悬吊方式安装时,应验算悬吊装置及吊杆的强度是否满足受力要求。

2　钢套箱应根据现场设备的起吊能力和移运能力确定采用整体式或装配式制作,制作时应采取防止接缝渗漏的措施。

3　钢套箱下沉就位时,在下沉过程中应保持平稳,当采用多个千斤顶吊放时,应使各千斤顶的行程同步,且宜设置导向装置或利用已成桩作为导向的承力结构进行准确定位。钢套箱就位后应对其平面位置和高程进行精确调整,并应及时予以固定;当水流速度过大会使套箱的位置发生改变时,应具有稳定套箱的可靠措施。

4　有底钢套箱在浇筑封底混凝土之前,应采用适宜的止水装置或材料对底板与桩基之间的缝隙进行封堵。

5　钢套箱内的排水应在封底混凝土符合设计规定的强度后或达到设计强度的80%及以上时方可进行,排水不应过快,并应在排水过程中加强对套箱情况变化的监测;对有底钢套箱,必要时可设反压装置抵抗过大的浮力。

6　钢套箱侧壁兼作承台模板时,其位置的允许偏差应符合设计规定。

13.3.8　双壁钢围堰的施工应符合下列规定:

1　围堰的双壁间距应根据下沉时需要克服的浮力、土层摩阻力及基底抗力等经计算确定,并应在双壁之间分设多个对称的、横向互不相通的隔水舱。

2　双壁钢围堰兼作钻孔平台时,应将钻孔施工产生的全部荷载及各种工况加入到围堰结构的最不利荷载组合中进行设计和验算。钢围堰需度汛或度凌施工时,应制订稳定和防撞击、防冲刷的可靠方案,并应进行相应的验算。

3　双壁钢围堰结构的制作宜在工厂按设计要求进行,各节、块应按预定的顺序对称组装拼焊,制作完成后应进行焊接质量检验,并应进行水密试验。

4　围堰应根据现场的水文、地质和通航等情况,设置可靠的定位系统和导向装置。其浮运、下沉、定位等工序的施工及允许偏差应符合本规范第10章的相关规定。

5　围堰下沉至设计高程,在灌注封底混凝土之前,应对河床面进行清理和整平。围堰置于岩面上时,宜将岩面整平;基岩岩面倾斜或凹凸不平时,宜将围堰底部制作成与岩面相应的异形刃脚,增加其稳定性并减少渗漏。

13.4　桥墩与桥台

13.4.1　墩、台身的施工除应符合本规范其他相关章节的规定外,尚应符合下列规定:

1　墩、台身施工前,应对其施工范围内基础顶面的混凝土进行凿毛处理,并应将表面的松散层、石屑等清理干净;对分节段施工的墩、台身,其接缝亦应作相同的凿毛和清洁处理。

2　墩、台身高度超过10m时,可分节段施工,节段的高度宜根据混凝土施工条件和钢筋定尺长度等因素确定。上一节段施工时,已浇节段的混凝土强度应不低于2.5MPa。

3 在模板安装前,应在基础顶面放出墩、台身的轴线及边缘线;对分节段施工的墩、台身,其首节模板安装的平面位置和垂直度应严格控制。模板在安装过程中应通过测量监控措施保证墩、台身的垂直度,并应有防倾覆的临时措施;对高墩且风力较大地区的墩身模板,应考虑其抗风稳定性。

4 应采取措施,缩短墩、台身与承台之间浇筑混凝土的间隔时间,间歇期不宜大于10d。

5 浇筑混凝土时,串筒、溜槽等的布置应方便摊铺和振捣,并应明确划分工作区域。混凝土浇筑完成后,应及时进行养护,养护时间不得少于7d。

6 墩、台高处作业的施工安全应符合本规范第25章的规定。

7 墩、台身施工质量应符合表13.4.1的规定。

表13.4.1 墩、台身施工质量标准

<table>
<tr><th>项　目</th><th colspan="2">规定值或允许偏差</th><th>项　目</th><th>规定值或允许偏差</th></tr>
<tr><td>混凝土强度(MPa)</td><td colspan="2">在合格标准内</td><td>断面尺寸(mm)</td><td>±20</td></tr>
<tr><td rowspan="2">竖直度(mm)</td><td>$H\leqslant30$m</td><td>$H/1\,500$,
且不大于20</td><td rowspan="2">顶面高程(mm)</td><td rowspan="2">±10</td></tr>
<tr><td>$H>30$m</td><td>$H/3\,000$,
且不大于30</td></tr>
<tr><td>节段间错台(mm)</td><td colspan="2">5</td><td>轴线偏位(mm)</td><td>10</td></tr>
<tr><td>预埋件位置(mm)</td><td colspan="2">10</td><td>大面积平整度(mm)</td><td>5</td></tr>
</table>

注:H为墩身或台身高度。

13.4.2 预制柱式墩台的安装施工应符合下列规定:

1 预制构件与基础顶面的预留槽口应对应编号,安装前应检查各墩、台预制构件的尺寸和基础预留槽口的顶面高程是否符合设计要求,基座槽口四周与柱边的空隙应不小于20mm。经检验合格方可进行预制构件的安装施工。

2 预制构件吊入基座槽口就位时,应在柱身竖直度以及平面位置符合设计要求后,再将楔子塞入槽洞打紧。对重大、细长的墩、台柱,应采用风缆或撑木固定好后,方可摘除吊钩。

3 在墩、台柱顶安装盖梁前,应先检查盖梁预留槽眼的位置是否符合设计要求。

4 槽口内现浇混凝土的施工应符合设计规定;设计未规定时,应按本规范第6章的规定执行。

13.4.3 预制环管式墩台的安装施工应符合下列规定:

1 管节或环圈安装时,应严格控制设计轴线的位置,不应出现倾斜或上下错位现象。

2 基础顶部预留钢筋的数量、伸入管节或环圈内钢筋的锚固长度均应符合设计规定。应采用设计规定的混凝土或砂浆将管节或环圈的接缝填塞、捣实并抹平。

13.5 墩台帽和盖梁

13.5.1 墩台帽和盖梁的施工应在墩、台身质量检验合格后方可进行。

13.5.2 对墩台帽、盖梁施工所采用的托架、支架或抱箍等临时结构,应进行受力分析计算与验算。支架宜直接支承在承台顶部,当必须支承在承台以外的软弱地基上时,应对地基进行妥善加固处理,并应对支架进行预压。

13.5.3 在墩台帽、盖梁与墩身的连接处,模板与墩台身之间应密贴,不得出现漏浆现象。钢筋安装施工时,应避免在钢筋的接头处起弯,并应保证钢筋的混凝土保护层厚度。对支座垫石的预埋钢筋及上部结构所需要的预埋件,其位置应准确。

13.5.4 施工过程中应采取措施防止对墩、台身成品造成损伤和污染。

13.5.5 墩台帽、盖梁施工质量应符合表13.5.5的规定。

表 13.5.5 墩台帽和盖梁施工质量标准

项　　目	规定值或允许偏差	项　　目	规定值或允许偏差
混凝土强度(MPa)	在合格范围内	断面尺寸(mm)	±20
轴线偏位(mm)	10	顶面高程(mm)	±10
预埋件位置(mm)	10	大面积平整度(mm)	5

13.6 片石混凝土

13.6.1 片石混凝土仅适用于较大体积的基础、墩台身等圬工受压结构。

13.6.2 采用片石混凝土时,可在混凝土中掺入不多于该结构体积20%的片石,片石的抗压强度等级应符合设计规定;设计未规定时,小桥涵的墩台、基础应不低于MU30,大、中桥的墩台和基础以及轻型桥台应不低于MU40。

13.6.3 片石混凝土施工时,应使用质地坚硬、密实、耐久、无裂纹和无风化的石料,片石的厚度应为150~300mm。在混凝土中埋放片石时应符合下列规定:

1 片石应清洗干净并完全饱水,应在浇筑时的混凝土中埋入一半左右。

2 当气温低于0℃时,不得埋放片石。

3 片石应分布均匀,净距应不小于150mm,片石边缘距结构侧面和顶面的净距应不小于150mm,片石不得触及构造钢筋和预埋件。

4 混凝土应采取分层浇筑的方式,每层混凝土的厚度不应超过300mm,大致水平,分层振捣,边振捣边加片石。

14 砌体

14.1 一般规定

14.1.1 本章适用于砌石及混凝土预制块砌体的圬工基础、墩台、附属工程及台背回填等的施工。

14.1.2 天然地基上的基础砌体，施工前应按本规范第12章的有关规定，对基底进行检验和处理。圬工砌体中沉降缝、伸缩缝、泄水孔及防水层的设置，应符合设计规定。

14.2 材料

14.2.1 砌体工程所用的石料应符合下列规定：

1 石料应符合设计规定的类别和强度，石质应均匀、不易风化、无裂纹。一月份平均气温低于-10℃的地区，除干旱地区的不受冰冻部位外，所用石料应通过冻融试验，其抗冻性指标合格后，方可使用。

2 片石的厚度应不小于150mm。用作镶面的片石，应选择表面较平整、尺寸较大者，并应稍加修整。

3 块石的形状应大致方正，上下面应大致平整，厚度应为200～300mm，宽度应为厚度的1.0～1.5倍，长度应为厚度的1.5～3.0倍。块石如有锋棱锐角，应敲除。块石用作镶面时，应从外露面四周向内稍加修凿；后部可不作修凿，但应略小于修凿部分。

4 粗料石的外形应方正，呈六面体，厚度应为200～300 mm，宽度应为厚度的1.0～1.5倍，长度应为厚度的2.5～4.0倍，表面凹陷深度应不大于20 mm。加工镶面粗料石时，丁石长度应比相邻顺石宽度大150 mm；修凿面每100 mm长应有錾路4～5条，侧面修凿面应与外露面垂直，正面凹陷深度不应超过15 mm；外露面带细凿边缘时，细凿边缘的宽度应为30～50mm。

14.2.2 用于砌体工程的混凝土预制块，其规格、形状和尺寸应统一，表面应平整，强度应符合设计要求。

14.2.3 砌筑采用的砂浆应符合下列规定：

1 砌筑用砂浆的类别和强度等级应符合设计规定。

2 砂浆中所用水泥、砂、水等材料的质量应符合本规范第6章的相应规定。砂宜采用中砂或粗砂,当缺乏天然中砂或粗砂时,可采用满足质量要求的机制砂代替;在保证砂浆强度的基础上,也可采用细砂,但应适当增加水泥用量。砂的最大粒径,当用于砌筑片石时,不宜超过5mm;当用于砌筑块石、粗料石时,不宜超过2.5mm。

3 砂浆的配合比应通过试验确定,当变更砂浆的组成材料时,其配合比应重新试验确定。砂浆应具有良好的和易性,用于石砌体时其稠度宜为50~70mm,气温较高时可适当增大。砂浆的配制宜采用质量比,并应随拌随用,保持适宜的稠度,且宜在3~4h内使用完毕;气温超过30℃时,宜在2~3h内使用完毕。在运输过程或在储存器中发生离析、泌水的砂浆,砌筑前应重新拌和;已凝结的砂浆,不得使用。

4 各类砂浆均宜采用机械拌和,拌和时间宜为3~5min。

14.2.4 小石子混凝土应符合下列规定:

1 配合比设计、材料规格、强度试验及质量检验标准应符合本规范第6章的规定。

2 粗集料可采用细卵石或碎石,最大粒径不宜大于20mm。

3 小石子混凝土的拌和物应具有良好的和易性,对片石砌体其坍落度宜为50~70mm,对块石砌体其坍落度宜为70~100mm。

14.3 圬工墩台

14.3.1 砌体的砌筑施工应符合下列规定:

1 砌块在使用前应浇水湿润,砌块的表面如有泥土、水锈,应清洗干净。

2 砌筑基础的第一层砌块时,如基底为岩层或混凝土基础,应先将基底表面清洗、湿润,再坐浆砌筑;如基底为土质,可直接坐浆砌筑。

3 砌体宜分层砌筑,砌体较长时可分段分层砌筑,但两相邻工作段的砌筑高差不宜超过1.2m;分段位置宜设在沉降缝或伸缩缝处,各段的水平砌缝应一致。

4 各砌层应先砌外圈定位行列,再砌筑里层,其外圈砌块应与里层砌块交错连成一体。砌体外露面石料的镶面种类应符合设计规定,对有流冰或有漂浮物河中的墩台,其镶面宜选用较坚硬的石料或较高强度等级混凝土预制块进行镶砌。砌体里层应砌筑整齐,分层应与外圈一致,应先铺一层适当厚度的砂浆再安放砌块和填塞砌缝。砌体的外露面应进行勾缝,并应在砌筑时靠外露面预留深约20mm的空缝备作勾缝之用。砌体隐蔽面的砌缝可随砌随刮平,不另勾缝。

5 各砌层的砌块应安放稳固,砌块间的砂浆应饱满,黏结牢固,不得直接贴靠或脱空。砌筑时,底浆应铺满,竖缝砂浆应先在已砌石块侧面铺放一部分,然后在石块放好后用砂浆填满捣实。用小石子混凝土填竖缝时,应捣固密实。

6 砌筑上层砌块时,应避免振动下层砌块。砌筑工作中断后恢复砌筑时,已砌筑的砌层表面应加以清扫和湿润。

14.3.2 浆砌片石的砌筑施工应符合下列规定：

1 片石应分层砌筑，宜以2～3层砌块组成一工作层，每一工作层的水平缝应大致找平。各工作层竖缝应相互错开，不得贯通。

2 外圈定位行列和转角石，应选择形状较为方正及尺寸较大的片石，并长短相间地与里层砌块咬接。砌缝宽度不宜大于40mm；采用小石子混凝土砌筑时，可为30～70mm。

3 较大的砌块应用于下层，安砌时应选取形状和尺寸较为合适的砌块，尖锐凸出部分应敲除。竖缝较宽时，应在砂浆中塞以小石块，但不得在石块下面用高于砂浆砌缝的小石片支垫。

14.3.3 浆砌块石的砌筑施工应符合下列规定：

1 块石应平砌，每层石料高度应大致相同。对外圈定位行和镶面石块，应丁顺相间或两顺一丁排列，砌缝宽度应不大于30mm，上下竖缝的错开距离应不小于80mm。

2 砌体里层平缝的宽度不应大于30mm，竖缝宽度不应大于40mm，用小石子混凝土砌筑时不应大于50mm。

14.3.4 浆砌粗料石及混凝土预制块的砌筑施工应符合下列规定：

1 砌筑前，应先计算层数并选好料，砌筑时应严格控制平面位置和高度。镶面石应一丁一顺排列，砌缝应横平竖直。砌缝的宽度，对粗料石不应大于20mm，对混凝土预制砌块不应大于10mm；上下层竖缝错开的距离应不小于100mm，同时在丁石的上层或下层不宜有竖缝。砌体里层为浆砌块石时，应符合块石浆砌的规定。

2 桥墩破冰体镶面的砌筑应符合下列规定：

1）破冰棱与垂线的夹角大于20°时，镶面的横缝应垂直于破冰棱；夹角小于或等于20°时，镶面横缝可成水平。

2）破冰体镶面的砌筑层次应与墩身一致。砌缝的宽度应为10～12mm。

3）不得在破冰棱中线上及破冰棱与墩身相交线上设置砌缝。

14.4 附属工程及回填

14.4.1 桥涵附属工程的砌体施工应符合下列规定：

1 石砌锥坡、护坡和河床铺砌层等工程，应在坡面或基面夯实、整平后，方可开始铺砌。

2 片石护坡的外露面和坡顶、边口，应选用较大、较平整并略加修凿的石块。

3 浆砌片石护坡和河床铺砌的石块应相互咬接，砌缝砂浆应饱满，砌缝宽度宜为40～70mm。浆砌卵石护坡和河床铺砌层，应采用栽砌法，砌块应相互咬接。

4 干砌片石护坡和河床铺砌时，铺砌应紧密、稳定、表面平顺，但不得用小石块塞垫或找平。干砌卵石河床铺砌时，应采用栽砌法。用于防护急流冲刷的护坡、河床铺砌层，其石块尺寸不得小于设计规定。

5 铺砌层砂砾垫层材料的粒径不宜大于50mm,含泥量不宜超过5%,含砂量不宜超过40%,铺砌厚度宜不小于300mm。垫层与铺砌层应配合铺筑,随铺随砌。

6 防护工程采用石笼时,石笼的构造、形状和尺寸应适应水流及河床的实际情况,笼内填充料可采用片石或大卵石,石料的尺寸应大于笼网孔眼。笼内石料应塞紧、装满,笼网应锁口牢固;石笼应铺放整齐,笼与笼间的空隙应采用石块填满。

14.4.2 桥涵附属工程后背回填的施工应符合下列规定:

1 桥涵台背、锥坡、护坡的各种填料,宜采用天然砂砾、二灰土、水泥稳定土或粉煤灰等轻质材料,不得采用含有泥草、腐殖质或冻土块的土。

2 台背填土应顺路线方向,自台身起,其填土的长度在顶面应不小于桥台高度加2m,在底面应不小于2m,拱桥台背填土的长度不应小于台高的3~4倍。锥坡填土应与台背填土同时进行,并应按设计宽度一次填足。

3 台背回填应严格控制分层厚度和密实度,应设专人负责监督检查,检查频率应每$50m^2$检验1点,不足$50m^2$时应至少检验1点,每点均应合格,且宜采用小型机械压实。桥涵台背填土的压实度不应小于96%。

4 台背填土的顺序应符合设计规定。设计未规定时,拱桥台背填土宜在主拱圈安装或砌筑以前完成;梁式桥的轻型桥台台背填土,宜在梁体安装完成以后,在两端桥台平衡地进行;埋置式桥台台背填土,宜在柱侧对称、平衡地进行。

5 对位于软土地基处的桥台,可采取先填筑再进行基础和台身施工的方式。

14.5 砌体勾缝及养护

14.5.1 砌体的勾缝,宜采用凸缝或平缝。浆砌较规则的块料时,可采用凹缝。

14.5.2 勾缝砂浆的强度不应低于砌体的砂浆强度,主体工程不应低于M10,附属工程不应低于M7.5,流冰和严重冲刷部位应采用高强度水泥砂浆。

14.5.3 石砌体的勾缝应嵌入砌缝内20mm深,缝槽深度不足时,应凿够深度后再勾缝。干砌片石勾缝时,应嵌入砌缝内20mm以上;干砌片石护坡、锥坡的勾缝,宜待坡体稳定后进行,除设计另有规定外,宜做成平缝。

14.5.4 浆砌砌体应在砂浆初凝后,洒水覆盖养生7~14d。养护期间应避免碰撞、震动或承重。

14.6 加筋土桥台

14.6.1 混凝土面板的预制施工应符合本规范第6章的规定。露于面板混凝土外面的钢拉环、钢板锚头应作防锈处理,聚丙烯土工带与钢拉环的接触面应作隔离处理。筋带的强度和受力后的变形应满足设计要求,筋带应能与填料产生足够的摩擦力,接长和与面板的连接应简单。

14.6.2 面板应按要求的垂度挂线安砌,安砌时单块面板可内倾 1/100 ~ 1/200,作为填料压实时面板外倾的预留度。不得在未完成填土作业的面板上安砌上一层面板。

14.6.3 钢带应平顺铺设于已压实整平的填料上,不得弯曲或扭曲;钢筋混凝土带可直接铺设在已压实整平的填料上或在填料上挖槽铺设;聚丙烯带应呈扇形辐射状铺设,不宜重叠,不得卷曲或折曲,并不得与有尖锐棱角的粗粒料直接接触。当与桥台立柱或肋板相互干扰时,筋带可适当避让。

14.6.4 台背筋带锚固段的填筑宜采用粗粒土或改性土等填料。当填料为黏性土时,宜在面板后不小于 0.5m 范围内回填砂砾材料。

14.6.5 填料摊铺厚度应均匀一致,表面平整,并应设置不小于 3% 的横坡。当采用机械摊铺时,摊铺机械距面板不应小于 1.5m。机械的运行方向应与筋带垂直,并不得在未覆盖填料的筋带上行驶或停车。

14.6.6 台背填料应严格分层碾压,碾压时宜先轻后重,并不得使用羊足碾。压实作业应先从筋带中部开始,逐步碾压至筋带尾部,再碾压靠近面板部位,且压实机械距面板不得小于 1.0m。台背填筑施工过程中应随时观测加筋土桥台的变化。

14.7 质量检验与质量标准

14.7.1 砂浆及小石子混凝土的抗压强度应按不同强度等级、不同配合比分别制取试件,用于检查各施工阶段的强度,对重要及主体砌筑物,每工作班应制取试件 2 组;一般及次要砌筑物,每工作班可制取试件 1 组。小石子混凝土的抗压强度评定方法同一般混凝土。砂浆抗压强度的合格条件应符合下列规定:

1 同等级试件的平均强度应不低于设计强度等级。

2 任意一组试件最低值应不低于设计强度的 75%。

14.7.2 砌体施工应符合下列规定:

1 砌体所用各项材料的类别、规格及质量应符合设计要求及本规范的规定。

2 砌缝砂浆或小石子混凝土铺填饱满,强度应符合设计要求或本规范的规定。

3 砌缝的宽度和错缝距离应符合设计或本规范的规定,勾缝应坚固、整齐,深度和形式应符合本规范的规定。

4 砌筑方法应正确,砌体的位置、尺寸应不超过允许偏差。

14.7.3 墩、台砌体施工质量应符合表14.7.3的规定。

表14.7.3 墩、台砌体施工质量标准

项目		规定值或允许偏差
砂浆强度(MPa)		在合格标准内
轴线偏位(mm)		20
墩台长、宽(mm)	片石	+40,-10
	块石	+30,-10
	粗料石	+20,-10
大面积平整度(mm)	片石	30
	块石	20
	粗料石	10
竖直度或坡度(%)	片石	0.5
	块石、粗料石	0.3
墩台顶面高程(mm)		±10

14.7.4 浆砌片石基础施工质量应符合表14.7.4的规定。

表14.7.4 浆砌片石基础施工质量标准

项目		规定值或允许偏差
砂浆强度(MPa)		在合格标准内
轴线偏位(mm)		25
平面尺寸(mm)		±50
顶面高程(mm)		±30
基底高程(mm)	土质	±50
	石质	+50,-200

14.7.5 侧墙砌体施工质量应符合表14.7.5的规定。

表14.7.5 侧墙砌体施工质量标准

项目		规定值或允许偏差
砂浆强度(MPa)		在合格标准内
外侧平面偏位(mm)	无镶面	+30,-10
	有镶面	+20,-10
宽度(mm)		+40,-10
顶面高程(mm)		±10
竖直度或坡度(%)	片石砌体	0.5
	块石、粗料石、混凝土块镶面	0.3

14.7.6 加筋土桥台面板预制、安砌施工质量应符合表 14.7.6 的规定。

表 14.7.6 加筋土桥台面板预制、安砌施工质量标准

项　　目	规定值或允许偏差
混凝土强度(MPa)	在合格标准内
边长(mm)	±5 或 ±0.5% 边长
两对角线差(mm)	10 或 0.7% 最大对角线长
厚度(mm)	+5，-3
表面平整度(mm)	4 或 0.3% 边长
预埋件位置(mm)	5
每层面板顶高程(mm)	±10
轴线偏位(mm)	10
面板竖直度或坡度(%)	+0，-0.5
相邻面板错台(mm)	5

注:面板安装以同层相邻两板为一组。

15 拱桥

15.1 一般规定

15.1.1 本章适用于采用就地现浇、无支架和少支架缆索吊装、转体、悬臂浇筑及就地砌筑等方法的拱桥施工,采用其他方法的拱桥施工可参照本章的相关规定执行。

15.1.2 施工前应根据拱桥的结构特点和受力特性,进行施工设计和施工计算;对各关键工序,应制订专项施工技术方案和安全技术方案。

15.1.3 大跨度拱桥的施工应进行过程控制,使拱的轴线、内力等满足设计要求;关键工序的施工应避开可能发生的灾害性天气,并应在施工中采取必要的预防措施保证结构安全。

15.2 拱架

15.2.1 拱架应进行专门设计,并应符合下列规定:

1 拱架的设计应遵循安全可靠、结构简单、受力明确、制作和安拆方便的原则。所采用材料的性能和质量应符合相应的国家或行业标准的规定;常备式构件用作拱架时,其设计与计算应依据该构件的技术要求进行。

2 设计荷载除应符合本规范第5.2.6条的规定外,尚应根据拱桥的结构特点和施工荷载特性分析取用,拱圈的自重荷载宜乘以1.2倍系数。在计算荷载作用下,应按可能产生的最不利荷载组合验算拱架的强度、刚度和稳定性。

3 对拱架各截面应力强度进行验算时,应根据拱架的结构形式和所承受的荷载大小,按分阶段浇筑或砌筑施工的工况,分别验算其拱顶、拱脚和1/4跨各截面,以及各连接节点的应力。

4 应严格控制拱架的刚度,拱架受载后,对落地式拱架其弹性挠度应不大于相应结构跨度的1/2 000,且不得超过50mm;对拱式拱架,应不大于相应结构跨度的1/1 000,且不得超过100mm。

5 稳定性的验算应包括拱架的整体稳定和局部稳定,抗倾覆稳定系数应不小于1.5。对拱架在拼装过程中的稳定性亦应进行验算,当不能满足拼装要求时,应采取必要的辅助稳定措施。

6 拱架的地基与基础设计应符合现行行业标准《公路桥涵地基与基础设计规范》(JTG D63)的规定,并应对地基承载力进行验算。

15.2.2 拱架的制作和安装应符合下列规定:

1 制作拱架所采用材料的规格和质量应符合施工设计要求。对钢拱架,宜采用标准化、通用化的常备式构件,或型钢、钢管等材料;在特殊情况下采用木拱架时,应选择材质坚硬、无损伤且湿度较小的材料。拱架的制作应保证杆件或构件的尺寸准确,连接节点处的螺栓孔或焊接质量应满足施工设计要求。

2 拱架在安装前,应对桥轴线、拱轴线、跨径、高程等进行校核,确认无误后方可进行拼装。拼装应根据拱架构造确定的适宜的方法进行,分片或分段拼装时应有保证拱架稳定的临时措施,必要时应设置缆风绳进行固定;拱架拼装时尚应设置足够的平联、斜撑和剪刀撑保证其横向的稳定。

3 拱架应设置施工预拱度和卸落装置,其施工要求除应符合本规范第5.4.3条的规定外,拱式拱架尚应考虑其受载后产生水平位移所引起的拱圈挠度。各类拱架的顶部高程应符合拱圈下缘加预拱度后的几何线形,允许偏差为±10mm;拱架纵轴的平面位置偏差应不大于跨度的1/1 000,且不大于30mm。

4 拱架安装完成后,应按设计荷载进行预压;并应对其平面位置、顶部高程、节点连接及纵横向的稳定性进行全面检查,符合要求后,方可进行下一工序。

5 拱架应稳定、牢固,应能抵抗在施工过程中可能发生的偶然碰撞和震动。

15.2.3 拱架的拆卸应符合下列规定:

1 现浇混凝土拱圈的拱架,其拆除期限应符合设计规定;设计未规定时,应在拱圈混凝土强度达到设计强度的85%后,方可卸落拆除。

2 卸落拱架应按提前拟定的卸落程序进行,且宜分步卸落;在纵向应对称均衡卸落,在横向应同时一起卸落。满布式落地拱架卸落时,可从拱顶向拱脚依次循环卸落;拱式拱架可在两支座处同时均匀卸落;多孔拱桥卸架时,若桥墩允许承受单孔施工荷载,可单孔卸落,否则应多孔同时卸落,或各连续孔分阶段卸落。卸落拱架时,应设专人对拱圈的挠度和墩台的位移等情况进行监测,当有异常时,应暂停卸落,查明原因并采取相应措施后方可继续进行。

3 石拱桥的拱架卸落时间应符合下列要求:

1)浆砌石拱桥拱架,应待砂浆强度达到设计强度的85%后方可卸落;设计另有规定时,应从其规定。

2)跨径小于10m的小拱桥,宜在拱上建筑全部完成后卸架;中等跨径的实腹式拱桥,宜在护拱砌完后卸架;跨径较大的空腹式拱桥,宜在拱上小拱横墙砌好(未砌小拱圈)后卸架。

3)当需要裸拱卸架时,应对裸拱进行截面强度及稳定性验算,并应采取必要的辅助稳定措施。

15.3 现浇混凝土拱圈

15.3.1 跨径较小的拱圈或拱肋,应按拱圈的全宽从两端拱脚向拱顶对称地连续浇筑混凝土,并应在拱脚混凝土初凝前全部完成。跨径较大的拱圈或拱肋,应沿拱跨方向分段对称浇筑,分段的位置应以拱架受力对称、均匀和变形小为原则,且宜设置在拱顶、$L/4$ 部位、拱脚及拱架节点等处;各段的接缝面应与拱轴线垂直,各分段点应预留间隔槽,其宽度宜为 0.5 ~ 1.0m,槽内有钢筋接头时,其宽度尚应满足钢筋接头的需要。

15.3.2 浇筑拱圈混凝土时,应严格按照预先制定的浇筑程序对称于拱顶进行,并应控制两端的浇筑速度,避免产生过大的偏差。分段浇筑时,各分段内的混凝土宜一次连续浇筑完成,因故中断时,应浇筑成垂直于拱轴线的施工缝;如已浇筑成斜面,应凿成垂直于拱轴线的平面或台阶式结合面。

15.3.3 间隔槽混凝土的浇筑应符合设计规定。设计未规定时,应在拱圈混凝土的强度达到设计强度的 85% 后,由拱脚向拱顶对称进行浇筑;拱顶及拱脚间隔槽的混凝土应在最后封拱时浇筑。

15.3.4 大跨径拱圈采用分环(层)、分段法浇筑混凝土时,纵向钢筋宜分段设置,且其接头应设在最后的几个间隔槽内,待浇筑间隔槽混凝土时再连接。

15.3.5 大跨径钢筋混凝土箱形拱圈采用在拱架上组装部分预制部件然后现浇混凝土的方法进行施工时,组装和现浇均应从两拱脚向拱顶对称进行。箱形拱圈的底板施工时,应按拱架的变形情况设置间隔缝,缝内的混凝土应在底板合龙时浇筑;拱圈的底、腹板混凝土强度达到设计强度的 85% 后方可安装盖板,铺设钢筋,现浇顶板混凝土。

15.3.6 拱圈合龙的温度应符合设计要求;设计未要求时,宜选择夜间气温较稳定时段的温度。拱圈合龙前如采取千斤顶对两侧拱圈施加压力的方法调整拱圈应力时,拱圈混凝土的强度应达到设计规定的强度。

15.3.7 拱圈在浇筑过程中,应随时监测拱架的变形,如变形量超过计算值,应及时查明原因,并采取加固拱架或调整加载顺序的措施,保证施工安全。

15.3.8 现浇混凝土拱圈施工质量应符合表 15.3.8 的规定。

表 15.3.8　现浇混凝土拱圈施工质量标准

项　　目		规定值或允许偏差
混凝土强度(MPa)		在合格标准内
轴线偏位(mm)	板拱和箱形拱	10
	肋拱	5
内弧线偏离设计弧线(mm)	$L \leq 30$m	±20
	$L > 30$m	$\pm L/1\,500$
断面尺寸(mm)	高度	±5
	顶、底、腹板厚	+10，-0
拱宽(mm)	板拱和箱形拱	±20
	肋拱	±10
拱肋间距(mm)		±5

注：L 为跨径。

15.4　无支架和少支架施工

15.4.1　采用无支架和少支架方法施工时，拱圈的预制应符合下列规定：

1　拱肋宜采用立式方法预制，且宜先在样台上放出拱肋大样，然后制作样板。放样时，应将横隔板、吊孔、接头位置准确放出。

2　箱形拱预制时，可先预制横隔板、腹板，然后在拱胎上进行组装，并浇筑底、顶板和接头混凝土。混凝土强度达到设计强度的 85% 后，方可起吊运输到存放场地存放。

3　预制拱圈节段施工质量应符合表 15.4.1 的规定。

表 15.4.1　预制拱圈节段施工质量标准

项　　目		规定值或允许偏差
混凝土强度(MPa)		在合格标准内
每段拱箱内弧长(mm)		+0，-10
内弧偏离设计弧线(mm)		5
断面尺寸(mm)	顶底腹板厚	+10，-0
	宽度及高度	+10，-5
轴线偏位(mm)	肋拱	5
	箱拱	10
拱箱接头倾斜(mm)		±5
预埋件位置(mm)	肋拱	5
	箱拱	10

15.4.2　采用无支架方法安装拱圈时，宜根据桥梁规模、构件重量、施工环境条件等，选用适宜的吊装方式和吊装机具。施工前应对吊装所采用非定型产品的特殊设施和机具进

行专门设计，对跨径、起拱线高程、预制拱圈节段长度等应进行复核；对安装后形成的拱圈基肋应进行稳定性验算。

15.4.3 采用缆索吊装法进行拱桥的无支架安装施工时，缆索吊装系统应符合下列规定：

1 主塔和扣塔宜采用常备式定型钢构件在墩、台顶上拼装，其基础应牢固可靠，周围应设置防排水设施；塔的纵横向应设置风缆，塔顶部应设置可靠的避雷装置。

2 塔顶分配梁应与塔身结构可靠连接；主索鞍在横向应设支撑装置，防止倾倒；如需移动索鞍，应做专项设计、采取有效措施后方可进行。扣塔上索鞍顶面的高程应高于拱肋扣点高程。

3 主缆宜采用钢丝绳，其直径和数量应根据吊装构件的重量通过计算确定，安全系数应不小于3，且每根主缆应受力均匀；地锚的设置应满足主缆可靠锚固的要求，主缆与地锚连接处的水平夹角应在25°~35°之间。

4 吊装前应对缆索吊装系统的各种工况进行强度、刚度和稳定性验算，并应按设计荷载进行试吊，检验其安全性和可靠性，检验合格后方可用于正式吊装。

5 吊装施工时，各扣索的位置必须与所吊挂的拱肋在同一竖直面内；主塔塔顶的最大偏位不得大于塔高的1/400；扣塔塔顶的最大偏位不得大于10mm。

6 缆索吊装系统的安装、使用和拆除均应制订专项施工技术方案和安全技术方案，保证施工安全。

15.4.4 采用缆索吊安装拱肋时，除拱顶段以外，每段应各设一组扣索和一组风缆。风缆的设置与安装应符合下列规定：

1 风缆系统及地锚应进行专门设计，风缆的抗拉、抗风及地锚的抗拔受力应满足拱肋稳定的要求，并应有足够的安全储备。

2 固定的风缆应待全孔合龙、横向联结构件混凝土的强度满足设计要求后方可撤除。

3 在河流中设置风缆时，必须采取可靠的防护措施，防止风缆和地锚受到碰撞、冲刷。

15.4.5 拱桥的拱圈采取单肋吊装或单肋合龙时，单肋的横向稳定必须满足安全验算的要求，且其稳定安全系数应不小于4；当不能满足时，应采取双肋合龙松索成拱的方式施工，且应在双肋合龙后采取有效的横向连接措施，增强其稳定性，使之形成基肋后再安装其他肋段。

15.4.6 拱肋分3段吊装时，宜先准确扣挂两拱脚段，再安装拱顶段；当拱肋分5段或7段吊装时，宜先从拱脚段开始，依次向拱顶分段吊装就位；对7段以上拱肋的安装，应设置临时施工索塔依次对称悬拼吊装各段拱肋，且各节段的扣(锚)索在临时索塔上锚固点的水平分力之和应为零。扣索的扣挂应稳妥可靠,应使拱肋断面不产生扭斜,且各段拱肋的上端头均应通过扣索的调整使其略高于设计高程。

15.4.7 各段拱肋在松索过程中,应符合下列规定:

1 松索前应校正拱轴线位置及各接头高程,使之符合要求。松索应按照拱脚段扣索、次拱脚段扣索、起重索三者的先后顺序,并按比例定长、对称、均匀松卸。

2 每次松索时均应采用仪器观测,并应控制各接头、拱顶及1/4跨处的高程,防止拱肋接头发生非对称变形而导致拱肋失稳或开裂。每次的松索量宜小,各接头高程变化不宜超过10mm,松索压紧接头缝后应普遍旋紧接头螺栓一次。当接头高程接近设计值时,宜先采用钢板嵌塞接头缝隙,再将扣索、起重索放松到基本不受力,压紧接头缝,拧紧接头螺栓,同时利用风缆调整拱肋轴线的横向偏位,并应观测拱肋各接头、1/8跨及拱顶的高程,使其在允许偏差之内。

3 大跨径拱桥分多节段吊装合龙成拱后,根据拱肋接头密合情况及拱肋的稳定度,可保留起重索和扣索部分受力,待拱肋接头的连接工序基本完成后再全部松索。

15.4.8 拱肋接头的电焊作业应在调整完轴线偏差、嵌塞并压紧接头缝钢板之后且全部松索成拱之前进行。拱肋接头部件电焊时,应采取分层、间断、交错方法施焊,施焊时应采取措施避免损伤周围的混凝土。

15.4.9 采用少支架方法安装拱圈时,应符合下列规定:

1 对支架及地基的要求,应符合本规范第5章和本章的相关规定。设于河中的支架,应验算基础的冲刷深度,并应有可靠的防冲刷和防漂浮物影响的措施。支架基础不得设置在有冰胀影响的地层。

2 吊装构件时,应结合实际情况和设备条件采用适宜的起吊设备。拱肋分段吊装到支架上后,其接头的连接处理应符合设计规定。

15.4.10 少支架施工时对支架安装和拆卸的技术要求,除应符合本规范第5章和本章第15.2节的规定外,尚应符合下列规定:

1 卸架前应对主拱圈的混凝土质量、拱轴线的坐标尺寸、卸架设备、气温引起的拱圈变化及台后填土等情况进行全面检查。

2 应待拱肋接头混凝土及拱肋横向联结构件混凝土的强度符合设计规定或达到设计强度的85%后,方可开始卸架。卸架宜在主拱安装完成后,分次缓慢卸落,使拱圈及墩、台逐渐成拱受力。卸架时应监测拱圈挠度和墩、台变位等情况,并应避免拱圈发生较大变形。

3 在严寒地区,主拱圈不宜在支架上过冬,支架宜在冰冻前拆除。

15.4.11 采用无支架或少支架方法安装的拱圈,其安装质量应符合表15.4.11的规定。

表 15.4.11 主拱圈安装质量标准

项目		规定值或允许偏差
轴线偏位(mm)	$L \leqslant 60m$	10
	$L > 60m$	L/6 000,且不超过 40
拱圈高程(mm)	$L \leqslant 60m$	±20
	$L > 60m$	±L/3 000,且不超过 50
两对称接头相对高差(mm)	$L \leqslant 60m$	20
	$L > 60m$	L/3 000,且不超过 40
同跨各拱肋相对高差(mm)	$L \leqslant 60m$	20
	$L > 60m$	L/3 000,且不超过 30
同跨各拱肋间距		±30

注:L 为跨径。

15.5 转体施工

15.5.1 本节适用于有平衡重平转、无平衡重平转及竖转的拱桥转体施工,斜拉桥、梁桥等的转体施工可参照执行。

15.5.2 采用转体法施工时,拱圈的预制及拼装应符合下列规定:

1 应按照设计确定的位置、高程,充分利用地形,合理布置预制场地,在适当的支架和模板上进行,支架应稳固且安装方便。

2 应严格控制拱肋的制作尺寸,构件尺寸的允许偏差为 ±5mm,质量偏差为 ±2%,拱肋轴线平面、立面的允许偏差为 ±10mm。

15.5.3 采用有平衡重平转施工时,应符合下列规定:

1 对跨径较大、转动体系重心较高的拱桥,宜采用环道与中心支承相结合的转盘结构;对中、小跨径的拱桥,可采用中心支承的转盘结构。平衡重宜视情况利用桥台或设置临时配重。转体前,应核对平衡体的重量和转动体系的重心;如采用临时配重,应保证锚固设施安全、可靠。

2 应待拱圈混凝土达到设计规定的强度后,方可分批、分级张拉扣索。对扣索的索力应进行检测,其允许偏差为 ±3%。张拉达到设计控制应力时,拱圈应脱离支架成为以转盘为支点的悬臂平衡状态,且应根据合龙高程(考虑合龙温度)的要求精调张拉扣索。

3 采用内、外锚扣体系时,扣索宜采用钢绞线和带镦头锚的高强钢丝等高强材料,其安全系数应大于 2。扣点应设在拱顶点附近,如因大跨径拱桥单点扣索力太大或其他原因需采用多扣点时,应控制好扣索的同步张拉,使拱圈的截面应力处于允许的受力状态。

4 扣索和锚索之间宜通过置于扣、锚支承(桥台或立柱)的顶部交换梁相连接。扣索的锚点高程不宜低于扣点,宜与通过锚点的水平线形成 0° ~5°的角度。采用千斤顶张拉扣索时应分级进行，并应同时对结构内力及挠度进行监测，直至拱圈脱架。

5　扣索张拉到位、拱圈卸架后，应有24h的观测阶段，检验锚固、支承体系的可靠程度。同时应观测拱结构的变形状态及其随气温变化的规律，确定转体前拱顶的高程。

6　转体的牵引索可采用钢绞线或高强钢丝束，其一端引出，另一端应绕固于上转盘上，牵引动力可采用液压千斤顶等。转动时宜控制速度，角速度不宜大于0.01～0.02rad/min或拱圈悬臂端的线速度不宜大于1.5～2.0m/min。采用钢绳牵引转动时，应在千斤顶直接顶推启动后再进行。

7　转体的牵引力应有一定的富余。转体牵引力可按式(15.5.3)计算：

$$T = \frac{2fGR}{3D} \tag{15.5.3}$$

式中：T——牵引力(kN)；

G——转体总重力(kN)；

R——铰柱半径(m)；

D——牵引力偶臂(m)；

f——摩擦系数，无试验数据时，可取静摩擦系数为0.1～0.12，动摩擦系数为0.06～0.09。

8　转体合龙应在当日最低温度时进行。当合龙温度与设计计算温度相差较大时，应考虑温度差带来的影响，修正合龙高程。合龙时，宜采取先打入钢楔的快速合龙措施，然后施焊接头钢筋，浇筑接头混凝土，封固转盘；合龙应严格控制拱肋的高程和轴线，合龙接口的高程允许偏差为±10mm，轴线允许偏差为±5mm。合龙段混凝土达到设计强度后，应分批、分级松扣，拆除扣、锚索。

15.5.4　采用无平衡重平转施工时，应符合下列规定：

1　转体系统宜由锚固体系、转动体系和位控体系等构成。对尾索张拉、扣索张拉、拱体平转、合龙卸扣等工序，施工时应进行索力、轴线、高程等监测。

2　张拉尾索时，两组尾索应按照上下左右对称、均衡的原则，对桥轴向和斜向的尾索进行分次、分组交叉张拉，并应使各尾索的内力均衡。张拉达到设计规定的荷载后，应对其内力进行量测；不符合要求时，应重新进行张拉，使之达到设计内力且均衡。

3　张拉扣索前，应在桥轴向和斜轴向支撑以及拱顶、3/8、1/4、1/8跨径处设立平面位置和高程监测点，且应在全面检查支撑、锚梁、轴套、拱铰、拱体和锚碇等的质量，经分析确认安全后，方可开始张拉。扣索分级张拉时，应对称于拱体按由下向上的次序进行。张拉过程中应随时进行监测，各索内力的相对偏差应控制在5kN以内。

4　转体前应对全桥各部位进行检查，符合要求后方可正式转动；转体不能自行启动时，宜采用千斤顶在拱顶处施力使拱体启动，并宜以风缆控制拱体的转速，风缆的走速在启动和就位阶段宜控制在0.5～0.6m/min，中间阶段宜控制在0.8～1.0mm/min。当拱体采用双拱肋在同一岸上下游预制并进行平转达到一定角度后，上下游拱体宜同步对称向桥轴线旋转。

5　两岸拱体平转至桥轴线位置就位后,应对其高程和轴线进行测量,不符合设计要求时应进行调整,且宜按设计要求的合龙温度进行合龙施工。

6　合龙口混凝土符合设计规定的强度或达到设计强度的85%后,应按对称均衡的原则,分级卸除扣索,卸除过程中应对拱体的拱轴线和标高以及扣索的内力进行监测;全部扣索卸除后,应测量拱体的最终轴线位置和高程。

15.5.5　采用竖转法施工时,应符合下列规定:

1　竖转法施工中的转动系统宜由转动铰、提升体系、锚固体系等构成。竖转施工宜采用横向连接成整体的双肋为一个转动单元。

2　扣索宜选用钢丝绳或钢绞线,扣索的锚碇宜采用钢筋混凝土锚。扣索系统应经计算确定,钢丝绳的安全系数应不小于6,钢绞线的安全系数应不小于2,锚碇的抗拔、抗滑安全系数应不小于2。

3　索塔的设计应充分考虑偏载、荷载变化和风力等因素的不利影响,应保证其强度、刚度及稳定性满足拱肋竖转施工的要求。

4　转动铰宜根据推力大小选用钢制的轴销铰、钢板包裹混凝土的弧形柱面铰或球面铰;转动铰应转动灵活,接触面应满足局部承压的要求。

5　转动前应进行试转,检验转动系统的可靠性。竖转速度宜控制在0.005～0.01rad/min范围内,提升重量大者宜采用较低的转速,转动过程中应保持平稳。

6　两岸拱体竖转就位后的合龙施工,应符合本规范第16.5.3条和第16.5.4条的相关规定。

15.5.6　采用平转加竖转的方法进行拱桥的转体施工时,宜先将拱肋平转到桥轴线位置,然后再竖转到设计高程。平转和竖转宜采用各自独立的转动系统,并应分别按平转和竖转的相关规定施工。

15.5.7　拱桥转体施工质量应符合表15.5.7的规定。

表15.5.7　拱桥转体施工质量标准

项　　目	规定值或允许偏差
封闭转盘和合龙段混凝土强度(MPa)	在合格标准内
轴线偏位(mm)	L/6 000,且不超过30
跨中拱顶面高程(mm)	±20
同一横截面两侧或相邻上部构件高差(mm)	10

注:L为跨径。

15.6　劲性骨架拱

15.6.1　劲性骨架的制作加工可参照本规范第19章及本章钢管混凝土拱的相关规定

执行。劲性骨架的安装宜采用无支架或少支架法进行节段拼装，拱轴线及桥轴线的控制标准可参照钢管混凝土拱的要求执行。

15.6.2 劲性骨架拱圈的浇筑施工应符合下列规定：

1 施工前，应在分析计算劲性骨架或劲性骨架与混凝土组合结构受力行为的基础上，进行混凝土浇筑程序设计；在施工过程中应对结构的应力和变形进行监控。

2 采用分环多工作面均衡浇筑法施工时，各工作面的工作段长度可根据模板长度划分，且其浇筑进度差不宜超过一个工作段。

3 采用水箱压载分环浇筑法施工时，应严格控制 $L/4$ 截面附近的劲性骨架的变形，预防混凝土开裂；必要时可在浇筑该处第一层（环）混凝土时设置宽约 200mm 的变形缝，待浇完第一层（环）后再用混凝土填实。

4 采用斜拉扣挂分环连续浇筑法施工时，应选用可靠且操作方便的扣索系统，并应确定扣索的索力、位移和张拉程序，控制连续浇筑混凝土过程中拱圈（拱肋）的变形。

5 分阶段浇筑拱圈时，应严格控制每一施工阶段劲性骨架及劲性骨架与混凝土形成组合结构的变形形态、位置、拱圈高程和轴线横向偏位，其变形值、高差和偏位等，应符合设计要求，否则应采取纠正措施。

15.6.3 劲性骨架制作加工质量应符合表 15.6.3-1 的规定；安装质量应符合表 15.6.3-2的规定。拱圈浇筑施工质量应符合表 15.6.3-3 的规定。

表 15.6.3-1 劲性骨架制作加工质量标准

项目	规定值或允许偏差	项目	规定值或允许偏差
杆件截面尺寸（mm）	不小于设计值	每段的弧长（mm）	±10
骨架高、宽（mm）	±10	焊缝	符合设计要求
内弧偏离设计弧线（mm）	10		

表 15.6.3-2 劲性骨架安装质量标准

项目	规定值或允许偏差	项目	规定值或允许偏差
轴线偏位（mm）	$L/6\ 000$	对称点相对高差（mm）	$L/3\ 000$
高程（mm）	$\pm L/3\ 000$	焊缝	符合设计要求

注：L 为跨径。

表 15.6.3-3 劲性骨架混凝土拱圈浇筑施工质量标准

项目		规定值或允许偏差
混凝土强度（MPa）		在合格标准内
轴线偏位（mm）	$L \leqslant 60$m	10
	$L = 200$m	30
	$L > 200$m	$L/4\ 000$，且不超过 40

续上表

项　　目	规定值或允许偏差
拱圈高程(mm)	±L/3 000,且不超过50
对称点相对高差(mm)	L/3 000,且不超过40
断面尺寸(mm)	±10

注:L为跨径。当L在60~200m之间时,轴线偏位允许偏差内插。

15.7 悬臂浇筑拱

15.7.1 拱圈的首段可采用支架法或其他适宜的方法浇筑,然后在其上拼装挂篮。采用支架法浇筑施工时对支架的要求应符合本章第15.2节的规定。

15.7.2 悬臂浇筑拱圈的挂篮除应符合本规范第16.5节的规定外,尚应符合下列规定:

1 挂篮应具有可靠的稳定性和良好的调节性能,应能适应各拱段倾斜角度的变化。

2 挂篮的行走轨道应与拱圈的弧度相适应,并应与拱圈可靠连接,避免行走时下滑。

3 挂篮应设置可伸缩的抗剪装置,抵抗在浇筑拱圈混凝土时产生的下滑力,且不应影响挂篮的正常行走。

4 底模宜设计成可调节式的弧形模板,满足拱圈弧度不断变化的要求。

5 后锚系统应稳固可靠,且应适应拱圈的弧度变化,后支点宜反顶在拱圈上。

6 对拱圈的两个半拱,应各配备一套挂篮,按从拱脚至拱顶的施工顺序,对称浇筑拱圈混凝土。两个半拱的施工进度应保持基本对称同步,且应符合设计的规定。

15.7.3 悬臂浇筑拱圈的扣索和锚索应采用钢绞线或带镦头锚的高强钢丝,其安全系数应大于2;锚碇应采用钢筋混凝土锚碇,其抗拔、抗滑安全系数应不小于2;扣塔应具有足够的强度、刚度和稳定性,除应满足本章第15.4.3条的规定外,扣塔塔顶的最大偏位不得大于10mm。

15.7.4 在悬臂浇筑拱圈的施工过程中,应对扣索和锚索系统、拱圈的应力和变形等进行监控,并应确定适当的扣索张拉次数,保证拱圈混凝土在悬臂施工过程中不出现拉应力。大跨度拱桥悬浇拱圈时,应对拱肋在悬臂状态下的控制工况进行压屈分析计算,其压屈稳定系数应大于4。

15.7.5 对支架浇筑的首段和悬臂浇筑段的拱圈,均应严格控制其尺寸、轴线平面及立面的精度。各节段重量的允许偏差应为±2%或符合设计规定值。

15.7.6 悬臂浇筑拱圈应选择在当天气温最低且温度场较为稳定的时段合龙,且宜先焊接劲性骨架,达到受力状态下的合龙;然后绑扎钢筋,浇筑合龙段混凝土,完成结构状态的合龙。

15.7.7 扣索和锚索应在合龙段混凝土强度符合设计规定的强度或达到设计强度的85%后方可拆除;挂篮宜沿轨道从拱顶缓慢地滑移到拱脚后再进行拆除。所有的拆除工作均应按施工设计规定的程序分步、对称进行,并应采取措施保证施工安全。

15.7.8 悬臂浇筑拱圈施工质量应符合表15.7.8的规定。

表15.7.8 悬臂浇筑拱圈施工质量标准

项目		规定值或允许偏差
混凝土强度(MPa)		在合格标准内
轴线偏位(mm)	$L\leqslant 60$m	10
	$L>60$m	L/6 000,且不超过30
拱圈高程(mm)	$L\leqslant 60$m	±20
	$L>60$m	±L/3 000,且不超过30
断面尺寸(mm)	高度	±5
	顶、底、腹板厚	+10,-0
	宽度	±15
合龙后同跨对称点高差(mm)	$L\leqslant 60$m	20
	$L>60$m	L/3 000,且不超过30
同跨各拱肋高差(mm)	$L\leqslant 60$m	20
	$L>60$m	L/3 000,且不超过30
同跨各拱肋间距(mm)		±20

注:L为跨径。

15.8 钢管混凝土拱

15.8.1 钢管拱肋的制作加工除应符合本规范第19章的规定外,尚应符合下列规定:

1 用于制作加工的各种材料应符合设计的规定,钢管宜选用符合国家及相关行业标准的成品焊接管。

2 钢管拱肋的制作宜在工厂内进行。制作加工前应根据设计文件编制制造工艺,绘制加工图和拼装图等,公差范围应考虑加工误差和焊接变形的影响合理制定,并应进行焊接工艺评定;制作完成后,应在厂内进行试拼装。

3 拱肋的分段长度应根据材料、工艺、运输和吊装等因素确定,并应按不少于半跨的长度进行1:1精确放样,其拱轴线应符合设计规定。合龙节段的尺寸应计入制造误差、温度及焊接变形等影响。

4 制作加工时,钢管对接的端头宜校圆,其失圆度不宜大于钢管外径的3/1 000;在钢管的端口处宜适当加设内支撑,减少运输、安装过程中端口的失圆变形。钢管环向对接时,其接头应采用有衬管的单面坡口或无衬管的双面坡口熔透焊缝,环向焊缝的间距应符合设计规定,设计未规定时,对直缝焊接管应不小于管的直径,对螺旋焊接管应不小于3m;纵向焊接时,其焊缝应错开1/4圆周。钢管对接的径向偏差应不超过管壁厚的0.2倍。

5　拱肋节段的对接接头宜与母材等强度焊接。所有焊缝均应进行外观检查,焊缝内部质量应达到Ⅱ级以上标准,熔透焊缝应进行100%的超声波探伤。

6　主管与腹管采用相贯焊接时,腹管的相贯线及坡口制作应采用全自动相贯线切割机完成。对相贯焊接接头中焊接材料和焊接工艺的选择,应在满足强度的原则下保证接头的韧性;对受疲劳控制的相贯焊缝,应按设计要求对焊接处进行焊后修磨处理。

7　焊缝的超声波探伤质量检验应符合本规范第19章的规定。

8　钢管拱肋加工时,应设置泵送混凝土压注孔、防倒流截止阀、排气孔及吊点、扣点、节点板等。对压注混凝土过程中易产生局部变形的部位(如腹箱)应设置内拉杆。

9　钢管拱肋的外表面应按设计规定进行长效防腐处理,防腐涂装的施工应符合本规范第19.10节的规定。

15.8.2　钢管拱肋的安装除应符合本章相应施工方法的规定外,尚应符合下列规定:

1　钢管拱肋在成拱过程中,宜同时安装横向联结系,未安装联结系的拱肋不得超过1个节段,否则应采取临时横向稳定措施。特殊情况下采用单肋合龙的安装方案时,应设置可靠的节段连接装置和足够的横向抗风缆,保证单拱肋的横向稳定。

2　拱肋节段间的焊接宜按安装顺序同步进行,且宜对称施焊。施焊前应保证节段间有可靠的临时连接,并应有效地控制焊缝间隙;施焊时结构应处于无应力状态。合龙口的焊接或栓接作业应选择在环境温度相对稳定的时段内尽快完成。

3　采用斜拉扣挂悬拼法施工时,拱肋上的扣挂节点应进行专门设计,并应在工厂制造时设置;扣索宜采用多根钢绞线或高强钢丝束,并应根据使用环境设防腐护套,扣索的强度安全系数应大于2。

15.8.3　混凝土的施工应符合下列规定:

1　混凝土应采用泵送顶升压注施工,混凝土应具有低含气量、大流动性、收缩补偿、延后初凝和早强等性能,其配合比应经试验确定。

2　压注前应先对管内进行清洗、润湿管壁并泵入适量水泥浆,然后再正式压注混凝土。

3　混凝土应由拱脚至拱顶对称、均衡地压注,有腹箱的断面应先管后腹,除拱顶外不宜在拱肋内的其他部位设置横隔板。压注应连续进行,不得中断,直至拱顶端的溢流管排出正常混凝土时方可停止,溢流管的高度应为1.5~2.0m。压注时尚应考虑上、下游拱肋的对称性和均衡性,并应将施工时间控制在6~8h内。混凝土压注完成后应及时关闭设于压注口的倒流截止阀。

4　管壁与混凝土应结合紧密,管内的混凝土应密实,其质量检验应按现行行业标准

《超声波检测混凝土缺陷技术规程》(CECS 21)的规定执行。

5 对大跨径钢管混凝土拱桥混凝土的配合比和泵送工艺,应在试验室试验的基础上,根据需要进行模拟压注试验。

15.8.4 吊索和系杆索的安装施工应符合下列规定:

1 吊索和系杆索应采用符合设计规定的产品。安装应顺直,无扭转;防护层应完整,无破损。

2 纵横梁安装完成后,对吊索应按高程和内力双控制的原则进行调整,并应在完善上下锚头处细部构造的防腐处理后,方可进行桥面系的施工。

3 系杆索的张拉值应符合设计要求,并应与加载工况相对应,上、下游应对称张拉。施工时除应对系杆索进行内力和伸长量的双控外,还应监测结构关键部位的变形,并将其控制在设计允许范围以内。

4 对吊索和系杆索的上下锚头,应按设计要求采取防排水、防腐蚀及防老化的措施。

5 对吊索和系杆索应进行防护,在制造工艺和各施工环节上应对索的意外损伤进行控制,保证索处于无腐蚀或低腐蚀的工作环境,防止其产生应力腐蚀。

6 对可更换的吊索和系杆索,其护套管内不应采用环氧砂浆等固化材料填充。

15.8.5 钢管拱肋制作与安装、管内混凝土的施工质量应分别符合表15.8.5-1和表15.8.5-2的规定。中、下承式钢管拱桥的吊索(杆)安装质量应符合表15.8.5-3的规定。

表15.8.5-1 钢管拱肋制作与安装质量标准

项　　目	规定值或允许偏差
钢管直径(mm)	±D/500 及 ±5
内弧偏离设计弧线(mm)	8
每段拱肋内弧长(mm)	0,－10
轴线偏位(mm)	L/6 000,且不超过50
拱肋接缝错台(mm)	0.2倍壁厚,且不大于2
拱圈高程(mm)	±L/3 000,且不超过 ±50
焊缝尺寸、焊缝探伤	符合设计要求

注:D为钢管内径;L为跨径。

表15.8.5-2 钢管拱肋混凝土施工质量标准

项　　目		规定值或允许偏差
混凝土强度(MPa)		在合格标准内
轴线偏位(mm)	$L\leq60$m	10
	$L=200$m	30
	$L>200$m	L/4 000,且不超过40
拱圈高程(mm)		±L/3 000,且不超过 ±50
对称点高差(mm)		L/3 000,且不超过40

注:L为跨径。当L在60～200m之间时,轴线偏位允许偏差内插。

表 15.8.5-3 中、下承式钢管拱桥吊索(杆)安装质量标准

项目		规定值或允许偏差
吊索(杆)长度(mm)		±L/1 000 及 ±10
吊索(杆)的拉力(kN)		符合设计要求
吊点位置(mm)		10
吊点高程(mm)	高程	±10
	两侧高差	20
吊索(杆)锚固处防护		符合设计要求

注:L 为吊索(杆)长度。

15.9 装配式混凝土桁架拱和刚架拱

15.9.1 预制、起吊和运输应符合下列规定:

1 拱片宜根据跨径、场地大小及吊装能力等因素,选择整片、分段或分杆件的方法预制。预制时应设置预拱度,拱顶预拱度确定后,其余各点的预拱度可按设计线形进行分配。

2 拱段宜采用卧式预制,并应根据桥跨的大小、吊装设备的起吊能力及吊装方法确定预制的分段位置和分段数量;当多片拱段相叠预制时,在上下片之间应有可靠的隔离措施。

3 预制拱片前应对预制场拱片翻身的设备和工艺进行研究,必要时应在预制拱片中按吊装应力进行加筋处理。拱片起吊前,对其薄弱部位应根据构件的受力情况予以加固。卧式预制的拱片不得就地掀起竖立,必须将全片水平吊起后,再悬空翻身竖立;在拱片悬空翻身的过程中,各吊点的受力应均匀,并应始终保持在同一平面内,不得扭折。

4 拱片宜采用平卧方式运输,运输和装卸过程中应严格控制拱片的支点或吊点的位置,使其受力均匀,防止损坏。

15.9.2 安装施工应符合下列规定:

1 安装施工时,应在墩台上逐段安装拱片,同时应安装横向联系构件,将所有接头进行连接,使之成为整体的拱式结构后,方可在其上铺装预制的桥面板。

2 拱片采用少支架方法安装时,安装后宜一次卸架成拱,且卸架宜安排在气温较高的时间进行。

3 拱片无支架安装时,可采用分段、分杆件或悬臂拼装等方法进行。在成拱过程中,应及时安装横向联结系和横向临时稳定风缆等。拱片分杆件安装时,宜先安装由下弦杆与跨中实腹段组成的拱肋单元,再由实腹段两端向拱脚对称地逐个安装由斜杆、竖杆和上弦杆组成的三角形单元;拱片采用悬臂拼装方案时,预应力钢束的张拉必须在相邻两段拱片吊装好且横向联系牢固、形成较稳定的框架之后进行,并应防止单拱片张拉时产生横向失稳。

4 多孔桁架拱和刚架拱采用无支架施工时,墩两侧的允许桁片差应符合设计规定;采用少支架安装时宜逐孔进行,并应在各孔拱片均合龙后再进行卸架,卸架程序应按照设计要求或根据桥墩所能承受的最大不平衡推力计算确定。

15.9.3 装配式混凝土桁架拱和刚架拱的合龙段两侧高差应在设计允许范围内,节点应平整,接头两侧杆件应无错台,上下弦杆应线形顺畅、表面平整。

15.9.4 装配式混凝土桁架拱和刚架拱施工质量应符合表15.9.4-1和表15.9.4-2的规定。

表15.9.4-1 桁架拱预制施工质量标准

项　目	规定值或允许偏差
混凝土强度(MPa)	在合格标准内
断面尺寸(mm)	±5
杆件长度(mm)	±10
杆件旁弯(mm)	5
预埋件位置(mm)	5

表15.9.4-2 装配式桁架拱、刚架拱安装施工质量标准

项　目		规定值或允许偏差
节点混凝土强度(MPa)		在合格标准内
轴线偏位(mm)	$L \leq 60$m	10
	$L > 60$m	$L/6\ 000$
拱圈高程(mm)	$L \leq 60$m	±20
	$L > 60$m	$\pm L/3\ 000$
相邻拱片高差(mm)		20
对称点相对高差(mm)	$L \leq 60$m	20
	$L > 60$m	$L/3\ 000$
拱片竖直度(mm)		1/300高度,且不大于20

注:L为跨径。

15.10 钢拱桥

15.10.1 钢拱桥构件的制造、涂装及运输等应符合本规范第19章的规定。钢构件制造加工完成后应在厂内进行试拼装。

15.10.2 钢拱桥的安装程序应符合设计规定,且宜采用无支架或少支架的安装方法施工。采用悬臂吊机安装构件时,除应具有足够的安全系数外,悬臂吊机的行走系统尚应适应拱顶坡度和形状的变化;采用缆索系统吊装构件时,应符合本章第15.4节的规定;采用起重船安装施工时,起重船的性能应满足构件吊装的要求。

15.10.3 钢拱桥可单构件安装或预拼成节段进行安装。当预拼成节段安装时,应防止节段在施工过程中产生过大的变形,必要时应采取临时加固措施增加其刚度。

15.10.4 拱肋节段间的安装应对称进行。拱肋的端头应设临时连接装置,安装时应先临时连接后再进行正式连接,并应对称施焊或栓接。

15.10.5 钢拱桥合龙时,合龙段的安装应符合设计规定,并应按设计要求采取相应的辅助措施;设计未规定时,对钢桁拱宜采用单构件安装合龙;对钢箱拱应提前设置临时刚性连接再进行合龙杆件的焊接或栓接连接。

15.10.6 钢拱桥安装质量应符合表15.10.6的规定。

表15.10.6 钢拱桥安装质量标准

项目		规定值或允许偏差
轴线偏位(mm)	$L \leq 60m$	10
	$L > 60m$	$L/6\ 000$
拱圈高程(mm)	$L \leq 60m$	±20
	$L > 60m$	$\pm L/3\ 000$
对称点相对高差(mm)	$L \leq 60m$	20
	$L > 60m$	$L/3\ 000$

注:L为跨径。

15.11 石拱桥

15.11.1 石拱桥的拱架宜采用钢拱架、木拱架等结构形式,拱架的设计、制作、拼装和拆卸应符合本章第15.2节的规定。当小跨径石拱桥采用土牛拱胎时,土牛拱胎在制作时应设防排水设施,土石应分层夯实,密实度应不小于95%,拱顶部分应选用含水率适宜的黏土。

15.11.2 用于砌筑拱圈的拱石应采用粗料石或块石,按拱圈放样尺寸加工成楔形。拱石的厚度应不小于200mm,加工成楔形时其较薄端的厚度应符合设计要求的尺寸或按施工放样的要求确定;其高度应为最小厚度的1.2~2.0倍;长度应为最小厚度的2.5~4.0倍。拱石应按立纹破料,岩层面应与拱轴线垂直,各排拱石沿拱圈内弧的厚度应一致。对砌筑拱圈所用砂浆的要求应符合本规范第14章的规定。

15.11.3 拱圈的砌筑施工应符合下列规定:

1 拱圈及拱上结构施工时均应按设计要求留置施工预拱度。

2 砌筑施工前,应先详细检查拱架和模板,符合要求后方可开始砌筑。

3 拱圈的辐射缝应垂直于拱轴线,辐射缝两侧相邻两行拱石的砌缝应互相错开,错开距离应不小于100mm。同一行内上下层砌缝可不错开。

4 浆砌粗料石和混凝土预制块拱圈的砌缝宽度应为10~20mm;块石拱圈的砌缝宽度应不大于30mm;用小石子混凝土砌块石时,砌缝宽度应不大于50mm。

15.11.4 拱圈砌筑的程序应符合下列规定:

1 砌筑拱圈前,应根据拱圈的跨径、矢高、厚度及拱架等情况,设计并确定拱圈砌筑的程序。砌筑时,应在适当的位置设置变形观测缝,随时监测拱架的变形情况;必要时应对砌筑程序进行调整,控制拱圈的变形。

2 跨径小于10m的拱圈,当采用满布式拱架砌筑时,可从两端拱脚起顺序向拱顶方向对称、均衡地砌筑,最后砌拱顶石;当采用拱式拱架砌筑时,宜分段、对称地先砌筑拱脚和拱顶段,后砌1/4跨径段。

3 跨径10~20m的拱圈,不论采用何种拱架,每半跨均应分成3段砌筑,先砌拱脚段和拱顶段,后砌1/4跨径段,两半跨应同时对称地进行。对分段砌筑的拱段,当其倾斜角大于砌块与模板间的摩擦角时,应在拱段下部设置临时支撑,避免拱段滑移。

4 跨径大于20m的拱圈,其砌筑程序应符合设计规定;设计未规定时,宜采用分段砌筑或分环分段相结合的方法砌筑,必要时应对拱架预加一定的压力。分环砌筑时,应待下环砌筑合龙、砌缝砂浆强度达到设计强度的85%以上后,再砌筑上环。

5 多孔连续拱桥拱圈的砌筑,应考虑连拱的影响,并应专门制订相应的砌筑程序。

15.11.5 砌筑拱圈时,应在拱脚、拱顶石两侧和分段点等部位临时设置空缝;小跨径拱圈不分段砌筑时,应在拱脚附近临时设置空缝。设置和填塞空缝时,应符合下列规定:

1 空缝的宽度,在拱圈外露面应与相应类别砌块的一般砌缝相同;当拱圈采用粗料石时,空缝的内腔可加大至30~40mm。

2 用于空缝两侧的拱石,靠空缝一侧的石面应加工凿平。

3 空缝的填塞应在砌缝砂浆强度达到设计强度的85%后进行,填塞时应分层捣实。

4 空缝的填塞顺序,可由拱脚逐次向拱顶对称填塞;或先填塞拱脚处,再填塞拱顶处,最后自拱顶向两端对称逐条填塞;所有空缝亦可同时填塞。

15.11.6 拱圈的封拱合龙应符合下列规定:

1 封拱合龙宜在当日最低气温且温度场较为稳定的时段进行。

2 分段砌筑的拱圈应待填塞空缝的砂浆强度达到设计强度的85%后再进行合龙。

3 封拱合龙前当采用千斤顶施加压力的方法调整拱圈应力,应待砌筑砂浆的强度达到设计规定的强度后方可合龙。

15.11.7 拱上结构的砌筑应符合下列规定:

1 拱上结构在拱架卸架前砌筑时,应待拱圈合龙段的砂浆强度达到设计强度的85%以上后进行。

2 当先卸架后砌拱上结构时,应待拱圈合龙段的砂浆强度达到设计强度的100%后进行。

3 拱上结构宜由拱脚至拱顶对称、均衡地砌筑。

15.11.8 采用小石子混凝土砌筑拱圈时,靠拱模一面应选用底面较大且较平整的石块,必要时应稍加修整,拱背面应大致平顺;砌筑施工设置空缝时,在空缝的两侧应选用较大且较平整的石块。砌缝中的小石子混凝土应饱满、密实;对较宽的竖缝,可在填塞小石子混凝土的同时,填塞一部分小石块,将砌缝挤满。砌缝宽度应不大于50mm。

15.11.9 拱圈砌筑施工质量应符合表15.11.9的规定。

表15.11.9 拱圈砌筑施工质量标准

项目		规定值或允许偏差
砂浆或小石子混凝土强度(MPa)		在合格标准内
砌体外侧平面偏位(mm)	无镶面	+30,-10
	有镶面	+20,-10
拱圈厚度(mm)		+30,-0
相邻镶面石砌块表层错位(mm)	粗料石、预制块	3
	块石	5
内弧线偏离设计弧线(mm)	$L \leq 30$m	±20
	$L > 30$m	$\pm L/1\,500$

注:L为跨径。

15.12 拱上结构

15.12.1 应在主拱圈的混凝土强度达到设计规定强度后,方可进行拱上结构的施工。施工前应对拱上结构立柱、横墙等基座的位置和高程进行复测检查,如超过允许偏差应予以调整,基座与主拱的联结应牢固;同时应解除拱架、扣索等约束。

15.12.2 对大跨径拱桥的拱上结构,施工时应严格按照设计加载程序进行;设计未提供加载程序时,应根据施工验算由拱脚至拱顶均衡、对称加载。施工中应对主拱圈进行监测和控制。

15.12.3 对在支架或拱架上浇筑拱圈的中、小跨上承式拱桥,当不卸除支架或拱架进行拱上结构施工时,其主拱圈的混凝土强度应全部达到设计规定的强度;对下承式或中承式拱桥，其悬吊桥面系的混凝土应在支架或拱架卸落后进行浇筑，吊杆混凝土应在桥面系完成后再对称浇筑。

15.12.4 在支架或拱架上浇筑拱圈的拱桥，其拱上结构混凝土浇筑施工时应符合下列规定：

1 立柱的底座应与拱圈同时浇筑，立柱上端的施工缝应设在横梁承托的底面。

2 桥面系的梁与板应同时浇筑，两相邻伸缩缝间的桥面板应一次浇筑完成。

15.12.5 对中、小跨径装配式拱桥的拱上结构，应在主拱圈混凝土和砂浆强度均达到设计规定强度后方可施工；采用少支架施工的拱桥应先卸除支架后，再从拱脚至拱顶对称进行施工。

15.12.6 拱上腹拱圈施工时，应考虑腹拱圈所产生的推力对立柱或横墙的影响，相邻腹板的施工进度应同步。腹拱圈安装质量应符合表15.12.6的规定。

表15.12.6 腹拱圈安装质量标准

项　目	允许偏差
轴线偏位(mm)	10
起拱线高程(mm)	±20
相邻块件底面高差(mm)	5

15.12.7 安装预制桥面板时，应按照纵横向对称的原则进行，且宜从拱的一端至另一端分阶段往复安装，改善主拱圈的受力。

15.12.8 采用无支架施工的大、中跨径拱桥，其拱上结构宜充分利用缆索吊装施工。

15.13 施工控制

15.13.1 拱桥施工时应对其进行过程控制，应保证拱结构在施工过程中的稳定性、变形和内力始终处于安全范围内。对大跨径拱桥，应按本规范的规定进行施工过程控制；对中、小跨径拱桥，可采取相对简便易行的方法进行施工控制。

15.13.2 拱桥的施工控制方法应根据拱结构的特点、拱的受力特性、施工方法和施工环境条件等因素综合选择确定。对施工控制的管理工作、监控测试及测试的环境要求等，可参照本规范第17.5节的相关规定执行。

15.13.3 拱桥的施工控制应以主拱圈的稳定性、变形和内力作为监测和控制目标。

16 钢筋混凝土和预应力混凝土梁式桥

16.1 一般规定

16.1.1 本章适用于简支梁桥、连续梁桥和连续刚构桥的预制、安装及浇筑施工。

16.1.2 用于梁式桥施工的各种材料、模板、支架、混凝土及预应力混凝土等应符合本规范相关章节的规定;所有临时性承重结构及其地基基础均应进行设计计算,并应保证其在施工过程中有足够的强度、刚度和稳定性,且变形值应在允许范围内。

16.1.3 对大跨径连续梁桥和连续刚构桥,应进行施工过程控制,使结构的变形、内力及线形符合设计要求,并应保证结构在施工过程中的安全。

16.2 支架上现浇梁式桥

16.2.1 梁式桥的现浇可采用满布支架或梁式支架。现浇支架除应符合本规范第5章的规定外,尚应符合下列规定:

1 支架应稳定、牢固,其地基应有足够的承载力。支架位于水中时,其基础宜采用桩基;对弯、坡、斜梁式桥,其支架的设置应适应梁体相应几何线形的变化,且应采取有效措施保证支架的稳定性。

2 满布支架的地基表面应平整,并应有防排水措施;满布支架位于坡地上时,宜将地基的坡面挖成台阶;在软弱地基上设置满布支架时,应采取措施对地基进行处理,使其承载力满足施工要求。

3 梁式支架各支点的基础应设在可靠的地基上,当地基沉降过大或承载力不能满足要求时,宜设置桩基或采取其他有效措施进行处理。梁式支架不宜采用拱式结构;必须采用时,应按拱架的要求施工。

4 梁式桥现浇支架的预压应根据支架的类型和结构形式、地基的沉降量和承载能力,以及荷载大小等因素确定。

5 梁式桥跨越需要维持正常通行(航)的道路(水域)时,对其现浇支架应采取防碰撞的安全措施,并应设置必要的交通导流标志,保证施工安全和交通安全。

16.2.2 梁式桥现浇施工时，梁体混凝土在顺桥向宜从低处向高处进行浇筑，在横桥向宜对称进行浇筑。混凝土浇筑过程中，应对支架的变形、位移、节点和卸架设备的压缩及支架地基的沉降等进行监测，如发现超过允许值的变形、变位，应及时采取措施予以处理。

16.2.3 连续梁桥在支架上逐孔现浇施工时，应符合本章第16.3节的相关规定。

16.2.4 支架上现浇梁施工质量应符合表16.2.4的规定。

表16.2.4 支架上现浇梁施工质量标准

项目		规定值或允许偏差
混凝土强度（MPa）		在合格标准内
轴线偏位（mm）		10
梁（板）顶面高程（mm）		±10
断面尺寸（mm）	高度	+5，−10
	顶宽	±30
	箱梁底宽	±20
	顶、底、腹板或梁肋厚	+10，−0
长度（mm）		+5，−10
横坡（%）		±0.15
平整度（mm/2m）		8

16.3 移动模架逐孔现浇施工

16.3.1 移动模架宜采用定型产品，模架的功能、承载能力、长度、模板的尺寸及支承系统等，应与所施工的预应力混凝土连续梁的各项要求相适应，设计制造厂家应提供模架的产品出厂质量合格证书，以及操作手册等相关技术文件。当采用非定型模架时，应对模架进行专门的设计计算，并应进行荷载试验，确认其能保证施工的安全和质量后方可投入使用。

16.3.2 模架的拼装应按照产品的操作手册进行，并应保证拼装期间的施工安全；拼装完成后应对其拼装质量进行检验，并应在首孔梁的浇筑位置就位后进行荷载试压试验，检验和试压合格后方可正式使用。

16.3.3 模架的支承系统应安全可靠，应具有足够的承载能力、刚度和稳定性。模架的后端宜设置后吊点，应使模架中的模板与已浇梁段的悬臂端梁体紧密贴合，防止该处产生错台或漏浆。模架应设置预拱度，预拱度值应经计算并参考荷载试验结果确定。

16.3.4 首孔梁浇筑混凝土前，应做好施工前的各项准备工作，制订详细的施工方案、施工工艺、各项保障措施及应急预案;浇筑施工时,应对模架进行挠度监测,监测的数据及分析结果应作为修正模架预拱度的依据。首孔梁的混凝土在顺桥向宜从桥台(或过渡墩)开始向悬臂端进行浇筑,中间孔宜从悬臂端开始向已浇梁段推进浇筑,末孔宜从一联中最后一个墩位处向已浇梁段推进浇筑,最终与已浇梁段接合;梁体混凝土在横桥向应对称浇筑。连续梁逐孔现浇的纵向分段接缝位置应符合设计规定;设计未规定时,宜设在1/5 跨的弯矩零点附近。

16.3.5 任一孔梁的混凝土浇筑施工完成后,内模中的侧向模板应在混凝土抗压强度达到 2.5MPa 后,顶面模板应在混凝土抗压强度达到设计强度等级的 75% 后,方可拆除;外模架应在梁体建立预应力后方可卸落。

16.3.6 模架横移和纵向移动过孔前,应解除作用于模架上的全部约束。纵向移动时两侧的承重钢梁应保持基本同步,不同步的最大距离偏差应符合产品设计的规定,且应有限位和紧急止动装置;移动到下一孔位置后,应立即对模架进行准确就位并固定。模架在移动过孔时的抗倾覆稳定系数应不小于 1.5。

16.3.7 模架的拆除应根据不同的施工环境条件确定相应的拆除方案,并应有可靠的起吊和拆除安全措施,防止发生事故。

16.3.8 移动模架在使用期间尚应符合下列规定:

1 在梁体混凝土的浇筑施工过程中,应随时对模架的关键受力部位和支承系统进行检查,有异常时应采取有效措施及时处理;在移动过孔时,应对模架的运行状态进行监控。

2 模架所有操作平台的边缘处,均应设置防护栏杆,必要时应挂安全网,同时应在模架的适当部位配备消防器材。

3 模架中的动力和照明线路应由专业人员敷设,并应定期检查清理,消除漏电、短路等隐患。

4 每完成一孔梁的施工,均应对模架的关键部位及支承系统等进行检查,发现问题后应及时处理。

16.3.9 采用移动模架逐孔施工的梁体质量应符合本规范表 16.2.4 的规定。

16.4 装配式桥施工

16.4.1 本节适用于装配式钢筋混凝土和预应力混凝土梁、板桥(以下统称装配式桥)构件的预制、移运、存放和安装施工。装配式桥施工的一般要求应符合下列规定:

1 装配式桥的构件在脱底模、移运、存放和吊装时,混凝土的强度应不低于设计规定的吊装强度;设计未规定时,应不低于设计强度的 80%。

2　构件安装前应检查其外形、预埋件的尺寸和位置，允许偏差不得超过设计规定；设计未规定时，不得超过本章的有关规定。

3　安装构件时，支承结构（墩台、盖梁）的混凝土强度和预埋件（包括预留锚栓孔、锚栓、支座钢板等）的尺寸、高程及平面位置应符合设计要求。

4　构件安装就位完毕并经检查校正符合要求后，方可焊接或浇筑混凝土固定构件。跨径25m以上预应力混凝土简支梁的安装应验算裸梁的稳定性。

5　对分层、分段安装的构件，应在先安装的构件可靠固定且受力较大的接头混凝土达到设计要求的强度后，方可继续安装；设计未规定时，应达到设计强度的80%后方可继续安装。

6　分段拼装梁的接头混凝土或砂浆，其强度应不低于构件的设计强度；不承受内力的构件的接缝砂浆，其强度应不低于M10。需与其他混凝土或砌体结合的预制构件的砌筑面应按施工缝处理。

7　构件吊运安装时，其起重安全应符合本规范第25章的规定。吊运工具、设备的使用技术要求，应参照起重吊装的有关规定执行。

16.4.2　构件预制场的布置应满足预制、移运、存放及架设安装的施工作业要求；场地应平整、坚实，应根据地基情况和气候条件，设置必要的防排水设施，并应采取有效措施防止场地沉陷。砂石料场的地面宜进行硬化处理。

16.4.3　构件预制台座的地基应具有足够的承载能力，并应符合下列规定：

1　预制台座应采用适宜的材料和方式制作，且应保证其坚固、稳定、不沉陷；当用于预制后张预应力混凝土梁、板时，宜对台座两端及适当范围内的地基进行特殊加固处理。

2　预制台座的间距应能满足施工作业的要求；台座表面应光滑、平整，在2m长度上平整度的允许偏差应不超过2mm，且应保证底座或底模的挠度不大于2mm。

3　对预应力混凝土梁、板，应根据设计提供的理论拱度值，结合施工的实际情况，正确预计梁体拱度的变化情况，在预制台座上按梁、板构件跨度设置相应的预拱度。当后张预应力混凝土梁预计的上拱度值较大时，可考虑在预制台座上设置反拱。

16.4.4　各种构件混凝土的浇筑除应符合本规范第6章的规定外，尚应符合下列规定：

1　腹板底部为扩大断面的T形梁，应先浇筑扩大部分并振实后，再浇筑其上部腹板。

2　U形梁可上下一次浇筑或分两次浇筑。一次浇筑时，宜先浇筑底板至底板承托顶面，待底板混凝土振实后再浇筑腹板；分两次浇筑时，宜先浇筑底板至底板承托顶面，按施工缝处理后，再浇筑腹板混凝土。

3　小型构件宜在振动台上振动浇筑。混凝土砌块、小型盖板、路缘石等小型构件，可在移动式底模上浇筑。

4　采用平卧重叠法支立模板、浇筑构件混凝土时，下层构件顶面应设临时隔离层；上层构件必须待下层构件混凝土强度达到5.0MPa后方可浇筑。

5　中小跨径的空心板浇筑混凝土时,对芯模应有防止上浮和偏位的可靠措施。

16.4.5　对高宽比较大的预应力混凝土T形梁和I形梁,应对称、均衡地施加预应力,并应采取有效措施防止梁体产生侧向弯曲。

16.4.6　构件的场内移运应符合下列规定:

1　对后张预应力混凝土梁、板,在施加预应力后可将其从预制台座吊移至场内的存放台座上后再进行孔道压浆,但必须满足下列要求:

1)从预制台座上移出梁、板仅限一次,不得在孔道压浆前多次倒运。

2)吊移的范围必须限制在预制场内的存放区域,不得移往他处。

3)吊移过程中不得对梁、板产生任何冲击和碰撞。

2　后张预应力混凝土梁、板在孔道压浆后进行移运的,其压浆浆体强度应不低于设计强度的80%。

3　梁、板构件移运时的吊点位置应符合设计规定;设计未规定时,应根据计算决定。构件的吊环必须采用未经冷拉的HPB235钢筋制作,且吊环应顺直。吊绳与起吊构件的交角小于60°时,应设置吊架或起吊扁担,使吊环垂直受力。吊移板式构件时,不得吊错上、下面。

16.4.7　构件的存放应符合下列规定:

1　存放台座应坚固稳定,且宜高出地面200mm以上。存放场地应有相应的防排水设施,并应保证梁、板等构件在存放期间不致因支点沉陷而受到损坏。

2　梁、板构件存放时,其支点应符合设计规定的位置,支点处应采用垫木和其他适宜的材料进行支承,不得将构件直接支承在坚硬的存放台座上;存放时混凝土养护期未满的,应继续养护。

3　构件应按其安装的先后顺序编号存放,预应力混凝土梁、板的存放时间不宜超过3个月,特殊情况下不应超过5个月。

4　当构件多层叠放时,层与层之间应以垫木隔开,各层垫木的位置应设在设计规定的支点处,上下层垫木应在同一条竖直线上;叠放的高度宜按构件强度、台座地基的承载力、垫木强度及叠放的稳定性等经计算确定,大型构件宜为2层,不应超过3层,小型构件宜为6~10层。

5　雨季或春季融冻期间,应采取有效措施防止因地面软化下沉而造成构件断裂及损坏。

16.4.8　构件的运输应符合下列规定:

1　板式构件运输时,宜采用特制的固定架稳定构件。对小型构件,宜顺宽度方向侧立放置,并应采取措施防止倾倒;如平放,在两端吊点处必须设置支搁方木。

2　梁的运输应按高度方向竖立放置,并应有防止倾倒的固定措施;装卸梁时,必须在支撑稳妥后,方可卸除吊钩。

3 采用平板拖车或超长拖车运输大型构件时,车长应能满足支点间的距离要求,支点处应设活动转盘防止搓伤构件混凝土;运输道路应平整,如有坑洼而高低不平时,应事先处理平整。

4 水上运输构件时,应有相应的封舱加固措施,并应根据天气状况安排装卸和运输作业时间,同时应满足水上(海上)作业的相关安全规定。

16.4.9 简支梁、板的安装应符合下列规定:

1 安装前应对墩台的施工质量进行检验,并应对支座或临时支座的平面位置和高程进行复测,合格后方可进行梁、板等构件的安装。

2 安装的方法和安装设备宜根据构件的结构特点、重量及施工环境条件等综合确定,并应制订专项施工技术方案、安装工艺及安全技术方案,对安装设备的强度、刚度和稳定性应进行必要的验算。

3 采用架桥机进行安装作业时,其抗倾覆稳定系数应不小于1.3;架桥机过孔时,应将起重小车置于对稳定最有利的位置,且抗倾覆稳定系数应不小于1.5。

4 采用吊机吊装构件时,如采用1台吊机起吊,应在吊点位置的上方设置吊架或起吊扁担;如采用两台吊机抬吊,应统一指挥、协调一致,使构件的两端同时起吊、同时就位。

5 梁、板安装施工期间及架桥机移动过孔时,严禁行人、车辆和船舶在作业区域的桥下通行。

6 梁、板就位后,应及时设置保险垛或支撑将构件临时固定,对横向自稳性较差的T形梁和I形梁等,应与先安装的构件进行可靠的横向连接,防止倾倒。

7 安装在同一孔跨的梁、板,其预制施工的龄期差不宜超过10d。梁、板上有预留孔道的,其中心应在同一轴线上,偏差应不大于4mm。梁、板之间的横向湿接缝,应在一孔梁、板全部安装完成后方可进行施工。

8 对弯、坡、斜桥的梁、板,其安装的平面位置、高程及几何线形应符合设计要求。

16.4.10 先简支后连续的梁,其施工应符合下列规定:

1 先简支安装的梁,除应符合第16.4.9条的规定外,尚应设置临时支座进行支承。在一片梁中,临时支座顶面的相对高差不应大于2mm。

2 简支变连续的施工程序应符合设计规定,且应在一联梁全部安装完成后方可进行湿接头混凝土的浇筑。

3 对湿接头处的梁端,应按施工缝的要求进行凿毛处理。永久支座应在设置湿接头底模之前安装。湿接头处的模板应具有足够的强度和刚度,与梁体的接触面应密贴并具有一定的搭接长度,各接缝应严密不漏浆。负弯矩区的预应力管道应连接平顺,与梁体预留管道的接合处应密封;预应力锚固区预留的张拉齿板应保证其外形尺寸准确且不被损坏。

4 湿接头的混凝土宜在一天中气温相对较低的时段浇筑,且一联中的全部湿接头应一次浇筑完成。湿接头混凝土的养护时间应不少于14d。

5　湿接头按设计要求施加预应力、孔道压浆且浆体达到规定强度后，应立即拆除临时支座，按设计规定的顺序完成体系转换。同一片梁的临时支座应同时拆除。

6　仅为桥面连续的梁、板，应按设计要求进行施工。

16.4.11　装配式桥预制梁、板的施工质量应符合表16.4.11-1的规定，安装质量应符合表16.4.11-2的规定。

表16.4.11-1　预制梁、板施工质量标准

<table>
<tr><th colspan="3">项　　目</th><th>规定值或允许偏差</th></tr>
<tr><td colspan="3">混凝土强度（MPa）</td><td>在合格标准内</td></tr>
<tr><td colspan="3">梁（板）长度（mm）</td><td>+5，-10</td></tr>
<tr><td rowspan="5">宽度（mm）</td><td colspan="2">干接缝（梁翼缘、板）</td><td>±10</td></tr>
<tr><td colspan="2">湿接缝（梁翼缘、板）</td><td>±20</td></tr>
<tr><td rowspan="2">箱梁</td><td>顶宽</td><td>±30</td></tr>
<tr><td>底宽</td><td>±20</td></tr>
<tr><td colspan="2">腹板或梁肋</td><td>+10，-0</td></tr>
<tr><td rowspan="2">高度（mm）</td><td colspan="2">梁、板</td><td>±5</td></tr>
<tr><td colspan="2">箱梁</td><td>+0，-5</td></tr>
<tr><td rowspan="3">断面尺寸（mm）</td><td colspan="2">顶板厚</td><td rowspan="3">+5，-0</td></tr>
<tr><td colspan="2">底板厚</td></tr>
<tr><td colspan="2">腹板或梁肋</td></tr>
<tr><td colspan="3">跨径（支座中心至支座中心）（mm）</td><td>±20</td></tr>
<tr><td colspan="3">支座平面平整度（mm）</td><td>2</td></tr>
<tr><td colspan="3">平整度（mm）</td><td>5</td></tr>
<tr><td colspan="3">横系梁及预埋件位置（mm）</td><td>5</td></tr>
</table>

表16.4.11-2　简支梁、板安装质量标准

<table>
<tr><th colspan="2">项　　目</th><th>允许偏差</th><th>项　　目</th><th>允许偏差</th></tr>
<tr><td rowspan="2">支座中心偏位（mm）</td><td>梁</td><td>5</td><td>梁、板顶面纵向高程（mm）</td><td>+8，-5</td></tr>
<tr><td>板</td><td>10</td><td>相邻梁、板顶面高差（mm）</td><td>8</td></tr>
<tr><td colspan="2">竖直度（%）</td><td>1.2</td><td></td><td></td></tr>
</table>

16.5　悬臂浇筑

16.5.1　用于悬臂浇筑施工的挂篮，其结构除应满足强度、刚度和稳定性要求外，尚应符合下列规定：

1　挂篮与悬浇梁段混凝土的重量比不宜大于0.5，且挂篮的总重应控制在设计规定的限重之内。

2　挂篮的最大变形(包括吊带变形的总和)应不大于20mm。

3　挂篮在浇筑混凝土状态和行走时的抗倾覆安全系数、自锚固系统的安全系数、斜拉水平限位系统的安全系数及上水平限位的安全系数均不应小于2。

4　挂篮的支承平台应有足够的平面尺寸,应能满足梁段现场施工作业的需要。

5　挂篮模板的制作与安装应准确、牢固,安装误差应符合本规范第5章的规定。后吊杆和下限位拉杆孔道应严格按设计尺寸准确预留。

6　挂篮制作加工完成后应进行试拼装。挂篮在现场组拼后,应全面检查其安装质量,并应进行模拟荷载试验,符合挂篮设计要求后方可正式投入使用。

16.5.2　钢筋的制作及安装除应符合本规范第4章的规定外,尚应符合下列规定:

1　底板钢筋与腹板钢筋的连接应牢固,且宜采用焊接;底板上、下两层的钢筋网应采用两端带弯钩的竖向筋进行连接,使之形成整体;顶板底层的横向钢筋宜采用通长筋。

2　钢筋与预应力管道相互影响时,钢筋仅可移动,不得切断。若挂篮的下限位器、下锚带、斜拉杆等部位影响下一步操作必须切断钢筋时,应在该工序完成后,将切断的钢筋连接好再补孔。

16.5.3　墩顶及墩顶邻近梁段可采用落地支架或托架施工,支架和托架应符合本规范第5章的规定。墩顶梁段宜全断面一次浇筑完成,当梁段过高一次浇筑完成难以保证质量时,可沿高度方向分两次浇筑,但宜将两次浇筑混凝土的龄期差控制在7d以内。预应力混凝土连续梁的墩顶梁段施工时,应按设计规定设置墩梁临时固结装置,且临时固结装置的结构和采用的材料应满足方便、快速拆除的要求。

16.5.4　悬臂浇筑施工应符合下列规定:

1　悬臂浇筑施工应对称、平衡地进行,两端悬臂上荷载的实际不平衡偏差不得超过设计规定值;设计未规定时,不宜超过梁段重的1/4。悬臂梁段应全断面一次浇筑完成,并应从悬臂端开始,向已完成梁段推进分层浇筑。

2　悬臂浇筑的施工过程控制宜遵循变形和内力双控的原则,且宜以变形控制为主。悬浇过程中梁体的中轴线允许偏差应控制在5mm以内,高程允许偏差为±10mm。

3　挂篮前移时,宜在其后方设置控制其滑动的装置或在滑道上设置止动装置;前移就位后,应立即将后锚固点锁定,防止倾覆。

4　当悬臂浇筑施工跨越铁路、公路、航道及其他建筑物时,应采取有效的安全施工防护措施。

16.5.5　悬臂浇筑时预应力的施工除应符合本规范第7章的规定外,尚应符合下列规定:

1　预应力管道的安装定位应准确,备用管道和长束的管道应采取措施保证其在使用时的有效性。

2　对纵向预应力长钢束的张拉,宜通过必要的试验确定其张拉程序和各项参数,张拉持荷时间宜增加1倍;当钢束的伸长值不能满足要求时,可采取补张拉或反复张拉的措施,但张拉应力不得超过设计规定的最大控制应力。横向预应力采用一端张拉时,其张拉端宜在梁两侧交错设置。竖向预应力宜采取反复张拉的方式进行,反复张拉的次数应以钢束的伸长值是否达到要求且是否可靠锚固而定。

3 对竖向预应力孔道,压浆时应从下端的压浆孔压入,压力宜为0.3~0.4MPa,且压入的速度不宜过快。

16.5.6 悬臂浇筑预应力混凝土梁的合龙和体系转换应符合下列规定:

1 合龙的顺序应符合设计规定。

2 合龙施工前应对两端悬臂梁段的轴线、高程和梁长受温度影响的偏移值进行观测,并应根据实际观测值进行合龙的施工计算,确定准确的合龙温度、合龙时间及合龙程序。

3 对两端的悬臂梁段采取施加水平推力的方式调整梁体的应力时,千斤顶的施力应对称、均衡。

4 合龙时,宜采取措施将合龙口两侧的悬臂端予以临时刚性连接,再浇筑合龙段混凝土。合龙段的混凝土宜在一天中气温最低且稳定的时段内浇筑,浇筑后应及时覆盖洒水养护。

5 合龙时在桥面上设置的全部临时施工荷载应符合施工控制的要求。对预应力混凝土连续梁,合龙后应在规定的时间内尽快拆除墩梁临时固结装置,按设计规定的程序完成体系转换和支座反力调整。

16.5.7 悬臂浇筑预应力混凝土梁施工质量应符合表16.5.7的规定。

表16.5.7 悬臂浇筑预应力混凝土梁施工质量标准

项目		规定值或允许偏差
混凝土强度(MPa)		在合格标准内
轴线偏位(mm)	$L\leqslant100$m	10
	$L>100$m	L/10 000
顶面高程(mm)	$L\leqslant100$m	±20
	$L>100$m	±L/5 000
	相邻节段高差	10
断面尺寸(mm)	高度	+5,-10
	顶宽	±30
	底宽	±20
	顶底腹板厚	+10,-0
同跨对称点高差(mm)	$L\leqslant100$m	20
	$L>100$m	L/5 000
横坡(%)		±0.15
平整度(mm)		8

注:L为跨径。

16.6 悬臂拼装

16.6.1 本节适用于预制节段采用悬臂拼装方法施工的预应力混凝土连续梁和连续刚构桥,采用逐跨拼装方法施工时可参照执行。

16.6.2 悬臂拼装施工的节段可采用短线法或长线法进行预制,预制场地的布置应便于节段的预制、移运、存放及装车(船)出运;预制台座应稳定、坚固,在荷载作用下,其顶面的沉降应控制在2mm以内。

16.6.3 节段预制前,应在预制场地建立精密测量的平面控制网和高程控制网,并设置测量控制点、测量塔及靶标。测量控制点应设在远离热源和震动源的位置,且应具有良好的通视条件,必要时应设置备用的测量控制点。

16.6.4 节段预制时,应对其预制线形进行控制,使成桥后的线形符合设计要求。节段预制的测量控制宜采用专用线形控制软件进行。

16.6.5 节段预制宜采用专门设计的钢模板,钢模板及其支撑除应满足强度、刚度和稳定性的要求外,尚应满足多次重复使用不变形及保证节段预制精度的要求。采用长线法预制节段时,同一连续匹配浇筑的梁段应在同一长线台座上制作;采用短线法时,应在台座上匹配预制,并应符合下列规定:

1 内模系统应是可调整的,且宜安装在可移动的台车支架上。

2 端模应铅直、牢固,外侧模与底模应能适应节段的线形变化要求。

3 模板与匹配节段的连接应紧密、不漏浆,其安装质量应符合表16.6.5的规定。

表16.6.5 节段预制模板安装质量标准

项　　目		规定值或允许偏差(mm)
相邻两板表面高低差		2
表面平整度		3
垂直度		H/1 000,且不大于3
模内尺寸	长度	+1,-3
	宽度	+3,-2
	高度	+0,-2
轴线偏移量		2
匹配节段定位	纵轴线	2
	高程	±2

续上表

项目			规定值或允许偏差(mm)
预埋件	剪力键	位置	2
		平面高差	2
	支座板、锚垫板等预埋钢板	位置	3
		平面高差	2
	螺栓、锚筋等	位置	10
		外露尺寸	±10
吊孔		位置	2
预应力筋孔道		位置	节段端部 10

注:*H* 为节段高度。

16.6.6 节段的钢筋宜在专用胎架上制成整体骨架后,吊入模板内进行安装;吊装整体骨架时应设置吊架,吊点的布置应合理,且宜采用多点起吊,防止变形。对预埋件的安装和预留孔的设置,应采用定位钢筋将其准确固定;当有体外预应力钢束转向器时,其安装必须准确可靠。

16.6.7 节段预制混凝土的性能除应符合本规范第 6 章的规定外,尚应符合设计对其弹性模量、收缩和徐变等性能的要求。节段预制混凝土的浇筑应符合本规范第 6 章的规定,并应根据环境温度、水泥品种、外加剂、施工进度及对混凝土性能的要求等制订养护方案,总体养护时间不宜少于 14d,对节段的外立面混凝土宜采用喷湿或其他适宜的方式进行养护。

16.6.8 节段的脱模时间应符合设计规定;设计未规定时,应在混凝土强度达到设计强度等级的 75% 后方可脱模并拆除。在脱模、拆除或移动节段时,应采取措施防止损伤节段混凝土的棱角和剪力键。

16.6.9 模板拆除后应及时对节段进行检查验收,测量其外形尺寸,并标出梁高及纵横轴线。节段预制施工质量应符合表 16.6.9 的规定。

表 16.6.9 节段预制施工质量标准

项目		规定值或允许偏差
混凝土抗压强度(MPa)		在合格标准内
表面平整度(mm/2m)		5
长度(mm)		+0, -2
断面尺寸(mm)	宽度	+5, -0
	高度	±5
	壁厚	+5, -0

续上表

<table>
<tr><th colspan="3">项　　目</th><th>规定值或允许偏差</th></tr>
<tr><td colspan="2" rowspan="2">轴线偏移量(mm)</td><td>纵轴线</td><td>5</td></tr>
<tr><td>横隔梁轴线</td><td>5</td></tr>
<tr><td rowspan="5">预埋件</td><td rowspan="3">支座板、锚垫板等预埋钢板</td><td>位置</td><td>10</td></tr>
<tr><td>高程</td><td>±5</td></tr>
<tr><td>平面高差</td><td>5</td></tr>
<tr><td rowspan="2">螺栓、锚筋等</td><td>位置</td><td>10</td></tr>
<tr><td>外露尺寸</td><td>±10</td></tr>
<tr><td rowspan="3">预留孔</td><td>吊孔</td><td>位置</td><td>5</td></tr>
<tr><td rowspan="2">预应力孔道位置</td><td>位置</td><td>节段端部 10</td></tr>
<tr><td>孔径</td><td>+3，-0</td></tr>
</table>

16.6.10 节段的起吊、移运、存放应符合下列规定：

1 节段从预制台座起吊时，混凝土的强度应符合设计规定。

2 节段的移运应满足运输安全和施工安全的要求。在移运时，应采取措施防止对节段产生冲击或碰撞。

3 节段在存放台座的叠放层数不宜超过两层，并应对存放台座及其地基的承载力进行验算。节段支点的位置应符合设计规定，且宜采用垫木或橡胶板等弹性支撑物进行支承。

4 节段的存放时间应符合设计要求；设计未要求时，不宜少于 28d。对未达到养护时间的节段，应在存放时继续养护。

16.6.11 墩顶及相邻梁段采用现浇方式施工时，应符合本章第 16.5.3 条的规定，且应使其与预制梁段匹配良好。对连续梁，墩顶的现浇梁段与墩之间应按设计要求临时固结。

16.6.12 悬臂拼装施工应符合下列规定：

1 节段拼装施工前，应对预制节段的匹配面进行必要的处理，并应确定接缝施工的方法和工艺。在悬臂拼装施工过程中，应跟踪监测各节段梁体的挠度变化情况，控制其中轴线及高程；当实测梁体线形与设计值有偏差时，应及时进行调整。

2 施工前应按施工荷载对起吊设备进行强度、刚度和稳定性验算，其安全系数应不小于 2。节段起吊安装前，应对起吊设备进行全面安全技术检查，并应分别进行 1.25 倍设计荷载的静荷和 1.1 倍设计荷载的动荷起吊试验，经检查及起吊试验符合要求后方可正式进行节段的起吊拼装。

3 节段悬臂拼装时，桥墩两侧的节段应对称起吊，且应保证桥墩两侧平衡受力，最大不平衡力应符合设计规定。

16.6.13 接缝的处理应符合下列规定:

1 各节段间的接缝施工应符合设计规定。

2 采用胶接缝拼装的节段,涂胶前应就位试拼。胶黏剂进场后应进行力学性能及作业性能的抽检,其各项性能应满足结构设计与节段拼装施工的要求。节段的匹配面应平整,对尘土、油脂等污染物及松散混凝土和浮浆应清除干净。涂胶前的匹配面应进行干燥处理。

3 胶黏剂宜采用机械拌和,且在使用过程中应连续搅拌并保持其均匀性。胶黏剂应涂抹均匀,覆盖整个匹配面,涂抹厚度不宜超过3mm。对胶接缝施加临时预应力进行挤压时,挤压力宜为0.2MPa,胶黏剂应在梁体的全断面挤出,且胶接缝的挤压应在3h以内完成;当施工时间超过明露时间的70%时,在固化之前应清除被挤出的胶结料。胶黏剂在涂抹和挤压时,应采取措施对预应力孔道的端口处进行防护,防止胶黏剂进入孔道内。

16.6.14 节段悬臂拼装的预应力施工除应符合本规范第7章的规定外,尚应符合下列规定:

1 对采用胶接缝的节段,在拼装工作结束并经检查符合要求后,应立即施加预应力对接缝进行挤压;对采用湿接缝的节段,应在接缝混凝土强度达到设计强度的80%以上时方可对其施加预应力。

2 临时预应力钢束的布置和张拉控制应力应符合设计规定,并应满足多次重复张拉的作业要求;临时预应力钢束在结构永久预应力施工完成后方可拆除。

3 节段对称悬臂拼装完成并施加预应力后,方可放松起吊吊钩,并应立即对预应力孔道进行压浆和封锚。

4 对梁顶面明槽内已张拉的预应力钢束应加以保护,严禁在其上堆放物体或抛物撞击。

16.6.15 合龙及体系转换的程序应符合设计要求,施工应符合本章第16.5.6条的规定。

16.6.16 预应力混凝土梁节段悬臂拼装施工质量应符合表16.6.16的规定。

表16.6.16 预应力混凝土梁节段悬臂拼装施工质量标准

项目		规定值或允许偏差
湿接头、合龙段混凝土强度(MPa)		在合格标准内
轴线偏位(mm)	$L\leqslant100$m	10
	$L>100$m	$L/10\,000$
顶面高程(mm)	$L\leqslant100$m	±20
	$L>100$m	$\pm L/5\,000$
	相邻节段高差	10
同跨对称点高差(mm)	$L\leqslant100$m	20
	$L>100$m	$L/5\,000$

注:L为跨径。

16.7 顶推施工

16.7.1 本节适用于采用顶推(拉)方法的预应力混凝土连续梁施工,钢梁的顶推施工可参照执行。

16.7.2 梁段的预制场地除应符合本章第16.4.2条的规定外,尚应符合下列规定:

1 预制场地宜设在桥台后方的引道或引桥上,其长度、宽度应满足梁段预制施工作业的需要。

2 宜在预制场地上搭设固定或活动的作业棚,使梁段的施工作业不受天气影响,并便于混凝土养护。

16.7.3 梁段预制台座的设置应符合下列规定:

1 在桥头路基或引桥上设置预制台座时,路基或引桥的强度、刚度和稳定性应满足顶推施工的要求,并应设置台座地基的防水、排水设施,防止沉陷。在荷载作用下,台座顶面的沉降变形应不大于2mm。

2 台座的轴线应与桥梁轴线的延长线重合,纵坡应一致,两轴线间的偏差应不大于5mm;相邻两支承点上台座中滑移装置的纵向顶面高程差应不大于2mm;同一支承点上滑移装置的横向顶面高程差应不大于1mm;台座(包括滑移装置)和梁段底模板顶面高程差应不大于2mm。

16.7.4 梁段的预制应符合下列规定:

1 模板宜采用钢模板。底模与底架宜联成一体且可升降;侧模宜采用旋转式的整体模板;内模宜采用可移动台车加升降旋转式的整体模板。模板应保证刚度,制作精度应符合本规范第5章的规定。

2 梁段混凝土的浇筑除应符合本规范第6章的规定外,尚应符合下列规定:

1)混凝土梁体在支座位置处的横隔板,宜在整联梁顶推到位并完成解联后再进行浇筑,振捣时应避免振动器碰撞预应力管道和预埋件等。

2)梁段的工作缝表面应凿毛并清洗干净。若工作缝为多联连续梁的解联断面,宜设为干接缝并采用临时预应力束张拉使之连接紧密。干接缝的断面尺寸应准确,表面应平整,解联时应分开方便。

3)对与顶推导梁连接的梁体端部的混凝土,应保证其振捣密实,不得出现空洞等缺陷。

16.7.5 梁体预应力的施工除应符合本规范第7章的规定外,尚应符合下列规定:

1 预应力钢束的布置、张拉顺序、临时束的拆除次序等,应符合设计规定。

2 各种因顶推施工需要所设置的临时预应力束,在顶推施工过程中应予以妥善保护。

16.7.6 导梁和临时墩的设置应符合下列规定：

1 导梁与梁体连接处的刚度应协调,预埋件的连接强度应满足梁体顶推时的受力要求,导梁前端的最大挠度应不大于设计规定。

2 导梁全部节间的拼装应平整,其中线的允许偏差应不大于5mm,纵、横向底面高程的允许偏差应为±5mm。

3 桥跨中间设有临时墩时,其施工技术要求应符合设计规定及本规范第13章的规定;梁体顶推施工完成并落位到永久支座上后,应及时将其拆除。

16.7.7 梁体的顶推应符合下列规定：

1 顶推施工宜根据梁体长度、顶推跨度、桥墩所能承受的水平推力等条件,选择适宜的顶推方式。

2 顶推滑道的长度应大于水平千斤顶行程加滑块的长度,宽度应为滑板宽度的1.2~1.5倍;相邻墩滑道顶面高程的允许偏差应为±2mm,同墩两滑道高程的允许偏差应为±1mm;滑动装置的摩擦系数宜经试验确定。

3 采用单点或多点水平千斤顶方式顶推时,实际总顶推力应不小于计算顶推力的2倍;采用单点或多点拉杆方式顶拉时,拉杆的截面积和根数应满足顶拉力的要求,拉锚器的锚固和放松应方便、快速,设置在各墩顶的反力台应牢固且应满足顶拉反力的要求。多点顶推(拉)时,各点的水平千斤顶应同步运行。

4 宜在墩台上设置导向装置,防止梁体在顶推过程中产生偏移。顶推过程中,宜对梁体的轴线位置、墩台的变形、主梁及导梁控制截面的挠度和应力变化等进行施工监测;发生异常情况时,应停止顶推,查明原因并进行处理后方可继续施工。

5 顶推时至少应在两个墩上设置保险千斤顶。如遇顶推故障需采用竖向千斤顶将梁顶高时,最大顶升高度不得超过设计规定或不得大于10mm,起顶的反力值不得大于计算反力的1.1倍。

6 平曲线连续梁顶推施工时,预制台座的平面及梁体均应按设计线形设置成圆弧形;导梁宜设置成直线形,但与主梁连接处应偏转一定角度,使导梁前端的中心落在设计线形的中线上。顶推应使梁体沿圆弧曲线前进。

7 竖曲线连续梁顶推施工时,预制台座的底模板顶面应符合设计竖曲线的曲率;所需水平顶推力的大小,应考虑正负纵坡的影响。

16.7.8 梁体顶推到位后的落梁应符合下列规定：

1 落梁前应按设计规定的顺序,对预应力钢束进行张拉、锚固和压浆,拆除全部临时预应力钢束。拆除墩、台上的滑动装置时,梁体的各支点应均匀顶起,其顶力应按设计支点反力的大小进行控制,顶起时相邻墩各顶点的高差不得大于5mm,同墩两侧梁底顶起时高差不得大于1mm。

2　落梁时，应按设计规定的顺序和每次的下落量分步进行，同一墩、台的千斤顶应同步运行；落梁反力的允许偏差应为±10%设计反力。

3　永久支座应在落梁前进行安装。

16.7.9　钢梁的顶推施工除应参照本节的相关规定执行外，尚应符合下列规定：

1　顶推方式宜根据钢梁的结构特点选择确定。

2　导梁与钢梁之间宜采用焊接连接或采用螺栓连接。对钢梁结构的支点和顶推施力点处宜适当加固，并应采取措施防止结构在顶推过程中产生变形。

16.7.10　连续梁顶推施工质量除应符合本规范表16.2.4的规定外，尚应符合表16.7.10的规定。

表16.7.10　顶推施工梁质量标准

项　　目		规定值或允许偏差
轴线偏位(mm)		10
落梁反力(kN)		符合设计规定；设计未规定时不大于1.1倍的设计反力
支点高差(mm)	相邻纵向支点	符合设计规定；设计未规定时不大于5
	同墩两侧支点	符合设计规定；设计未规定时不大于2

16.8　整孔预制安装箱梁

16.8.1　本节适用于采用高性能混凝土、整孔预制架设安装的大型后张预应力混凝土箱梁的施工。

16.8.2　箱梁预制场地的建设除应符合本章第16.4节的规定外，尚应符合下列规定：

1　预制场地应进行专门设计，其布置应有利于制梁、存梁、运梁和架梁的施工作业；制梁台座、存梁台座及运梁线路的地基应具有足够的承载能力，并应有防排水设施；场地内的道路、料场等应硬化处理。

2　对在水域中架设安装的箱梁，应在预制场地设置箱梁的出运码头；从岸的一侧开始延伸至水域中或在陆上架设安装的箱梁，应设置必要的提梁设施和装置。

16.8.3　钢筋宜在专用胎架上绑扎制作成整体骨架后，进行整体起吊安装；采用拼装式内模时，钢筋宜分片制作，分片起吊安装。

16.8.4　箱梁的预制宜采用定型钢模板，模板应具有足够的强度和刚度，并应能满足多次重复使用不变形的要求。模板的制作、安装与拆除除应符合本规范第5章的规定外，尚应符合下列规定：

1　钢模板在加工制作时，模板的全长和跨度应考虑箱梁反拱度的影响及预留压缩量。附着式振捣器的支座应交错布置,安设牢固,并应使振动力先传向模板的骨架,再由骨架传向面板。

2 模板安装时,其位置应准确,各部位的连接应牢固可靠,接缝应严密且不漏浆。模板安装的尺寸允许偏差应符合表16.8.4的规定。

3 模板的拆除期限除应符合本规范第5章的规定外,对外侧模和端模,尚应满足箱梁混凝土的表层温度与环境温度之差不大于15℃的要求;当气温急剧变化时,不宜进行拆模作业。

表16.8.4 整孔预制箱梁钢模板安装质量标准

项目		允许偏差
模板全长(mm)		±10
模板高度(mm)		±5
模板宽度(mm)	顶板	±10
	底模板	+10,-0
板面平整度(mm/m)		2
垂直度(mm/m)		3
中心线与设计位置偏差(mm)	顶板	10
	底模板	2
	腹板	10
横隔板中心位置偏差(mm)		5
顶板内外边缘设计位置偏差(mm)		+10,-5
断面尺寸(mm)	顶板	+5,-0
	腹板	
	底板	
横隔板厚度(mm)		+10,-5
端模预应力支承垫板中心偏位(mm)		3

16.8.5 箱梁混凝土宜一次连续浇筑完成,且宜采取水平分层、斜向推进的方式浇筑,水平分层的厚度不得大于300mm,各层间混凝土的间隔浇筑时间不应超过其初凝时间。梁体腹板下部的底板混凝土宜采用设于底模处的附着式振捣器振动;腹板混凝土宜采用插入式振捣器及附着式振捣器辅助振捣;对钢筋和预应力管道密布区域的混凝土,应提前按一定间距设置混凝土溜槽和插入式振捣器辅助导向等装置,保证该区域的混凝土能振捣密实。

16.8.6 箱梁混凝土浇筑完成后,应按本规范第20.3.6条的规定及时进行覆盖和养护,并应符合下列规定:

1 当采取蒸汽养护时,除应符合本规范第24章的规定外,尚宜分为静停、升温、恒温、降温及自然养护五个阶段。静停期间应保持蒸养棚内的温度不低于5℃;混凝土浇筑完成4h后方可升温，且升温的速度不应大于10℃/h；恒温时应将温度控制在50℃以下，恒温时间宜由试验确定；降温的速度不应大于5℃/h；蒸汽养护结束后，应立即进入自然养护阶段，且养护时间不宜少于7d。蒸养期间、拆除保温设施及模板时，梁体混凝土表层的温度与环境温度之差不得大于15℃。

2 当采取自然养护时，对暴露于大气环境中的混凝土表面应采用适宜的材料进行覆盖，并洒水养护；拆模后尚未达到养护时间的梁体混凝土表面，宜采用喷淋方式或采用养护剂喷洒养护。当环境相对湿度小于60%时，自然养护的时间不宜少于28d；相对湿度大于或等于60%时，不宜少于14d。

16.8.7 梁体混凝土的抗压强度达到设计强度的1/3以上、弹性模量不低于设计值的50%时，可对部分预应力钢束进行初张拉，但其张拉应力不应超过设计张拉控制应力的1/3，且初张拉的预应力钢束编号及张拉应力应符合设计规定。对箱梁预应力钢束的终张拉，应在其混凝土抗压强度达到设计强度的80%、弹性模量不小于设计值的80%后进行。设计对张拉有具体规定时应从其规定。

16.8.8 梁体预应力孔道的压浆应符合本规范第7章的规定。压浆结束后应将锚具外部清理干净，并应对梁端混凝土进行凿毛，对锚具进行防锈处理，按设计要求设置钢筋网片，浇筑封端混凝土。封端应采用无收缩混凝土，其强度应符合设计规定，并应严格控制梁体长度。

16.8.9 整孔预制大型后张预应力混凝土箱梁施工质量应符合表16.8.9的规定。

表16.8.9 整孔预制大型后张预应力混凝土箱梁施工质量标准

项目		规定值或允许偏差
混凝土强度(MPa)		在合格标准内
梁长(mm)		+5，-10
梁高(mm)		+0，-5
梁宽(mm)	顶板	±20
	底板	±10
断面尺寸(mm)	顶板厚	+10，-0
	腹板厚	+10，-5
	底板厚	+10，-0
横隔板厚(mm)		+10，-5
梁体上拱(mm)		L/3 000
表面平整度(mm/m)		5
横坡(%)		±0.15
预埋件位置(mm)		5
顶面预留钢筋位置(mm)		5

注：L为跨径。

16.8.10 箱梁的场内移运及存放应符合下列规定:

1 箱梁在场内的移运可采用龙门吊机或轮胎式移梁机,且应预设相应的移运通道。

2 采用滑移方式移梁时,滑道应设在坚固稳定的地基基础上。滑道应保持平整,滑移时4个支点的相对高差不得超过4mm,两滑道之间的高差不得超过50mm。滑移的动力设施应经计算及试验确定。滑移过程中应采取有效措施保证梁体不受损伤。

3 梁体预应力钢束初张拉后进行吊运或滑移时,箱梁顶面严禁堆放重物或施加其他额外荷载;终张拉后吊运或滑移箱梁时,应在预应力孔道压浆浆体达设计规定强度后方可进行。

4 箱梁的存放台座应坚固稳定,且应有相应的防排水设施,应保证箱梁在存放期间不致因台座下沉受到损坏。箱梁在存放时,其支点距梁端的距离应符合设计规定。

16.8.11 箱梁的运输应符合下列规定:

1 当采用运梁车运输箱梁时,运梁线路的路面应平坦,地基应有足够的承载能力,纵向坡度应不大于3%,横向坡度(人字坡)应不大于4%,最小曲率半径应不小于运梁车的允许转弯半径。在运梁车通过的限界内,不得有任何障碍物。

2 运梁车装载箱梁时,其支承应牢固,起步和运行应缓慢,平稳前进,严禁突然加速或紧急制动。重载运行时的速度宜控制在5km/h以内,曲线、坡道地段应严格控制在3km/h以内。当运梁车接近卸梁地点或架桥机时,应减速徐停。

3 当采用水运方式运输箱梁时,除支承应符合结构受力及运输要求外,尚应对梁体进行固定,并应采取防止船体摆动的有效措施,保证其在风浪颠簸中不移位。

4 不论采取何种方式运输箱梁,均不得使其在装卸和运输过程中产生任何形式的损伤及变形。

16.8.12 箱梁的架设安装应符合下列规定:

1 箱梁应采用通过技术质量监督部门产品认证的专用架桥机,或由海事部门颁发船舶证书及起重检验证书的起重船进行架设安装,且起重参数应能满足架梁的要求,起重船的锚泊系统应能满足作业水域的的条件。吊架和吊具应专门设计。起重设备、吊架和吊具等应经试吊确认安全后方可用于正式施工,吊具应定期进行探伤检查。

2 采用架桥机安装作业时,其抗倾覆稳定系数不应小于1.3;架桥机过孔时,起重小车应位于对稳定最有利的位置,且抗倾覆稳定系数不应小于1.5。

3 采用起重船安装作业时,起重船在进入安装位置后应根据流速、流向、风向和浪高等情况抛锚定位,定位时不得利用桥墩墩身带缆;在起重船定位和箱梁架设安装过程中,船体和梁体均不得对桥墩或承台产生碰撞。

4 架设安装时,箱梁在起落过程中应保持水平;顶落梁时梁体的两端应同步缓慢起落,并不得冲击临时支座。箱梁就位时,应设置必要的装置对梁体的空间位置进行精确调整。

5 在墩顶设置的临时支座,其形式和位置应符合设计规定,梁底与支座应密贴;4个临时支座的顶面相对高差不得超过4mm。

6 箱梁架设安装后的吊梁孔应采用收缩补偿混凝土封填。

16.8.13 箱梁简支变连续时的体系转换除应符合设计要求和本章第 16.4.10 条的规定外，尚应符合下列规定：

1 需浇筑湿接头的箱梁端部的形状应符合设计规定，预应力钢束及其他预留孔道的位置偏差应不大于 4mm。

2 宜先将一联箱梁采用型钢在纵向予以临时固结，且宜在一天中气温最低且温度场均匀稳定的时段浇筑湿接头混凝土。

16.8.14 整孔箱梁安装质量应符合表 16.8.14 的规定。

表 16.8.14 整孔箱梁安装质量标准

项　　目	规定值或允许偏差	项　　目	规定值或允许偏差
轴线偏位(mm)	10	相邻预制梁端的顶面高差(mm)	10
梁顶面高程(mm)	±5	湿接头混凝土强度(MPa)	在合格标准内

16.9 斜腿刚构

16.9.1 斜腿可采取有支架或无支架的方式进行施工。采取有支架方式施工时，对支架的要求应符合本规范第 5 章的规定；采取拉杆扣拉或转体等无支架方式施工时，应按照本规范第 15 章的相关规定执行。不论采取何种方式施工，均应采取有效措施，防止斜腿的截面产生过大的局部应力或变形。

16.9.2 主梁的施工应符合下列规定：

1 采取支架现浇方式施工时，除应符合本规范第 5 章的规定外，对多跨斜腿刚构桥的主梁不应一次浇筑成型，而应在分跨浇筑后，再设置合龙段合龙。

2 采用悬臂法施工时，除应符合本章第 16.5 节的要求外，对斜腿部分尚应设置具有足够强度和刚度的临时支撑或拉杆进行固定，抵抗主梁悬浇过程中产生的不均衡弯矩，且其基础应满足承载力的要求；主梁与斜腿的连接处应一次性浇筑完成，对有 V 形墩的斜腿刚构桥，应选择适宜的温度先使 V 形墩与其上的主梁形成闭合三角形结构，再进行其余主梁的悬臂浇筑施工。

16.9.3 斜腿刚构桥施工质量应符合表 16.9.3-1 和表 16.9.3-2 的规定。

表 16.9.3-1 斜腿刚构桥斜腿施工质量标准

项　　目	规定值或允许偏差	项　　目	规定值或允许偏差
混凝土强度(MPa)	在合格标准内	顶面高程(mm)	±10
断面尺寸(mm)	±20	节段间错台(mm)	5
斜度(mm)	0.3%H，且不大于 20	平整度(mm/2m)	5
轴线偏位(mm)	10		

注：H 为斜腿高度。

表 16.9.3-2 斜腿刚构桥主梁施工质量标准

项　　目	规定值或允许偏差	项　　目	规定值或允许偏差
混凝土强度(MPa)	在合格标准内	合龙高程偏差(mm)	±20
断面尺寸(mm)	±10	横坡(%)	±1.5
合龙轴线偏差(mm)	10	平整度(mm/2m)	8

16.10 拓宽改建梁桥拼接施工

16.10.1 本节适用于梁式桥的拓宽改建施工,其他结构形式桥梁的拓宽改建可参照执行。

16.10.2 梁式桥拓宽改建拼接施工前,应做好下列准备工作:

1 应收集既有桥梁的设计图纸、竣工文件及相关资料,或进行必要的勘测和调研,了解既有桥梁的结构形式和现状。

2 应对桥位处地下管线和隐蔽物等的位置、尺寸进行调查,并应采取保护、避让及处理的措施。

3 应根据现场的具体情况,制订专项施工技术方案,确定施工顺序和施工工艺,合理配备施工机具设备。

4 应在对交通流量调查的基础上,提出交通导流和安全防护的方案,保证施工期间的施工安全和交通安全。

16.10.3 对既有桥梁进行部分凿除或拆除时,应采取措施防止对拟保留的部分造成损伤或破坏。拆除施工过程中不宜将大型施工机具置于既有桥梁上进行作业,必须置于其上作业时,应对既有桥梁的承载能力进行验算,验算通过后方可实施;施工时应采取临时封闭交通等措施,保证安全,并应对既有桥梁的沉降及裂缝等情况进行监测,发现异常应及时采取措施进行处理。

16.10.4 对新旧混凝土结合面的处理和拼接施工应符合下列规定:

1 旧混凝土结合面的凿毛应凿至完全露出新鲜密实混凝土的粗集料,并应清洗干净;对较大体积的结构混凝土的结合面,应将其凿成台阶式,且阶长宜为阶高的 2 倍。对结合面处外露钢筋表面的锈皮、浮浆等,应采用适宜的工具刷净。

2 拼接连接的方式应符合设计规定。设计未规定时,对竖向结合面的接缝,可采取新设接头钢筋再浇筑混凝土的方式进行拼接,接头钢筋的直径宜为 6～10mm,其所需截面面积宜为梁、板截面面积的 0.2%～0.3%,插入长度新旧混凝土均为 30 倍钢筋直径,且两端宜设弯钩;或在既有桥梁的梁、板上按一定的间距钻孔并植入抗剪钢筋,植入的钢筋应采用环氧树脂将其孔洞灌注密实。

3 拼接施工浇筑新混凝土前,应采用清水冲洗旧混凝土的表面使其保持湿润。需要在旧混凝土的结合面上涂刷界面剂时，应符合设计的规定；设计未规定时宜通过试验确定。

4　新浇混凝土的施工应符合本规范相应章节的规定。

16.10.5　拓宽拼接的主体工程结构施工完成后，应先将既有桥梁的桥面铺装层全部凿除并清理干净，再进行全桥桥面铺装层施工。施工应符合下列规定：

1　对既有桥梁原铺装层的结合面应进行处理，凿除原结构表面的浮浆，使集料外露，形成4～6mm自然凹凸粗糙面或采用机械刻槽形成糙面，并清洗干净；凿除和清理施工时不得损坏原结构混凝土，且不应有局部光滑结合面。

2　凿除既有桥梁铺装层后，对存在缺陷的部位，应进行修补。对空洞和破损处，应在凿除疏松部分混凝土后，采用高一级强度的细石混凝土填筑密实；当有钢筋锈蚀引起混凝土胀裂时，应先剔除松动开裂的混凝土，再进行钢筋表面的除锈和防护等处理。

3　桥面铺装新浇混凝土前，对原结构的结合面应充分湿润，但不应有明水。桥面铺装的施工技术要求应符合本规范第21章的规定，混凝土的养护时间不宜少于14d。

17 斜拉桥

17.1 一般规定

17.1.1 本章适用于预应力混凝土斜拉桥、钢斜拉桥、钢—混凝土组合梁和混合梁斜拉桥,以及矮塔斜拉桥和无背索斜拉桥的施工。

17.1.2 斜拉桥施工前应全面了解设计要求,根据结构特点和受力特性,制订施工技术方案和安全技术方案。施工时应做好施工过程控制,使成桥线形、内力符合设计要求。

17.2 索塔

17.2.1 索塔的施工方法宜根据结构特点、施工环境和设备能力等综合确定。索塔施工期间,应具有必要的起重设备和安全通道。索塔施工时应对其平面位置、断面尺寸、倾斜度、应力和线形等进行监测和控制。

17.2.2 混凝土索塔的施工应符合下列规定:

1 塔柱节段施工长度的划分,宜根据索塔结构形式、钢筋定尺长度和施工条件等因素确定;塔柱模板应具有足够的强度、刚度和稳定性,用于高塔且风力较大地区的模板应进行抗风稳定性验算。

2 塔座及塔柱实心段施工时,除应控制好模板的平面位置和倾斜度外,尚应对混凝土采取降低水化热和温度控制的措施;同时宜采取适当措施缩短塔座与承台、塔柱与塔座之间浇筑混凝土的间隔时间,间歇期不宜大于10d。

3 索塔与主梁不宜交叉施工,必须交叉施工时应采取保证质量和施工安全的措施。索塔施工时宜设置劲性骨架,所设置的劲性骨架应能起到保证钢筋架立、模板安装和拉索预埋导管空间定位精度的作用;劲性骨架应采用型钢制作,不得使用管材。

4 横梁施工时,应设置可靠的支架系统。支架系统应进行专门设计,其强度、刚度和稳定性应满足使用要求,同时应考虑变形和日照温差等因素对支架系统的不利影响。体积过大的横梁可沿高度方向分次浇筑,但分次浇筑的时间间隔不宜超过10d,并应采取措施防止施工接缝处产生收缩裂缝;分次浇筑时支架系统的设计宜考虑横梁的全部自重。

5　塔柱和横梁可同步施工或异步施工。但异步施工时塔柱与横梁之间浇筑混凝土的间隔时间不应超过 30d，并应采取措施使塔梁之间的接缝可靠连接，不得产生收缩裂缝。倾斜塔柱施工时，应对各施工阶段塔柱的强度和变形进行验算，分高度设置主动横撑或拉杆，使其线形、内力和倾斜度满足设计要求并保证施工期结构的安全。

6　混凝土浇筑施工时应根据索塔的高度及混凝土供应能力选择适宜的输送方式，采用输送泵时宜一泵到顶。浇筑混凝土时，布料应均匀，应控制其倾落高度不超过 2m，保证混凝土不产生离析，并应采取措施避免上部塔体施工时对下部塔体的表面造成污染。混凝土浇筑完成后，应及时养护。养护的方法和措施应根据结构特点、气温、环境条件等因素综合确定，每一节段现浇混凝土的养护时间应不少于 7d。

7　索塔横梁和拉索锚固区的预应力施工，应符合本规范第 7 章的有关规定。对拉索锚固区曲率半径较小的环向预应力钢束，宜按设计要求进行模型试验，取得经验数据后方可正式施工。

8　对拉索预埋导管的安装，应在施工前认真复核设计单位提供的施工图是否已进行拉索的垂度修正；定位安装时宜利用劲性骨架控制导管进出口处的中心坐标，并应采取其他辅助措施进行调整和固定；预埋导管不宜有接头。在上塔柱安装钢锚箱或钢锚梁时，应根据构件的结构特点，提前确定吊装的方法和施工工艺，并验算吊装的安全性；吊装宜在风速 10m/s 以下的时段进行，安装的允许误差应符合设计要求。

9　混凝土索塔施工质量应符合表 17.2.2 的规定。

表 17.2.2　混凝土索塔施工质量标准

项　　目		规定值或允许偏差
混凝土强度（MPa）		在合格标准内
塔柱底偏位（mm）		10
横梁轴线偏位（mm）		10
倾斜度（mm）	总体	符合设计规定；设计未规定时按塔高的 1/3 000，且不大于 30
	节段	节段高的 1/1 000，且不大于 8
塔顶高程（mm）		±20
外轮廓尺寸（mm）	塔柱	±20
	横梁	±10
拉索锚固点高程（mm）		±10
横梁顶面高程（mm）		±10
预埋索管孔道位置（mm）		10，且两端同向

17.2.3　钢索塔的施工应符合下列规定：

1　钢索塔的构件在工厂制作时应进行试拼装，试拼装合格后方可启运，并应根据不同的运输方式对构件进行必要的临时加固和保护。节段构件安装的吊点、导向件及临时匹配件宜在厂内制作时设置。

2　安装施工前应编制详细的节段构件吊装施工工艺，并应核对各节段构件的编号和起吊重量。在吊装前应对节段构件起吊的稳定性进行验算,并应对各关键部位进行临时加固后试吊,确认无误方可正式起吊安装。

3　钢索塔与基础的连接采用螺栓锚固时,承压板与混凝土之间应保持密贴,混凝土表面应抛光磨平并对承压板进行机械加工切削;采用埋入式锚固时,应保证底座的安装精度符合设计要求。

4　采用高强度螺栓连接或焊接连接的钢索塔,其工地现场连接施工应符合本规范第19章的规定。

5　倾斜索塔架设时,应验算索塔内力,控制成塔线形,分高度设置水平横撑或拉杆。在架设安装过程中,应分阶段对已完成的索塔采取必要的抑振措施,保证后续施工中永久结构和临时结构的安全性,以及施工操作人员的舒适性。

6　钢索塔架设安装时,应根据高空作业的特点制订安全施工专项方案,保证施工安全,并应充分考虑天气对施工的影响。

7　钢索塔安装质量应符合表17.2.3的规定。

表17.2.3　钢索塔安装质量标准

项　目		规定值或允许偏差
顶面高程(mm)		$\pm 2.0n$;且不大于20
总体垂直度偏差(mm)	顺桥向	$H/4\ 000$
	横桥向	$H/4\ 000$
对接口板错边量(mm)		≤2
塔柱中心距(接头部位)(mm)		±4.0
节段轴线相对塔柱轴线的偏差(mm)	顺桥向	$2h/1\ 000$
	横桥向	
两塔柱横梁中心处高程的相对差(mm)		4
端面金属接触率(%)	壁板	符合设计要求
	腹板	符合设计要求
	加劲板	符合设计要求
斜拉索锚固点高程(mm)		±10

注:n为节段总数;H为索塔总高度;h为节段高度。

17.3　主梁

17.3.1　主梁应严格按照预定的程序、方法和措施进行施工。对设计为飘浮或半飘浮体系的斜拉桥,在主梁施工期间应使塔梁临时固结。主梁在悬臂施工时,应保持两端的施工荷载对称平衡,其最大不平衡荷载不得超过设计允许的范围。

17.3.2　混凝土主梁采用悬臂浇筑法施工时,除应符合本规范第16.5节的有关规定外，尚应符合下列规定：

1　主梁0号梁段及相邻梁段浇筑施工时，应设置可靠的支架系统。支架系统应进行专门设计，其强度、刚度和稳定性应满足使用要求，同时应考虑变形、地基的不均匀沉降和日照温差等因素对支架系统的不利影响；施加在支架上的临时施工荷载应包括悬浇挂篮的重量。辅助跨梁段的现浇支架亦应符合上述规定。

2　用于悬浇施工的挂篮应进行专门设计，挂篮应满足使用期的强度和稳定性要求，同时应考虑主梁在浇筑混凝土时抗风振的刚度要求。挂篮的全部构件制作完成后应进行检验和试拼，合格后再运至现场整体组装，并应按设计荷载及技术要求进行预压。挂篮在预压时应测定其弹性挠度的变化、高程调整的性能及其他技术性能。

3　混凝土主梁悬臂浇筑施工质量应符合表17.3.2的规定。

表17.3.2　混凝土主梁悬臂浇筑施工质量标准

项　　目		规定值或允许偏差
混凝土强度（MPa）		在合格标准内
轴线偏位（mm）	$L \leq 100$m	10
	$L > 100$m	$L/10\ 000$，且不大于30
塔顶偏位（mm）		符合设计和施工控制要求；未要求时，纵向不大于30，横向不大于20
斜拉索索力（kN）		符合设计和施工控制要求
断面尺寸（mm）	高度	+5，-10
	顶宽	±30
	底宽	±20
	板厚	+10，-0
梁锚固点高程（mm）	$L \leq 100$m	±20
	$L > 100$m	$\pm L/5\ 000$
锚具轴线与孔位轴线偏位（mm）		5

注：L为跨径。

17.3.3　混凝土主梁采用悬臂拼装法施工时，除应符合本规范第16.6节的有关规定外，尚应符合下列规定：

1　梁段的预制可采用长线法或短线法台座。预制台座的设计应考虑主梁成桥线形的影响，并应保证预制梁段的截面尺寸能满足拼装的精度要求。预制梁段的混凝土端面应密实饱满，不得随意修补。

2　对梁段拼装用的非定型桥面悬臂吊机或其他起吊设备，应进行专门设计并宜委托具有相应资质的专业单位加工制造，加工完成后应进行出厂质量验收。起吊设备在现场组装后应进行试吊，确认安全方可用于正式施工。

3　0号及其相邻的梁段为现浇时，在现浇梁段和第一节预制安装梁段间宜设湿接头,对湿接头结合面的梁段混凝土应进行凿毛并清洗干净。采用垫片调整梁段拼装线形时,每次调整的高程不应大于20mm;多段拼装中的累积误差,可用湿接头调整。

4 混凝土主梁悬臂拼装施工质量应符合表17.3.3的规定。

表17.3.3 混凝土主梁悬臂拼装施工质量标准

项　　目		规定值或允许偏差
合龙段混凝土强度(MPa)		在合格标准内
轴线偏位(mm)	$L \leqslant 100$m	10
	$L > 100$m	$L/10\,000$;且不大于30
塔顶偏位(mm)		符合设计和施工控制要求; 未要求时,纵向不大于30,横向不大于20
斜拉索索力(kN)		符合设计和施工控制要求
锚具轴线与孔道轴线偏位(mm)		5
梁锚固点高程(mm)	$L \leqslant 100$m	±20
	$L > 100$m	$\pm L/5\,000$

注:L为跨径。

17.3.4 钢主梁的施工应符合下列规定:

1 钢梁应由具备相应资质的专业单位加工制造,制造完成后应在工厂内进行试拼装和涂装,经质量检验合格后方可运至工地现场。加工制造应符合本规范第19章的规定,钢梁构件上的吊点、导向件及临时匹配件宜按照设计要求在工厂加工制造时设置。

2 钢梁的构件或梁段在运输过程中,应采取可靠的临时加固措施,避免受到损伤。在工地临时存放时,应对存放场地进行规划,存放场地应平整、稳固、排水良好,存放的构件或梁段应支离地面一定高度,基础应具有足够的强度,并应防止地基的不均匀沉降;同时应采取必要的防护措施,防止钢梁积水锈蚀和栓接板面损坏、污染。

3 钢梁架设安装采用的桥面悬臂吊机或其他起吊设备,其基本要求应符合本章第17.3.3条第2款的规定。桥面悬臂吊机的前支点和后锚固点应严格按设计要求可靠设置,保证架设安装期的起吊安全。

4 钢梁安装施工前应编制详细的梁段吊装施工工艺,并应制定梁段间连接的工艺标准、焊接或栓接的工艺检验标准,以及施工的安全技术规程。在吊装前应核对各构件或梁段的起吊重量,对构件或梁段起吊的稳定性进行验算,经试吊确认无误后方可正式起吊安装。

5 在支架上进行索塔附近无索区梁段安装施工时,应设置可调节梁段空间位置的装置,保证梁体在安装时的精确定位。

6 应采取必要措施减少钢箱梁安装时的接缝偏差,在内、外腹板位置,高度方向和宽度方向的拼接错口宜不大于2mm。

7 采用高强度螺栓连接或焊接连接的钢梁,其工地现场连接施工应符合本规范第

19 章的规定。

8 钢主梁安装质量应符合表 17.3.4 的规定。

表 17.3.4 钢主梁安装质量标准

项目		规定值或允许偏差		
		0 号梁段	悬臂拼装梁段	合龙梁段
轴线偏位(mm)		5	$L \leqslant 200$m,10;$L>200$m,$L/20\ 000$	10
塔顶偏位(mm)		符合设计和施工控制要求;未要求时,纵向不大于 30,横向不大于 20		
线形高程(mm)		符合设计和施工控制要求		
梁顶水平度(mm)		20		
梁段上 3 点相对高差(mm)		±3	符合施工控制要求	符合施工控制要求
相邻梁段匹配高差(mm)		2		
索力(kN)		符合设计规定;设计未规定时与设计值相差 10%		
连接	焊缝尺寸	符合设计要求		
	探伤			
	高强螺栓扭矩	±10%		

注:L 为跨径。

17.3.5 钢—混凝土组合梁的施工应符合下列规定:

1 钢—混凝土组合梁在施工前,应根据结构的特点和受力特性确定施工程序和施工工艺。钢结构部分的施工应符合本章第 17.3.4 条的规定。

2 混凝土桥面板宜预制施工,对跨径不大的组合梁或某些特殊部位,可现浇施工。采取预制施工时,预制台座顶面的平整度宜不大于 2mm;侧向模板的设置应保证钢筋及预应力管道的准确定位。

3 桥面板混凝土可适当掺加能提高混凝土抗裂性能的材料,但掺加材料应得到设计的认可并应通过试验确定其掺量和效果。混凝土浇筑后,应及时覆盖洒水养护,养护的时间应不少于 7d;拆模后应及时对桥面板侧面的混凝土进行凿毛,凿毛可采用人工方式或采用高压水冲法,凿毛的深度宜为 5 ~ 8mm。

4 预制桥面板的存放台座应进行专门设计,桥面板在台座上叠放的数量应根据地基情况经计算确定。当台座位于软弱地基上时,应采取措施防止地基不均匀沉降。预制桥面板的存放时间不宜少于 6 个月。

5 预制桥面板在起吊、运输和安装时,应采取必要措施防止对其产生碰撞、坠落等损伤而开裂,对吊点处的局部应力应进行验算。预制桥面板安装前,应将钢梁与桥面板的结合面及剪力连接装置表面清理干净;安装应遵循先预制先安装的原则,安装时不得因桥面板就位困难而随意破坏剪力连接装置。

6 各桥面板单元之间的湿接缝应采用微膨胀低收缩混凝土。湿接缝混凝土浇筑后的养护时间应不少于 7d,对桥面板预应力钢束的张拉亦宜在混凝土龄期达 7d 后进行。

7 当组合梁采用先组合形成节段再安装的方法施工时,应在规划的场地上设置台座,将钢梁准确置于台座上,再支立模板进行桥面板混凝土的浇筑施工。台座应进行专门设计,同时应考虑台座地基的不均匀沉降对组合梁节段形成时的不利影响。组合梁节段的存放、运输和安装施工应符合本节的相关规定。

8 钢—混凝土组合梁施工质量应符合表 17.3.5 的规定。

表 17.3.5 钢—混凝土组合梁施工质量标准

项目		规定值或允许偏差
混凝土强度(MPa)		在合格标准内
轴线偏位(mm)	L≤200m	10
	L>200m	L/20 000;20
混凝土桥面板断面尺寸(mm)	厚	+10,-0
	宽	±30
桥面板中心线与钢梁中心线(mm)		10
塔顶偏位(mm)		符合设计和施工控制要求;未要求时,纵向不大于 30,横向不大于 20
斜拉索索力(kN)		符合设计和施工控制要求
梁顶面高程(mm)	L≤200m	±20
	L>200m	±L/10 000
连接	焊缝尺寸	符合设计要求
	焊缝探伤	
	高强螺栓扭矩	±10%
钢梁防护		涂装符合设计要求

注:L 为跨径。

17.3.6 钢—混凝土混合梁的施工应符合下列规定:

1 混合梁施工时,钢主梁部分的施工应符合本章第 17.3.4 条的规定;混凝土主梁部分的施工应符合本章第 17.3.2 条或第 17.3.3 条的规定。钢梁与混凝土梁在结合段处的临时连接应严格按照设计要求设置。

2 对支承钢—混凝土结合段连接施工的支架,应进行专门设计,支架的强度、刚度和稳定性应满足使用的要求,并应充分考虑变形、地基的不均匀沉降和日照温差等因素对支架系统的不利影响。

3 结合段在浇筑混凝土之前,应对混凝土梁的结合面进行严格凿毛,并将全部结合面清理干净。结合段宜采用微膨胀低收缩混凝土,其配合比应通过专项试验确定;混凝土浇筑时应充分振捣,保证其密实性;混凝土浇筑后的养护时间应不少于 7d。

4 结合段的预应力钢束宜在混凝土龄期达 7d 后张拉或符合设计规定,张拉时应对称均衡地进行,预应力的其他施工要求应符合本规范第 7 章的规定。

17.3.7 主梁采用支架现浇、顶推、转体等方法施工时,应按本规范相关章节的规定执行。

17.3.8 对大跨径斜拉桥，应采取措施，合理安排施工进度计划，避免在不利的大风或台风季节进行长悬臂状态下的主梁施工；不可避免时，应采取必要的临时抗风措施，保证结构在施工过程中的安全。

17.3.9 主梁的合龙施工应符合下列规定：

1 主梁的合龙应按照设计和施工控制的要求进行，施工前应确定施工程序并进行合龙施工计算，制订详细的施工工艺及各项保障措施的方案。

2 对合龙前最后若干个悬臂施工梁段的高程、线形、轴线偏差及索力应进行严格控制，使合龙口两侧主梁的自然相对偏差满足合龙的误差要求。

3 混凝土主梁和全焊钢主梁在合龙时，应按照设计要求设置临时刚性连接，控制合龙口长度及主梁轴线与高程的变化。

4 主梁合龙施工期间，应对桥面上的临时施工荷载进行严格控制，不得随意施加除合龙施工需要的其他附加荷载。

5 主梁中跨合龙后，应按设计要求的程序在规定时间内拆除塔梁临时固结装置，保证结构体系的安全转换。

6 边跨合龙应根据主梁的结构特点按本条的相关要求进行施工。

7 多塔斜拉桥主梁的合龙顺序应符合设计规定。

17.4 拉索

17.4.1 拉索及其附件应符合设计规定，进场后应进行质量验收。平行钢丝拉索应符合现行国家标准《斜拉桥热挤聚乙烯高强钢丝拉索技术条件》(GB/T 18365)的要求，成品拉索在出厂前应做放索试验，同时应做1.2～1.4倍设计索力的超张拉检验，检验后冷铸锚板的内缩值不宜大于5mm；钢绞线拉索采用的钢绞线、锚具应分别符合现行国家标准《预应力混凝土用钢绞线》(GB/T 5224)和《预应力筋用锚具、夹具和连接器》(GB/T 14370)的要求。成品拉索和钢绞线应缠绕成盘进行运输，在起吊、运输和存放时应采取措施防止其产生破损、变形或腐蚀。

17.4.2 拉索在安装施工前，应按设计要求及拉索结构的不同制订相应的施工方案、施工工艺及施工安全技术方案。安装前还应全面检查预埋拉索导管的位置是否准确，发现问题应及时采取措施予以处理，同时应将导管内的杂物清理干净。

17.4.3 拉索的安装施工应按设计和施工控制的要求进行，在安装和张拉拉索时应采用专门设计制作的施工平台及其他辅助设施进行操作，保证施工安全。张拉拉索用的千斤顶、油泵等机具及测力设备应按本规范第7章的要求进行配套校验；为施工配备的张拉机具，其能力应大于最大拉索所需要的张拉力。

17.4.4 拉索可在塔端或梁端单端进行张拉,张拉时应按索塔的顺桥向两侧及横桥向两侧对称同步进行。同步张拉时不同步索力之间的差值不得超出设计和施工控制的规定;两侧不对称或设计拉力不同的拉索,应按设计规定的索力分级同步张拉,各千斤顶同步之差不得大于油表读数的最小分格。拉索张拉的顺序、级次数和量值应符合设计和施工控制的规定;张拉宜以测定的索力或油压表量值为准,以延伸值作校核。

17.4.5 平行钢丝拉索的安装和张拉施工应符合下列规定:

1 施工前应根据索长、索重、斜度和风力等因素,计算拉索在安装时锚头距索管口不同距离以及满足锚环支承时的牵引力;张拉杆、连接套和软牵引等施工辅助设施应经专门设计,并应在正式使用前进行1.2倍设计牵引力的对拉试验。

2 吊装时不宜使用起重钩或容易对索体产生集中应力的吊具直接挂扣拉索,宜采用带胶垫的管形夹具和尼龙吊带并设置多吊点进行起吊。放索时索体应在柔软的滚轮或皮带输送机上拖拉,并应控制索盘的转速,防止转速过快导致索盘倾覆。

3 安装施工时不得挤压、弯折索体,不得损伤索体的保护层和索端的锚头及螺纹;应在索管管口处设置对中控制的装置或限位器进行调控,防止锚头和索体在穿入索管时因偏位而产生摩擦受损。当拉索的索体防护层和锚头已发生不影响使用的损伤时,应及时进行修复并记录在案,施工结束后对损伤部位尚应进行跟踪维护。

4 拉索的内置式减振圈和外置式抑振器未安装前,应采取有效措施,保证塔、梁两端的索管和锚头不受到水或其他介质的污染和腐蚀。

5 张拉平行钢丝拉索时,其施工的方法和设备应根据索型、锚具、布索方式、塔和梁的构造特点确定。

17.4.6 钢绞线拉索的安装施工应符合下列规定:

1 安装施工前,应在桥面上的适当位置设置钢绞线的放线架、导向轮和切割工作平台,以及切割和镦头的相关设备;并应在塔柱外的顺桥向两侧附近安装操作平台和起吊设备。

2 拉索外套管的连接接长采用热熔焊接接头时,热熔焊接的温度应符合外套管材料的要求。对外套管进行移动时,不得将其在未加支垫保护的桥面上拖拽;起吊过程中,其下方严禁站人。与外套管有连接关系或承套关系的所有部件均应与其临时固定,临时固定时宜在塔、梁两端各留出1m左右的空间。

3 钢绞线的下料长度应计入牵引、张拉时的工作长度;下料时对钢绞线的切割应采用砂轮锯,不得采用电弧焊或氧乙炔进行切断。

4 牵引安装钢绞线时,其牵引装置必须安全可靠,牵引过程中钢绞线不得产生弯折,转向时应通过导向轮实现。每根钢绞线安装就位后,均应及时用夹片锁定。

17.4.7 钢绞线拉索的张拉施工应符合下列规定:

1 钢绞线拉索宜采用单根安装、单根张拉、最后再整体张拉的施工方法。单根钢绞线的张拉应按分级、等值的原则进行，整体张拉时应以控制所有钢绞线的延伸量相同为原则。拉索整体张拉完成后，宜对各个锚固单元进行顶压，并安装防松装置。

2　在一根斜拉索中，单根张拉后各钢绞线索力的离散误差不宜超过 ±2%；整体张拉完成后，各钢绞线索力的离散误差不宜超过 ±1%。

3　拉索的张拉工作全部完成后，应及时对塔、梁两端的锚固区进行最后的组装以及抗震防护与防腐处理。

17.4.8　拉索索力实测值与设计值的偏差不宜大于5%，超过时应进行调整。调整索力时应对索塔和相应的主梁梁段进行变形和应力监测，并作记录。

17.5　上部结构施工控制

17.5.1　斜拉桥上部结构施工时应对其施工过程进行控制，应保证结构在施工过程中始终处于安全范围内，成桥后的线形、内力和索力应符合设计要求。施工控制的方法宜根据结构特点、施工方案和环境条件等因素综合选择确定。

17.5.2　斜拉桥的施工控制宜遵守以下原则：在主梁悬臂施工阶段以高程控制为主；二期恒载施工阶段以控制索力为主。

17.5.3　施工控制应贯穿于斜拉桥施工的全过程中，除施工应按规定的程序进行外，对各类施工荷载应加强管理，并应对施工过程中的变形、应力和温度等参数进行监控测试，且采集的数据应准确、可靠。监控测试应符合下列规定：

1　宜选择无风或微风的天气进行测试，减小风对测量的不利影响。

2　测试时应停止桥上的机械施工作业，消除机械设备的振动及不平衡荷载等对测试产生的不利影响。

3　各种测试均应在尽可能短的时间内完成，应避免测试条件产生较大的变化。测量宜在夜间气温相对稳定的时段进行。

17.6　矮塔斜拉桥

17.6.1　矮塔斜拉桥各部位的施工除应分别符合本章相关的规定外，尚应根据其结构特点和受力特性，制订针对特殊部位的施工方案、施工工艺及控制方法。

17.6.2　安装拉索的索鞍前，应检查分丝管数量是否正确，有无孔洞等；安装时，宜采用劲性骨架进行定位，保证索鞍位置符合设计规定的精度要求。

17.6.3　在浇筑索鞍区混凝土时，应按索鞍分排的情况依次浇筑；振捣混凝土时不得碰撞索鞍区的预埋钢管,并应采取措施保证索鞍区下方混凝土的密实性。

17.6.4 抗滑锚块压注环氧砂浆时,应采用专用的环氧砂浆压浆机进行压注,并应封闭索鞍管口,防止环氧砂浆进入索鞍内。采用内外管索鞍时,应采取有效措施保证内管压浆的密实性,保证拉索的防腐效果。

17.6.5 混凝土主梁施工时的控制宜以调整挂篮立模高程为主;主梁为钢梁时宜以调整梁顶高程为主。

17.6.6 张拉拉索时,对平行钢丝拉索每张拉完一根拉索,或对钢绞线拉索每张拉完一根钢绞线,均应对索鞍两侧的管口进行封堵,保证雨水与杂物不进入管内。

17.6.7 矮塔斜拉桥施工的质量标准除应符合一般斜拉桥相应的规定外,索鞍的预埋钢管尚应符合下列规定:管口高程的允许偏差为 ±10mm;管口坐标的允许偏差为 ±10mm,且两边同向。

17.7 无背索斜拉桥

17.7.1 无背索斜拉桥的施工应根据其结构特点和受力特性,在施工前制订施工方案和施工工艺。是采用先塔后梁还是先梁后塔的施工方法宜根据索塔的倾斜程度确定。

17.7.2 倾斜混凝土索塔的施工,在进行模板、支架设计及预埋拉索导管定位时,应充分考虑因塔的倾斜而导致各种构造尺寸和角度的变化,认真复核验算,避免发生差错。对倾斜钢索塔,在加工制造前,应在认真复核设计图纸的基础上,绘制加工工艺图,并应在加工制造时严格控制精度。

17.7.3 采用先塔后梁的方法进行倾斜索塔的施工时,应采取必要措施,避免塔柱根部的混凝土产生过大的拉、压应力;有横梁的索塔,在横梁施工时应根据其构造特点对模板和支架系统进行专门设计,支架系统应可靠,其强度、刚度和稳定性应满足使用的要求。采用先梁后塔方法时,索塔应结合拉索的安装和张拉并按照施工控制的要求进行分段施工。

18 悬索桥

18.1 一般规定

18.1.1 本章适用于主缆采用平行高强钢丝的地锚式悬索桥及自锚式悬索桥的施工，其他类型悬索桥的施工可参照执行。

18.1.2 悬索桥施工的准备工作除应符合本规范第3章的规定外，尚应根据其结构特点和受力特性，在全面了解设计要求的基础上，制订施工技术方案和安全技术方案，同时应做好各种钢构件的加工、特殊机械设备的设计制作和必要的试验等工作。对索股、索鞍、索夹和吊索等，应按照现行国家标准或行业标准的规定制作，并应对其制作质量进行检测和验收。

18.1.3 悬索桥施工应进行施工过程控制，应使成桥线形和内力符合设计要求。

18.2 锚碇

18.2.1 重力式锚碇的基坑开挖和基础施工应符合下列规定：

1 基坑开挖施工除应符合本规范第12章的有关规定外，基坑尚应沿等高线自上而下分层进行开挖，在坑外和坑底应分别设置截水沟和排水沟，并应防止地面水流入坑内而引起塌方或破坏基底土层。采用机械开挖时，应在基底高程以上预留150～300mm土层采用人工清理，且不得破坏基底岩土的原状结构；采用爆破方法施工时，宜使用预裂光面爆破等小型爆破法，避免对边坡造成破坏。对深大基坑，应采取边开挖边支护的措施保证其边坡的稳定，边坡支护的方法应符合设计规定。

2 沉井基础的施工应按本规范第10章的有关规定执行。地下连续墙基础的施工除应符合本规范第12章的有关规定外，基坑开挖前对地下连续墙基底的基岩裂隙宜进行压浆封闭，并应减少地下水向基坑渗透。采用“逆作法”进行基坑开挖时必须进行施工监测，监测内容宜包括环境监测、水工监测、地下连续墙体监测、土工监测及内衬监测等。

18.2.2 隧道锚洞室开挖和岩锚施工应符合下列规定：

1 洞室的开挖除应符合现行行业标准《公路隧道施工技术规范》(JTG F60)的有关规定外，在条件许可的情况下，宜在附近选取一地质相似的地方进行爆破监控试验，对爆破施工方案的各种参数进行试验和修正，据此确定爆破方案。开挖施工时应严格控制爆破，减少对围岩的扰动。对于向下倾斜的隧道锚，如地下水较丰富应采取必要的措施将水引出洞外，在衬砌混凝土的施工缝处应沿隧洞轴线方向预埋止水板。

2 岩锚施工时的钻孔宜采用破碎法施工，在成孔过程中应对钻孔深度和孔空间轴线位置进行检查和记录；达到设计深度后，应采用洁净高压水冲洗孔道并采取有效方法将钻渣掏出。锚索下料时宜采用砂轮机切割，穿束时应设置定位环，保证锚索在孔中位于对中位置，同时应避免锚索扭转。锚索安装完成后应及时对孔道进行压浆。

3 隧道锚洞室开挖和岩锚施工质量应符合表 18.2.2 的规定。

表 18.2.2 隧道洞室开挖和岩锚施工质量标准

<table>
<tr><th colspan="3">项 目</th><th>规定值或允许偏差</th></tr>
<tr><td rowspan="5">洞室（mm）</td><td rowspan="3">总体</td><td>偏位</td><td>200</td></tr>
<tr><td>高度</td><td rowspan="2">±100</td></tr>
<tr><td>宽度</td></tr>
<tr><td rowspan="2">允许超挖</td><td>平均</td><td>50</td></tr>
<tr><td>最大</td><td>100</td></tr>
<tr><td rowspan="2">岩锚（mm）</td><td colspan="2">中心线偏位</td><td>100</td></tr>
<tr><td colspan="2">深度</td><td>不小于设计值</td></tr>
</table>

18.2.3 锚碇锚固体系的施工应符合下列规定：

1 型钢锚固体系施工时，所有钢构件的制作均应按本规范第 19 章的要求进行。锚杆、锚梁在制造时应进行抛丸除锈、表面防腐涂装和无损检测等工作；出厂前应对构件连接进行试拼装，试拼装应包括锚杆拼装、锚杆与锚梁连接、锚支架及其连接系平面试装。锚杆、锚梁制作安装质量应符合表 18.2.3-1 的规定。

表 18.2.3-1 锚杆、锚梁制作安装质量标准

<table>
<tr><th colspan="2">项 目</th><th>规定值或允许偏差</th></tr>
<tr><td rowspan="3">锚杆制造（mm）</td><td>长度</td><td rowspan="3">±3</td></tr>
<tr><td>高度</td></tr>
<tr><td>宽度</td></tr>
<tr><td rowspan="2">支架安装（mm）</td><td>中心线偏位</td><td>10</td></tr>
<tr><td>横向安装锚杆之平联高差</td><td>−2，+5</td></tr>
<tr><td rowspan="3">锚杆安装（mm）</td><td>X 轴</td><td>±10</td></tr>
<tr><td>Y 轴</td><td>±5</td></tr>
<tr><td>Z 轴</td><td>±5</td></tr>
<tr><td rowspan="2">后锚梁安装</td><td>中心偏位（mm）</td><td>5</td></tr>
<tr><td>偏角（°）</td><td>符合设计要求</td></tr>
<tr><td colspan="2">漆膜厚度（μm）</td><td>不小于设计值</td></tr>
</table>

2　预应力锚固系统的施工应符合设计及本规范第7章的规定。锚具应安装防护套，并应注入保护性油脂；对加工件应进行超声波和磁粉探伤检查。预应力锚固系统施工质量应符合表18.2.3-2的规定。

表18.2.3-2　预应力锚固系统施工质量标准

项　　目	规定值或允许误差	项　　目	规定值或允许误差
拉杆张拉力(kN)	符合设计要求	拉杆轴线偏位(mm)	5
前锚孔道中心线(mm)	10	连接器轴线(mm)	5
前锚面孔道角度(°)	±0.2		

18.2.4　锚碇混凝土的施工除应符合本规范第6章的有关规定外，尚应符合下列规定：

1　锚碇的基础和锚体应按大体积混凝土的要求组织施工，施工前应根据结构特点和施工条件编制专项施工技术方案。

2　隧道式锚碇的混凝土施工时，锚体混凝土应与岩体结合良好，且宜采用自密实型微膨胀混凝土，保证混凝土与拱顶基岩紧密黏结；浇筑混凝土时洞内应具备排水和通风条件。

3　锚碇混凝土施工时应保证上部构造施工预埋件的安装质量。

4　锚碇混凝土施工质量应符合表18.2.4的规定。

表18.2.4　锚碇混凝土施工质量标准

项　　目		规定值或允许偏差
轴线偏位(mm)	基础	20
	锚面槽口	10
断面尺寸(mm)		±30
基础底面高程(mm)	二质	±50
	石质	+50，-200
顶面高程(mm)		±20
大面积平整度(mm)		8
预埋件位置(mm)		10

18.3　索塔

18.3.1　悬索桥索塔的施工应按本规范第17.2节的相关规定执行。

18.3.2　索塔在施工过程中应对其施工状况进行监测和控制。施工完成后，应测定裸塔的倾斜度、塔顶高程及塔的中心线里程，并做好沉降、变位观测点标记。

18.3.3　悬索桥混凝土索塔施工质量应符合表18.3.3的规定。钢索塔的施工质量宜按本规范第17.2.3条的规定执行。

表 18.3.3 悬索桥混凝土索塔施工质量标准

项　　目	规定值或允许偏差
混凝土强度(MPa)	在合格标准内
塔柱底水平偏位(mm)	10
倾斜度(mm)	符合设计规定;设计未规定时,塔高的1/3 000,且不大于30
断面尺寸(mm)	±20
横梁高程(mm)	±20
索鞍底板面高程(mm)	+10,-0
预埋件位置(mm)	10

18.4 索鞍

18.4.1 索鞍应由专业单位加工制造,制造的要求可按本规范第19章的相关规定执行。制造完成后应在厂内进行试装配和防腐涂装,并应对各部件的相对位置作出永久性定位标记,经检验合格后方可运至工地现场安装。索鞍的制造质量应符合设计及表18.4.1的规定。

表 18.4.1 索鞍各部件的主要加工面精度要求

项　　目			精度要求	
			主索鞍	散索鞍
平面	平面度	每延米(mm/m)	0.08	0.08
		全平面(mm)	0.5	0.5
		两平面的平行度(mm)	小于0.5	小于0.5
	表面粗糙度 Ra(μm)		12.5	12.5
	尺寸精度	边长(mm)	±1	±1
		对角线长度(mm)	±2	±2
	主鞍两纵肋对底板下平面的垂直误差(mm/m)		小于3	—
	鞍体下平面对中心索槽竖直平面的垂直度误差(mm/全长)		不大于0.5	—
	对合竖直平面对鞍体下平面的垂直度误差(mm/全长)		小于3	—
	散索鞍摆轴中心线与索槽中心平面的垂直度误差(mm/全长)		—	小于3
高度	主索鞍座底面到中心索槽底的高度误差(mm)		±2	—
	散索鞍摆轴对接合面到索槽底面的高度误差(mm)		—	±2
圆弧半径	鞍槽轮廓的圆弧半径误差(mm) (包括平面上的圆弧半径的误差)		±2	±2

续上表

项目			精度要求	
			主索鞍	散索鞍
鞍槽内各尺寸	鞍槽总宽度(mm)		±2	±2
	各槽的宽度、深度(mm)		±1	±1
	各槽的宽度、深度累积误差(mm)		±2	±2
	主鞍侧壁的平面度	全平面(mm/全平面)	1	—
		每延米(mm/m)	0.5	—
	主鞍各槽的轮廓度	各槽全弧长(mm)	2	—
		每延米弧长(mm/m)	1	—
	各槽对中心索槽的对称度(mm)		0.5	0.5
	加工后鞍槽底部及侧壁厚度的误差(mm)		±10	±10
	各鞍槽曲线平面、立面角度误差(°)		±0.20	±0.20
	鞍槽各面的表面粗糙度 Ra(μm)		12.5	12.5

18.4.2 索鞍在安装前,应根据鞍体的形状和重量、施工环境条件、起吊高度等因素选用吊装设备;对设置在塔顶的起重支架及附属的起重装置等应进行专门设计,其强度、刚度和稳定性应满足使用的要求,并应有足够的安全系数。

18.4.3 起重安装的所有准备工作完成后,应对起重设施进行全面检查。索鞍在正式起吊前,应先将鞍体吊离地面0.1~0.2m并持荷10min以上,检验起重设施各部位的受力和变形状况;并应在离地面1~3m范围内将鞍体提升起降两次检验卷扬机电机的性能。经上述检验并确认起重设施的各部位均正常后方可进行正式起吊作业。

18.4.4 主索鞍底座钢格栅和散索鞍底座安装调整完成后,必须进行全桥联测检查,确认无误后方可灌注底座下的混凝土。

18.4.5 索鞍在安装时应根据设计规定的预偏量进行就位和固定,且应在主缆加载过程中根据监控数据分次顶推到设计位置。顶推前应确认滑动面的摩阻系数,严格控制顶推量。

18.4.6 索鞍安装质量应符合表18.4.6-1和表18.4.6-2的规定。

表18.4.6-1 主索鞍安装质量标准

项目	规定值或允许偏差	项目	规定值或允许偏差
纵向最终偏差(mm)	符合设计要求	高程(mm)	+20,-0
横向偏位(mm)	10	四角高差(mm)	2

表 18.4.6-2　散索鞍安装质量标准

项　目	规定值或允许偏差	项　目	规定值或允许偏差
纵、横向偏位(mm)	5	角度(°)	符合设计要求
高程(mm)	±5		

18.5　猫道

18.5.1　猫道应根据悬索桥的跨径、主缆线形、施工环境条件等因素进行专门设计,其结构形式及各部尺寸应满足主缆工程施工的需要。猫道设计应符合下列规定:

1　猫道的线形宜与主缆空载时的线形平行。猫道面层宜由阻风面积小的两层大、小方格钢丝网组成,面层顶部与主缆下沿的净距宜为 1.3 ~ 1.5m;猫道的净宽宜为 3 ~ 4m,扶手高宜为 1.2 ~ 1.5m。猫道在桥纵向应左右对称于主缆中心线布置,猫道间宜设置若干条横向人行通道。

2　承重索设计时应充分考虑猫道的恒载及可能作用于其上的其他荷载。对承重索进行强度计算时,其荷载组合与安全系数应符合表 18.5.1 的规定。承重索的锚固系统应有足够的调整范围,每端宜设 ±2m 以上的调节长度。

表 18.5.1　猫道承重索强度计算荷载组合与安全系数

荷载组合		安全系数	备　注
静力结构强度验算	恒载	≥3.5	
	恒载 + 活载	≥3.0	
	恒载 + 活载 + 温度荷载	≥3.0	温度荷载按温降 15℃考虑
风荷载组合结构强度验算	恒载 + 活载 + 施工阶段风荷载组合	≥3.0	按 6 级风考虑
	恒载 + 最大阵风荷载组合	≥2.5	

3　设计时宜根据桥位处的施工环境条件和当地的气象条件对猫道进行抗风稳定验算。对特大跨径悬索桥,必要时可通过猫道断面节段模型三分力测力风洞试验,获得试验参数后对猫道进行结构动力分析及抗风稳定性验算。可采取适当增加猫道间横向联结的措施增强其抗风稳定性。

18.5.2　猫道钢构件的制作要求可参照本规范第 19 章的相关规定执行,面层和承重索的材料均应符合相应产品的质量要求。承重索和抗风缆采用钢丝绳时,架设前应对钢丝绳进行预张拉处理消除其非弹性变形,预张拉的荷载应不小于其破断荷载的 0.5 倍,且应持荷 60min,并进行两次;预张拉时的测长和标记宜在温度较稳定的夜间进行。承重索端部的锚头应垂直于承重索,并应对锚头部位进行静载检验,符合受力要求后方可使用。

18.5.3　猫道的架设应按照横桥向对称、顺桥向边跨和中跨平衡的原则进行,且应将裸塔塔顶的变位及扭转控制在设计允许的范围内。猫道架设施工应符合下列规定：

1 先导索的架设方法宜根据桥跨跨径、地形等条件综合确定，且应减少对通航的影响。

2 承重索架设时，在横桥向，两侧应保持基本同步，数量差不宜超过1根；在顺桥向，边跨与中跨应连续架设，且中跨的承重索宜采用托架法架设。架设后，应对其线形进行调整，各根索在跨中的高程相对误差宜控制在±30mm以内。

3 面层及横向通道宜从索塔塔顶开始，同时向跨中和锚碇方向对称、平衡地进行架设安装，并应设置牵引及反拉系统，控制面层铺设时可能产生的下滑等现象，保证施工安全；中跨、边跨猫道面层的架设进度，应以索塔两侧的水平力差异不超过设计要求为准进行控制。猫道面层在架设过程中应对索塔塔顶的偏移和承重索的垂度进行监测。

18.5.4 在主缆架设完成、加劲梁安装之前，应将猫道改挂于主缆上，改挂前应拆除横向通道。改挂宜分段进行，并应分次逐步放松承重索的锚固系统，最终解除承重索与索塔和锚碇的连接。改挂后的悬挂点应设在猫道的底梁处，在桥纵向的间距不宜超过24m。

18.5.5 主缆的防护工程及检修道安装施工完成后，可进行猫道的拆除工作。拆除前应利用锚固调节系统适当收紧承重索，使其恢复悬链线受力状态。猫道拆除时宜分节段拆除其面层和底梁，拆除宜按中跨从塔顶向跨中方向、边跨从塔顶向锚碇方向的顺序进行。在拆除过程中，应采取适当措施保护主缆、吊索和桥面附属设施等已施工完成的结构。

18.6 主缆工程

18.6.1 主缆用热镀锌钢丝的技术条件应符合现行国家标准《桥梁缆索用热镀锌钢丝》(GB/T 17101)的规定。主缆热铸锚锚体灌注材料的材质应符合现行国家标准《锌锭》(GB/T 470)和《阴极铜》(GB/T 467)的规定。锚杯钢材的化学成分和机械性能应符合现行国家标准《一般工程用铸造碳钢件》(GB/T 11352)的规定。

18.6.2 主缆采用预制平行钢丝索股时，索股的制造应符合下列规定：

1 编股时应记录所使用钢丝的盘号，并应从检验记录中统计出钢丝的平均线径和弹性模量。

2 定位标志钢丝宜设在索股六角形截面的左上角；标准长度钢丝宜设在右上角，其测长精度应在1/15 000以上。索股应沿长度方向在主跨中央、主索鞍、边跨中央、散索鞍及索股两端等处设置标记点，标记点间距的精度应不低于1/15 000。

3 索股制作成形后在切断时，其长度应以标准长度钢丝为准，且在基准温度及零应力状态下的精度应不低于1/15 000；同一索股内的钢丝长度的相对允许误差应相当于抗拉强度1%的应力伸长值。在长度方向，应按1.5m的间距用纤维强力带将索股包扎定型,相邻索股的包扎带应交错设置。

4 索股锚头制造时,应严格控制锚杯内灌注的锌铜合金配合比及纯度。索股插入锚杯后,应保持索股中心与锚杯中心完全一致,并保证索股的任何部位不与锚杯接触。锚杯下口应采用石棉或耐火泥充分密封,锚头顶面应采用红色油漆对索股进行编号。

5 制造完成后,应对索股进行静载破断荷载、静载延伸率、弹性模量和疲劳等试验,并应进行成品质量检验,符合设计要求后方可用于工程中。

6 索股的包装工艺应与架设时的放索工艺相对应,当采用成盘工艺时索盘内径应不小于2.4m。包装应方便运输和安装,并应保证在收卷或放出索股时不会产生任何障碍损坏钢丝表面镀锌层。包装好的索股宜在仓库内平稳整齐架空堆垛存放,不宜露天存放,储存期不宜超过6个月。

18.6.3 预制平行钢丝索股的架设施工应符合下列规定:

1 索股的牵引系统宜结合工程特点、施工安全、工艺水平及环境条件等因素综合确定。索股滚筒的间距宜为8m左右,在索鞍或坡度变化较大的位置应适当加密。

2 索股的放索工艺应与索股的包装工艺相匹配,并应采取适当措施防止索股在索盘上突然释放。放索牵引过程中应有专人跟踪牵引锚头,且宜在沿线设观测点监测索股的运行状况,发现问题应及时采取措施加以纠正。

3 架设时对前3根索股宜低速牵引,对牵引系统进行试运转,在保证运转正常后方可进行正式的索股架设工作。索股在牵引架设时应在其后端施加反拉力;牵引过程中如绑扎带有连续两处绷断时,应停机进行修补。索股锚头牵引到位后,在卸下锚头前应将索股临时固定,防止滑移。索股在架设过程中如出现鼓丝现象,在入锚前应进行梳理,不得将其留在锚跨内。

4 索股整形入鞍时,应在该段索股处于无应力状态下采用整形器完成,整形时应保持钢丝平顺,不得交叉、扭转或损伤钢丝。索股横移时,应将索股从猫道滚筒上提起,确认全跨径的索股已脱离滚筒后,方可移至索鞍的正上方;横移时的拽拉量不宜过大,且操作人员不得处于索股下方。

5 索股锚头入锚后应进行临时锚固。在跨中位置应对索股设定200~300mm的抬高量,并做好编号标志。

18.6.4 采取空中纺线法架设主缆时,应符合下列规定:

1 钢丝接头的性能必须通过试验确定。在梨形蹄铁处或索鞍座附近不得存在工厂钢丝接头。

2 编缆前应先挂一根基准钢丝作为参照,并以此为准确定第一条编织索股的正确高程。

3 完成一条索股的纺线后应对丝股进行梳理,对不符合线形要求的钢丝必要时应进行接长或截短处理。

4 一条丝股抖开、梳理、裁切完成后,应采用手动液压千斤顶将其挤压成圆形,并采用纤维强力带每3m一道包扎定型。

5 空中纺线完成一条索股后，其后续工序可按照预制平行钢丝索股的要求进行施工。

18.6.5 索股的线形调整应符合下列规定：

1 垂度调整应在夜间温度稳定时进行。温度稳定的条件为：长度方向索股的温差 $\Delta t_1 \leqslant 2℃$；横截面索股的温差 $\Delta t_2 \leqslant 1℃$。

2 对基准索股的线形应采用绝对垂度进行调整，调整完成后，应连续数天对其线形进行观测，观测宜在风力小于5级的夜间且温度稳定时进行，并应记录对应的跨中高程、气温、索股温度及索鞍IP点的偏量，确认基准索股的线形稳定后方可进行其他索股的架设；其他索股的线形应以基准索股为准，进行相对垂度调整。调整好的索股在索鞍位置应临时压紧固定，不得在鞍槽内滑移。

3 对索股线形进行垂度调整时，其精度宜以索股高程的允许误差控制：索股中跨跨中为 $\pm L/20\,000$（L 为跨径），边跨跨中为中跨跨中的2倍；上下游基准索股高差为10mm，一般索股（相对于基准索股）为 -5mm，$+10$mm。

18.6.6 主缆索力的调整应以设计和施工控制提供的数据为依据，其调整量应根据调整装置中测力计的读数和锚头移动量双控确定。其精度要求为：实际拉力与设计值之间的允许误差应为设计锚固力的3%。

18.6.7 主缆的紧缆应分为预紧缆和正式紧缆两阶段进行，并应符合下列规定：

1 预紧缆应在温度稳定的夜间且应将主缆全长分为若干区段分别进行。预紧缆完成处应采用不锈钢带捆紧，并应保持主缆的形状，不锈钢带的间距可为5～6m，外缘索股上的绑扎带宜边紧缆边拆除。预紧缆的目标空隙率宜为26%～28%。

2 正式紧缆时，应采用紧缆机将主缆挤压整形成圆形，其作业可在白天进行。紧缆的顺序宜从跨中向两侧方向进行，紧缆挤压点的间距宜为1m；紧缆的空隙率应符合设计规定，其允许误差应为 -0，$+3\%$，圆度偏差宜不超过主缆设计直径的5%。紧缆点空隙率达到要求后，应在靠近紧缆机的压蹄两侧打上两道钢带，带扣宜设在主缆的侧下方，其间距宜为100mm。

18.6.8 主缆的缠丝工作宜在二期恒载完成后进行，并应符合下列规定：

1 缠丝的总体方向宜由高处向低处进行，两个索夹之间应自低到高进行。

2 缠丝始端应嵌入索夹内不少于2圈或符合设计要求，并宜施加固结焊。

3 钢丝的缠绕应密贴，缠绕张力应符合设计规定，设计未规定时宜为2kN。缠绕钢丝的接头宜采用碰接焊工艺。

4 节间缠丝每间隔1～1.5m宜进行一次并接焊，并接焊部位应在主缆上表面30°圆心角所对应的圆弧范围内。

18.6.9 主缆的防护涂装应符合设计规定,且宜在桥面铺装完成后进行。防护前应清除主缆表面的灰尘、油和水分等污物并临时覆盖,进行防护涂装等作业时方可将覆盖物分段揭开。

18.7 索夹与吊索

18.7.1 索夹的制造除应符合本章第18.4.1条的相关规定外,尚应符合下列规定:

1 同一只索夹构件(半只索夹)的修补点应不超过2个,同一修补点不得重复修补。

2 螺杆、螺母和垫圈的表面宜进行磷化或发蓝处理。高强螺栓应抽样进行楔负载拉力试验,螺母应抽样进行保证荷载和硬度试验,无损检测及硬度等试验结果应满足设计和相关标准的规定。

3 索夹各部件加工面的精度应符合表18.7.1的规定。

表18.7.1 索夹各部件加工面的精度要求

项　目	精度要求	项　目	精度要求
长度(mm)	±2	壁厚度(%)	0~5
内径(mm)	±2	圆度(mm)	2
螺孔位置度(mm)	±1.5	平直度(mm)	1
螺孔直径公差(mm)	±2	索夹孔内的表面粗糙度Ra(μm)	12.5~25
螺栓孔直线度	$L/500$	索夹质量的容许误差(%)	8

18.7.2 索夹的安装应符合下列规定:

1 安装前,应测定主缆的空缆线形,并在对设计规定的索夹位置进行确认后,方可于温度稳定时在空缆上放样定出各索夹的具体位置并编号。安装前尚应清除索夹内表面及索夹位置处主缆表面的油污及灰尘,涂上防锈漆。

2 索夹在场内运输和安装过程中应注意保护,防止损坏其表面。

3 索夹在主缆上精确定位后,应立即紧固螺栓,且在紧固同一索夹的螺栓时,应保证各螺栓受力均匀。索夹安装位置的纵向误差应不大于10mm。

4 索夹螺栓的紧固应按安装时、加劲梁吊装后、全部二期恒载完成后三个荷载阶段分步进行,对每次紧固的数据应进行记录并存档。

18.7.3 吊索的制作、检验和包装应符合现行行业标准《公路悬索桥吊索》(JT/T 449)的规定,在运输和安装过程中应保证其不受到任何损伤。

18.8 加劲梁

18.8.1 加劲梁安装前应编制专项施工技术方案,并应对桥位处的自然环境条件进行勘察,充分掌握当地的有关气象资料,制订各项保障方案和应急预案。对特大跨径或处于风环境恶劣地区的悬索桥,应就加劲梁安装的方法、程序和工艺进行专门研究。

18.8.2 加劲梁在安装施工过程中,应严格遵守高空作业及水上作业的安全规定;在台风季节进行加劲梁安装时应制订抗风预案。

18.8.3 钢加劲梁应由专业单位加工制造,制造完成后应在厂内进行试拼装和防腐涂装。制造、试拼装和涂装应符合本规范第19章的规定。

18.8.4 钢箱加劲梁的安装应符合下列规定:

1 安装钢箱加劲梁的非定型吊机应进行专门设计,在安装前必须进行试吊,检验其安全性和可靠性。

2 钢箱加劲梁的运输方式应满足安装的要求。采取水上运输时,应保证安装时船舶定位的精度,必要时宜进行现场驳船定位试验;陆上运输时,应使加劲梁能到达吊机起吊安装位置的正下方。

3 安装的顺序应符合设计规定。从吊装第二节段开始,应与相邻节段间预偏0.5~0.8m的工作间隙,吊至设计高程后再牵拉连接,并应避免吊装过程中与相邻节段发生碰撞。安装合龙段前,应根据实际的合龙长度,对合龙段长度进行修正。

4 安装过程中应监测索塔的变位情况,并应根据设计要求和实测塔顶位移量分阶段调整索鞍偏移量。

5 钢箱加劲梁工地接头的焊接连接和高强度螺栓连接施工应符合本规范第19章的相关规定。采用焊接连接时,应先将待连接钢箱加劲梁的节段与已安装节段临时刚性连接,接头焊缝的施焊宜从桥面中轴线向两侧对称进行;应待接头焊缝形成并具有足够的强度和刚度后,方可解除临时刚性连接。

18.8.5 钢桁架梁的安装应符合下列规定:

1 钢桁架梁的架设安装方法宜根据钢桁架的结构特点、施工安全、设备和现场环境条件等因素综合确定。

2 采取单构件方式安装时,宜根据钢桁架和吊索的受力情况及桥位的气候条件,选择全铰接法或逐次固结法。架设的顺序可从索塔处开始,向中跨跨中及边跨的端部方向进行。

3 采用全铰接法架设时,在桁架梁逐渐接近设计线形后,可对部分铰接点逐次固结;采用逐次固结法架设时,宜采用接长杆牵引吊索与桁架梁连接,且宜在不同架设阶段采用千斤顶调整吊索张力,直至最后拆除接长杆入锚。架设过程中应逐一对桁架梁及吊索的内力及变形进行分析,并应将桁架梁斜杆及吊索的最大应力控制在允许范围内。

4 应对桥面吊机、铰接设备、吊索牵引机具、片架运输台车、行走轨道铰点过渡梁和移动操作平台等设备作专项的设计、加工及试验。桥面吊机应满足拼装过程中顺桥向坡度变化的要求,底盘应设止滑保险装置。

5 在短吊索区,单片主桁不宜直接架设,宜采用临时吊索并对吊具进行改装后进行架设。合龙段宜采用单根杆件架设安装。

6 预拼节段安装,应符合本规范第19章及本章第18.8.4条的相关规定。

18.8.6 预应力混凝土加劲梁的安装可参照本规范第16.6节及本节的相关规定执行。

18.8.7 加劲梁安装质量应符合表18.8.7的规定。

表18.8.7 加劲梁安装质量标准

项目	规定值或允许偏差	项目	规定值或允许偏差
吊点偏位(mm)	20	吊索防护	符合设计规定
梁顶面高程在两吊索处的高差(mm)	20	梁段工地连接接头	符合设计规定
相邻节段匹配高差(mm)	2	加劲梁工地防护	符合设计规定

18.9 自锚式悬索桥

18.9.1 本节适用于采用"先梁后缆"方法施工的自锚式悬索桥。自锚式悬索桥各部位的施工除应符合本规范的相关规定外,尚应根据其结构特点和受力特性,制订针对特殊部位的施工方案、施工工艺和控制方法。

18.9.2 加劲梁为钢箱且采用大节段现场起吊安装时,应对起吊安装的施工工艺进行专项设计。

18.9.3 加劲梁为钢箱且采用顶推工艺安装时,应符合下列规定:

1 拼装平台的长度不宜小于3节钢箱的节段长度,两侧滑道应对应设置在钢箱纵隔板位置。顶推导梁应具有足够的强度和刚度,其长度宜为最大顶推跨径的0.75倍。

2 施工前应制订钢箱节段在拼装平台上进行接口拼装、焊接的工艺细则。接口处的中线和高程误差应不大于2mm;接口的焊接均应符合Ⅰ级焊缝的要求,并应进行无损检测。

18.9.4 加劲梁为预应力混凝土箱梁时,宜采取分段现浇的方式施工,其施工技术要求应符合本规范第16章的相关规定。

18.9.5 不论采用何种方法安装不同类型的加劲梁,对其支架的结构均应进行专项设计。支架的设计荷载除应符合本规范第5章的相关规定外,尚应考虑主缆架设、索夹和吊索安装施工时的临时荷载。支架顶部应预留高程调整的操作空间和位置,且应使支承点与加劲梁的加劲位置相对应。

18.9.6 加劲梁的线形控制应充分考虑支架的沉降和变形、体系转换及二期恒载等因素的影响，预拱度的设置应满足施工过程中的荷载变化及受力体系转换顺序的要求。支架的顶面高程应按“设计高程＋预拱度”设置，当加劲梁为钢箱时，宜略低于该高程；当加劲梁为预应力混凝土箱梁时，宜等于该高程。

18.9.7 加劲梁施工质量应符合表18.9.7的规定。

表18.9.7 加劲梁施工质量标准

项目		规定值或允许偏差
吊点平面偏位（mm）	纵桥向	±15
	横桥向	±10
吊点锚固面（吊耳中心点）高程（mm）	高程误差	±10
	左右高差	10
锚管或吊耳角度误差（°）		1
纵断面线形		符合设计要求

GS

18.9.8 主缆锚固系统的施工应符合下列规定：

1 钢锚导管应与锚垫板先组焊后再安装，组焊时导管的轴线应与钢垫板平面成正交，误差不得大于0.5°，且管的内壁应进行防腐处理。钢锚导管的安装位置应符合设计三维坐标的要求，其误差不得大于3mm。

2 对索股锚固体导管密集区的混凝土应进行专门的配合比设计，浇筑时应保证其密实性。钢锚导管的支架应稳固，应保证在绑扎钢筋和浇筑混凝土时不移位。

3 散索套宜根据其构造特点进行安装，宜先安装临时套，待主缆索股架设完成后，拆除临时套，再正式安装散索套和施拧高强螺栓。

4 主缆锚固系统施工质量应符合表18.9.8的规定。

表18.9.8 主缆锚固系统施工质量标准

项目		规定值或允许偏差
钢锚导管轴线与锚垫板垂直度误差（°）		90 ±0.5
钢锚导管轴线误差（mm）		3
散索套底板安装误差（mm）	中心里程	±5
	中线偏位	5
	高程	±3

18.9.9 主缆的架设安装方法宜根据结构特点和施工环境条件等因素综合确定。在安装过程中为铅垂线形的空间线形主缆，其安装要求应与铅垂线形主缆相同；在安装过程中及成桥状态均为空间线形的主缆，其猫道的宽度应满足索股牵引及入锚的要求，索股应先入鞍后入锚。

18.9.10 索夹的制作与安装除应符合本章第18.7.1条和第18.7.2条的规定外,尚应符合下列规定:

1 索夹应经过厂内工艺试验确定其与主缆间的摩阻力、握裹力满足设计要求。索夹的紧固力宜通过滑移试验确定。

2 索夹的安装顺序在中跨宜从跨中向塔顶进行,边跨宜从锚固点附近向塔顶进行。对空间线形主缆,索夹在安装时应注意偏角的变化。

18.9.11 吊索的张拉及体系转换应符合下列规定:

1 吊索张拉前应确定张拉施工方案,明确张拉的顺序、步骤和方法;制订鞍座顶推步骤,确定分次顶推的时机和顶推量;同时应配备接长杆、千斤顶、作业台架等施工机具。

2 吊索宜分2~3次进行张拉,逐步到位。张拉顺序宜从索塔向跨中进行,张拉时应同步、分级、均匀施力,且应以拉力和拉伸长度进行双控,并以拉力为主;同时在张拉过程中应根据吊索张拉实施步骤,适时顶推鞍座,并应对索塔的倾斜度、主缆和加劲梁的线形进行严密的监测和控制。

3 张拉吊索使加劲梁脱离临时支墩后,主梁、主缆的线形应符合设计要求。体系转换后吊索的拉力误差应控制在±2%以内。

4 体系转换后索夹和吊索施工质量应符合表18.9.11的规定。

表18.9.11 体系转换后索夹、吊索施工质量标准

项目		规定值或允许偏差
索夹	中心里程(mm)	±20
	主缆截面圆心角度误差(°)	±1
吊索张力(kN)	与设计张力误差	±10%设计值
	顺桥向相邻吊索张力差	5%设计值
	左右吊索张力差	3%设计值

18.9.12 桥面铺装等二期恒载施工时,应对其施工顺序进行重点控制,控制时应遵循均衡加载保证吊索受力平衡的原则;对预应力混凝土箱梁,尚应控制其结构变形,防止开裂。

19 钢桥

19.1 一般规定

19.1.1 本章适用于工厂化制造并在施工现场以高强度螺栓连接或焊接连接的钢桥施工，不适用于以铆接连接的钢桥施工。

19.1.2 钢桥应委托有相应资质的制造厂加工制造。钢桥在制造前，制造厂应对设计图进行工艺性审查，且应绘制加工图，编制制造工艺；当需要修改设计时，应取得原设计单位的同意，并应签署设计变更文件。

19.1.3 钢桥的制造应按确定的加工图和制造工艺进行。制造及验收应使用经检定合格的计量器具，并应按有关规定进行操作。

19.1.4 钢桥制造的所有焊工和无损检测人员均应持证上岗，且仅能从事资格证书中认定范围内的工作。

19.1.5 钢桥的制造、验收和工地安装除应符合本规范的规定外，尚应符合现行国家标准和行业标准的相关规定。

19.2 材料

19.2.1 制造钢桥所用材料的品种、规格、性能等应符合设计文件的要求和现行国家产品标准的规定。材料除应有生产厂家的质量证明书外，制造厂还应按相关标准进行抽样复验，复验合格后方可使用。

19.2.2 钢材应按同一厂家、同一材质、同一板厚、同一出厂状态，每10个炉(批)号抽检1组试件。若订货为探伤钢板，尚应抽取每种板厚的10%(至少1块)进行超声波探伤。进口钢材产品的质量应符合设计和合同规定标准的要求，除应进行进口商检及按规定标准检验其化学成分和力学性能外，尚应将其与匹配的焊接材料做焊接试验。检验不合格的钢材不得使用。

19.2.3 当钢材表面有锈蚀、麻点或划痕等缺陷时,其深度不得大于该钢材厚度允许偏差值的1/2。钢材表面的锈蚀等级应符合现行国家标准《涂装前钢材表面锈蚀等级和除锈等级》(GB 8923)规定的C级及C级以上。钢材端边或断口处不应有分层、夹渣等缺陷。

19.2.4 焊接与涂装材料的质量及检验应符合现行国家和行业相关标准的规定。高强度螺栓连接副材料的质量及检验应符合现行国家标准《钢结构用高强度大六角头螺栓》(GB/T 1228)、《钢结构用高强度大六角螺母》(GB/T 1229)、《钢结构用高强度垫圈》(GB/T 1230)、《钢结构用高强度大六角头螺栓、大六角螺母、垫圈技术条件》(GB/T 1231)及《钢结构用扭剪型高强度螺栓连接副》(GB/T 3632)的规定。圆柱头焊钉、焊接瓷环材料的质量及检验应符合现行国家标准《电弧螺柱焊用圆柱头焊钉》(GB/T 10433)的规定。

19.2.5 钢桥材料的管理应符合下列规定:

1 焊接材料的管理应按现行行业标准《焊接材料质量管理规程》(JB/T 3223)的规定执行。

2 涂装材料应存放在专用仓库内,涂装时不得使用超出保质期的涂料。

3 高强度螺栓连接副进场后应按包装箱上注明的批号、规格分类保管,不得混淆;在室内应架空存放,不得直接置于地面上,并应采取措施防止受潮生锈。高强度螺栓连接副在安装使用前不得任意开箱。

19.3 零件制造

19.3.1 作样和号料应符合下列规定:

1 作样和号料应根据加工图和工艺文件进行,应预留制作和安装时的焊接收缩余量及切割、刨边和铣平等加工余量。

2 对形状复杂、在图中不易确定尺寸的零件,应通过放样校对或利用计算机作图校对后确定。

3 样板(样条)制作允许偏差应符合表19.3.1的规定。

表19.3.1 样板(样条)制作允许偏差

项　目	允许偏差(mm)	项　目	允许偏差(mm)
两相邻孔中心线距离	±0.5	宽度、长度	+0.5,-1.0
对角线、两极边孔中心距离	±1.0	曲线样板上任意点偏离	1.0
孔中心与孔群中心线的横向距离	0.5		

4 号料应严格按配料单指定的钢料材质、规格进行;当钢料不平直或有锈蚀、油漆等污物时,应矫正清理后再号料。号料外形尺寸的允许偏差应为±1mm。

19.3.2 切割与剪切应符合下列规定：

1 钢板在下料前应进行辊平、抛丸除锈、除尘及涂防锈底漆等处理。主要受力零件下料时，应使钢板的轧制方向与其主要应力方向一致。

2 切割前应将料面的浮锈、污物清除干净。钢料应放平、垫稳，割缝下面应留有空隙。切割工艺应根据其评定试验结果编制，切割表面不应产生裂纹。

3 零件宜采用精密（数控、自动、半自动）切割下料。在数控切割下料编程时除应考虑焊接收缩量之外，尚应考虑切割热变形的影响；剪切仅适用于次要零件或剪切后仍需加工的零件；手工气割仅适用于工艺特定的或切割后仍需加工的零件。

4 采用剪切工艺时，钢板厚度不宜大于12mm，剪切边缘应平整，无毛刺、反口、缺肉等缺陷。剪切的尺寸允许偏差应为±2mm，边缘缺棱应不大于1mm，型钢端部垂直度应不大于2mm。采用手工气割时，其尺寸的允许偏差应为±2mm。

5 精密切割边缘表面质量应符合表19.3.2-1的规定，切割面硬度应不超过HV350；剪切和手工气割后不再进行机加工的切割边缘表面质量应符合表19.3.2-2的规定。

表19.3.2-1 精密切割边缘表面质量标准

项目	用于主要零件	用于次要零件	备注
表面粗糙度（μm）	25	50	按GB/T 1031用样板检测
崩坑	不允许	1m长度内允许有1处1mm	深度小于2mm时，可磨修匀顺；当深度超过2mm时，应先补焊，然后磨修匀顺
塌角（mm）	圆角半径≤0.5		
切割面垂直度（mm）	≤0.05t，且不大于2.0		t为钢板厚度

表19.3.2-2 剪切和手工气割边缘表面质量标准

项目	构件分类	允许偏差（mm）	备注
自由边缘	主要构件	0.2	
	次要构件	0.5	
焊接边缘	主要构件	0.3	接头有顶紧要求时除外
	次要构件	0.6	

19.3.3 矫正和弯曲应符合下列规定：

1 零件矫正前，剪切的反口应修平，切割的挂渣应铲净。

2 零件矫正宜采用冷矫，冷矫时的环境温度不宜低于-12℃。矫正后的零件表面不应有明显的凹痕或损伤。

3 主要受力零件冷作弯曲时，环境温度不宜低于-5℃，内侧弯曲半径不得小于板厚的15倍，小于者应热煨，热煨的加温温度、高温停留时间、冷却速率应与所加工钢材的性能相适应。冷作弯曲后的零件边缘不得产生裂纹。

4 采用热矫时，温度应控制在600~800℃。矫正后零件温度应缓慢冷却，降至室温以前，不得锤击钢料或用水急冷。

5 零件矫正允许偏差应符合表19.3.3-1的规定。U形肋可采用辊轧或弯曲成型，其尺寸允许偏差应符合表19.3.3-2的规定。

表19.3.3-1 零件矫正允许偏差

零件	检查项目	简图(mm)	允许偏差(mm)	备注
板件	平面度	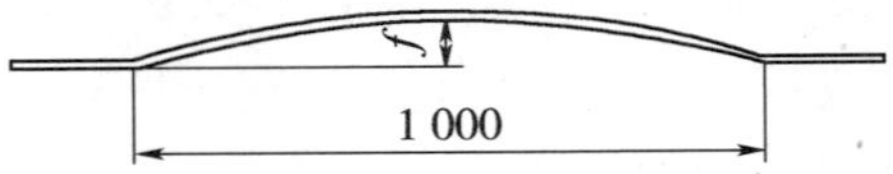 1 000	$f \leq 1.0$	每米范围
	直线度	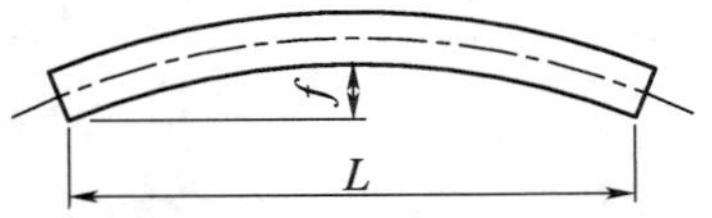 L	$L \leq 8\,000$, $f \leq 2.0$	全长范围
			$L > 8\,000$, $f \leq 3.0$	全长范围
型钢件	直线度	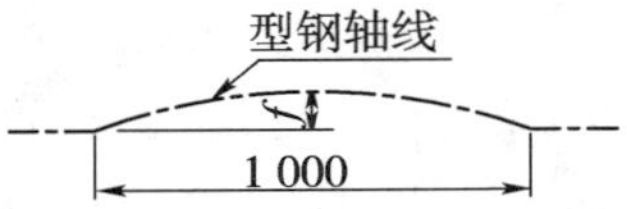 型钢轴线 1 000	$f \leq 0.5$	每米范围
	角钢肢垂直度	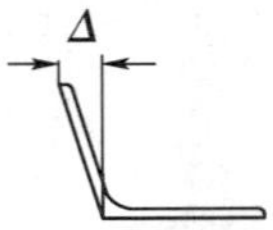 Δ	$\Delta \leq 0.5$*	联结部位
			$\Delta \leq 1.0$	其余部位
	角肢平面度	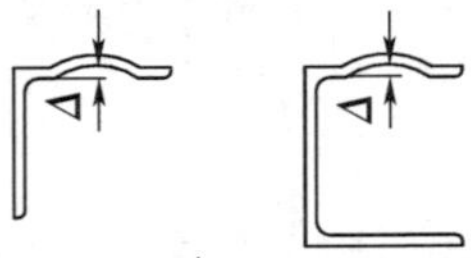 Δ	$\Delta \leq 0.5$	联结部位
			$\Delta \leq 1.0$	其余部位
	工字钢、槽钢腹板平面度	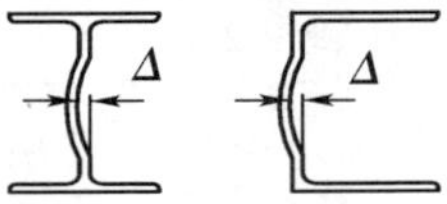 Δ	$\Delta \leq 0.5$	联结部位
			$\Delta \leq 1.0$	其余部位
	工字钢、槽钢翼缘垂直度	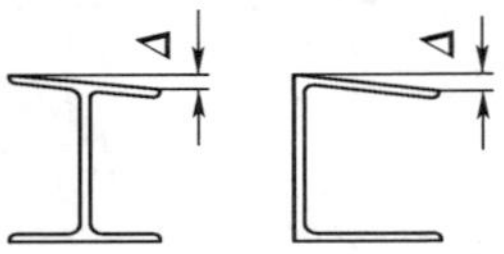 Δ	$\Delta \leq 0.5$	联结部位
			$\Delta \leq 1.0$	其余部位

注*：用角式样板卡样时，角度不得大于90°。

表19.3.3-2 U形肋尺寸允许偏差

检查项目	简图	允许偏差(mm)
开口宽B	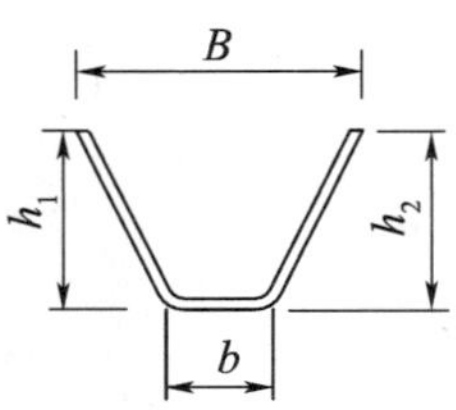 B, b, h_1, h_2	+3，-1
顶宽b		±1.5
肢高h_1、h_2		±2
两肢差$\lvert h_1 - h_2 \rvert$		不大于2
直线度(旁弯、竖弯)f		$f \leq L/1\,000$或10，取较小值

注：L为U形肋长度。

19.3.4 零件机加工应符合下列规定：

1 零件边缘的加工深度不应小于3mm，当边缘硬度不超过HV350时，加工深度不受此限;加工面的表面粗糙度 Ra 不得低于 25μm;顶紧加工面与板面垂直度偏差应小于 0.01倍板厚,且不得大于 0.3mm。

2 零件应根据预留加工量及平直度要求,两边均匀加工,并应磨去边缘的飞刺、挂渣,使端面光滑匀顺。

3 零件尺寸允许偏差应符合表 19.3.4-1 ~ 表 19.3.4-3 的规定。

表 19.3.4-1 板梁、桁梁零件加工尺寸允许偏差

<table>
<tr><th colspan="2">名　称</th><th colspan="2">项　目</th><th>允许偏差(mm)</th></tr>
<tr><td colspan="2" rowspan="3">板梁主梁,桁梁的弦、斜、竖杆,纵梁,横梁,联结系杆件</td><td rowspan="2">盖板宽度</td><td>工形</td><td>±2.0</td></tr>
<tr><td>箱形</td><td>+2.0
-0</td></tr>
<tr><td colspan="2">腹板宽度</td><td>根据盖板厚度及
焊接收缩量确定</td></tr>
<tr><td colspan="2">节点板,拼接板</td><td colspan="2">孔边距</td><td>±2.0</td></tr>
<tr><td colspan="2" rowspan="2">座板</td><td rowspan="2">长度、宽度</td><td>嵌入式</td><td>±1.0</td></tr>
<tr><td>其他</td><td>±2.0</td></tr>
<tr><td colspan="2">拼接板</td><td colspan="2">宽度</td><td>±2.0</td></tr>
<tr><td colspan="2">支承节点板、拼接板、角钢</td><td colspan="2">支承边孔边距</td><td>+0.5
+0.3</td></tr>
<tr><td colspan="2">焊接接头板</td><td colspan="2">孔至焊接边距离</td><td>根据焊接收缩量确定</td></tr>
<tr><td colspan="2" rowspan="5">箱形杆件内隔板</td><td rowspan="2">宽度</td><td>≤1 000</td><td>+0.5
+0.3</td></tr>
<tr><td>>1 000</td><td>+1.0
-0</td></tr>
<tr><td colspan="2">高度</td><td>+0
-1.0</td></tr>
<tr><td rowspan="2">板边垂直度</td><td>隔板尺寸≤1 000</td><td>不大于0.5</td></tr>
<tr><td>隔板尺寸>1 000</td><td>不大于1.0</td></tr>
<tr><td rowspan="6">桥面板块</td><td>桥面板</td><td colspan="2">长度、宽度</td><td>±2.0</td></tr>
<tr><td rowspan="5">横梁腹板
(图示:a、b、h_1、h、l)</td><td colspan="2">a</td><td>±2.0(任意两槽口间距)
±1.0(相邻两槽口间距)</td></tr>
<tr><td colspan="2">b</td><td>+2.0
-0</td></tr>
<tr><td colspan="2">开口深度 h_1</td><td>±2.0</td></tr>
<tr><td colspan="2">高度 h</td><td>+1.5
-0</td></tr>
<tr><td colspan="2">长度 l</td><td>焊接:+0
-2.0;
栓接:±5.0</td></tr>
</table>

表 19.3.4-2　一般箱形梁零件加工尺寸允许偏差

名　称		允许偏差(mm)	图　例
盖板	长度	按工艺文件	
	宽度	+2.0 -0	
腹板	长度	按工艺文件	
	宽度	根据盖板厚度 及焊接收缩量确定	
隔板	宽度 b	+1.5 -0	
	高度 h	+2.0 -0	
	缺口定位尺寸 b_1、h_1、h_2	±1.0	
	垂直度	≤1.0	

表 19.3.4-3　大型箱形梁零件加工尺寸允许偏差

名　称		允许偏差(mm) 长度	允许偏差(mm) 宽度	备　注
顶板、底板、腹板		±2.0	±2.0	长度留二次切头量的正差可放宽
锚箱板件		±2.0	±2.0	
横隔板	整体	±1.0	±1.0	
	分块	±2.0	±2.0	搭接的横隔板边块
纵隔板	板件	±2.0	±1.0	
	钢管	±3.0	—	
横、纵隔板接板		±2.0	±2.0	与横、纵隔板搭接
		±2.0	±1.0	与横、纵隔板对接
风嘴板件		±2.0	±2.0	长度留二次切头量时,正差可放宽
中央扣杆件	翼板	±2.0	±2.0	长度留二次切头量时,正差可放宽;腹板宽度应根据翼板厚度配刨
	腹板	±2.0	±1.0	
其他板件		±2.0	±2.0	
U 形肋		±2.0	±3.0	
球扁钢		±2.0	—	
锚管		±3.0	—	
检查车轨道	工字钢	±2.0	—	
	方　钢	±1.0	±1.0	
其他型钢		±3.0	—	端面垂直度不大于 2.0mm

19.3.5 制孔应符合下列规定：

1 螺栓孔应钻制成正圆柱形，孔壁表面粗糙度 Ra 不应大于 25μm，孔缘应无损伤和不平，且无刺屑。螺栓孔不得采用冲孔、气割孔。

2 螺栓孔的孔径允许偏差应符合表 19.3.5-1 的规定；孔距允许偏差应符合表 19.3.5-2的规定，有特殊要求的孔距偏差应符合设计文件的规定。

表 19.3.5-1 螺栓孔孔径加工允许偏差

螺栓直径	螺栓孔径(mm)	允许偏差(mm)	
		孔径	孔壁垂直度
M12	14	+0.5 -0	板厚 $t \leqslant 30$mm 时，不大于 0.3； 板厚 $t > 30$mm 时，不大于 0.5
M16	18	+0.5 -0	
M20	22	+0.7 -0	
M22	24	+0.7 -0	
M24	26	+0.7 -0	
M27	29	+0.7 -0	
M30	33	+0.7 -0	
>M30	>33	+1.0 -0	

表 19.3.5-2 螺栓孔距允许偏差

项目		允许偏差(mm)		
		主要杆件		次要杆件
		桁梁杆件	板梁杆件	
两相邻孔距		±0.4	±0.4	±0.4(±1.0)[②]
多组孔群两相邻孔群中心距		±0.8	±1.5	±1.0(±1.5)[②]
两端孔群中心距	$l \leqslant 11$m	±0.8	±4.0[①]	±1.5
	$l > 11$m	±1.0	±8.0[①]	±2.0
孔群中心线与杆件中心线的横向偏移	腹板不拼接	2.0	2.0	2.0
	腹板拼接	1.0	1.0	—
杆件任意两面孔群纵、横向错位		1.0	—	—

注：①连接支座的孔群中心距允许偏差。

②括号内数值为附属结构的允许偏差。

19.4 组装

19.4.1 组装前,应熟悉图纸和工艺文件,并应按图纸核对零件编号、外形尺寸和坡口方向,确认无误后方可组装。

19.4.2 对采用埋弧焊、CO_2 气体保护焊及低氢型焊条手工焊等方法焊接的接头,在组装前应将待焊区域的铁锈、氧化皮、污垢、水分等有害物清除干净,使其表面露出金属光泽。清除范围应符合图19.4.2的规定。

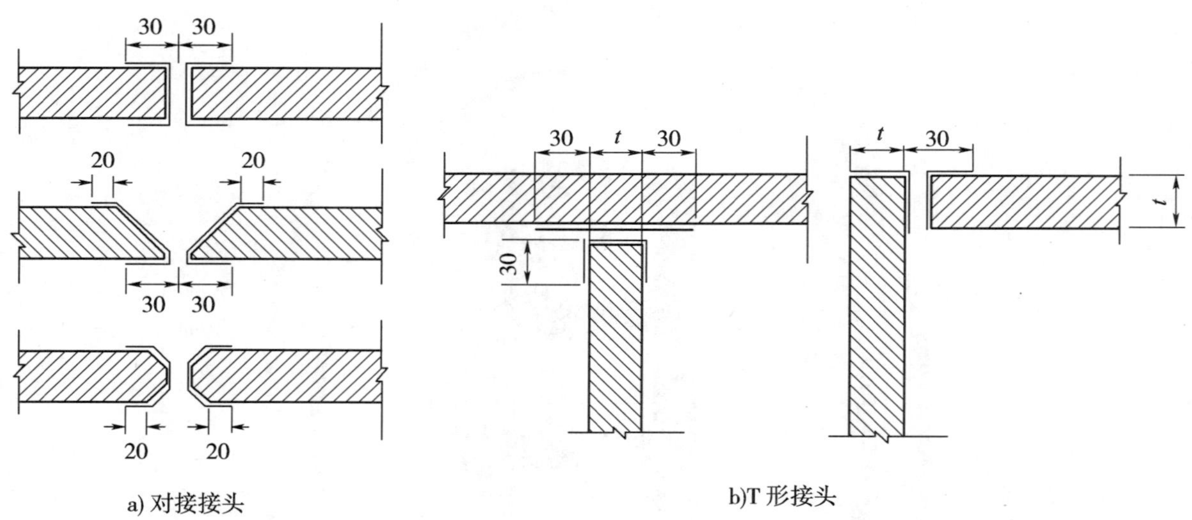

图 19.4.2 清除范围(尺寸单位:mm)

19.4.3 所有板单元和杆件应在胎架上进行组装,每次组装前均应对胎架进行检查,确认合格后方可组装。组装时应将相邻焊缝错开,错开的最小距离应符合图19.4.3的规定。

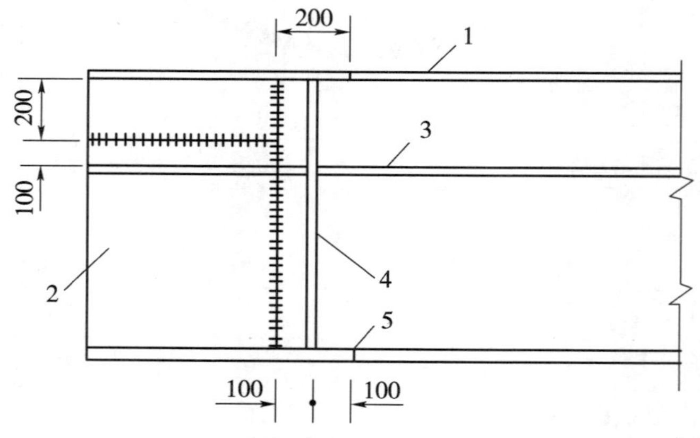

图 19.4.3 焊缝错开的最小距离(尺寸单位:mm)

1-盖板;2-腹板;3-板梁水平肋或箱形梁纵肋;4-板梁竖肋或箱形梁横肋;5-盖板对接焊缝

19.4.4 采用先孔法的杆件，组装时必须以孔定位；采用胎型组装时，每一孔群应打入的定位冲钉不得少于2个，冲钉直径不应小于设计孔径0.1mm。

19.4.5 板单元、杆件和箱形梁的组装尺寸允许偏差应分别符合表19.4.5-1、表19.4.5-2和表19.4.5-3的规定。

表19.4.5-1 板梁、桁梁杆件组装尺寸允许偏差

项目		简图	允许偏差(mm)
对接高低差Δ	$t \geq 25$mm	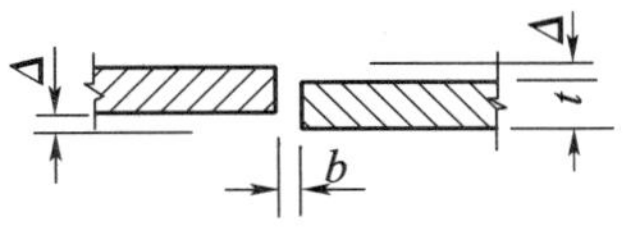	1.0
	$t < 25$mm		0.5
对接间隙 b			1.0
桁梁的箱形杆件宽度 b		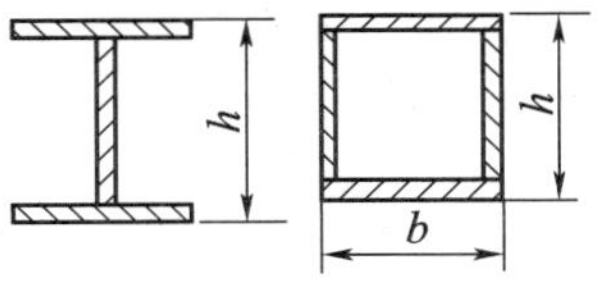	±1.0(有拼接时)
桁梁的箱形杆件对角线差			2.0
桁梁的H形杆件和箱形杆件高度 h			+1.5，-0
盖板中心与腹板中心线的偏移Δ		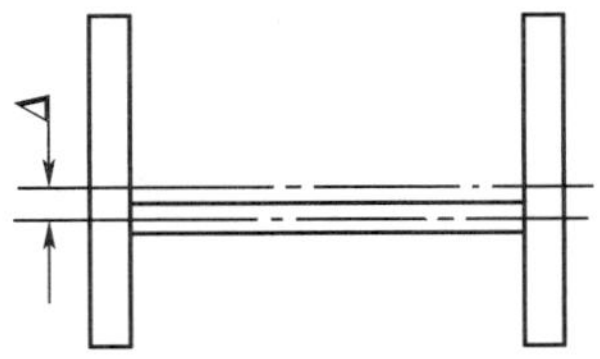	1.0
组装间隙Δ		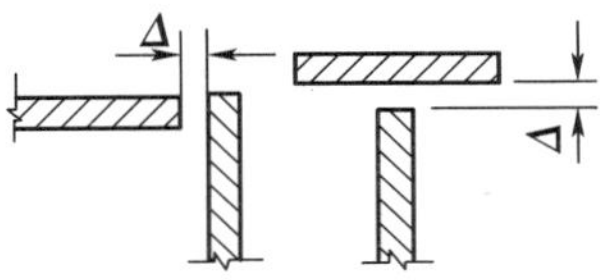	1.0
纵横梁高度 h		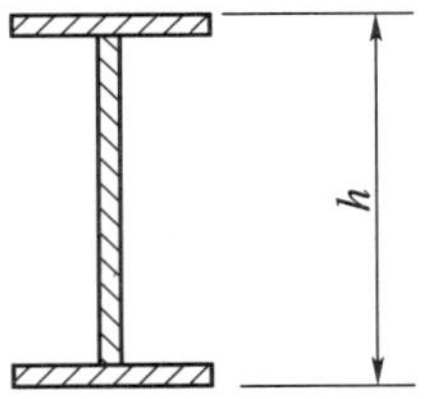	+1.5，-0
板梁高度 h	$h \leq 2$m		+2.0，-0
	$h > 2$m		+4.0，-0
盖板倾斜Δ		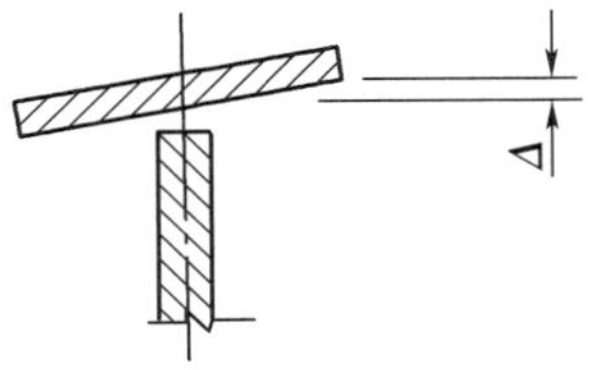	0.5
组合角钢肢高低差Δ	接合处	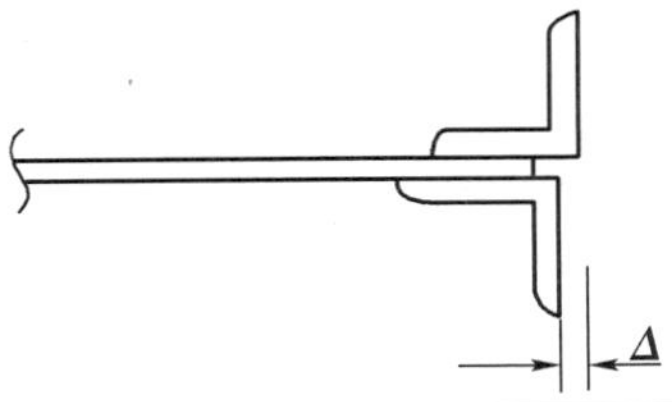	0.5
	其余处		1.0

续上表

项目		简图	允许偏差(mm)
板梁,纵、横梁加劲肋间距 s	有横向联结		±1.0
	无横向联结		±3.0
板梁腹板,纵、横梁腹板的局部平面度 Δ			1.0
局部缝隙		磨光顶紧	不大于0.2

表19.4.5-2　一般箱形梁组装尺寸允许偏差

项目		简图	允许偏差(mm)
箱形梁盖板、腹板的纵肋、横肋间距 s			±1.0
箱形梁隔板间距 s			±3.0
箱形梁宽度 b			±2.0
箱形梁高度 h	$h \leq 2$m		+2.0,-0
	$h > 2$m		+4.0,-0
箱形梁横断面对角线差 $\lvert l_1 - l_2 \rvert$			3.0
箱形梁旁弯 f			5.0

表19.4.5-3　大型钢箱梁板单元和杆件组装尺寸允许偏差

名称	项目		简图	允许偏差
顶板底板	长度、宽度(mm)			±2.0
	平面度(mm)	横向(S_1为纵肋间距)		$S_1/300$
		纵向(S_2为横隔板间距)		$S_2/500$
	U形肋与顶、底板组装间隙 a(mm)			不大于0.5,局部允许1.0
	横隔板接板间距 S(mm)			±2
	U形肋中心距 S(mm)	端部及横隔板处		±1.0
		其他部位		±2.0

续上表

名称	项目		简图	允许偏差
腹板	长度 L、宽度 B(mm)		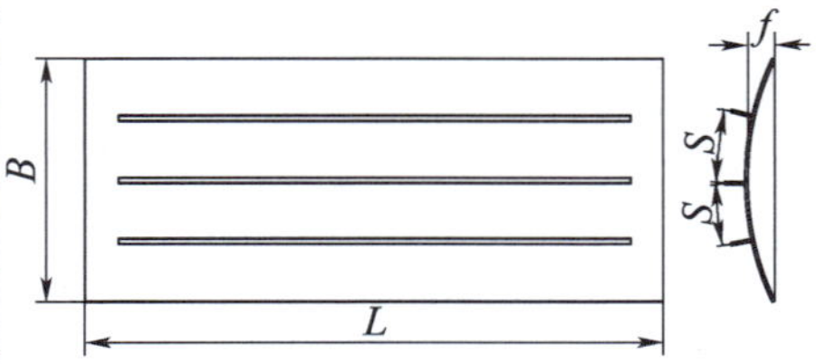	±2.0
	平面度 f(mm)	横向		不大于 2
		纵向		小于 4/4.0m
	加劲肋与腹板组装间隙 a(mm)			不大于 1.0
	加劲肋中心距 S(mm)	端部及横隔板处		±1.0
		其他部位		±2.0
斜拉桥锚箱	锚板组装位置 L_1、L_2(mm)		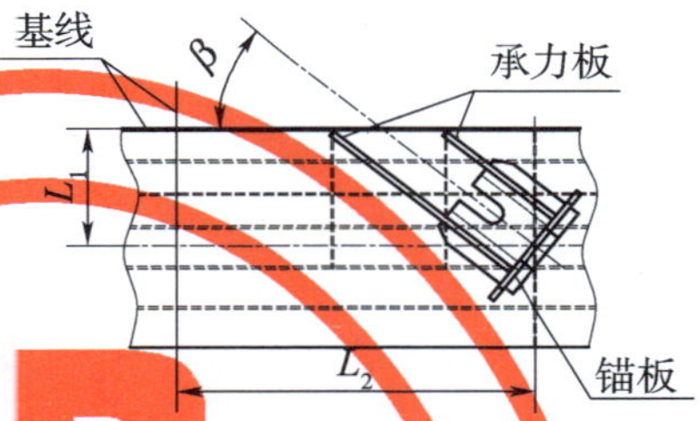	±0.75
	承力板组装角度 β(°)			±0.10
	锚板组装角度(90° − β)(°)			±0.10
	承力板与锚板组装间隙(mm)			小于 0.2
中央扣	斜、竖杆高度 H(mm)		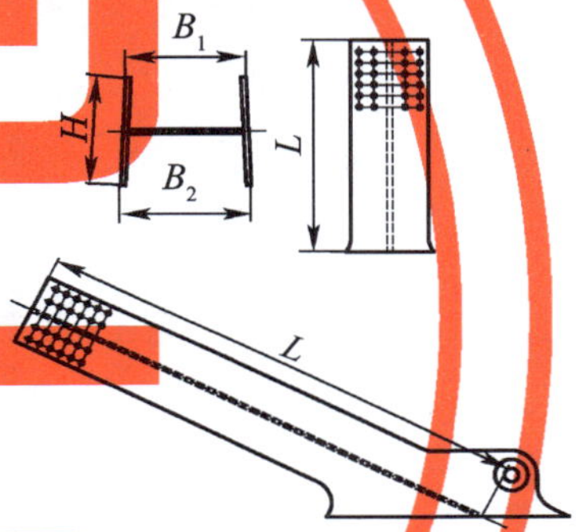	±2
	斜、竖杆宽度 B_1、B_2(mm)			±2
	斜、竖杆长度 L(mm)			±2
横隔板	横隔板及其接板长度 L、宽度 H(mm)		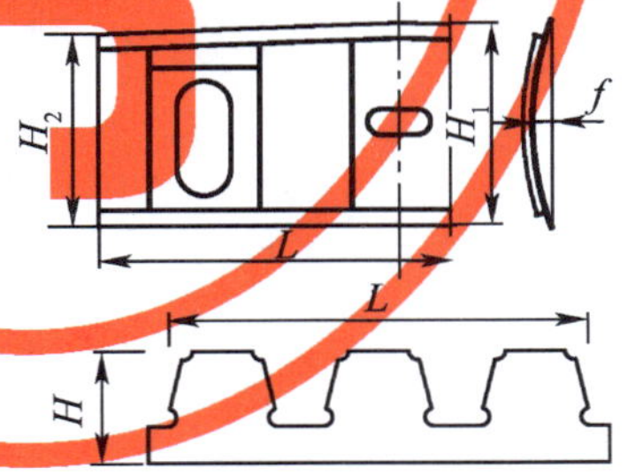	±2
	横隔板及其接板平面度 f(mm)			小于 H/250,5;取较小者
	横隔板接板垂直度(mm)			±2
纵隔板	纵隔板及其接板长度、宽度(mm)		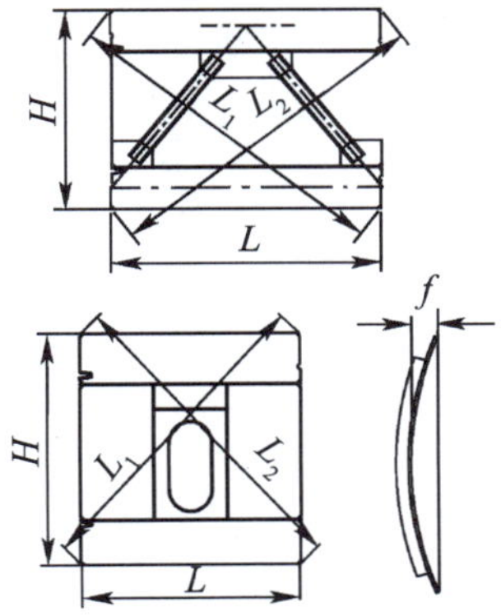	±2
	纵隔板对角线差 $\|L_1-L_2\|$(mm)			±4
	纵隔板接板平面度 f(mm)			±2
	纵隔板接板垂直度(mm)			±2

续上表

名称	项目		简图	允许偏差
风嘴	长度 L、宽度 B(mm)		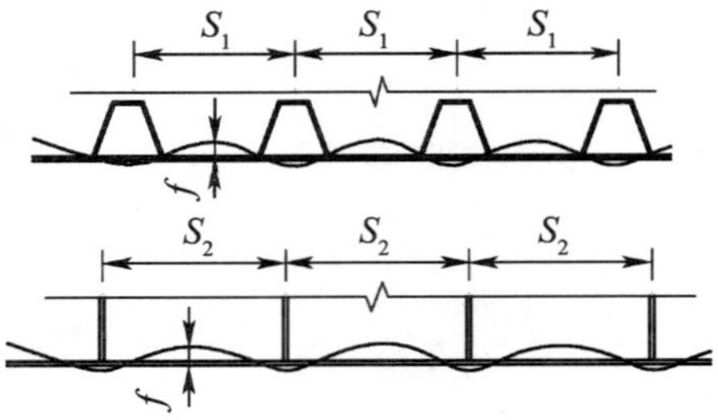	±2
	顶板、导风板平面度 f(mm)	横向		$S_1/250$
		纵向		$S_2/500$
	纵肋垂直度 α(°)		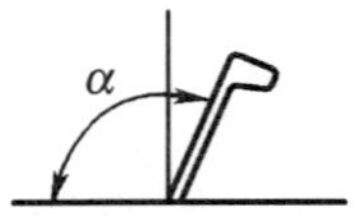	±1

19.4.6 大型钢箱梁的梁段应在胎架上组装,胎架应具有足够的刚度和几何尺寸精度,且在横向应预设上拱度,组装前应按工艺文件要求检测胎架的几何尺寸。梁段宜采用连续匹配组装的工艺,每次组装的梁段数量不应少于3段。在组装过程中应避开日照的影响,采用全站仪监控测量主要定位尺寸。梁段组装尺寸允许偏差应符合表19.4.6的规定。

表19.4.6 大型钢箱梁梁段组装尺寸允许偏差

项目		简图	允许偏差(mm)	备注
板单元拼接对接板错边 Δ		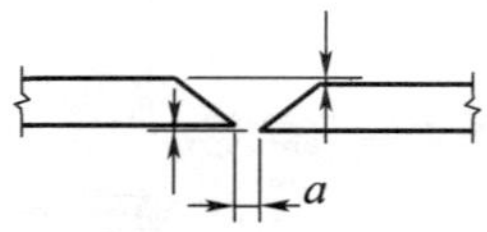	≤0.5	板厚 t≤25mm
			≤1.0	板厚 t>25mm
对接板间隙 a			±2	
平底板与斜底板对接错边量 Δ		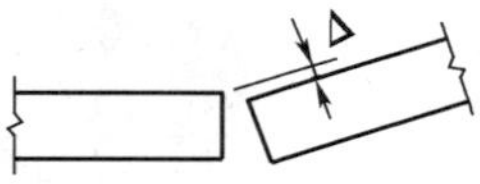	≤1.0	
梁段高度 H		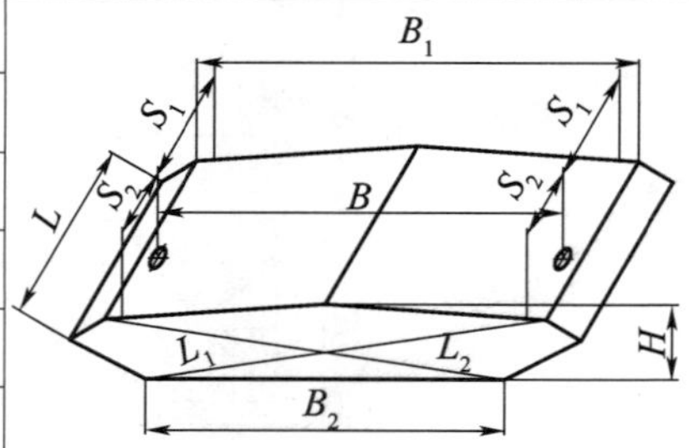	±2	拼接处
两吊点横向中心距 B			±4	返线到腹板上
两吊点纵向中心距 S			±3	返线到腹板上
两侧吊点纵向错位 Δ			±2	返线到腹板上
横隔板间距			±3	
纵隔板间距			±2	拼接处
腹板中心距		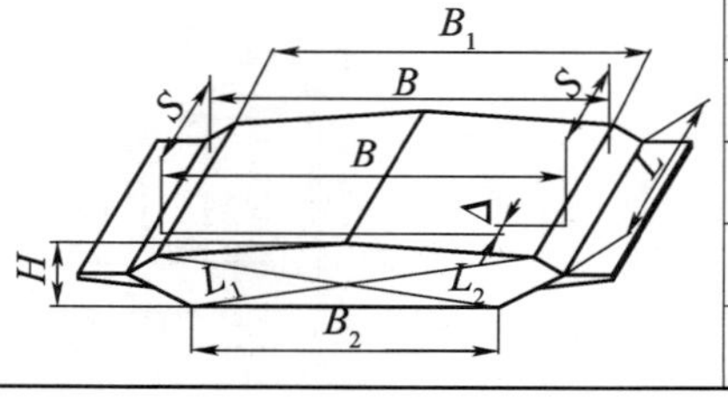	±2	拼接处
顶(底)板宽 B_1(B_2)	2车道		±5	拼接处相对差≤2mm
	4车道		±6	
	6车道		±8	
对角线差 $\lvert L_1-L_2\rvert$			不大于4	拼接处横断面

续上表

项　目	简　图	允许偏差(mm)	备　注
旁弯 f	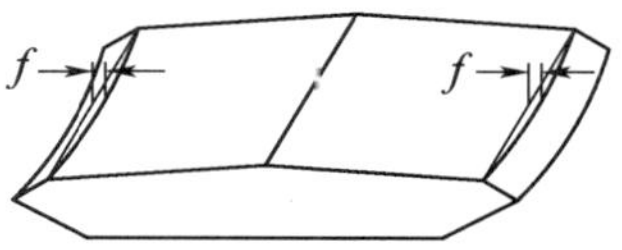 f f	不大于 5	腹板边与理论线的偏差
顶、底板板块定位偏差 Δ	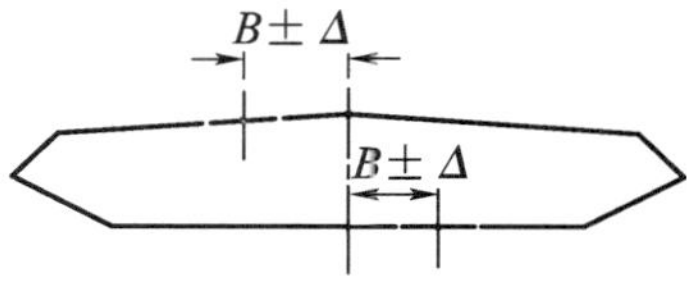 $B\pm\Delta$ $B\pm\Delta$	不大于 1	板块定位线与理论值的偏差
吊点高度差 Δ	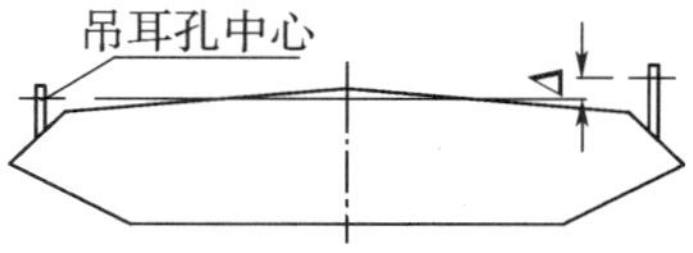 吊耳孔中心 Δ	不大于 5	左、右吊点高低差

19.5 焊接

19.5.1 一般要求

1 在工厂或工地首次焊接工作之前,或材料、工艺在施工过程中有变化时,必须分别进行焊接工艺评定试验。焊接工艺评定应符合本规范附录 F1 的规定。

2 焊接工艺应根据焊接工艺评定报告编制,施焊时应严格遵守焊接工艺,不得随意改变焊接参数。焊接材料应根据焊接工艺评定确定,焊剂、焊条应按产品说明书烘干使用,对储存期较长的焊接材料,使用前应重新按标准检验。CO_2 气体保护焊的气体纯度应大于 99.5%。

3 焊接工作宜在室内或防风、防晒设施内进行,焊接环境的相对湿度应小于 80%;焊接环境的温度,对低合金高强度结构钢不应低于 5℃,普通碳素结构钢不应低于 0℃。主要杆件应在组装后 24h 内焊接。

4 施焊前应按本章第 19.4.2 条的规定,清除焊接区的有害物。施焊时母材的非焊接部位严禁焊接引弧,焊接后应及时清除熔渣及飞溅物。多层焊接时宜连续施焊,且应控制层间温度,每一层焊缝焊完后应及时清理检查,应在清除药皮、熔渣、溢流和其他缺陷后,再焊下一层。

19.5.2 定位焊应符合下列规定:

1 所采用焊接材料的型号应与焊件材质相匹配。施焊前应按施工图及工艺文件检查坡口尺寸、根部间隙等,如不符合要求应处理改正。

2 定位焊焊缝应距设计焊缝端部 30mm 以上,焊缝长应为 50~100mm,间距应为 400~600mm,焊缝的焊脚尺寸不得大于设计焊脚尺寸的 1/2。焊缝不得有裂纹、气孔、夹渣、焊瘤等缺陷,否则应处理改正;如有焊缝开裂应查明原因,清除后重焊。

19.5.3 埋弧自动焊应在距设计焊缝端部80mm以外的引板上起、熄弧。焊接中不应断弧,如有断弧应将停弧处刨成1:5斜坡,并搭接50mm再引弧施焊,焊后搭接处应修磨圆顺。

19.5.4 圆柱头焊钉的焊接应符合下列规定:

1 圆柱头焊钉焊接的工艺参数应通过焊接工艺评定确定,并应采用确定的工艺参数在试板上焊接20个圆柱头焊钉,其中10个做拉伸试验,10个做弯曲试验,全部试验结果应符合现行国家标准《电弧螺柱焊用圆柱头焊钉》(GB/T 10433)的规定。

2 焊接前应清除圆柱头焊钉头部及钢板待焊部位(大于2倍圆柱头焊钉直径)的铁锈、氧化皮、油污、水分等有害物,使钢板表面显露出金属光泽。受潮的瓷环在使用前应在150℃的烘箱中烘干2h。

3 每台班开始焊接圆柱头焊钉前或更换焊接条件时应按规定的焊接工艺在试板上试焊两个圆柱头焊钉,焊后应按本章第19.6节的规定进行检验,合格后方可在梁段上正式焊接。

4 圆柱头焊钉应平位施焊,在焊缝金属完全凝固前不得移动焊枪。当环境温度低于0℃,或相对湿度大于80%,或钢板表面潮湿时,不得焊接圆柱头焊钉。

19.5.5 焊缝磨修和返修焊时应符合下列规定:

1 焊件上的引板、产品试板或临时连接件应采用气割切除,并磨平切口,且不应损伤母材。

2 焊脚尺寸、焊波或余高等超出表19.6.1规定上限值的焊缝及小于1mm且超差的咬边应修磨匀顺。所有表面的修磨均应沿主要受力方向进行,使磨痕平行于主要受力方向。

3 焊缝咬边超过1mm或焊脚尺寸不足时,可采用手工电弧焊或CO_2气体保护焊进行返修焊。采用自动焊返修焊缝时,应将清除焊缝部位的两端刨成1:5的斜坡后再进行焊接。返修焊缝应按原焊缝质量要求检验,同一部位的返修焊不宜超过两次。

4 焊接缺陷宜采用碳弧气刨清除,在清除缺陷时应刨出利于返修焊的坡口,并采用砂轮磨掉坡口表面的氧化皮,露出金属光泽。焊接裂纹的清除范围除应包括裂纹全长外,尚应由裂纹端外延50mm。

5 缺焊焊缝长度超过周长的1/4或因其他项点不合格的圆柱头焊钉应予更换重新焊接。缺焊长度未超过周长的1/4时可采用小直径低氢焊条补焊,补焊时应预热50~80℃,并应从缺焊焊缝端部10mm外引、熄弧,焊脚尺寸应不小于6mm。

19.6 焊接检验

19.6.1 焊接完毕且待焊缝冷却至室温后,应对所有焊缝进行外观检查,焊缝不应有裂纹、未熔合、夹渣、未填满弧坑、漏焊以及超出表19.6.1规定的缺陷。

表 19.6.1　焊缝外观质量标准

项目	简　　图	质量标准(mm)		
气孔		横向对接焊缝	不允许	
		纵向对接焊缝、主要角焊缝	直径小于 1.0	每米不多于 3 个,间距不小于 20,但焊缝端部 10mm 之内不允许
		其他焊缝	直径小于 1.5	
咬边		受拉杆件横向对接焊缝及竖加劲肋角焊缝(腹板侧受拉区)	不允许	
		受压杆件横向对接焊缝及竖加劲肋角焊缝(腹板侧受压区)	$\Delta \leq 0.3$	
		纵向对接及主要角焊缝	$\Delta \leq 0.5$	
		其他焊缝	$\Delta \leq 1.0$	
焊脚尺寸		主要角焊缝	$K_{0}^{+2.0}$	
		其他焊缝	$K_{-1.0}^{+2.0}$ *	
焊波		角焊缝	任意 25mm 范围内高低差 $\Delta \leq 2.0$	
余高		不铲磨余高的对接焊缝	焊缝宽 $b > 12$mm 时,$\Delta \leq 3.0$	
			焊缝宽 $b \leq 12$mm 时,$\Delta \leq 2.0$	
余高铲磨后表面		横向对接焊缝	不高于母材 0.5	
			不低于母材 0.3	
			粗糙度 50μm	

注 * :手工角焊缝全长 10% 区段内允许 $K_{-1.0}^{+3.0}$。

19.6.2　焊缝经外观检查合格后方可进行无损检测,无损检测应在焊接 24h 后进行。箱形杆件棱角焊缝探伤的最小有效厚度为 $\sqrt{2t}$(t 为水平板厚度,以 mm 计),当设计有熔深要求时应从其规定。焊缝无损检测的质量分级、检验方法、检验部位和等级应符合表 19.6.2 的规定,距离—波幅曲线灵敏度及缺陷等级评定应符合本规范附录 F2 的规定。

表 19.6.2　焊缝无损检验质量等级及探伤范围

<table>
<tr><th colspan="2">焊缝名称</th><th>质量等级</th><th>探伤方法</th><th>检验等级</th><th>探伤比例</th><th>探伤部位</th></tr>
<tr><td colspan="2">横向对接焊缝
（顶板、底板、腹板、横隔板等）</td><td rowspan="4">Ⅰ级</td><td rowspan="6">超声波探伤（UT）</td><td rowspan="2">B（单面双侧）</td><td rowspan="4">100%</td><td>焊缝全长</td></tr>
<tr><td colspan="2">纵向对接焊缝（顶板、底板、腹板等）</td><td>端部 1m 范围内为Ⅰ级，
其余部位为Ⅱ级</td></tr>
<tr><td colspan="2">T 形接头和角接接头熔透角焊缝</td><td>B</td><td>焊缝全长</td></tr>
<tr><td colspan="2">横隔板纵向对接焊缝</td><td>B</td><td>焊缝全长</td></tr>
<tr><td colspan="2">部分熔透角焊缝</td><td rowspan="2">Ⅱ级</td><td>B</td><td rowspan="2">100%</td><td>焊缝两端各 1m</td></tr>
<tr><td colspan="2">焊脚尺寸≥12mm 的角焊缝</td><td>A</td><td>焊缝两端各 1m</td></tr>
<tr><td rowspan="2">纵向对接焊缝</td><td>顶板</td><td rowspan="7">Ⅰ级</td><td rowspan="7">射线探伤（RT）</td><td rowspan="7">AB</td><td rowspan="2">10%</td><td>中间 250 ~ 300mm</td></tr>
<tr><td>底板、腹板</td><td>焊缝两端各 250 ~ 300mm</td></tr>
<tr><td colspan="2">横隔板横向对接焊缝</td><td>5%</td><td>下部 250 ~ 300mm</td></tr>
<tr><td colspan="2">横向对接焊缝（顶板、底板、腹板等）</td><td>10%</td><td>两端各 250 ~ 300mm，长度大于 1 200mm 中间加探 250 ~ 300mm</td></tr>
<tr><td rowspan="3">梁段间对接焊缝</td><td>顶板十字交叉焊缝</td><td>100%</td><td rowspan="2">纵、横向各 250 ~ 300mm</td></tr>
<tr><td>底板十字交叉焊缝</td><td>30%</td></tr>
<tr><td>腹板</td><td>100%</td><td>焊缝两端各 250 ~ 300mm</td></tr>
<tr><td colspan="2">连接锚箱或吊耳板的熔透角焊缝</td><td rowspan="7">Ⅱ级</td><td rowspan="7">磁粉探伤（MT）</td><td rowspan="7"></td><td rowspan="7">100%</td><td>焊缝全长</td></tr>
<tr><td colspan="2">U 形肋对接焊缝</td><td>焊缝全长</td></tr>
<tr><td colspan="2">横隔板与腹板角焊缝</td><td>焊缝两端各 500mm</td></tr>
<tr><td colspan="2">U 形肋与顶（底）板角焊缝</td><td>每条焊缝两端各 1 000mm，
其中行车道范围的顶板角
焊缝为两端各 2 000mm</td></tr>
<tr><td colspan="2">横隔板与顶（底）板角焊缝</td><td>行车道范围总长的 20%</td></tr>
<tr><td colspan="2">腹板与底板角焊缝</td><td>焊缝两端各 1 000mm，中间每隔 2 000mm 探 1 000mm</td></tr>
<tr><td colspan="2">临时连接（含马板）</td><td>拆除临时连接的部位</td></tr>
</table>

注：探伤比例指探伤接头数量与全部接头数量之比。

19.6.3　进行局部超声波探伤的焊缝，当发现裂纹或较多其他缺陷时，应扩大该条焊缝探伤范围，必要时可延至全长。进行射线探伤或磁粉探伤的焊缝，当发现超标缺陷时应加倍检验。

19.6.4　采用超声波、射线、磁粉等多种方法检验的焊缝，应达到各自的质量要求，该焊缝方可认为合格。焊缝的射线探伤应符合现行国家标准《金属熔化焊焊接接头射线照相》（GB/T 3323）的规定，射线透照技术等级采用 B 级（优化级），焊缝内部质量应达到

Ⅱ级；磁粉探伤应符合现行行业标准《无损检测　焊缝磁粉检测》(JB/T 6061)的规定。

19.6.5　圆柱头焊钉焊接后应获得完整的360°周边焊缝。圆柱头焊钉焊缝的宽度、高度等尺寸应满足：焊缝沿圆柱头焊钉轴线方向的平均高度 h_m 应不小于 0.2d；最小高度 h_{min} 应不小于 0.15d；在钢板侧焊趾的平均直径和应不小于 1.25d(d 为圆柱头焊钉直径)。应随机抽取各部位圆柱头焊钉总数的3%进行30°弯曲检验，弯曲后圆柱头焊钉的焊缝和热影响区不应有肉眼可见的裂纹，检验合格的圆柱头焊钉可保留其弯曲状态。

19.7　杆件矫正

19.7.1　杆件矫正时除应符合本章第19.3.3条的规定外，尚应符合下列规定：

1　冷矫的环境温度不应低于5℃，矫正时应缓慢加力，冷矫的总变形量不应大于变形部位原始长度的2%。时效冲击值不满足要求的拉力杆件，不得冷矫。

2　热矫时加热温度应控制在600～800℃，严禁过烧，且不宜在同一部位多次重复加热。

3　矫正后的板单元、杆件和梁段表面不应有凹痕和其他损伤。

19.7.2　杆件矫正的允许偏差应符合表19.7.2-1～表19.7.2-4的规定。

表19.7.2-1　板梁、桁梁杆件矫正允许偏差

项目		简图	允许偏差(mm)
盖板对腹板的垂直度 Δ	有孔部位	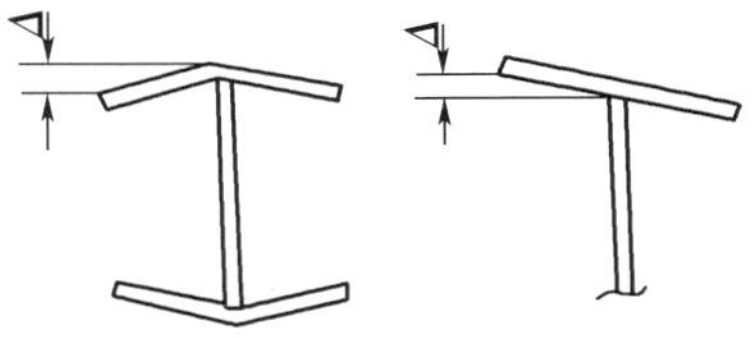	盖板宽度≤600mm时，不大于0.5； 盖板宽度>600mm时，不大于1.0
	其余部位		1.5
工形、箱形杆件的扭曲 Δ		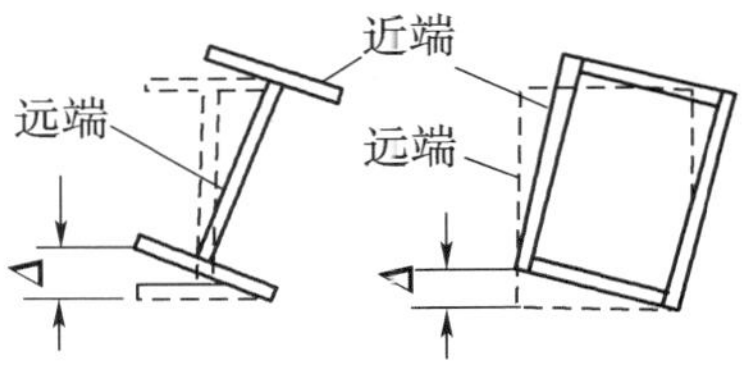 近端；远端；远端	3.0
箱形杆件对角线差		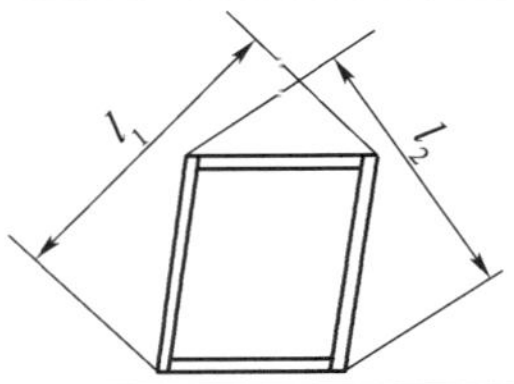 l_1；l_2	边长<1 000mm时，2.0； 边长≥1 000mm时，3.0
盖板平面度 Δ	有孔部位	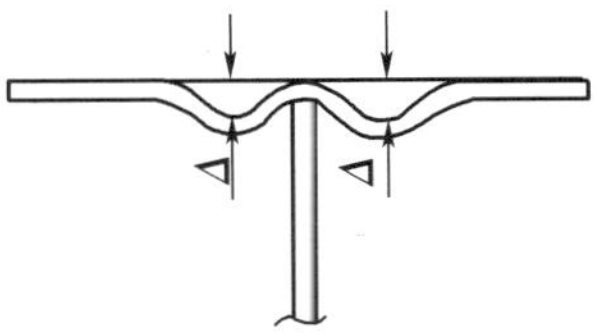	0.5
	其余部位		1.0

续上表

项目		简图	允许偏差(mm)
板梁，纵、横梁腹板的平面度Δ		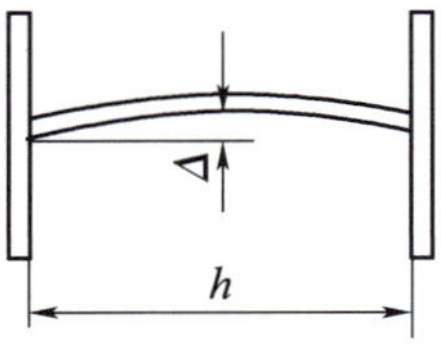	$\Delta \leq \frac{h}{500}$，且不大于5.0
工形、箱形杆件的弯曲或纵横梁的旁弯f		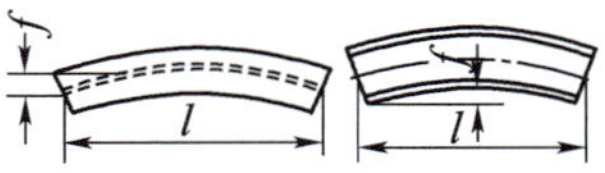	2.0（$l \leq 4\,000$mm） 3.0（4 000mm < $l \leq 16\,000$mm） 5.0（l > 16 000mm）
板梁拱度f	不设拱度	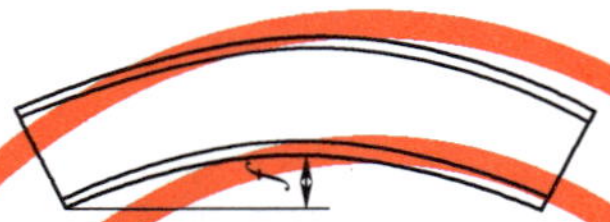	+5.0，-0
	设拱度		+10.0，-3.0
纵、横梁拱度f			+3.0，-0

表19.7.2-2 一般箱形梁矫正允许偏差

项目		简图	允许偏差(mm)
盖板对腹板的垂直度Δ	有孔部位	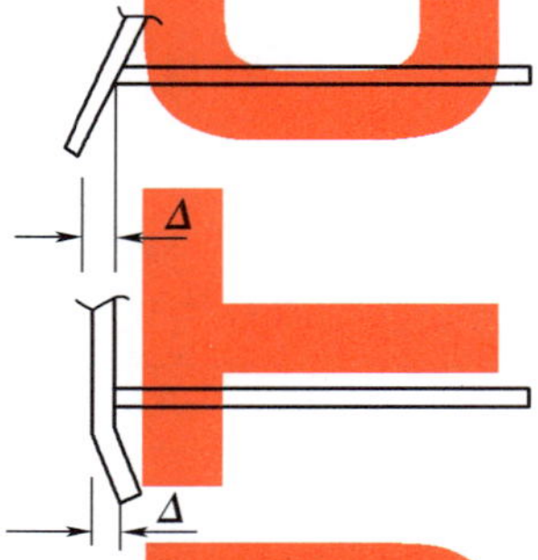	1.0
	其余部位		3.0
隔板弯曲f	横向纵向	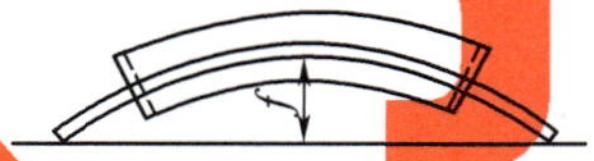	2.0
腹板平面度Δ	横向	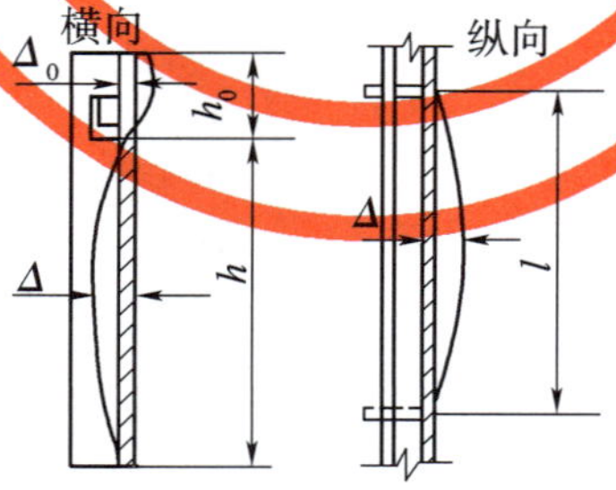	$h/250$
	有孔部位		2.0
	纵向		$l/500$
盖板平面度Δ	有孔部位	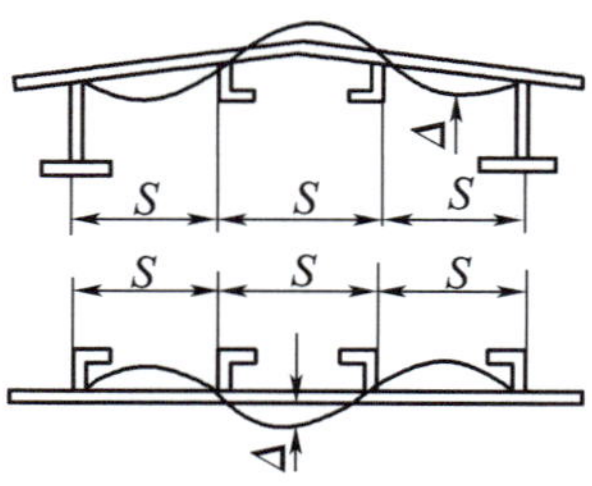	2.0
	横向		$S/500$
	纵向4m范围		4.0

续上表

项目		简图	允许偏差(mm)
腹板平面度	横向 Δ_1	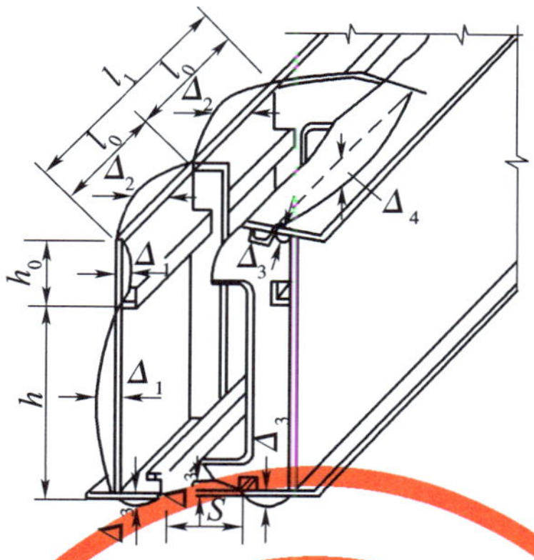	$h/250$,且不大于 3
	纵向 Δ_2		$l_0/500$,且不大于 5.0
盖板平面度	横向 Δ_3		$S/250$,且不大于 3.0
	纵向 Δ_4		$l_1/500$,且不大于 5.0
扭曲			每米不大于 1,且每段不大于 10

表 19.7.2-3 大型钢箱梁板单元矫正允许偏差

名称	项目		允许偏差(mm)	简图	备注
顶板、底板、腹板	长度、宽度		±2		有切头时长度可放宽
	对角线相对差		不大于 4		
	平面度 f	横向	$S_1/250$	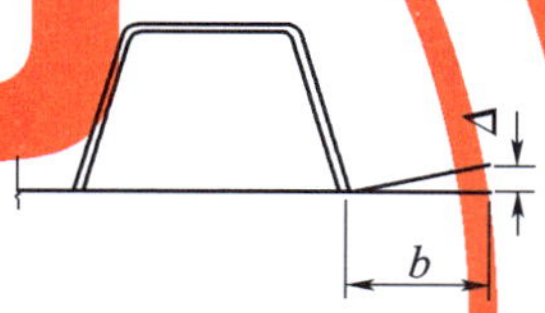	S_1 为纵肋间距
		纵向	$S_2/500$		S_2 为横肋间距
	角变形 Δ		不大于 $b/150$		
	板边直线度 f		不大于 3		
	横、纵隔板接板垂直度		不大于 2		
横隔板	高度 h_1、h_2		±2	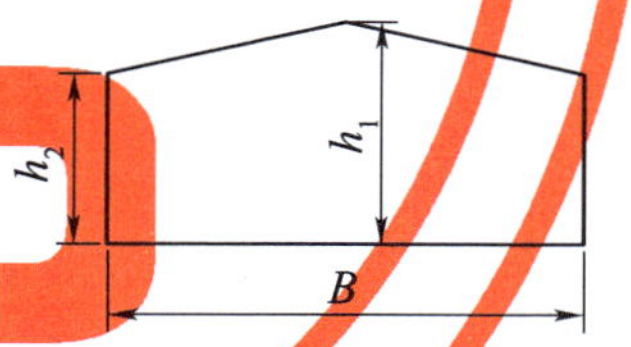	搭接构造可放宽
	宽度 B		±2		搭接构造可放宽
	平面度 f		不大于 $h_1/250$		当底板为柱面时,视为与理论柱面的允许偏差
	板边直线度 f		不大于 2		搭接构造可放宽
纵隔板	纵隔板及接板长度、宽度		±2	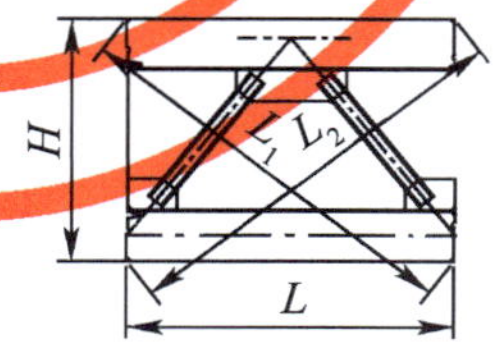	
	纵隔板对角线差 $\|L_1-L_2\|$		±4		
	纵隔板及其接板平面度 f		不大于 2	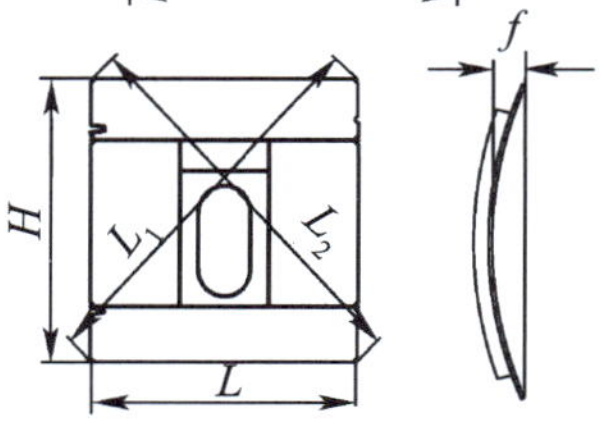	
	纵隔板接板垂直度		±2		
风嘴	长度、宽度		±2	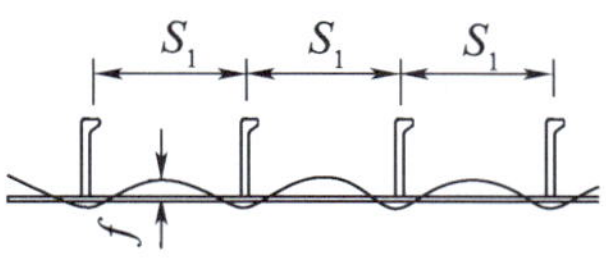	有切头时长度可放宽
	顶板、导风板平面度 f		$S_1/250$		S_1 为纵肋间距

表 19.7.2-4　大型钢箱梁梁段矫正允许偏差

<table>
<tr><th colspan="2">项　　目</th><th>允许偏差(mm)</th><th>备　　注</th></tr>
<tr><td colspan="2" rowspan="2">梁段高度 H</td><td>±2</td><td>工地接头处</td></tr>
<tr><td>±4</td><td>其余部分</td></tr>
<tr><td rowspan="2">两吊点中心距</td><td>横向</td><td>±4</td><td></td></tr>
<tr><td>纵向</td><td>±3</td><td></td></tr>
<tr><td colspan="2">梁段长度 L</td><td>±2</td><td></td></tr>
<tr><td colspan="2">腹板中心距</td><td>±3</td><td>工地接头处</td></tr>
<tr><td rowspan="3">顶板宽 B</td><td>2 车道</td><td>±5</td><td rowspan="3">拼接处相对差不大于 2</td></tr>
<tr><td>4 车道</td><td>±6</td></tr>
<tr><td>6 车道</td><td>±8</td></tr>
<tr><td colspan="2">横断面对角线差</td><td>不大于 4</td><td>工地接头处的横断面</td></tr>
<tr><td colspan="2">旁弯 f</td><td>不大于 5</td><td>单个梁段</td></tr>
<tr><td colspan="2">桥面横坡</td><td>±4</td><td>测量同一横断面</td></tr>
<tr><td colspan="2">左右支点(吊点)高差</td><td>不大于 5</td><td></td></tr>
<tr><td colspan="2">顶板、底板、腹板平面度 f</td><td>S/250,且不大于 8</td><td>S 为加劲肋间距
或顶板与加劲肋间距</td></tr>
<tr><td colspan="2">扭曲</td><td>每米不超过 1,且每段不大于 8</td><td>每段以两边隔板处为准</td></tr>
</table>

19.8　高强度螺栓连接副与摩擦面处理

19.8.1　公路钢桥所用的高强度螺栓连接副可选用大六角形和扭剪型两类,并应在专门螺栓厂制造,其规格、质量应符合现行国家标准《钢结构用高强度大六角头螺栓》(GB/T 1228)、《钢结构用高强度大六角螺母》(GB/T 1229)、《钢结构用高强度垫圈》(GB/T 1230)、《钢结构用高强度大六角头螺栓、大六角螺母、垫圈技术条件》(GB/T 1231)及《钢结构用扭剪型高强度螺栓连接副》(GB/T 3632)的规定。高强度螺栓、螺母、垫圈的表面宜进行表面防锈处理;垫圈两面应平直,不得翘曲,其维氏硬度 HV30 应为 329 ~ 436(HRC35 ~ 45)。

19.8.2　高强度螺栓连接副应由制造厂按批配套供货,并必须提供出厂质量保证书。运输或搬运时应轻装轻卸,防止损伤螺纹。进场后除应检查出厂质量保证书外,尚应从每批螺栓中抽取 8 副进行检验,检验试验方法和结果应符合现行国家标准《钢结构用高强度大六角头螺栓、大六角螺母、垫圈技术条件》(GB/T 1231)或《钢结构用扭剪型高强度螺栓连接副》(GB/T 3632)的规定,合格者方可使用。

19.8.3　摩擦面处理应符合下列规定:

1　在工地以高强度螺栓栓接的杆件和梁段板面(摩擦面)必须进行处理,处理后的抗滑移系数值应符合设计规定;设计未规定时,抗滑移系数出厂时应不小于0.55,工地安装前的复验值应不小于0.45。

2 抗滑移系数试验用的试件应按制造批每批制作6组,其中3组用于出厂试验,3组用于工地复验。抗滑移系数试件应与杆件和梁段同材质、同工艺、同批制造,并应在同条件下运输、存放且试件的摩擦面不得损伤。抗滑移系数的试验应符合本规范附录F3的规定。

19.9 试拼装

19.9.1 钢桥应按试装图进行厂内试拼装,未经试拼装检验合格,不得成批生产。试拼装应符合下列规定:

1 试拼装应在胎架上进行,胎架应有足够的刚度,其基础应有足够的承载力。胎架顶面(梁段底)纵、横向线形应与设计要求的梁底线形相吻合。杆件和梁段应解除与胎架间的临时连接,处于自由状态。

2 板梁应整孔试拼装;简支桁梁的试拼装长度不宜小于半跨;连续梁试拼装应包括所有变化节点;对大跨径桥的钢梁,每批梁段制造完成后,应进行连续匹配试拼装,每批试拼装的梁段数不应少于3段,试拼装检查合格后,应留下最后一个梁段并前移参与下一批次试拼装。

3 钢索塔的塔柱(钢桥墩)应采取两节段立位匹配试拼装,合格后还应进行多节段水平位置的试拼装,每一批次的多节段水平位置试拼装应不少于5个节段。

4 试拼装时应使板层密贴,冲钉不宜少于孔眼总数的10%,螺栓不宜少于螺栓孔总数的20%;有磨光顶紧要求的杆件,应有75%以上的面积密贴,采用0.2mm的塞尺检查时,其塞入面积不应超过25%。试拼装时,应采用试孔器检查所有螺栓孔,桁梁主桁的螺栓孔应能100%自由通过较设计孔径小0.75mm的试孔器,桥面系和连接系的螺栓孔应100%自由通过较设计孔径小1.0mm的试孔器,板梁和箱梁的螺栓孔应100%自由通过较设计孔径小1.5mm的试孔器,方可认为合格。

19.9.2 试拼装检验应在无日照影响的条件下进行,并应有详细的检查记录。钢梁试拼装主要尺寸允许偏差应符合表19.9.2-1～表19.9.2-3的规定。

表19.9.2-1 板梁试拼装主要尺寸允许偏差

项目		允许偏差
梁高 h(mm)	$h \leq 2m$	±2
	$h > 2m$	±4
跨度(mm)	支座中心至中心	±8
全长(mm)	全桥长度	±15
主梁中心距(mm)		±3

续上表

项目		允许偏差
旁弯	桥梁中心线与其试拼装全长 L	$L/5\ 000$
两片梁相对拱度差(mm)		4
平联节间对角线差(mm)		3
横联对角线差(mm)		4
主梁倾斜(mm)		5
支点高低差(mm)	支座处三点水平时,另一点翘起高度	3

表 19.9.2-2 桁梁试拼装主要尺寸允许偏差

项目		允许偏差
桁高(mm)	上下弦杆中心距离	±2
节间长度(mm)		±2
旁弯	桥面系中线与其试拼装全长 L 的两端中心所连续直线的偏差	$L/5\ 000$
试装全长	$L \leqslant 50$m	±5mm
	$L > 50$m	$\pm L/10\ 000$
拱度(计算拱度)	$f \leqslant 60$mm	±3mm
	$f > 60$mm	$\pm \frac{5}{100} f$
对角线(mm)	每个节间	±3
主桁中心距(mm)		±3

表 19.9.2-3 箱梁试拼装主要尺寸允许偏差

项目		允许偏差(mm)	备注
预拼装长度		$\pm 2n$, ±20;取绝对值较小者	n 为梁段数,测最外侧两锚箱间距
两相邻吊点纵距		±3	测锚箱间距
预拼装累加长度		±20	累加已预拼装梁段的长度
顶板宽 B	2 车道	±5	拼接处相对差≤2
	4 车道	±6	
	6 车道	±8	
梁段中心线错位		不大于 1	梁段中心线与桥轴中心线偏差
纵向竖曲线		+10 -5	沿桥中线测量隔板处高程
纵肋直线度 f		不大于 2	梁段匹配接口处
旁弯 f		$3+0.1L_m$,且任意 20m 测长内 $f<6$	测桥面中心线的平面内偏差。L_m 为任意 3 个预拼装梁段长度,以 m 计
板面高低差		不大于 1.5	梁段匹配接口处安装匹配件后

19.10 表面清理和厂内涂装

19.10.1 钢桥的杆件和梁段在涂装前,应对其表面进行除锈清理。除锈应采用喷丸或抛丸的方法进行,除锈等级应符合设计规定,设计未规定时,应达到现行国家标准《涂装前钢材表面锈蚀等级和除锈等级》(GB 8923)规定的 Sa2.5 级,表面粗糙度 Ra 应达到 25 ~60μm;对高强度螺栓连接面,除锈等级应达到 Sa3 级,表面粗糙度 Ra 应达到 50 ~100μm,且除锈后的连接面宜进行喷铝防锈处理,同时应清除高强度螺栓头部的油污及螺母、垫圈外露部分的皂化膜。

19.10.2 涂装方案应符合设计文件要求,并应符合现行行业标准《公路桥梁钢结构防腐涂装技术条件》(JT/T 722)的规定。

19.10.3 涂装施工时,杆件和梁段表面不应有雨水或结露,相对湿度不应高于 80%;环境温度对环氧类漆不得低于 10℃,对水性无机富锌防锈底漆、聚氨酯漆和氟碳面漆不得低于 5℃。在风沙天、雨天和雾天不应进行涂装施工,涂装后 4h 内应采取措施保护,避免遭受雨淋。

19.10.4 底漆、中间漆涂层的最长暴露时间不宜超过 7d,两道面漆的涂装间隔时间亦不宜超过 7d;若超过,应先采用细砂纸将涂层表面打磨成细微毛面,再涂装后一道面漆。喷铝应在表面清理后 4h 内完成,涂层间隔的时间要求应符合现行国家标准《热喷涂金属件表面预处理通则》(GB/T 11373)的规定。

19.10.5 涂装后,应在规定的位置涂刷杆件和梁段标记。杆件和梁段的码放必须在涂层干燥后进行,对局部损伤的涂层,应按第 19.10.1 条的规定进行表面处理,并按原设计涂层补涂各层涂料。

19.10.6 涂料涂层的表面应平整均匀,不应有漏涂、剥落、起泡、裂纹和气孔等缺陷,颜色应与比色卡相一致;金属涂层的表面应均匀一致,不应有起皮、鼓包、大熔滴、松散粒子、裂纹和掉块等缺陷。每涂完一道涂层应检查干膜厚度,出厂前应检查总厚度。

19.11 验收

19.11.1 钢桥制造完成后应按施工图和本规范的规定进行验收。

19.11.2 板梁制造尺寸允许偏差应符合表 19.11.2 的规定。

表 19.11.2　板梁制造尺寸允许偏差

<table>
<tr><th colspan="2">项　　目</th><th>检查方法</th><th colspan="2">允许偏差(mm)</th></tr>
<tr><td rowspan="2">梁高 h</td><td>$h \leq 2$m</td><td rowspan="2">测量两端腹板处高度</td><td colspan="2">±2</td></tr>
<tr><td>$h > 2$m</td><td colspan="2">±4</td></tr>
<tr><td colspan="2">跨度</td><td>测量两支座中心距离</td><td colspan="2">±8</td></tr>
<tr><td colspan="2">全长</td><td>测量全桥长度</td><td colspan="2">±15</td></tr>
<tr><td colspan="2">纵梁长度</td><td rowspan="2">测量两端角钢背与背之间的距离</td><td colspan="2">+0.5,-1.5</td></tr>
<tr><td colspan="2">横梁长度</td><td colspan="2">±1.5</td></tr>
<tr><td colspan="2">纵梁高度</td><td rowspan="2">测量两端腹板处高度</td><td colspan="2">±1.0</td></tr>
<tr><td colspan="2">横梁高度</td><td colspan="2">±1.5</td></tr>
<tr><td colspan="2">纵、横梁旁弯</td><td>梁立置时在腹板一侧
距主焊缝 100mm 处拉线测量</td><td colspan="2">3</td></tr>
<tr><td colspan="2" rowspan="2">主梁拱度 f</td><td rowspan="2">梁卧置时在下盖板外侧
拉线测量</td><td>不设拱度</td><td>+3,-0</td></tr>
<tr><td>设拱度</td><td>+10,-3</td></tr>
<tr><td colspan="2">两片主梁拱度差</td><td>分别测量两片主梁拱度,求差值</td><td colspan="2">4</td></tr>
<tr><td colspan="2">主梁腹板平面度</td><td rowspan="2">用平尺测量(h 为梁高或纵向加劲肋至下盖板间的距离)</td><td colspan="2">小于 $h/500$,且不大于 8</td></tr>
<tr><td colspan="2">纵、横梁腹板平面度</td><td colspan="2">$h/500$,且不大于 5</td></tr>
<tr><td rowspan="2">主梁、纵横梁盖板对腹板的垂直度</td><td>有孔部位</td><td rowspan="2">用直角尺测量</td><td colspan="2">0.5</td></tr>
<tr><td>其余部位</td><td colspan="2">1.5</td></tr>
</table>

19.11.3　桁梁杆件制造尺寸允许偏差应符合表 19.11.3 的规定。

表 19.11.3　桁梁杆件制造尺寸允许偏差

<table>
<tr><th colspan="2">项　　目</th><th>检查方法</th><th>简　　图</th><th>允许偏差(mm)</th></tr>
<tr><td rowspan="3">联结系杆件</td><td>高度 h</td><td>测量两端腹板处高度</td><td rowspan="6">b
h</td><td>±1.5</td></tr>
<tr><td>盖板宽度 b</td><td>每 2m 测一次</td><td>±2.0</td></tr>
<tr><td>长度 l</td><td>测量全长</td><td>±5</td></tr>
<tr><td rowspan="5">纵横梁</td><td>纵梁高度 h</td><td rowspan="2">测量两端腹板处高度</td><td>±1.0</td></tr>
<tr><td>横梁高度 h</td><td>±1.5</td></tr>
<tr><td>盖板宽度 b</td><td>每 2m 测一次</td><td>±2.0</td></tr>
<tr><td>纵梁长度 l</td><td rowspan="2">测量两端角钢背至背之间的距离</td><td rowspan="2">l</td><td>+0.5,-1.5</td></tr>
<tr><td>横梁长度 l</td><td>±1.5</td></tr>
</table>

续上表

<table>
<tr><th colspan="3">项　　目</th><th>检 查 方 法</th><th>简　　图</th><th>允许偏差(mm)</th></tr>
<tr><td rowspan="5">纵横梁</td><td colspan="2">旁弯 f</td><td>梁立置时,在腹板一侧距主焊缝 100mm 处拉线测量</td><td> 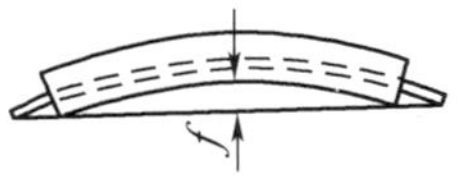</td><td>3</td></tr>
<tr><td colspan="2">上拱度 f</td><td>梁卧置时,在下盖板外侧拉线测量</td><td> 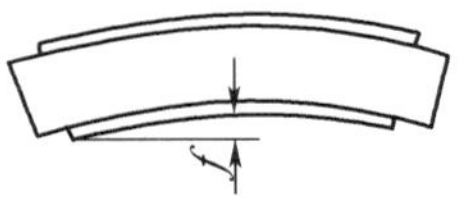</td><td>+3,-0</td></tr>
<tr><td colspan="2">腹板平面度 Δ</td><td>用平尺测量</td><td> 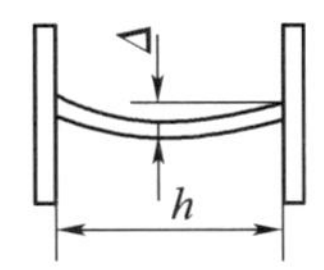</td><td>$h/500$,且不大于 5</td></tr>
<tr><td rowspan="2">盖板对腹板的垂直度 Δ</td><td>有孔部位</td><td rowspan="2">用直角尺测量</td><td rowspan="2"> 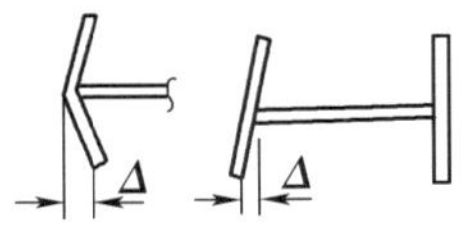</td><td>0.5</td></tr>
<tr><td>其余部位</td><td>1.5</td></tr>
<tr><td rowspan="7">主桁杆件</td><td colspan="2">高度 h</td><td>测量两端腹板处高度</td><td rowspan="3"> 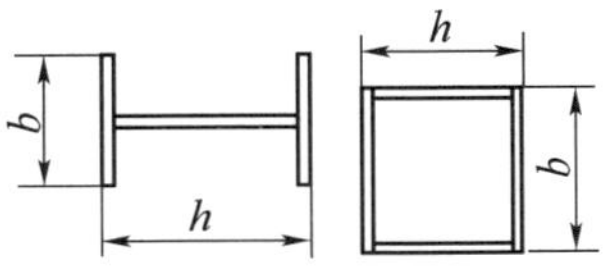</td><td>±1.0</td></tr>
<tr><td colspan="2">盖板宽度 b</td><td>每 2m 测一次</td><td>±2.0*</td></tr>
<tr><td colspan="2">长度 l</td><td>测量全长</td><td>±5</td></tr>
<tr><td rowspan="2">工形件的盖板对腹板的垂直度 Δ</td><td>有孔部位</td><td rowspan="2">用直角尺测量</td><td rowspan="2"> 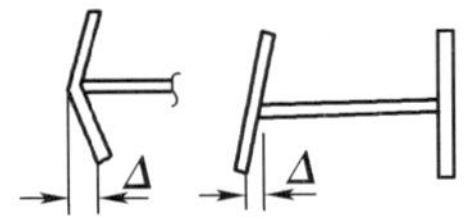</td><td>0.5</td></tr>
<tr><td>其余部位</td><td>1.5</td></tr>
<tr><td colspan="2">弯曲 f</td><td>拉线测量</td><td> 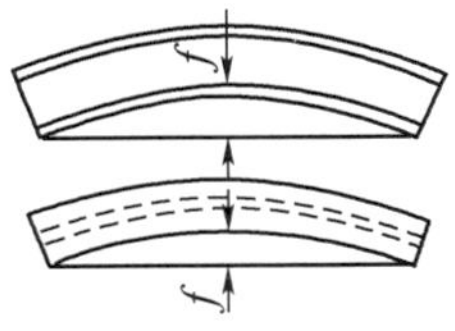</td><td>2(l≤4 000mm)
3(4 000mm<l≤16 000mm)
5(l>16 000mm)</td></tr>
<tr><td colspan="2">扭曲 Δ</td><td>杆件置于平台上,四角中有三角接触平台,悬空一角与平台之间隙</td><td> 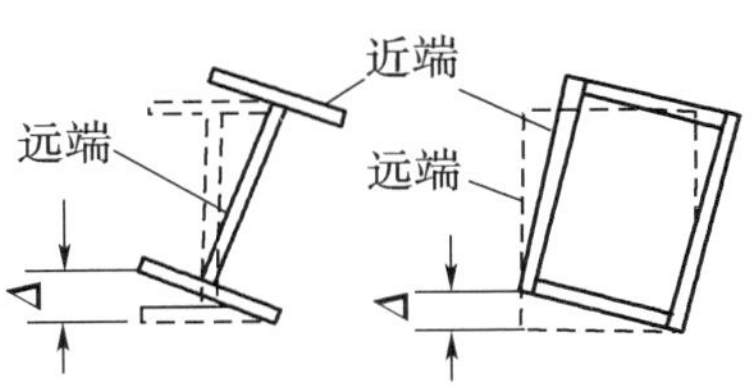</td><td>3</td></tr>
</table>

注*:箱形杆件有拼接要求时为±1.0。

19.11.4 一般箱形梁制造尺寸允许偏差应符合表 19.11.4 的规定。

表 19.11.4 一般箱形梁制造尺寸允许偏差

项目		检查方法	允许偏差(mm)
梁高 h	$h \leq 2$m	测量两端腹板处高度	±2
	$h > 2$m		±4
跨度		测两支座中心距离	±8
全长		—	±15
腹板中心距		测两腹板中心距	±3
盖板宽度 b		—	±4
横断面对角线差		测两端断面对角线差	4
旁弯		—	$3+0.1L$
拱度		—	+10,-5
支点高度差		—	4
腹板平面度		h 为盖板与加劲肋或加劲肋与加劲肋之间的距离	小于 $h/250$,且不大于 8
扭曲		每段以两端隔板处为准	每米不大于 1,且每段不大于 10

注:1. 分段分块制造的箱形梁拼接处,梁高及腹板中心距的允许偏差按施工文件要求执行。
2. 箱形梁其余各项检查方法可参照板梁检查方法。
3. L 为跨度(m)。

19.11.5 大型钢箱梁梁段制造尺寸允许偏差应符合表 19.11.5 的规定。

表 19.11.5 大型钢箱梁梁段制造尺寸允许偏差

项目			允许偏差	简图	检查方法
梁长(mm)	顶板长度 L_1		±2	L_1 L_2	以梁段两端检查线为基准,用钢盘尺测量长度,合龙段长度根据实测结果确定
	底板长度 L_2				
梁高(mm)	中高 H		±2	H_1 H H_2	测量两端口,以底部为基准,采用激光仪测量高度
	边高 H_1、H_2		±2		
梁宽(mm)	梁半宽 $B/2$ 顶板半宽 $B_1/2$ 底板半宽 $B_2/2$	2 车道	±2.5	$B_1/2$ $B_1/2$ $B/2$ $B/2$ $B_2/2$ $B_2/2$	在梁段两端口用钢盘尺测量宽度
		4 车道	±3		
		6 车道	±4		
端口尺寸(mm)	对角线差 $\|L_1-L_2\|$		不大于 6	L_1 L_2	用钢尺测量对角线,检查测量值之差

续上表

项目		允许偏差	简图	检查方法
锚箱位置(mm)	同一梁段两锚箱高差	不大于5	检查线 检查线	用水准仪测量两锚箱高差
	锚箱距梁段端口长度 L_1、L_2	±2	L_2 L_1	用钢盘尺测量锚箱至梁段两端检查线的距离
顶板(mm)	四角(A、B、C、D)水平	±6	A B D C	用激光仪测量,测点在两端横隔板上
	相对高差	不大于8		
	1/2对角线(AO_1、BO、A_1O_1、B_1O)差	不大于8	A O A_1 B O_1 B_1	用钢尺测量,测点在两端检查线上
旁弯	f		L/2 000,且不大于5	f	L 为梁段长度,用激光仪、钢尺测量
板面平面度	横桥向 f	不大于 $S_1/250$	S_1 S_1 S_1	用钢尺测量纵肋间距 S_1
	纵桥向 f	不大于 $S_2/500$	S_2 S_2 S_2	用钢尺测量横隔板间距 S_2

19.12 包装、存放与运输

19.12.1 钢桥的杆件和梁段应在涂层干燥后对高强度螺栓连接部位进行包装,包装和存放应采取措施避免损坏摩擦面。拼接板、螺栓、螺母、垫圈等小件应分类装箱,并加标记。

19.12.2 存放场地应坚实、平整、有排水设施。存放时,杆件或梁段的支承处不应产生不均匀沉降,所有支承点均应受力均匀。

19.12.3 运输应符合相应运输方式的有关安全规定。采用船舶运输时,装船前应进行稳定性验算,其抗倾覆安全系数应不小于1.5。提供工地抗滑移系数试验用的试件,应随同杆件或梁段运至工地。

19.12.4 在包装、存放和运输过程中,应采取有效措施,保证杆件或梁段不变形、不损坏、不散失。

19.13 工地安装

19.13.1 一般要求

1 钢桥宜根据跨径大小、河流或海域情况、起吊能力等选择安装方法。钢桥安装应按施工图、加工图和拼装简图进行,并应编制专项施工技术方案和安全技术方案。

2 安装前应对临时支架、支承、吊机等临时结构和钢桥结构本身在不同受力状态下的强度、刚度及稳定性进行验算;应按照杆件明细表核对进场的杆件、梁段及零件,查验产品出厂合格证及材料的质量证明书;并应对桥梁的墩台顶面高程、中线及各孔跨径进行复测,误差在允许偏差内方可安装。

3 钢桥杆件在工地安装过程中,矫正、制孔、组装、焊接和涂装等工序的施工质量应符合本章中的相关规定。钢桥构件在运输、存放和安装过程中损坏的涂层,应按照本章第19.10节的有关规定补涂;钢桥的面层涂装应在钢桥结构安装完成后进行。

4 钢桥工地安装时,不得在现场对结构杆件进行未被批准的临时性的焊接和切割作业。

5 钢桥安装应进行施工过程控制,保证其内力、变形、线形及高程符合设计要求。

19.13.2 钢桥的工地安装应符合下列规定:

1 杆件宜采用预先组拼、栓合或焊接,扩大拼装单元进行安装,对容易变形的构件应进行强度和稳定性验算,必要时应采取加固措施。杆件组拼前应清除杆件上的附着物,摩擦面应保持干燥、整洁。应根据外界环境和焊接等变形因素的影响,采取措施,保证钢桥结构的线形、拱度及中心线位置。

2 在支架上拼装钢梁时,冲钉和粗制螺栓总数不得少于孔眼总数的1/3,其中冲钉不得多于2/3;孔眼较少的部位,冲钉和粗制螺栓总数应不少于6个或将全部孔眼插入冲钉或粗制螺栓。采取悬臂或半悬臂法拼装钢梁时,联结处所需冲钉数量应按所承受荷载计算决定,但不得少于孔眼总数的一半,其余孔眼宜布置精制螺栓,冲钉和精制螺栓应均匀布置。高强度螺栓栓合梁拼装时,冲钉数量应符合上述规定,其余孔眼宜布置高强度螺栓。吊装杆件时,必须待杆件完全固定后方可松钩卸载。

3 拼装用的冲钉直径(中段圆柱部分)应较孔眼设计直径小0.2~0.3mm,其长度应大于板束厚度。拼装用精制螺栓的直径应较孔眼设计直径小0.4mm,拼装板束用的粗制螺栓直径应较孔眼直径小1.0mm。冲钉和螺栓可采用35号碳素结构钢制造。

4 钢桥安装过程中,每完成一节间应测量其位置、高程和预拱度,不符合要求时应进行校正。

5 对斜拉桥和悬索桥的大型钢箱梁安装,其施工要求尚应分别符合本规范第17、18章的相关规定。

19.13.3 钢桥安装时的高强度螺栓连接施工应符合下列规定:

1 由制造厂处理的钢桥杆件的摩擦面,在钢桥安装前应复验所附试件的抗滑移系数,合格后方可安装,并应符合设计要求。

2 高强度栓连接副的安装应在钢桥杆件中心位置调整准确后进行,高强度螺栓、螺母和垫圈应按制造厂提供的批号配套使用。安装时杆件的摩擦面应保持清洁、干燥,并不得在雨中进行安装作业。

3 高强度螺栓连接副组装时,应在板束外侧各置一个垫圈,有内倒角的一侧应分别朝向螺栓头和螺母支承面。高强度螺栓的长度应与安装图一致,安装时其穿入方向应全桥一致,且应自由穿入孔内,不得强行敲入;对不能自由穿入螺栓的孔,应采用铰刀进行铰孔修整,铰孔前应将该孔四周的螺栓全部拧紧,使板层密贴,防止钢屑或其他杂物掉入板层缝隙中,铰孔的位置应作施工记录。严禁采用气割方法扩孔。

4 安装施工时,高强度螺栓不得作为临时安装螺栓使用,亦不得采用塞焊对螺栓孔进行焊接。

5 高强度螺栓连接副施拧前,应在施工现场按出厂批号分批测定其扭矩系数。每批号的抽验数量应不少于8套,其平均值和标准偏差应符合设计要求;设计未要求时平均值偏差应在0.11~0.15范围内,其标准偏差应小于或等于0.01。测定数据应作为施拧的主要参数。

6 高强度螺栓的设计预拉力、施工预拉力应符合表19.13.3的规定。

表19.13.3 高强度螺栓的预拉力

螺纹规格 d(mm)	M22	M24	M27	M30
设计预拉力 P(kN)	190	225	270	355
施工预拉力 P_c(kN)	210	250	300	390

7 施拧高强度螺栓时,应按一定顺序,从板束刚度大、缝隙大之处开始,对大面积节点板应从中间部分向四周的边缘进行施拧,并应在当天终拧完毕;施拧时,不得采用冲击拧紧和间断拧紧的方式作业。大六角头高强度螺栓的施拧,仅应在螺母上施加扭矩。

8 高强度螺栓施拧采用的扭矩扳手,在作业前后均应进行校正,其扭矩误差不得超过使用扭矩值的±5%。

9 采用扭矩法施拧高强度螺栓连接副时,初拧、复拧和终拧应在同一工作日内完成。初拧扭矩宜为终拧扭矩的50%,复拧扭矩等于初拧扭矩,终拧扭矩应按式(19.13.3)计算:

$$T_c = K \cdot P_c \cdot d \tag{19.13.3}$$

式中:T_c——终拧扭矩(N·m);

K——高强度螺栓连接副的扭矩系数平均值,按本条第5款要求测得;

P_c——高强度螺栓的施工预拉力(kN),见表19.13.3;

d——高强度螺栓公称直径(mm)。

10 高强度螺栓终拧完成后,应按下列规定进行质量检查:

1)检查应由专职质量检查员进行,检查用的扭矩扳手必须标定,其扭矩误差不得超过使用扭矩的 ±3%,且应进行扭矩抽查。

2)采用松扣、回扣法检查时,应先在螺栓与螺母上做标记,然后将螺母退回 30°,再用检查扭矩扳手将螺母重新拧至原来位置测定扭矩,该值不小于规定值的 10% 时为合格。

3)对主桁节点、板梁主体及纵、横梁连接处,每栓群应以高强度螺栓连接副总数的 5% 抽检,但不得少于 2 套,其余每个节点不少于 1 套进行终拧扭矩检查。扭矩检查应在螺栓终拧 1h 以后、24h 之前完成。

4)每个栓群或节点检查的螺栓,其不合格者不宜超过抽验总数的 20%;如超过此值,则应继续抽验,直至累计总数 80% 的合格率为止。对欠拧者应补拧,不符合扭矩要求的螺栓应更换后重新补拧。

5)高强度螺栓拧紧检查验收合格后,连接处的板缝应及时用腻子封闭,并应按设计要求涂漆防锈。

19.13.4 钢桥在工地焊接连接时应符合下列规定:

1 杆件的工地施焊连接应按设计规定的顺序进行;设计未规定时,纵向宜从跨中向两端,横向宜从中线向两侧对称进行。

2 箱形梁梁段间的焊接连接,应在梁段就位、固定并经检查合格后再进行施焊。施焊应按顶板、底板、纵隔板的顺序对称进行;梁段间的焊缝经检验合格后,应按先对接后角接的顺序焊接 U 形肋嵌补件。

3 当钢桥为焊接与高强度螺栓合用连接时,栓接结构应在焊缝检验合格后再终拧高强度螺栓连接副。

4 工地焊接前应做工艺评定试验,施焊应严格按已评定的焊接工艺进行。焊接前应对接头坡口、焊缝间隙和焊接板面高低差等进行检查,并应采用钢丝砂轮对焊缝进行除锈,且工地焊接应在除锈后的 24h 内进行。

5 工地焊接时应设立防风、防雨设施,遮盖全部焊接处。工地焊接的环境要求为:风力应小于 5 级;温度应高于 5℃;相对湿度应小于 85%;在箱梁内焊接时应有通风防护安全措施。

6 焊接施工时的技术要求应符合本章第 19.5 节的规定;工地焊接接缝应按本章第 19.6 节的规定检验。

19.13.5 钢桥杆件连接固定后落梁就位时,应符合下列规定:

1 钢梁就位前应清理支座顶面,其高程及平面位置应符合设计要求。

2 固定支座与活动支座的精确位置应按设计图并考虑施工安装温度、施工误差等确定。

3 钢梁落梁前后应检查其线形、拱度和平面尺寸,并作记录。

4 钢梁安装后的允许偏差应符合表 19.13.5 的规定。

JTG

表 19.13.5 钢梁安装后的允许偏差

项目			规定值或允许偏差
轴线偏位(mm)	钢梁中线		10
	两孔相邻横梁中线相对偏差		5
梁底高程(mm)	墩台处梁底		±10
	两孔相邻横梁相对高差		5
支座偏位(mm)	支座纵、横向扭转		1
	固定支座顺桥向偏差	连续梁或 60m 以上简支梁	20
		60m 及以下简支梁	10
	活动支座按设计气温定位前偏差		3
支座底板四角相对高差(mm)			2
连接	对接焊缝的对接尺寸、气孔率		符合本规范第 19.6 节的要求
	高强度螺栓扭矩		±10%

注:大跨径桥钢梁安装后的允许偏差应符合设计规定或专用质量标准的要求。

19.13.6 面漆的工地涂装宜在钢桥安装施工完成后进行。工地涂装应符合设计规定,同时应符合本章第 19.10 节的规定。对在施工过程中将厂内涂装层损伤的部位,应进行表面清理并按设计涂装方案规定的涂料、层数和漆膜厚度重新补涂。工地涂装的质量检验亦应符合本章第 19.10 节的规定。

20 海洋环境桥梁

20.1 一般规定

20.1.1 本章适用于海洋环境下的桥梁施工,宽阔水域、咸水湖泊及特殊腐蚀环境地区的桥梁施工可参照执行。

20.1.2 桥梁结构的环境分类及作用等级应符合现行国家标准《混凝土结构耐久性设计规范》(GB/T 50476)和行业标准《公路工程混凝土结构防腐蚀技术规范》(JTG/T B07-01)的规定。海洋环境中的水下区、潮汐区、浪溅区和大气区的划分,可按现行行业标准《海港工程混凝土结构防腐蚀技术规范》(JTJ 275)的规定执行。

20.1.3 海洋环境桥梁的施工应进行风险评估,并应采取有效措施,避免海上恶劣的自然环境条件对作业人员、施工船舶、机械设备和工程结构产生不利影响,保证施工安全。用于海洋环境桥梁施工的各种钢制临时承重结构和构件,对使用期超过12个月的,应采取必要的临时防腐措施,保证其使用的可靠性和安全性。海上桥梁的施工应符合环保要求,防止或减少对海域造成污染。

20.1.4 海洋环境桥梁的施工除应符合本章对防腐蚀耐久性及海上施工的特殊要求外,对各种桥型的施工及其他要求尚应符合本规范相关章节的规定。

20.2 环氧涂层钢筋

20.2.1 环氧涂层钢筋作为防腐蚀附加措施用于海洋环境桥梁工程时,其原材料、技术要求、制造工艺和质量应符合现行行业标准《环氧树脂涂层钢筋》(JG 3042)的规定。

20.2.2 环氧涂层钢筋进场时应分批对其质量进行检验。每一验收批应由同一规格、同一生产线连续生产的涂层钢筋组成,直径小于或等于20mm的以2t为一验收批;直径大于20mm的以4t为一验收批。对每一验收批应随机抽取不少于1根进行涂层的厚度、连续性及可弯性的检验,检验结果应符合现行行业标准《环氧树脂涂层钢筋》(JG 3042)的规定;同时每米涂层钢筋上不得出现大于25mm^{2}的涂层损伤缺陷,小于25mm^{2}的涂层缺陷面积总和不得超过钢筋表面积的0.05%。

20.2.3 采用环氧涂层钢筋的结构或构件混凝土应为耐久性混凝土。环氧涂层钢筋可与钢筋阻锈剂联合使用,但不得与阴极保护联合使用。

20.2.4 环氧涂层钢筋宜采用集装箱封闭运输,在现场的存放时间不宜超过6个月;当需在室外存放2个月以上时,应采取有效的保护措施,使其避免受到阳光直射、盐雾和大气暴露的不利影响。存放时,环氧涂层钢筋与地面之间应架空并设置保护性支承,各捆之间应采用垫木隔开,且支承与垫木的间距应足以防止成捆钢筋的下垂;成捆存放时其层数不得多于5层,并不得与无涂层钢筋混杂存放。

20.2.5 环氧涂层钢筋在施工中应减少吊装次数,吊装应采用不会损伤涂层的绑带、麻绳或多吊点的韧性吊架,直接接触环氧涂层钢筋的部位应设置柔软的支垫物,并不得在地上或其他钢筋上拖拽、碰撞或承受冲击荷载。

20.2.6 对环氧涂层钢筋进行剪切、弯曲加工及安装时,应采取措施避免在操作过程中损伤其涂层。对钢筋加工台座上的支座和芯轴等直接与环氧涂层钢筋接触的部位,应配以尼龙套或其他适宜的塑料套;架立环氧涂层钢筋时,不得采用无涂层钢筋支架架立,而应采用以尼龙、塑料或其他柔软材料包裹的钢筋垫座或垫块进行架立;绑扎环氧涂层钢筋的绑丝亦应采用类似材料包裹的金属丝,不得直接采用普通金属丝进行绑扎;在同一结构或构件中,环氧涂层钢筋与无涂层钢筋不得有电连接。

20.2.7 环氧涂层钢筋的锚固长度应为无涂层钢筋锚固长度的1.25倍。对受力钢筋,其绑扎搭接长度应为无涂层钢筋的1.5倍;对受压钢筋应为1.0倍,且不应小于250mm。其他要求应符合本规范第4章的相关规定。

20.2.8 环氧涂层钢筋在加工和安装过程中其涂层受到损伤时应进行修补,涂层的修补应符合下列规定:

1 加工时剪切的断口、焊接烧伤和其热影响区,以及其他损伤,均应在损伤发生后2h内及时修补。修补应采用与生产工艺相同的涂层材料。

2 修补前,应将损伤部位的残余涂层和钢筋的锈迹清理干净;修补应在相对湿度小于或等于85%的环境中进行,当环境相对湿度大于85%时,应采用电热吹风器对修补部位适当加热;修补时应使损伤部位的涂层与相邻处的涂层搭接,搭接的范围应与修补涂层的范围大致相当,且搭接处的涂层厚度不宜过厚,修补涂层的厚度亦不应小于180μm。修补完成且应待修补材料固化后,方可浇筑混凝土。

3 当环氧涂层的损伤为下列情况之一时,不得进行修补并应弃用:

1)除钢筋的剪切断口外,任一损伤点的面积大于25mm^2,或长度大于50mm。

2)1m 长度范围内有 3 个以上损伤点。

3)切下并弯曲的一段上有 6 个以上损伤点。

20.2.9 浇筑混凝土时,宜采用附着式振捣器;使用插入式振捣器进行振捣时,应采用塑料或橡胶将振捣器包覆,同时应采取其他辅助措施防止在振捣过程中损伤钢筋的涂层。对结构或构件分阶段施工完成后外露的环氧涂层钢筋,应采取防止阳光暴晒等防护措施。

20.3 混凝土工程

20.3.1 海洋环境桥梁结构的混凝土,宜采用具有防腐蚀耐久性的高性能混凝土。高性能混凝土的原材料选择、配制要求及其性能指标等,应符合现行行业标准《公路工程混凝土结构防腐蚀技术规范》(JTG/T B07-01)和本规范第 6.15 节的规定。

20.3.2 高性能混凝土的施工对原材料的质量应严格控制,并应保证配料设备称量准确。所有混凝土原材料,除水可按体积计外,其余均应按质量进行称量,粗、细集料称量的允许偏差应为 ±2%,其他原材料称量的允许偏差应为 ±1%。

20.3.3 高性能混凝土的搅拌应采用搅拌效率高且均质性好的卧轴式、行星式或逆流式强制搅拌机,不得采用自落式或立轴强制式搅拌机。搅拌时,宜先投入细集料和掺合料干拌均匀,再加水泥与部分拌和用水搅拌,最后加入粗集料、外加剂溶液及余额拌和用水,搅拌至均匀为止。上述每一阶段的搅拌时间均不应少于 30s,总搅拌时间应比常规混凝土延长 40s 以上。混凝土中掺加钢筋阻锈剂溶液时,拌和物的搅拌时间应延长 1min,采用粉剂时应延长 3min。

20.3.4 混凝土浇筑前,应根据工程特点和施工环境条件确定浇筑方案,并应认真检查钢筋的混凝土保护层垫块的位置、数量及其紧固程度。在结构或构件侧面和底面所布设的垫块数量应不少于 4 个/m^2,用于绑扎垫块和钢筋的绑丝头不得伸入保护层内。垫块的尺寸应能保证混凝土保护层厚度的准确性,其形状宜为工字形或截头锥形且应有利于钢筋的定位;高性能混凝土的结构或构件中不得采用普通砂浆垫块,当采用细石混凝土制作时,其抗腐蚀的能力和强度应高于结构或构件本体混凝土,且水胶比不应大于 0.4。对钢筋的净混凝土保护层厚度,其施工的允许误差应为正偏差,对现浇结构其最大允许误差应不大于 10mm,对预制构件应不大于 5mm。

20.3.5 高性能混凝土的入模温度不宜超过 28℃,新浇混凝土与已浇并硬化混凝土或岩土介质之间的温差应不大于 20℃,混凝土表面的接触物与混凝土表面温度之差应不大于 15℃。高性能混凝土的浇筑应连续进行,在振捣过程中应控制混凝土的均匀性和密实性,同时应在浇筑及静置过程中采取防止裂缝的有效措施,对混凝土的沉降及塑性干缩产生的表面裂缝，应及时予以处理。混凝土的振捣应采用高频振捣器，且宜采取二次振捣及二次抹面的方式施工；每点的振捣时间不宜超过30s，并应防止过振和过度抹面，严禁通过洒水辅助抹面。

20.3.6 新浇筑的混凝土应及早养护，并应减少暴露时间，防止表面水分的蒸发；终凝后，应立即开始对混凝土进行持续潮湿养护。洒水养护时不得采用海水，应采用淡水。当缺乏淡水时可采用养护剂喷涂养护，养护剂应符合现行行业标准《水泥混凝土养护剂》(JC 901)的规定。持续潮湿养护在养护期内不应间断，且不得形成干湿循环，在常温下养护应不少于12d；不同组成胶凝材料的混凝土湿养护最低期限应符合现行行业标准《公路工程混凝土结构防腐蚀技术规范》(JTG/T B07-01)的规定。对浪溅区以下的新浇混凝土结构，应保证其在10d内且混凝土强度达到设计强度等级值的70%之前，不受海水的侵袭。

20.3.7 施工缝应按设计要求设置；当施工需要设置施工接缝时，应设置在结构或构件受力较小的部位。对施工缝的处理应符合本规范第6.11.6条的规定。

20.4 基础和墩台

20.4.1 海上桥梁的钻孔灌注桩宜采用钢制平台施工，平台的顶面高程应按施工期的最高潮水位、浪高并加上适宜的安全高度确定；平台的设计荷载除应考虑结构自重、施工荷载、水流和波浪作用及风荷载外，尚应根据现场情况考虑船舶撞击的偶然作用；平台应设置船舶停靠、安全栏杆、水上救生设备及防撞警示灯等设施。

20.4.2 钻孔护筒的顶面高程应高出施工期高潮水位加浪高1～2m以上；作为永久结构的钢护筒，其材质、直径、壁厚和防腐的要求应符合设计规定。钻孔泥浆宜采用淡水拌制；仅当淡水供应确有困难，经论证证明海水泥浆的性能可保证稳定性且不会构成对钢筋及永久钢护筒的腐蚀和污染时，方可采用海水泥浆。钻孔后废弃泥浆的处理应符合海洋环境保护的要求，不得随意排入海中。

20.4.3 海上桥梁的沉入桩宜采用整根长桩，不宜接桩，其位置允许偏差应符合设计规定。

20.4.4 海中承台采用围堰施工时，应符合下列规定：

1 围堰的高度应考虑潮汐和波浪对承台及墩身施工的影响，跨台风期施工时尚应考虑台风荷载对其的作用。

2 钢筋混凝土套箱应采用与承台相同强度等级的防腐蚀高性能混凝土，并应按主体结构的抗裂要求配置钢筋，钢筋保护层厚度的允许偏差应符合承台的相应标准。对套箱内侧与承台混凝土的接触面,应采取结构措施或进行表面封闭处理,防止氯离子的渗透;围堰的外露面不得有表面粗糙、不平整或蜂窝等不良外观。

3 围堰的封底混凝土中不应有伸入承台内的未经防腐处理的钢件。对承台顶部预留的墩身锚固钢筋,应按设计要求作防腐处理;在承台顶部设置用于施工的临时预埋件时,应在混凝土上预留槽口,施工结束后应将预埋件切除,切除的位置应保证承台钢筋的混凝土保护层厚度的要求,且槽口应采用与承台同强度等级的混凝土填塞捣实。

4 利用围堰内壁兼作承台模板时,承台平面尺寸的允许偏差应符合设计规定。

20.4.5 浪溅区上界以下的墩身模板宜采用透水模板衬里。安装墩身模板时,宜在墩的四角设立劲性骨架,骨架的底部宜与承台顶面的预埋件连接,保证其在安装和墩身施工过程中的抗风安全。

20.4.6 对预制安装墩身与承台连接处的接头混凝土,其施工应符合下列规定:

1 墩身和承台的连接面应严格凿毛,浇筑混凝土前应将其清理干净,且宜采用淡水充分湿润或涂刷界面剂。必要时宜加密湿接头范围内的钢筋。

2 宜通过试验,在混凝土中掺加钢筋阻锈剂和工程纤维,且宜在混凝土表面浸渍硅烷。

3 混凝土应振捣密实,保湿养护的时间应符合本章第20.3.6条的规定。

20.5 钢管桩防腐蚀

20.5.1 海洋环境桥梁的钢管桩防腐蚀措施应符合设计规定。应根据钢管桩所处的不同海洋环境采用不同的防腐蚀方法,大气区和浪溅区宜采用涂层、玻璃钢和钢管桩护套保护;潮汐区和水下区宜采用阴极保护和涂料联合保护;泥下区宜采用阴极保护或涂料防护。

20.5.2 采用涂层方法进行防护时,应符合下列规定:

1 涂装的方法和工艺应根据所选用的涂料产品和施工环境条件进行确定。

2 钢管桩在涂装之前应进行表面预处理。表面预处理宜采用喷丸或抛丸处理,处理后的表面清洁度和表面粗糙度应符合设计规定;设计未规定时,基体金属的表面清洁度应不低于现行国家标准《涂装前钢材表面锈蚀等级和除锈等级》(GB 8923)中规定的Sa2.5级,表面粗糙度应不低于50μm。

3 喷丸或抛丸表面预处理达到质量要求后,应尽快对钢管桩作底漆处理,避免处理过的基体金属表面返锈;在潮湿或工业大气等环境条件下,应在2h内将底漆涂装完毕。

4 涂装时,涂层的底漆、中间漆和面漆各道漆层宜以不同颜色区别;基体温度应不大于60℃,同时应作防雨和防尘处理。涂装过程中,应进行湿膜外观检查,涂层不应有漏涂、流挂等缺陷。

20.5.3 采用牺牲阳极阴极保护方法进行防护时,应符合下列规定:

1 钢管桩防腐蚀可采用牺牲阳极阴极保护或牺牲阳极与涂料联合阴极保护。

2 钢管桩采用碳素钢或低合金钢时,其阴极保护电位应达到 -0.85V 或更负(相对于铜/饱和硫酸铜参比电极,扣除钢管桩与溶液 IR 降后的电位)。

3 阴极保护总电流应考虑以下几个因素:

1)阴极保护总面积包括潮汐区、水下区和泥下区;

2)预计最小保护电流密度;

3)涂层破损系数;

4)阴极保护电流分布效率。

4 牺牲阳极材料应具有足够负的电极电位,其性能应符合现行国家标准《牺牲阳极电化学性能试验方法》(GB/T 17848)、《铝—锌—铟系合金牺牲阳极》(GB/T 4948)、《镁合金牺牲阳极》(GB 17731)和《锌—铝—镉合金牺牲阳极》(GB/T 4950)的规定。

5 牺牲阳极与结构的馈电连接宜采用焊接,且应尽早使焊点得到极化保护,避免焊接点的点蚀和腐蚀断裂。

20.5.4 采用护套保护方法对浪溅区的钢管桩进行加强防护时,护套宜采用玻璃钢或塑料;护套和钢管桩之间可灌注混凝土或安装牺牲阳极。

20.6 混凝土附加防腐蚀

20.6.1 海洋环境桥梁的结构混凝土采取附加防腐蚀措施时,其施工应符合设计要求,同时应符合现行行业标准《公路工程混凝土结构防腐蚀技术规范》(JTG/T B07-01)和本节的规定。

20.6.2 混凝土表面涂层的施工应符合下列规定:

1 涂层的施工应在混凝土的龄期达到28d,且混凝土结构经质量验收合格后进行。

2 涂层施工前应对混凝土表面的蜂窝和露石缺陷、附着物和油污等进行处理,处理后的表面应平整。

3 防腐蚀涂料的品质与涂层性能应符合设计规定,并应符合产品相应的国家或行业标准的要求。选用的配套涂料之间应具有相容性,进场的涂料应取样检验,检验合格者方可用于施工。

4 涂装施工的方法宜根据涂料的性能、施工条件、涂装要求和被涂装结构的情况确定。涂装宜采用高压无气喷涂,刷涂或滚涂仅在条件不允许高压无气喷涂时方可采用。

5 涂装前应在现场进行涂装试验,试验应符合现行行业标准《公路工程混凝土结构防腐蚀技术规范》(JTG/T B07-01)的规定。当试验涂层的黏结强度小于1.5MPa 时,应重做涂装试验;若仍不合格,应变更涂层配套设计。

6 涂装应在无雨时进行,并应按设计规定的涂装道数和涂膜厚度施工。涂装施工过程中应采用湿膜厚度规随时检查湿膜厚度,控制涂层的均匀性及其最终厚度;每道涂层施工前应对上道涂层进行检查,涂层表面应均匀,无气泡、裂缝等缺陷;当涂层湿膜表面产生漏涂、流挂等情况时,应及时进行处理。

7 涂层干膜厚度的检测应在涂装完成7d后进行,检测时应按每 $50m^2$ 面积随机抽测1个点,测点总数应不少于30个。干膜的平均厚度应不小于设计厚度,最小厚度应不小于设计厚度的75%;当不符合上述要求时,应进行局部或全面补涂,直至达到设计要求的厚度为止。

8 涂层的验收应在涂装施工完成后14d内进行,验收时应提交各种涂料出厂质量合格证、设计文件或设计变更文件、涂装施工记录等资料。

20.6.3 混凝土表面硅烷浸渍的施工应符合下列规定:

1 宜采用辛基或异丁基硅烷或其他经论证的硅烷作为硅烷浸渍材料,所用材料的质量应符合设计要求及相应产品标准的规定。

2 浸渍硅烷前应按本章第20.6.2条第2款的要求对混凝土的表面进行处理,并应进行喷涂试验,试验应符合现行行业标准《公路工程混凝土结构防腐蚀技术规范》(JTG/T B07-01)的规定。

3 喷涂硅烷时混凝土的龄期应不少于28d,或混凝土修补后应不少于14d。混凝土表面应保持干燥,采用洁净水冲洗表面后应自然干燥72h;在水位变动区,应在海水落到最低潮位且混凝土表面无水时喷涂硅烷,并应尽量延长喷涂前的自然干燥期。有雨或有强风或有强烈阳光直射时不得喷涂硅烷。喷涂时混凝土表面的温度应在5~45℃之间。

4 浸渍硅烷的施工应符合产品的技术要求,并应由有经验的人员进行操作,施工人员应使用必要的安全防护设施。

5 对早期暴露于海水环境的现浇结构,应在模板拆除后立即浸渍硅烷,且待其表面自然干燥后再喷洒养护膜进行养护。

6 浸渍硅烷应连续喷涂施工,使被涂表面饱和溢流,各道喷涂之间的间隔时间应不少于6h。

7 浸渍硅烷施工完成后应进行质量验收。验收时应以每 $500m^2$ 浸渍面积为一个浸渍质量验收批,进行吸水率、硅烷浸渍深度和氯化物吸收量的降低效果测试。测试方法和质量标准应符合现行行业标准《公路工程混凝土结构防腐蚀技术规范》(JTG/T B07-01)的规定。

20.6.4 在混凝土中掺加钢筋阻锈剂时,其掺量和使用方法应符合相应产品的技术要求,并应经试配和适应性试验验证。阻锈剂的质量验证试验可按现行行业标准《水运工程混凝土试验规程》(JTJ 270)的规定执行。

20.6.5 混凝土结构采用透水模板衬里时,其布设应沿混凝土模板的纵向与横向同时张拉,防止褶皱;在拆除模板后宜继续保持该衬里附着于混凝土表面,且宜适当延长混凝土的养护时间。

20.6.6 采取其他特殊防腐蚀措施时，其施工技术要求可按现行行业标准《公路工程混凝土结构防腐蚀技术规范》(JTG/T B07-01)的规定执行。

20.7 海上施工安全

20.7.1 海上桥梁的施工安全除应符合本节的规定外，尚应符合本规范第25章的规定。

20.7.2 海上桥梁施工前应根据施工区域的自然、环境条件，编制切实可行的施工技术方案，优化海上作业工序，并应针对海上施工的特点制订相应的安全技术方案。所有参加海上施工的人员，均应进行上岗前的海上施工安全培训，并应接受安全技术交底，特殊工种应持证上岗。

20.7.3 海上作业的施工安全应符合下列规定：

1 在通航海域进行水上水下施工作业前，应按照《中华人民共和国水上水下施工作业通航安全管理规定》的程序，取得水上水下施工许可证。

2 海上工程施工时，应提前发布海上施工通报，并应按当地海事部门的规定，在施工作业区域的各个角点和海上船舶往来方向沿线，设置水上警戒、航行标志及危险信号灯标，必要时尚应在靠近航道的施工区域设立警戒船。

3 海上作业区应配备救生圈、救生衣、钩杆和报警器等救生设备；工作平台和围堰四周应设栏杆或安全网，上下跳板应牢固并应设扶手。作业人员必须穿救生衣。

4 交通船应按规定的载人数量运渡，严禁超载，且应配备足够的救生设备。

20.7.4 海上施工用电安全应符合下列规定：

1 通往海上的岸电线路，必须采用绝缘物架设，导线长度应留有余量，且不得承受挤压或机械拉力。

2 海上临时用电的电缆线必须绝缘良好并具有防水功能，电缆线的接头应进行防水处理。

3 海上施工采用的电器设备，应符合三相四线制的配线规定，并应设置专用开关箱。

4 水下电缆应设置在海床稳定、不易被冲刷、无障碍物的水域；在抛锚区、锚缆摆动区和有拖网渔船活动的水域，不得布设水下电缆。敷设有水下电缆的岸边，应设置醒目的警告标志。

5 水下电缆不得悬空于水中，应埋设于水底。在船舶进出的航行通道等需防范外部机械损伤的水域，应埋置于水底适当深度，浅水区埋深不宜小于0.5m，深水航道埋深不宜小于2m，并应加以稳固覆盖进行保护。

6 水下电缆相互间不得交叉、重叠,相邻的电缆应保持足够的安全间距。

20.7.5 海上施工船舶安全应符合下列规定:

1 施工船舶作业应遵守国家及当地政府有关部门的规定,施工前应对施工海域及船舶作业和航行的水上、水下、空中及岸边障碍物等进行实地勘察,制订防护性安全方案。

2 施工船舶应按海事部门的要求,设置必要的安全作业区或警戒区,并应按规定设置可昼夜显示的信号标志。施工船舶应保持通信畅通。

3 海上施工时应设专人负责收取海洋气象预报台发布的海洋水文、气象资料,并应按紧急程度及时发送至施工现场和作业船舶,使之对灾害性天气及时作出反应并进行防范。

4 施工船舶如遇大风、雾天,超过船舶抗风等级或能见度不良时,应停止作业,停止作业前应检查密闭全部舱口。

20.7.6 台风季节海上施工安全应符合下列规定:

1 施工前应按照“以防为主、有备无患”的原则,制订专门的保证台风季节海上施工安全的组织措施计划和防台风应急预案。

2 台风来临前,所有施工作业人员应按预定计划撤离到安全场所;施工船舶应按防台风计划进入避风锚地;各种临时设施应进行加固;施工现场应切断电源;机械设备应转移到地势较高的安全地带,并应防止被雨水浸泡;起重机械的吊臂应放在固定架上,吊钩应放置于地面并固定。对处于施工过程尚不具备抵御台风能力的工程结构,应按工程防台方案进行加固处理。

3 船舶在台风来临前应停止装载物资,已装载的应立即卸船,来不及卸船的,应调整平衡后进行加固处理。

21 桥面及附属工程

21.1 一般规定

21.1.1 本章适用于支座、伸缩装置、桥面防水与排水、桥面铺装、桥面防护设施及桥头搭板等的施工。金属防撞护栏的施工应符合现行行业标准《公路交通安全设施施工技术规范》(JTG F71)的有关规定。

21.1.2 支座、伸缩装置等桥梁专用产品应由具有相应资质的专业厂家制造,且在进场时应按相应产品标准的要求进行抽样检测。桥面防水材料的进场抽样检测,应按相应产品标准的要求进行。

21.1.3 桥面铺装施工时,运料车辆的等候排队应按施工组织设计的规定保持足够的距离,应避免车辆过于集中导致超载或偏载,损伤桥梁结构。

21.2 支座

21.2.1 支座的规格、性能应符合设计要求,并应符合相应产品标准的规定。

21.2.2 支座在使用前,应对其规格和技术性能进行核对检查,不符合设计要求的不得用于工程中。对有包装箱保护的支座,在安装前方可拆箱,并不得随意拆卸支座上的固定件。

21.2.3 支座在安装前,应对支座垫石的混凝土强度、平面位置、顶面高程、预留地脚螺栓孔和预埋钢垫板等进行复核检查,确认符合设计要求后方可进行安装。支座垫石的顶面高程应准确,表面应平整、清洁;对先安装后填灌浆料的支座,其垫石的顶面应预留出足够的灌浆料层的厚度。

21.2.4 支座安装时,应分别在垫石和支座上标出纵横向的中心十字线。安装完成的支座应与梁在顺桥方向的中心线相平行或重合,且支座应保持水平,不得有偏斜、不均匀受力和脱空等现象。

21.2.5 板式橡胶支座应符合现行行业标准《公路桥梁板式橡胶支座》(JT/T 4)的规定,其安装施工应符合下列规定:

1 支座在顺桥向和横桥向的方向、位置应准确,安装时应进行检查核对,避免反置。

2 当顺桥向有纵坡导致两相邻墩(台)的高程不同时,支座安装对高程的控制应符合设计规定,且同一片梁(板)在考虑坡度后其相邻墩垫石顶面高程的相对误差不得超过3mm。

3 梁、板吊装时,就位应准确且其底面应与支座密贴,否则应将梁、板吊起,重新调整就位安装;安装时不得采用撬棍移动梁、板的方式进行就位。

21.2.6 盆式支座应符合现行行业标准《公路桥梁盆式支座》(JT/T 391)的规定,其安装施工应符合下列规定:

1 梁、板底面和垫石顶面的钢垫板应埋置稳固。垫板与支座间应平整密贴,支座四周不得有0.3mm以上的缝隙,并应保持清洁。

2 活动支座的聚四氟乙烯板和不锈钢板不得有刮伤、撞伤。氯丁橡胶板块应密封在钢盆内,应排除空气,保持紧密。

3 活动支座安装前应采用适宜的清洁剂擦洗各相对滑移面,擦净后应在四氟滑板的储油槽内注满硅脂类润滑剂。

4 盆式支座的顶板和底板可采用焊接或锚固螺栓栓接在梁体底面和垫石顶面的预埋钢板上。采用焊接时,应对称、间断焊接,并应防止温度过高对橡胶板、聚四氟乙烯板以及对周边混凝土产生影响;焊接完成后,应在焊接部位作防锈处理。安装锚固螺栓时,其外露螺杆的高度不得大于螺母的厚度。

5 对跨数较多的连续梁,支座顶板纵桥向的尺寸,应考虑温度、预应力、混凝土收缩与徐变等影响因素引起的梁长变化,保证支座能正常工作。

21.2.7 球型支座应符合现行国家标准《桥梁球型支座》(GB/T 17955)的规定,其安装施工应符合下列规定:

1 支座的安装高度应符合设计要求,安装时应保证支座平面的水平,支座支承面的四角高差不得大于2mm。

2 安装支座板及地脚螺栓时,在下支座板四周宜采用钢楔块进行调整,使支座水平。支座在安装过程中不得松开上顶板与下底盘的连接固定板。

3 灌浆料应采用质量可靠的专用产品,灌浆应饱满、密实。灌浆料硬化并达到规定的强度后,应及时拆除支座四角的临时钢楔块,楔块抽出的位置应采用相同的灌浆料填塞密实。

4 在梁体安装完毕或现浇混凝土梁体形成整体并达到设计强度后,张拉梁体预应力之前,应拆除支座上顶板与下底盘的连接固定板,解除约束使梁体能正常转动和位移。

5 拆除连接固定板后,应对支座进行清洁,检查无误后灌注硅脂,并应及时安装支座外防尘罩。

6 当支座采用焊接连接时，应在支座准确定位后，采用对称、间断的方式焊接。焊接时应采取适当措施防止损伤支座的钢构件、聚四氟乙烯板、硅脂以及周边的混凝土等；焊接后应对焊接部位作防锈处理。

21.2.8 拉力支座、海洋环境桥梁防腐支座、竖向和横向限位支座等具有特殊功能和规格的支座，除应符合本节的规定外，尚宜按照相应产品推荐的方法进行安装施工。

21.2.9 支座安装质量应符合表 21.2.9-1 的规定。斜拉桥、悬索桥支座安装质量应符合表 21.2.9-2 的规定。

表 21.2.9-1 支座安装质量标准

项　　目		规定值或允许偏差
支座中心与主梁中线(mm)		2
支座顺桥向偏位(mm)		10
高程(mm)		符合设计规定；未规定时 ±5
支座四角高差(mm)	承压力≤5 000kN	小于 1
	承压力 >5 000kN	小于 2

表 21.2.9-2 斜拉桥、悬索桥支座安装质量标准

项　　目	规定值或允许偏差
竖向支座的纵、横向偏位(mm)	5
支座高程(mm)	±10
竖向支座垫石钢板水平度(mm)	2
竖向支座滑板中线与桥轴线平行度	1/1 000
横向抗风支座支挡垂直度(mm)	不大于 1
横向抗风支座支挡表面平行度(mm)	不大于 1
支挡表面与横向抗风支座表面间距(mm)	2

21.3 伸缩装置

21.3.1 伸缩装置的规格、性能应符合设计要求，并应符合现行行业标准《公路桥梁伸缩装置》(JT/T 327)的规定。

21.3.2 伸缩装置安装预留槽口的尺寸应符合设计规定，锚固钢筋的位置应准确。伸缩装置安装前应将预留槽口清理干净。

21.3.3 伸缩装置宜在桥面铺装完成后，采取反开槽的方式进行安装；当采取先安装再铺装桥面的方式时，应采取有效措施对安装好的伸缩装置进行妥善保护。

21.3.4 伸缩装置安装前,应按照现场的实际气温调整其定位值。安装固定后,两侧过渡段的混凝土宜在接缝伸缩开放状态下进行浇筑,浇筑时应采取措施防止已定位固定的构件移位,并应在浇筑后及时养护,养护时间应不少于7d。

21.3.5 梳齿板式伸缩装置安装时,应采取措施防止产生梳齿不平、扭曲和变形等现象,并应对梳齿间隙的偏差进行控制,在气温最高时,梳齿的横向间隙应不小于5mm,齿板的间隙应不小于15mm。

21.3.6 橡胶伸缩装置的安装施工应符合下列规定:

1 安装前应检查桥面端部预留槽口的尺寸及钢筋,确认无误后方可进行安装。采用后嵌式橡胶伸缩体时,应在桥面混凝土干燥收缩完成且徐变亦大部完成后再进行安装。

2 安装前应将预留槽口的混凝土表面清理干净,并涂防水胶黏材料。应根据气温和缝宽,进行必要的调整后,再将伸缩装置安装就位,且安装后应使其处于受压状态。

3 应根据安装时的环境温度计算并设置伸缩装置的模板宽度与螺栓间距,将加强钢筋与螺栓焊接就位后,再浇筑过渡段的混凝土并洒水养护。

4 向伸缩装置螺栓孔内灌注防蚀剂后,应及时盖好盖帽。

21.3.7 模数式伸缩装置所用的异形钢梁沿长度方向的直线度应满足1.5mm/m、全长应满足10mm/10m的要求;钢构件外观应光洁、平整,不得扭曲变形,且应进行有效的防腐处理。伸缩装置应在工厂进行组装,出厂时应附有效的产品质量合格证明文件;吊装位置应采用明显颜色标明;在运输和存放过程中应避免阳光直接暴晒或雨淋雪浸,并应保持清洁,防止变形。其安装施工应符合下列规定:

1 安装前应检查核对预留槽口尺寸和预埋锚固筋,不符合设计要求时应进行处理,满足设计要求后方可进行安装,并应根据安装时的气温确定安装的定位值。

2 安装时宜采用专用卡具将其固定,伸缩装置的中心线应与桥梁中心线重合,顶面高程应与设计高程相吻合;绑扎其他钢筋和铺设防裂钢筋网等工作,应在按桥面横坡定位、焊接固定后进行。

3 浇筑过渡段混凝土前应将间隙填塞;浇筑时应防止混凝土渗入伸缩装置的位移控制箱内,或撒落在密封橡胶带缝中及表面,如发生此现象,应立即清除;浇筑后应将填塞物及时取出。

4 伸缩装置两侧的过渡段混凝土应覆盖洒水养护不少于7d,其强度满足设计要求后,方可开放交通。

21.3.8 其他特殊形式和特殊规格的伸缩装置,宜按照产品推荐的方法进行安装施工。

21.3.9 伸缩装置安装质量应符合表21.3.9的规定。

表 21.3.9 伸缩装置安装质量标准

项目		规定值或允许偏差
长度(mm)		符合设计要求
缝宽(mm)		符合设计要求
与桥面高差(mm)		2
纵坡(%)	一般	±0.5
	大型	±0.2
横向平整度(mm)		3

注:缝宽应按安装时的气温折算。

21.4 桥面防水与排水

21.4.1 桥面防水层的层数和采用的材料应符合设计要求,材料的性能和质量应符合产品相应标准的规定。

21.4.2 铺设桥面防水层时应符合下列规定:

1 防水层材料应在进场时进行检测,在符合产品的相应标准后方可使用。

2 铺设防水材料前应清除桥面的浮浆和各类杂物。

3 防水层在横桥向应闭合铺设,底层表面应平顺、干燥、干净。防水层不宜在雨天或低温下铺设。

4 防水层通过伸缩缝或沉降缝时,应按设计规定铺设。

5 水泥混凝土桥面铺装层当采用织物与沥青黏合的防水层时,应设置隔断缝。

6 防水层施工完成后,在未达到规定的时间内,不得开放交通。

21.4.3 泄水管的施工应符合设计规定。泄水孔的顶面不应高于水泥混凝土铺装层的顶面。

21.5 混凝土桥面铺装

21.5.1 沥青混凝土桥面铺装的施工应符合下列规定:

1 铺装的层数和厚度应符合设计规定,铺装前应对桥面进行检查,桥面应平整、粗糙、干燥、整洁。铺筑前应洒布黏层沥青。

2 当采用刻槽方式增加沥青混凝土铺装层与混凝土桥面的啮合,提高其抗滑能力时,刻槽的宽度宜为20mm,槽间距宜为20mm,槽深宜为3~5mm。

3 沥青混凝土的配合比设计、铺筑及碾压等施工,应符合现行行业标准《公路沥青路面施工技术规范》(JTG F40)的有关规定。

21.5.2 水泥混凝土桥面铺装的施工应符合下列规定：

1 铺装的厚度、材料、铺装层结构、混凝土强度、防水层设置等均应符合设计规定。

2 桥面铺装工作应在梁体的横向联结钢板焊接工作或湿接缝浇筑完成后，方可进行。

3 铺装施工前应使梁、板顶面粗糙，清洗干净，并应按设计要求铺设纵向接缝钢筋和桥面钢筋网。

4 水泥混凝土桥面铺装，其做面应采取防滑措施，并宜分两次进行，第二次抹平后，应沿横坡方向拉毛或采用机具压槽，拉毛或压槽的深度应符合现行行业标准《公路水泥混凝土路面施工技术规范》(JTG F30)的有关规定。

5 水泥混凝土桥面铺装如设计为防水混凝土，施工时应按照防水混凝土的相关规定执行。

6 纤维水泥混凝土桥面铺装的施工，可参照现行行业标准《纤维混凝土结构技术规程》(CECS 38)的规定执行。

21.5.3 混凝土桥面铺装施工质量应符合表 21.5.3 的规定。

表 21.5.3 混凝土桥面铺装施工质量标准

项目			规定值或允许偏差	
强度或压实度			符合设计要求	
厚度(mm)			沥青混凝土	水泥混凝土
			+10，-5	+20，-5
平整度	高速公路、一级公路	IRI(m/km)	2.5	3
		σ(mm)	1.5	1.8
	其他公路	IRI(m/km)	4.2	
		σ(mm)	2.5	
		最大间隙 h(mm)	5	
横坡(%)		水泥混凝土面层	±0.15	
		沥青混凝土面层	±0.3	
抗滑构造深度			符合设计要求	

注：1. 桥长不足 100m 时，按 100m 处理。

2. 高速公路、一级公路上的小桥可按路面的要求进行质量控制。

21.6 钢桥面铺装

21.6.1 钢桥面铺装的结构层、厚度、材料等应符合设计规定。

21.6.2 钢桥面铺装施工前应制订专项施工技术方案，并应做好人员培训、材料的调查试验以及机具设备的检查维护等准备工作。

21.6.3 钢桥顶面在出厂时应按设计要求涂防锈漆，在桥面铺装施工前应喷丸除锈并作防锈处理。

21.6.4 铺装施工前应做试验段，试验段的铺设应包括钢桥面铺装的全部工序。

21.6.5 铺装施工在一道工序完成之后，下道工序应连续进行；上一层铺装施工前其下层应保持干燥、整洁，不得有尘土、杂物、油污或损坏，当不符合要求时应予处理。铺装层完工后，应规定时限，期间严禁车辆通行。

21.6.6 钢桥面铺装宜避开雨季施工。钢桥面铺装的每个层次均不得在雨天施工，施工中遇雨必须立即停工，在消除雨水所带来的危害后，方可重新施工。钢桥面铺装施工的环境温度应在15℃以上，且不宜在夜间施工。

21.6.7 对钢桥面沥青混凝土铺装进行检测时，不得采用钻孔法，而应采用无损检测法。钢桥面铺装施工质量应符合表21.6.7的规定。

表21.6.7 钢桥面铺装施工质量标准

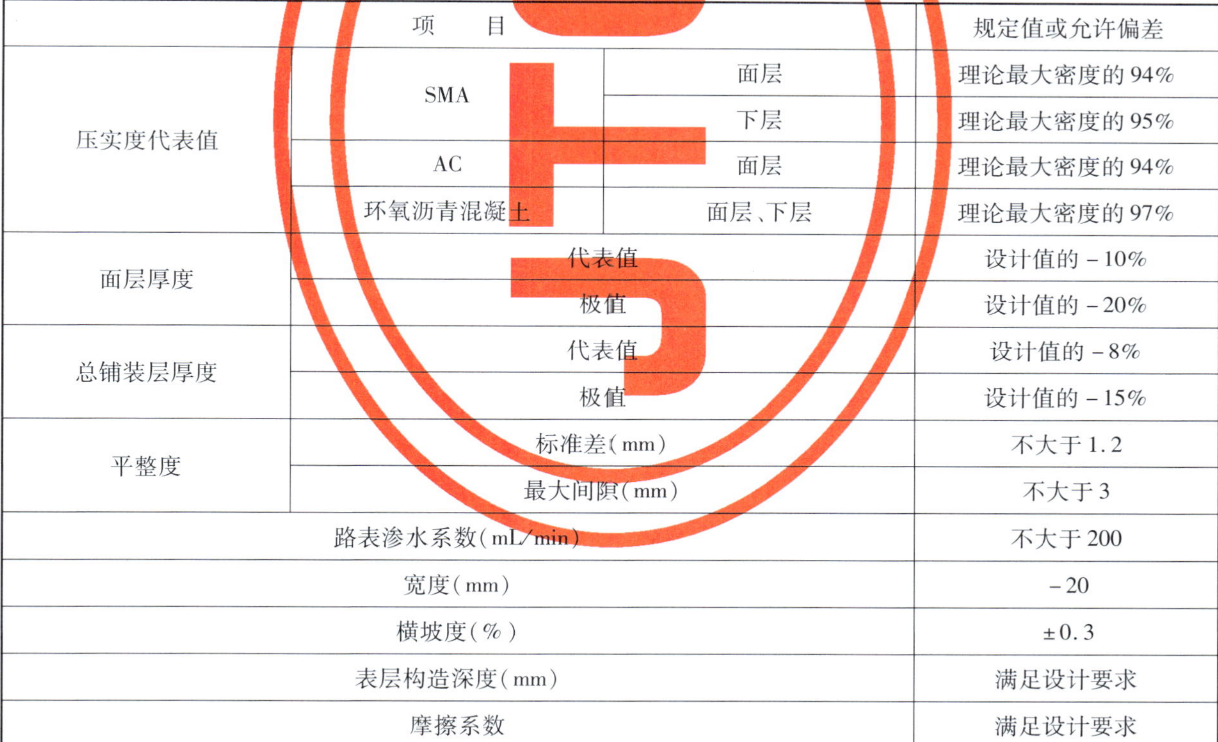

项目			规定值或允许偏差
压实度代表值	SMA	面层	理论最大密度的94%
		下层	理论最大密度的95%
	AC	面层	理论最大密度的94%
	环氧沥青混凝土	面层、下层	理论最大密度的97%
面层厚度	代表值		设计值的-10%
	极值		设计值的-20%
总铺装层厚度	代表值		设计值的-8%
	极值		设计值的-15%
平整度	标准差(mm)		不大于1.2
	最大间隙(mm)		不大于3
路表渗水系数(mL/min)			不大于200
宽度(mm)			-20
横坡度(%)			±0.3
表层构造深度(mm)			满足设计要求
摩擦系数			满足设计要求

21.7 桥面防护设施

21.7.1 混凝土防撞护栏的施工应符合下列规定：

1 对结构重心位于梁体以外的悬臂式防撞护栏，应在主梁横向联结或拱上结构完成后方可施工。

2 对就地现浇的防撞护栏,宜在顺桥向每间隔 5～8m 设 1 道断缝或假缝。

3 防撞护栏的钢筋应与梁体的预留钢筋可靠连接。

4 模板宜采用钢模,支模时宜在其顶部和底部各设 1 道对拉螺杆,或采用其他固定模板的装置。

5 宜采用坍落度较小的干硬性混凝土,浇筑时应分层进行,分层厚度不宜超过 200mm;振捣时应采取适当的措施使模板表面的气泡逸出。

6 对预制安装的防撞护栏,在搬运和安装时,应采取适当的保护措施,防止损伤棱角处的混凝土。连接钢板的焊接质量应符合设计要求和本规范的相关规定。

7 施工完成后的防撞护栏,其顶面高程和位置应准确,位于弯道上的护栏其线形应平顺。

8 混凝土防撞护栏施工质量应符合表 21.7.1 的规定。

表 21.7.1 混凝土防撞护栏施工质量标准

项　目	规定值或允许偏差	项　目	规定值或允许偏差
混凝土强度(MPa)	在合格标准内	竖直度(mm)	4
平面偏位(mm)	4	预埋件位置(mm)	5
断面尺寸(mm)	±5		

21.7.2 栏杆构件应在人行道板铺设完毕后方可安装。安装栏杆柱时,应全桥对直、校平,弯桥、坡桥应平顺。护栏、栏杆安装质量应符合表 21.7.2 的规定。

表 21.7.2 护栏、栏杆安装质量标准

项　目	规定值或允许偏差(mm)
护栏、栏杆平面偏位	4
扶手高度	±10
栏杆柱顶面高差	4
护栏,栏杆柱纵、横向竖直度	4
相邻栏杆扶手高差及护栏接缝两侧高差	3

21.7.3 人行道的安装施工应符合下列规定:

1 悬臂式人行道构件应在与主梁横向联结或拱上结构完成后方可安装。

2 人行道梁应采用 M20 稠水泥砂浆坐浆安装,并应使人行道顶面形成设计规定的横向排水坡。

3 人行道板应在人行道梁锚固后方可铺设;对设计无锚固的人行道梁、人行道板,应按照由里向外的次序铺设。

4 在安装有锚固的人行道梁时,其焊接质量应符合本规范第 19.5 节的规定。

5 人行道施工质量应符合表 21.7.3 的规定。

表 21.7.3 人行道施工质量标准

项目	规定值或允许偏差	项目	规定值或允许偏差
人行道边缘平面偏位(mm)	5	横坡(%)	±0.3
纵向高程(mm)	+10,-0	平整度(mm)	5
接缝两侧高差(mm)	2		

21.7.4 桥面安全带和缘石的安装施工应符合下列规定:

1 悬臂式安全带构件应在与主梁横向联结或拱上结构完成后方可安装。

2 安全带梁应采用 M20 稠水泥砂浆坐浆安装,并应使顶面形成设计规定的横向排水坡。

3 缘石宜采用现浇混凝土。

21.8 桥头搭板

21.8.1 桥头搭板下台后填土的填料宜以透水性材料为主,并应分层填筑、压实。

21.8.2 台后地基如为软土,应按设计要求对地基进行处理并对台后填土进行预压,预压应在搭板施工前完成。

21.8.3 钢筋混凝土桥头搭板的施工应符合下列规定:

1 钢筋混凝土搭板及枕梁宜采用就地浇筑的方式施工。

2 搭板钢筋与其下的垫层间宜设置垫块并应交错布置。在上、下两层钢筋之间应设置支撑保证其位置的准确。

3 浇筑搭板混凝土时应按照搭板的坡度由低处向高处进行,振捣时应避免碰撞钢筋、模板。

21.8.4 桥头搭板施工质量应符合表 21.8.4 的规定。

表 21.8.4 桥头搭板施工质量标准

项目		规定值或允许偏差
混凝土强度(MPa)		在合格标准内
枕梁尺寸(mm)	宽、高	±20
	长	±30
板尺寸(mm)	长、宽	±30
	厚	±10
顶面高程(mm)		±2
顶面纵坡(%)		0.3

22 涵洞

22.1 一般规定

22.1.1 涵洞在开工前应根据设计文件进行现场核对,当设计文件与现场的实际情况差别较大,确需变更时,应及时办理设计变更手续。对地形复杂处、斜交、平曲线和纵坡上的涵洞,应先绘出定位详图,再依图放样施工。

22.1.2 除设置在岩石地基上的涵洞外,涵洞的洞身及基础应根据地基土的情况,按设计要求设置沉降缝,且沉降缝处的两端面应竖直、平整,上下不得交错。填缝料应具有弹性和不透水性,并应填塞紧密。预制圆管涵的沉降缝应设在管节接缝处,预制盖板涵的沉降缝应设在盖板的接缝处,沉降缝应贯穿整个洞身断面;波形钢管涵可不设沉降缝。

22.1.3 涵洞施工完成后,砌体砂浆或混凝土强度达到设计强度的85%时,方可进行涵洞洞身两侧的回填。涵洞两侧紧靠涵台部分的回填土不宜采用大型机械进行压实施工,宜采用人工配合小型机械的方法夯填密实。填土的每侧长度均应符合设计规定;设计未规定时,应不小于洞身填土高度的1倍。填筑应在两侧同时对称、均衡地分层进行,填筑的压实度应不小于96%。涵洞顶部的填土厚度必须大于0.5m后方可通行车辆和筑路机械。

22.1.4 涵洞进出水口的沟床应整理顺直,与上下游导流、排水设施的连接应圆顺、稳固,并应保证流水顺畅。

22.2 混凝土管涵

22.2.1 混凝土圆管管节成品应符合下列规定:

1 管节端面应平整并与其轴线垂直;斜交管涵进出水口管节的外端面,应按斜交角度进行处理。

2 混凝土圆管管节成品质量应符合表22.2.1的规定。

表 22.2.1 混凝土圆管管节成品质量标准

项　　目	规定值或允许偏差	项　　目	规定值或允许偏差
混凝土强度(MPa)	在合格标准内	顺直度	矢度不大于0.2%管节长
内径(mm)	不小于设计值	长度(mm)	+5，-0
壁厚(mm)	正值不限，-3		

22.2.2 管节在运输、装卸过程中,应采取防止管节碰撞损坏的措施。管涵安装时应对接缝进行防水、防裂处置。

22.2.3 管涵基础的顶面应设置混凝土管座,管座的弧形面应与管身紧密贴合,使管节受力均匀。当管节直接放置在天然地基上时,应按照设计要求将管底的土层夯压密实或设置砂垫层,并做成与管身弧度密贴的弧形管座。

22.2.4 管节的安装施工应符合下列规定:

1 管节应按本节第22.2.1条的规定经检验合格后方可使用。

2 各管节应顺水流方向安装平顺,当管壁厚度不一致时应调整高度使下部内壁齐平;管节应垫稳坐实,安装完成后管内不得遗留泥土等杂物。

3 插口管安装时,其接口应平直,环形间隙应均匀,并应安装特制的胶圈或用沥青、麻絮等防水材料填塞;平接管安装的接缝宽度宜为10~20mm,其接口表面应平整,并应采用有弹性的不透水材料嵌塞密实,不得采用加大接缝宽度的方式满足涵洞长度要求。管节的接缝不得有间断、裂缝、空鼓和漏水等现象。

22.2.5 管涵施工质量应符合表22.2.5的规定。

表 22.2.5 管涵施工质量标准

项　　目		规定值或允许偏差
轴线偏位(mm)		50
流水面高程(mm)		±20
涵管长度(mm)		+100，-50
管座或垫层混凝土强度(MPa)		在合格标准内
管座或垫层宽度、厚度		不小于设计值
相邻管节底面错台(mm)	管径≤1m	3
	管径>1m	5

22.3 波形钢涵洞

22.3.1 波形钢管节、块件及连接螺栓应符合下列规定:

1 波形钢管节、块件及连接螺栓宜采用定型产品。其管节和块件除应满足强度要求外,尚应具有足够的刚度,在运输和安装过程中应具备抵抗冲击的能力,以及在安装就位后填土夯实时仍可保持不产生较大变形的能力。

2 波形钢管节、块件和连接螺栓均应作防腐处理。

22.3.2 波形钢管涵的轴线与路线中线正交时,对进出水口处的端节,其外端面应与管涵轴线垂直且平整。管涵轴线与路线中线斜交,当斜交角度小于或等于20°时,可将端节波形钢管的外端面切割成与路线中线平行的斜面,但斜切坡度不宜超过2∶1,并应将端节采用螺栓锚固于端墙或路堤斜坡上;斜交角度大于20°时,管涵的设置方式应符合设计规定。

22.3.3 在运输、装卸、堆放和安装管节或块件时,应采取措施防止其损坏,不得对管节和块件进行敲打或碰撞硬物。管节在搬运、安装时不得滚动;块件在运输、堆放时相互间宜设置适宜的材料予以隔离。对在施工中损坏的防腐涂层,应涂刷防锈漆进行修补。

22.3.4 管节的地基应予压实,并应做成与管身弧度密贴的弧形管座,管座所采用的材料应匀质且无大石块等硬物。波形钢管不得直接置于岩石地基或混凝土基座上,应在管节和地基之间设置砂砾垫层或其他适宜材料;对于软土地基,应先对其进行处理后,再填筑一层厚度不小于200mm的砂砾垫层并夯实紧密,方可安装管节;在寒冷地区,应对换填深度以及砂砾垫层材料的最大粒径和粉黏粒含量进行控制。

22.3.5 对拱式结构的波形钢管涵,其拱座基础应为钢筋混凝土或圬工结构,且波形钢块件的拱脚应置于拱座的预留槽中,或牢固地与预埋金属拱座相连。拱座支承面的宽度应不小于波形钢板的波幅尺寸。

22.3.6 波形钢管涵的安装施工应符合下列规定:

1 管节的形式、规格、直径和管壁厚度应符合设计规定。

2 拼装管节时,上游管节的端头应置于下游管节的内侧,不得反置;采用法兰盘或管箍环向拼接时,应将螺栓孔的位置对准,并应按产品设计规定的扭矩值进行螺栓的施拧。

3 管节或块件之间的接缝应采用不透水的弹性材料进行嵌塞,宽度宜为2~5mm;接缝嵌塞材料应连续,不得有漏水现象。

4 各管节应顺水流方向安装平顺,垫稳坐实,安装完成后管内不得遗留泥土等杂物。

5 波形钢管涵宜设置预拱度,其大小应根据地基可能产生的下沉量、涵底纵坡和填土高度等因素综合确定,但管涵中心的高程应不高于进水口的高程。

6 在涵洞的进出水口处,当波形钢管节的管端与涵洞刚性端墙相连时,宜采用直径不小于20mm的螺栓,按不大于500mm的间距,将管节与端墙墙体予以锚固。

22.3.7 波形钢管涵安装后的填土施工应符合下列规定：

1 填土的材料宜采用砾类土、砂类土，或砾、卵石与细粒土的混合料；当细粒土的成分为黏性土或粉土时，所掺入的石料体积应占总体积的2/3以上。

2 在距波形钢管0.3m范围内的填土中，不得含有尺寸超过80mm的石块、混凝土块、冻土块、高塑性黏土块或其他有害腐蚀材料。

3 管涵两侧的填土应对称、均衡地进行，水平分层的压实厚度宜为150～200mm。

4 管顶填土前，对直径1.25m及以上的波形钢管涵，宜在管内设置一排竖向临时支撑；对直径大于2.0m的波形钢管涵，宜在管内设置竖向和横向十字临时支撑，防止其在填土过程中产生变形。管内的临时支撑应在填土不再下沉后方可拆除。

5 管顶填土的最小厚度应在符合表22.3.7的规定后，方可允许车辆通行。

表22.3.7 波形钢管涵管顶最小填土厚度(mm)

管涵直径(m)	车辆轴载（kN）			
	100～200	201～500	501～1 000	1 001～2 000
0.75	400	600	800	1 200
0.80～1.25	600	800	1 200	1 600
1.30～2.00	800	1 200	1 600	2 000
3.00～4.00	1 200	1 600	2 000	2 500

注：1. 表中数值未考虑动荷载的效应。

2. 管涵直径的数值不连续时，其最小填土厚度的数值可内插求得。

22.3.8 波形钢管涵施工的质量应符合本章表22.2.5的规定。

22.4 倒虹吸管

22.4.1 倒虹吸管宜采用钢筋混凝土或混凝土圆管，进出水口应设置竖井及防淤沉淀井。施工时管节接头及进出水口砌缝的质量应严格控制，不得漏水。填土覆盖前应做灌水试验，符合要求后，方可回填土。

22.4.2 倒虹吸管如需在冰冻期施工时，除应符合本规范第24章的规定外，还应在灌水试验后及时将管内积水排出。

22.4.3 倒虹吸管的进出水口应在完工后及时上盖，并应按设计要求及时安装防堵塞装置。

22.4.4 倒虹吸管施工质量应符合表22.4.4-1的规定，灌水试验渗水量应符合表22.4.4-2的规定。

表 22.4.4-1　倒虹吸管施工质量标准

项　　目		规定值或允许偏差
轴线偏位(mm)		20
流水面高程(mm)		±20
涵管长度(mm)		+100, -50
管座或垫层混凝土强度(MPa)		在合格标准内
管座或垫层宽度、厚度(mm)		不小于设计值
相邻管节底面错台(mm)	管径≤1m	3
	管径>1m	5
砂浆强度(MPa)		在合格标准内
井底高程(mm)		±15
井口高程(mm)		±20
圆井直径或方井边长(mm)		±20
井壁井底厚(mm)		+20, -5

表 22.4.4-2　倒虹吸管灌水试验渗水量限值

管径(m)	最大渗水量(混凝土和钢筋混凝土)		管径(m)	最大渗水量(混凝土和钢筋混凝土)	
	$m^3/(d \cdot km)$	L/(h·m)		$m^3/(d \cdot km)$	L/(h·m)
0.75	27	1.13	1.50	42	1.75
1.00	32	1.33	2.00	52	2.17
1.25	37	1.54	2.50	62	2.58

22.5　拱涵、盖板涵

22.5.1　拱涵、盖板涵的施工除应符合本节的规定外,对钢筋、模板支架、混凝土、砌体等的施工尚应符合本规范相应章节的规定。

22.5.2　拱圈和出入口拱上端墙的砌筑施工,应由两侧向中间同时对称进行。

22.5.3　拱涵、盖板涵混凝土的现场浇筑施工在涵长方向宜连续进行;当涵身较长不能一次连续完成时,可沿长度方向分段进行浇筑,施工缝应设在涵身的沉降缝处。现浇混凝土拱圈时,应对称浇筑,最后浇筑拱顶,或在拱顶预留合龙段最后浇筑并合龙。

22.5.4　就地浇筑的拱涵和盖板涵,宜采用钢模板或胶合板模板。采用土胎就地现浇时应有保证浇筑质量的可靠措施。

22.5.5　拱圈、盖板的预制施工除应符合本规范第15、16章的相关规定外,尚应注意检查盖板上下面的方向，对斜交涵洞应注意斜交角的方向，避免发生反向错误。

22.5.6 预制拱圈和盖板的安装应符合下列规定：

1 预制构件的混凝土强度应达到设计强度的85%后，方可搬运安装，设计有规定时应从其规定。

2 安装前，应检查构件及拱座、涵台的尺寸；安装后，拱圈和盖板上的吊装孔，应以砂浆填塞密实。

3 拱座与拱圈、拱圈与拱圈的拼装接触面，应先拉毛或凿毛（沉降缝处除外），安装前应浇水湿润，再以M10水泥砂浆砌筑。

22.5.7 拱架拆除和拱顶填土应符合下列规定：

1 先拆除拱架再进行拱顶填土时，拱圈和护拱的砌筑砂浆或混凝土的强度应符合设计规定，设计未规定时，应达到设计强度的85%后，方可拆除拱架，且在拱架拆除时应先完成拱脚以下部分回填土的填筑；达到设计强度的100%后，方可进行拱顶填土。

2 在拱架未拆除的情况下进行拱顶填土时，拱圈和护拱砌筑砂浆或混凝土的强度应符合设计规定，设计未规定时，应达到设计强度的85%后，方可进行拱顶填土；拱架应在拱圈强度达到设计强度的100%后，方可拆除。

22.5.8 拱涵施工质量应符合表22.5.8-1的规定，盖板涵施工质量应符合表22.5.8-2的规定。

表22.5.8-1 拱涵施工质量标准

项目		规定值或允许偏差
轴线偏位(mm)		50
流水面高程(mm)		±20
涵底铺砌厚度(mm)		+40，−10
涵长(mm)		+100，−50
孔径(mm)		±20
净高(mm)		±50
混凝土或砂浆强度(MPa)		在合格标准内
涵台断面尺寸(mm)	片石砌体	±20
	混凝土	±15
垂直度或斜度		0.3%台高
涵台顶面高程(mm)		±10
拱圈厚度(mm)	砌体	±20
	混凝土	±15
内弧线偏离设计弧线(mm)		±20

表 22.5.8-2　盖板涵施工质量标准

项　　目		规定值或允许偏差
轴线偏位(mm)		明涵 20,暗涵 50
流水面高程(mm)		±20
涵底铺砌厚度(mm)		+40,-10
涵长(mm)		+100,-50
孔径(mm)		±20
净高(mm)		明涵 ±20,暗涵 ±50
混凝土或砂浆强度(MPa)		在合格标准内
涵台断面尺寸(mm)	片石砌体	±20
	混凝土	±15
垂直度或斜度		0.3% 台高
涵台顶面高程(mm)		±10
盖板高度(mm)	明涵	+10,-0
	暗涵	不小于设计值
盖板宽度(mm)	现浇	±20
	预制	±10
盖板长度(mm)		+20,-10
支承面中心偏位(mm)		10
相邻板最大高差(mm)		10

22.6　箱涵

22.6.1　预制钢筋混凝土箱涵节段拼装时,接缝两侧的混凝土表面应采用清水冲洗干净,再按设计要求进行拼接施工。拼装时应符合下列规定:

1　设计未规定时,预制构件的混凝土强度应达到设计强度的 85%,方可吊运、安装。

2　构件安装前,应完成构件、地基、定位测量等验收工作。

22.6.2　就地浇筑的箱涵可视具体情况分阶段施工,且宜先进行底板和梗肋的混凝土浇筑,然后再完成剩余部分的混凝土浇筑。本阶段施工时前一阶段的混凝土强度要求以及施工缝的处理,应符合本规范第 6 章的规定。

22.6.3　混凝土强度达到设计强度的 85% 时,方可拆除支架;达到设计强度的 100% 后,方可进行涵顶回填土。设计有具体要求的应从其规定。

22.6.4　箱涵施工质量应符合表 22.6.4 的规定。

表 22.6.4 箱涵施工质量标准

项　　目		规定值或允许偏差
轴线偏位(mm)		明涵 20,暗涵 50
流水面高程(mm)		±20
涵长(mm)		+100,-50
混凝土强度(MPa)		在合格标准内
高度(mm)		+5,-10
宽度(mm)		±30
顶板厚(mm)	明涵	+10,-0
	暗涵	不小于设计值
侧墙和底板厚度(mm)		不小于设计值
平整度(mm)		5

22.7 涵洞接长

22.7.1 接长涵洞的施工,除应符合本节的规定外,尚应符合本章相应涵洞类型的规定。

22.7.2 既有涵洞与新建涵洞连接处应按沉降缝处理。接长涵洞的涵底(铺砌)应与既有涵洞的涵底(铺砌)顺接,并应符合设计要求的涵底纵坡。

22.7.3 对有流水的涵址,施工前应据实际情况制订可行的排水措施。

22.7.4 当明挖新建涵台的基底高程低于既有涵台基底高程时,应对既有涵台基础做好防护措施。

22.7.5 对于软基上采用沉入桩的涵洞基础,沉桩不宜采用射水或振动法施工;沉桩顺序应从靠近既有涵洞的一侧开始,逐排向外扩展,同时应随时监测既有涵台的沉降变形。

23 通道桥涵

23.1 桥涵顶进施工

23.1.1 本节适用于将桥涵结构主体从既有公路、铁路路基及其他构筑物地基下顶进穿越的通道桥涵施工。

23.1.2 顶进施工前应进行现场调查,制订专项施工技术方案,并应进行下列计算和验算:

1 应进行工作坑地基的承载能力、边坡稳定性计算,以及顶推后背承载能力计算。当采用从一侧顶进的方法施工时,应进行桥涵上覆土抗推能力计算。对于有沉降限值要求的工程,应进行地基或地面沉降计算。

2 采用对拉法、牵引法时,应进行拉杆或者拉索等受力构件的强度计算;采用对拉法、对顶法时,应进行桥涵上覆土抗隆起承载能力计算。

3 采用井点降水时,应进行水力计算。当实际地基的地质与设计资料不符时,应根据降水后实测的土力学指标,验算桥涵顶进过程中的地基承载力。

23.1.3 顶进作业宜在地下水位降至基底以下0.5~1.0m时进行,且宜避开雨季施工,必须在雨季施工时应做好防洪及防雨排水工作。复杂条件下的大型桥涵顶进施工时,应根据地质条件和上部建筑的结构安全要求,采取必要的顶进围护结构和地基加固措施,保证顶进施工自身以及上部、周边构筑物的安全。

23.1.4 顶进工作坑及后背的施工应符合下列规定:

1 工作坑的位置应根据现场地形、土质、结构物尺寸及施工需要确定。在保证排水和安全的前提下,工作坑边缘距公路、铁路和其他构筑物应有足够的安全距离。

2 工作坑基底和顶推后背的承载力应能满足顶入桥涵的要求,边坡应稳定,否则应加固。

3 工作坑滑板的中心线应与桥涵中心线一致。滑板应具有足够的强度、刚度和稳定性,必要时应在滑板上层配置钢筋网,并应防止顶进时滑板开裂;滑板的表面应平整,底面宜设粗糙面或锚梁增加抗滑能力,且宜将滑板做成前高后低的仰坡,坡度宜为0.2%~0.5%,地基承载力较好时宜取小值,反之取大值。沿顶进方向的滑板两侧距桥涵外缘

50～100mm处宜设置导向墩，控制桥涵的顶入方向。

23.1.5 通道桥涵的预制除应符合本规范相应章节的规定外，支模时尚应使两侧侧墙的前端保持10mm的正偏差，后端保持10mm的负偏差。预制桥涵的前端应按设计要求设置钢刃角。

23.1.6 顶进作业应符合下列规定：

1 顶进前应对桥涵主体结构进行质量验收，同时应检查顶进设备并做预顶试验。千斤顶应按桥涵的中轴线对称布置，顶进的传力设备安装时应与顶力线一致并与横梁垂直；顶程较长时，顶柱与横梁应采用可靠的方法固定。

2 桥涵顶进时的挖土应与监测紧密配合，根据顶进偏差应随时调整挖土方法，挖土时应保持刃角有足够的吃土量，挖掘进尺及坡度应视土质情况确定。

3 涵管顶进施工时应在工作坑内安装导轨，导轨高程的允许偏差为±2mm，中心线允许偏差为3mm。首节涵管安放在导轨上时，应测量其中线和前后两端的高程，符合要求后方可顶进。作业时可在涵管前端先挖土后顶进，且轴向超挖量在铁路道砟下不得大于100mm，其余情况不得大于300mm，涵管上部超挖量不得大于15mm，下部135°范围内不应超挖。

4 顶进作业宜连续进行，不宜长期停工，应防止地下水渗出，造成坍塌。发生事故时应立即停止顶进并进行处理。

5 桥涵顶进时，对节间接缝及结构物应按设计要求进行防水处理。

23.1.7 桥涵顶进作业时应进行下列监测与控制：

1 桥涵顶进施工过程中，应监测桥涵主体结构的倾斜和偏位以及后背的变形，如有偏差应采取措施及时纠正。

2 穿越铁路顶进施工时，应监测线路加固受力构件的变形、线路横移量、轨道沉降等；穿越公路顶进施工时，应监测路面的沉降、路面横移量、路面隆起等；穿越重要构筑物顶进施工时，应根据其结构安全要求，确定监测的内容和方法，采取控制措施。

23.1.8 桥涵顶进施工质量应符合表23.1.8的规定。

表23.1.8 桥涵顶进施工质量标准

项目		规定值或允许偏差	
		框构桥、箱涵	管涵
轴线偏位(mm)	涵(桥)长＜15m	100	50
	涵(桥)长15～30m	150	100
	涵(桥)长＞30m	300	200

续上表

项目		规定值或允许偏差	
		框构桥、箱涵	管涵
高程(mm)	涵(桥)长<15m	+30,-100	±20
	涵(桥)长15~30m	+40,-150	±40
	涵(桥)长>30m	+50,-200	+50,-100
相邻两节高差(mm)		30	20

23.2 防水与排水

23.2.1 防水与排水的施工应符合下列规定:

1 通道防水设施的施工应符合设计要求,并应在结构物验收合格后方可施工。

2 通道桥涵地面以下结构和防、排水设施施工时,应防止周围的地面水流入基坑;当基坑底低于地下水位时,应采取井点法或其他排水方法将地下水位降低至桥涵底部防水层以下不小于0.3m处。不得在带泥水情况下进行防水混凝土和其他防、排水设施的施工。

3 排水工程应按设计规定施工;设计未规定时,集水井、排水管、水泵、总排水管(明渠)的排水能力应大于地面汇水范围内设计水流量的1.5倍。

4 集水井的数量、尺寸应根据地面水流量和每个集水井的泄水能力确定,井口应设平箅盖,并应设深度不小于0.3m的沉淀池。集水井、检查井的深度宜为1.5m,并应考虑通道桥涵排水构造和冻胀的影响。

23.2.2 排水管和排水总管的施工应符合下列规定:

1 排水管道应垫稳并连接平顺,管间承插口或套环接口应平直,环间间隙应均匀。管道与集水井间应连接牢固,接缝处和结合处均应采用弹性不透水材料充填密实。采用抹带接口时,其表面应平整,不得有裂缝、间断及空鼓等现象。

2 排水管道或排水总管每隔50m及转弯处均应设检查井,井底应设沉淀池。管道的纵坡不应小于0.5%。

3 应对排水管道和排水总管做闭水试验,其允许渗水量应符合本规范表22.4.4-2的规定。

23.2.3 自流式盲沟排水和渗排水层排水的施工应符合下列规定:

1 盲沟滤管基座应采用混凝土浇筑,并应与滤管密贴;纵坡应均匀,无反向坡。管节应逐节检查,不合格者不得使用。

2 渗排水层可由粗细卵石和粗细砂分层构成。施工时基坑中如有积水,应将水位降到砂滤水层以下,且不得在泥水层中做滤水层。施工完成后的渗排水系统应保持畅通。

23.2.4 集水井和检查井施工质量应符合表23.2.4-1的规定，排水管道施工质量应符合表23.2.4-2的规定。

表23.2.4-1 集水井和检查井施工质量标准

项目	允许偏差(mm)	项目	允许偏差(mm)
轴线偏位	不大于50	通道内检查井井盖与邻接路面高差	+4，-0
圆井直径或方井长度	±20	集水井与邻接路面高差	+0，-4
井盖高程	±10		

表23.2.4-2 排水管道施工质量标准

项目	允许偏差(mm)	项目	允许偏差(mm)
轴线偏位	50	基座宽度	+80，-0
管底高程	±20	相邻管内底错口	5(下游低于上游)

24 冬期、雨期及热期施工

24.1 一般规定

24.1.1 冬期、雨期及热期的桥涵施工,应根据不同的季节特点制订相应的施工技术方案,并应采取有针对性的措施,保证工程质量和施工安全。

24.1.2 施工前应及时掌握气温、雨雪、风暴、汛情等预报,制订应急预案,做好安全防范工作,避免发生事故。施工操作人员应按劳动保护的规定,采取必要的防护措施。

24.1.3 冬期、雨期及热期的施工除应符合本章的规定外,尚应符合本规范其他章节的相关规定。

24.2 冬期施工

24.2.1 根据当地多年气温资料,室外昼夜日平均气温连续5d稳定低于5℃时,钢筋、预应力、混凝土及砌体等工程应采取冬期施工的措施。严寒期不宜进行施工。

24.2.2 冬期施工的工程,应预先做好冬期施工组织计划及技术准备工作。对各项设施和材料,应提前采取防雪、防冻、防火及防煤气中毒等防护措施;对钢筋的冷拉和预应力筋的张拉,应制订专门的施工工艺及安全技术方案;对处于结冰水域的结构物,应采取必要的防护措施,防止其在施工期间和完工后遭受冻胀、流冰撞击等危害。

24.2.3 冬期施工期间,除永冻地区外,地基在基础施工和养护时,均不得受冻。

24.2.4 钢筋的焊接、冷拉及预应力筋的张拉应符合下列规定:

1 焊接钢筋宜在室内进行;当必须在室外进行时,最低温度不宜低于-20℃,并应采取防雪、挡风等措施,减少焊件的温度差。焊接后的接头严禁立刻接触冰雪。

2 冷拉钢筋时环境温度不宜低于-15℃,当采取可靠的安全措施时可不低于-20℃;当采用控制应力或冷拉率方法冷拉时,冷拉控制应力宜较常温时酌予提高,提高值应经试验确定。

3 张拉预应力筋时的环境温度应不低于 -15℃。

4 钢筋的冷拉设备、预应力筋张拉设备以及仪表工作油液,应根据实际使用时的环境温度选用,并应在使用时的环境温度条件下进行配套校验。

24.2.5 混凝土的配制和搅拌应符合下列规定:

1 配制混凝土时,宜选用硅酸盐水泥或普通硅酸盐水泥,水泥的强度等级不宜低于42.5,水胶比不宜大于0.5;采用蒸汽养护时,宜选用矿渣硅酸盐水泥;采用加热法养护掺加外加剂的混凝土,严禁使用高铝水泥;使用其他品种的水泥时,应考虑其掺合材料对混凝土强度、抗冻、抗渗等性能的影响。当有抗冻性要求时,混凝土的配制应符合本规范第6.13.3条的规定。

2 搅拌设备宜设在气温不低于10℃的厂房或暖棚内。拌制混凝土前及停止拌制后,应采用热水冲洗搅拌机的拌盘或鼓筒。集料宜堆放在棚房内或采用保温材料进行覆盖,防止出现冻块。

3 拌制混凝土时各种材料的温度,应满足混凝土拌和物拌和后所需要的温度。当材料原有温度不能满足要求时,应首先考虑对拌和用水加热;仍不能满足要求时,再考虑对集料加热;水泥仅能保温,不得加热。各种材料需要加热的温度应根据冬期施工热工计算公式计算确定,但不得超过表24.2.5的规定。

表24.2.5 拌和水及集料最高温度(℃)

项 目	拌和水	集 料
强度等级小于42.5的普通硅酸盐水泥、矿渣硅酸盐水泥	80	60
强度等级大于或等于42.5的普通硅酸盐水泥、矿渣硅酸盐水泥	60	40

注:当集料不加热时,水可加热到100℃,但水泥不应与80℃以上的水直接接触。加料顺序为先加集料和已加热的水,然后再加水泥。

4 冬期搅拌混凝土时,应严格控制混凝土的配合比和坍落度,集料不得带有冰雪和冻结团块。投料前,应先采用热水或蒸汽冲洗搅拌机。加料顺序应先为集料、水,稍加搅拌后再加入水泥,且搅拌时间应比常温时延长50%。混凝土拌和物的出机温度不宜低于10℃,入模温度应不低于5℃。

24.2.6 混凝土的运输和浇筑应符合下列规定:

1 混凝土的运输时间应最大限度地缩短,运输混凝土的容器应有保温措施。

2 混凝土在浇筑前应清除模板、钢筋上的冰雪和污垢。浇筑完成后开始养护时的温度,采用蓄热法养护时不得低于10℃,采用蒸汽法养护时不得低于5℃,细薄结构不得低于8℃。

3 冬期施工在浇筑混凝土时,应在新混凝土浇筑前对接合面加热,其温度应保持在5℃以上。浇筑完成后,应采取措施使混凝土接合面继续保持正温,直至新浇混凝土达到规定的抗冻强度。浇筑预应力混凝土构件的湿接缝时,应适当降低水胶比。浇筑完成后应加热或连续保温养护,直至接缝混凝土或水泥砂浆抗压强度达到设计强度的75%。

4 喷射混凝土作业区的环境温度和进入喷射机的材料温度应不低于5℃。已喷射混凝土的强度达到5MPa前不得受冻。

24.2.7 混凝土的养护应符合下列规定：

1 冬期施工期间，采用硅酸盐水泥或普通硅酸盐水泥配制的混凝土，在其抗压强度达到设计强度的40%以前；采用矿渣硅酸盐水泥配制的混凝土，在其抗压强度达到设计强度的50%以前，均不得受冻。

2 混凝土的养护方法，宜根据技术、经济比较和热工计算确定。当室外最低温度不低于-15℃时，地面以下的工程或结构表面系数不大于$15m^{-1}$的结构，宜采用蓄热法养护；当蓄热法不能适应强度增长速度要求时，可根据具体情况，选用蒸汽加热、暖棚加热等方法进行养护。

24.2.8 采用蓄热法养护混凝土时，应符合下列规定：

1 应根据环境条件，在经计算能保证结构物不受冻害的情况下方可采用蓄热法养护混凝土。

2 混凝土应采用较小的水胶比，养护过程中应采取加速混凝土硬化和降低混凝土冻结温度的措施。对容易冷却的结构部位，应特别加强保温，且不应往混凝土和覆盖物上洒水。

24.2.9 采用蒸汽加热法养护混凝土时，混凝土的升、降温速度不得超过表24.2.9的规定。当采用普通硅酸盐水泥时，养护温度不宜超过80℃；采用矿渣硅酸盐水泥时，养护温度可提高到85℃。对大体积混凝土，养护时的升、降温速度宜按温控设计的要求确定。

表24.2.9 加热养护混凝土的升、降温速度(℃/h)

表面系数(m^{-1})	升温速度	降温速度
≥6	15	10
<6	10	5

24.2.10 采用暖棚加热法养护混凝土时，暖棚应坚固、不透风，内墙宜采用非易燃性材料，且暖棚内应有防火、防煤气中毒的安全防护措施。暖棚内的温度不得低于5℃，且宜保持一定的湿度，湿度不足时，应向混凝土面及模板洒水。

24.2.11 采用蓄热法和加热法养护的混凝土结构，其模板的拆除应符合下列规定：

1 应根据与结构同条件养护试件的试验，证明混凝土已达到要求的抗冻强度及拆模强度后方可拆除模板。

2 加热养护的结构模板和保温层，在混凝土表面冷却到5℃以后，方可拆除。拆除后当混凝土表面温度与环境温度相差大于20℃时，仍应对混凝土表面加以覆盖保温，使其缓慢冷却。

24.2.12 对掺用防冻剂的混凝土,其养护应符合下列规定:

1 在负温条件下严禁洒水,外露表面应采用塑料薄膜及保温材料双层覆盖养护。养护温度不得低于抗冻剂规定的温度,当达不到规定温度时应采取加热保温的措施。

2 拆模后混凝土的表面温度与环境温度差大于15℃时,仍应对混凝土表面采取覆盖保温的措施。

24.2.13 灌注桩在冬期施工时,混凝土不得掺抗冻剂,灌注时混凝土拌和物的温度应不低于5℃,对已凿除桩头预留混凝土的桩顶部位应采取措施进行覆盖保温养护。

24.2.14 砌体冬期施工时,所使用的材料应符合下列规定:

1 砌块应干净,无冰霜附着;砂不得含有冰块或冻结团块。被水浸泡后受冻的砌块不得使用。

2 砂浆宜采用普通硅酸盐水泥拌制,搅拌时间宜比常温时增加0.5~1倍,且宜随拌随用,砌石砂浆的稠度宜较常温时适当加大。砌筑时砂浆应保持正温,砂浆与石料或砌块表面的温差不宜超过20℃。

24.2.15 砌体采用保温法在暖棚中砌筑时,砌块的温度应在5℃以上;砂和水加温拌和的砂浆,其温度不得低于15℃;棚内地面处的温度不得低于5℃。砂浆的保温时间应以达到其抗冻强度为准。养护期间应洒水,保持砌体湿润。

24.2.16 采用抗冻砂浆砌筑砌体时,应符合下列规定:

1 抗冻砂浆在严寒地区宜采用硅酸盐水泥或普通硅酸盐水泥,其他地区可采用矿渣水泥、火山灰质硅酸盐水泥或粉煤灰硅酸盐水泥;抗冻砂浆宜采用细度模数较大的砂;抗冻剂掺量宜通过试验确定。

2 抗冻砂浆使用时的温度不得低于5℃。当设计无要求且一天最低气温低于-15℃时,承重砌体的砂浆强度应按常温时提高一级。

3 采用抗冻砂浆砌筑的砌体,应在砌筑后加以覆盖,但不得洒水。对未采取抗冻措施的浆砌砌体,在砂浆抗压强度达到设计强度的70%前,不得受冻。

24.2.17 冬期施工时,混凝土工程的质量检验除应符合本规范第6章的规定外,尚应符合下列规定:

1 应对混凝土用水和集料的加热温度、混凝土的加热养护方法和时间等进行检查。

2 集料和拌和水输入拌和机时的温度、混凝土自拌和机输出时的温度及浇筑时的温度,每一工作班至少应检查3次。

3 对混凝土在养护期间温度的检查,当采用蓄热法养护时,每昼夜至少应定时检查4次;采用加热法养护时,升温及降温期间至少每小时应检查1次,恒温期间至少每2h应检查1次。对室内外的环境温度,每昼夜应定时定点检查4次。

4 检查混凝土温度前,应绘制测温孔布置图并编号。对测温孔的位置,当采用蓄热法养护时,应设置在易冷却部位;当采用加热法养护时,应在离热源不同位置分别设置;厚大结构应在表层及内部分别设置。测温时温度计应与外界温度隔绝,并应在测温孔内留置不少于3min。

5 混凝土除应预留标准试件外,尚应制取相同数量与结构同条件养护的试件。对采用蒸汽加热法养护的混凝土结构,除应制取标准养护试件外,尚应同时制取与混凝土结构同条件蒸养后,再在标准条件下养护到28d的试件,用以检查经过蒸养后混凝土28d的强度。冬期施工混凝土的质量评定方法与常温施工混凝土相同。

24.2.18 砌体冬期施工的质量检验除应符合本规范第14章的规定外,尚应符合下列规定:

1 对室外气温、暖棚气温及砂浆温度,每昼夜应定时检查不少于3次。

2 对抗冻剂的掺量,每一工作班组的检查应不少于1次。

3 砂浆强度应以在标准条件下养护28d的试件试验结果为准,试件制取组数不应少于常温下施工的试件组数。每一单元砌体(如墩台、拱圈、涵洞)应同时制取与砌体同条件养护的试件,用以检查砂浆强度实际增长情况。砂浆强度的质量评定方法与常温施工的砂浆相同。

24.2.19 桥面沥青防水层不宜在低温下施工。伸缩装置应按设计要求且在适宜的温度范围内安装;气温在5℃以下时,不宜进行橡胶伸缩装置的安装施工。

24.3 雨期施工

24.3.1 在降雨量集中季节且会对工程质量造成影响时,应按雨期的要求进行施工。

24.3.2 雨期施工应通过当地气象部门提前获取气象预报资料,制订切实可行的施工组织计划、施工技术方案及应急预案,做好防范各种自然灾害的准备工作。雨期施工应提前准备必要的防洪抢险器材、机具及遮盖材料,对水泥、钢材等工程材料应有防雨防潮、对施工机械应有防止洪水淹没等措施;施工场地和生活区应设置排水设施;同时应制订安全用电规程,严防漏电、触电;雷区应有防雷措施。

24.3.3 雨期施工的工作面不宜过大,宜逐段、分片、分期施工。雨期施工应避开大风大雨天气,遇暴风雨或受洪水危害时应停止施工作业。

24.3.4 雨期进行基础施工时应符合下列规定:

1 基坑开挖时,应设挡水埂,防止地面水流入;基坑内应设集水井,并应配备足够的抽水设备,基坑顶应有截水措施。同时应加强对边坡的支护,或适当放大边坡坡度;对地基不良地段的边坡应加强观测,发现异常应及时分析原因,采取处理措施。基坑开挖后应及时进行垫层和基础的施工,防止被水浸泡;若被浸泡,应挖除被浸泡部分,采用砂砾材料回填。

2 在位于山坡或山脚地质不良地段进行桩基础的施工时,相邻墩不宜同时钻、挖孔,宜间隔错开施工,防止引起山体失稳。

3 水中基础的施工应采取防止洪水淹没或冲毁施工作业平台及施工设备、设施的有效措施。

24.3.5 结构混凝土的雨期施工应符合下列规定:

1 模板支架的地基和基础应满足强度和稳定性的要求,应采取必要的安全技术措施防止因地面软化引起地基沉降及支架失稳。

2 钢筋、钢绞线等材料的存放应支垫覆盖,并应防水、防潮。钢筋的加工和焊接应在防雨棚内进行。结构外露的钢筋、钢绞线及预埋钢件等应采取覆盖或缠裹等防护措施。

3 水泥的储存应防雨防潮,已受潮有结块的水泥不得用于工程中。雨期施工应增加砂、石集料含水率的检测次数,及时调整混凝土配合比,保证拌和质量;砂、石集料的含水率检测,每个台班应不少于1次,雨后拌制混凝土应先检测后拌和。

4 雨后模板和钢筋上的淤泥、杂物等,应在浇筑混凝土前清除干净。除非有良好的防护措施,否则不宜在大雨天浇筑结构混凝土。新浇筑的混凝土在终凝前,不得被雨淋。

5 桥面防水层不宜在雨天进行铺设施工。

24.3.6 砌体的雨期施工应符合下列规定:

1 砌体砂浆在达到终凝前,不得遭受雨水冲淋。

2 砌体的砌筑块石、片石或预制混凝土块应将淤泥、杂物冲洗干净后方可砌筑。

3 现场制作的砌体砂浆试件应采取防雨措施。

24.4 热期施工

24.4.1 当昼夜日平均气温高于30℃时,混凝土工程和砌体工程的施工应符合热期施工的规定。

24.4.2 热期混凝土工程施工所用的原材料,其储存及温度应符合下列规定:

1 应采取必要措施对水泥和砂、石集料等遮阳防晒,或对砂、石料堆喷水降温,降低原材料进入搅拌机的温度。

2 对拌和水宜采用冷却装置或其他适宜的方法降温;对水管及水箱应设置遮阳或隔热设施。

24.4.3 热期混凝土工程施工时,混凝土的配制、搅拌和运输应符合下列规定:

1 配合比的设计应考虑高温对混凝土坍落度损失的影响。混凝土中可掺加高效减水剂或掺用粉煤灰等活性材料取代部分水泥,减少水泥用量;混凝土宜选用水化热较低的水泥,当掺用缓凝型减水剂时,可根据气温情况适当提高坍落度。

2 搅拌站的料斗、储水器、皮带运输机及搅拌筒等应采取遮阳措施。在搅拌和浇筑混凝土过程中,应增加混凝土坍落度的检测次数;当不满足施工需要时,应及时对配合比进行适当调整。

3 混凝土宜在棚内或气温较低的夜间进行搅拌;当无其他特殊规定时,混凝土的入模温度宜控制在30℃以下。

4 宜采用带有搅拌装置的运输车运输混凝土,且搅拌筒上应有防晒设施。在运输过程中应慢速、不间断地搅拌混凝土,但不得在运输过程中加水搅拌,并应最大限度地缩短运输时间。

24.4.4 热期混凝土的浇筑施工应符合下列规定:

1 浇筑前应有全面的施工组织计划,做好充分准备,配备足够的施工机具设备,保证浇筑施工能连续进行。条件具备时,应对浇筑场地进行遮盖防晒,降低模板和钢筋的温度;亦可在模板、钢筋和地基上喷水降温,但在浇筑时模板内不得有积水或附着水。

2 在混凝土浇筑前,应通过试验确定在最高气温条件下混凝土分层浇筑的覆盖时间,施工时应严格控制,不得超过。混凝土的浇筑施工宜选在一天温度较低的时间进行;混凝土从搅拌至浇筑的时间应缩短,浇筑速度应加快且应连续进行。

3 浇筑完成后应加快表面混凝土的修整速度,修整时可采用喷雾器喷洒少量水防止表面干缩裂纹,但不得直接在混凝土表面浇水。

24.4.5 热期施工时混凝土的养护应符合下列规定:

1 混凝土浇筑完成并对表面修整后应尽快开始养护,应在其表面立即覆盖清洁的塑料薄膜,使混凝土表面保持水分;初凝后应增加覆盖浸湿的粗麻布或土工布,继续洒水保湿养护。

2 混凝土保湿养护的时间不得少于7d。保湿养护期间,如具备条件,宜采取遮阳和挡风措施,控制高温和干热风对养护质量的影响。

3 混凝土结构拆模后的洒水养护宜采用自动喷水系统或喷雾器,保湿养护不得间断,亦不得形成干湿循环。除非当地缺少足够的清洁水,否则不得仅采用喷洒养护剂的方式对高强度混凝土和高性能混凝土进行养护。

4 对桥面铺装混凝土或其他外露面较大的板式结构混凝土,应在施工前制订养护方案,采取有效措施进行养护,防止开裂。

24.4.6 砌体在热期施工时应符合下列规定:

1 砂浆宜随拌随用,气温超过30℃时,宜在2~3h内使用完毕。已凝结的砂浆,不得使用。

2 砌筑砂浆宜有良好的和易性,用于石砌体时稠度宜为50~70mm;气温较高时,在保证强度的条件下可适当增大稠度。

24.4.7 热期施工的质量检验应符合下列规定:

1 砂、石集料的含水率检测,每台班应不少于1次。

2 混凝土浇筑与养护时,对环境温度应每日检查4次,并做好检查记录;当温度超过热期施工的规定时,混凝土的搅拌应采取有效的降温和防晒措施,并应保证混凝土的浇筑质量,否则应停止施工。

3 混凝土热期施工,除应留置标准条件下养护的试件外,尚应制取相同数量的试件,并将其置于与结构相同的环境条件下养护,检查混凝土的强度用以指导施工。

4 在混凝土的浇筑过程中,应严格控制缓凝剂的掺量,并应检查混凝土的凝结时间,防止缓凝剂掺量不准确对结构造成危害。

25 安全施工与环境保护

25.1 一般规定

25.1.1 本章适用于公路桥涵工程的安全施工和施工过程中的环境保护。

25.1.2 在制订桥涵工程的施工组织设计和施工方案时,应同时制订保证施工安全和保护环境的技术方案和组织方案。

25.2 安全施工

25.2.1 桥涵施工应贯彻"安全第一、预防为主"的方针。施工前应对各种安全危险源进行辨识和评估,并应在施工过程中有针对性地采取各种有效措施,预防事故发生;对危险性较大的工程应编制专项方案;对存在重大安全事故危险源的工程,应预先建立重大事故应急预案;当施工中发生事故时,应迅速反应,按照应急预案的规定进行救援和处理,最大限度地降低事故损失。

25.2.2 桥涵工程施工场地的规划和临时设施的设置应满足安全施工的要求,并应符合下列规定:

1 对用于工程施工的临时驻地、作业场区、临时道路等的选址,应避开容易发生自然灾害或易受施工影响诱发地质灾害的地点。设立生活和生产等设施,以及塔式起重机等高耸设备时,应符合防火、防风、防爆、防震、防雷击的规定。

2 施工区域内的临时道路应保持畅通,临时码头、栈桥和便桥的位置应按批准的设计选址,并应设置相应的交通安全标志。码头、栈桥和便桥在施工期内应具有抵抗洪水、流冰和其他漂浮物冲击的能力。

3 施工区域内的临时用电设施应符合现行行业标准《施工现场临时用电安全技术规范》(JGJ 46)的规定。施工区域内应设置足够的消防设备,且施工人员应熟悉设备的性能和使用方法。

4 施工区域宜与周边环境隔离,出入口处应有专人管理。边通车边施工的地段,应进行交通导流方案设计,并应设置交通防护、警示和引导的标志;必要时,应实施交通管制。

25.2.3 桥涵施工所使用的机具设备和参加施工的作业人员，应符合下列安全规定：

1 对施工作业所使用的机械、设备和工具，应定期检查或检验，使其保持良好的工作状态；对特种设备，应符合其安装、维护、使用和检验等管理制度的规定。

2 施工作业人员应进行上岗前的体检和安全培训，作业时应遵守本工种的各项安全操作技术规程。对从事特种作业的人员，应经过专业培训，持证上岗。进入施工区域内的作业人员，应按规定佩戴、使用劳动安全防护用品。不合格的防护用品不得使用。

3 单项工程包括辅助结构和临时工程，开工前应对施工作业人员进行安全技术交底。

25.2.4 位于水中的筑岛平台、钢制平台、围堰以及基坑的开挖与边坡支护等工程的施工，除应符合本规范相应章节的规定外，其施工安全应符合下列规定：

1 在平台、围堰和基坑的边沿应设置安全防护栏杆。

2 各种水中平台和围堰当需度汛或度凌施工时，应采取可靠的防冲击或防撞击的安全防护措施；在通航水域，水中的平台和围堰尚应设置预防船舶撞击的设施，并应设置夜间航行标志灯。

3 基坑的开挖应按分层顺序作业，基坑顶部周边的临时荷载不得超过施工设计的规定；对深大基坑开挖时的边坡支护应进行变形监测，当变形超出允许范围时应及时采取处理措施。

25.2.5 高处作业时的施工安全应符合下列规定：

1 施工作业前，应逐级对现场施工人员进行安全技术交底，并应在落实安全技术措施后方可正式施工；作业时施工人员必须佩戴安全帽、系安全带。高处作业中使用的机械设备、工具和电气设施等，应在施工前经检查并确认其完好后，方可投入使用。

2 高处施工作业应设置必要的安全防护设施，当施工过程中发现防护设施有缺陷或隐患时，应采取措施及时解决；当危及作业人员的人身安全时，应立即停止施工进行处理。需要临时拆除或变动安全防护设施进行作业时，应采取可靠的替代措施保证作业安全，且应在作业后立即恢复。

3 高处作业时设置的走梯、通道等应随时清扫干净；雨天或雪天进行高处作业时，应采取可靠的防滑、防冻措施，如有水、冰、雪、霜等应及时清除。高处作业时所用的物料应堆放平稳，并不得妨碍通行；对高处作业区所有可能坠落的物件，应先行撤除或加以固定，拆下的物件及余料应及时清理，但不得向地面随意抛掷；作业人员使用后的小型工具应随手放入工具袋，传递物件时严禁采用抛掷的方式进行。

4 在高处拆除模板或其他设施时，应设置警戒区，并应设专人指挥控制；拆除工作应自上而下进行，严禁上下同时拆除。

5 在6级以上强风、浓雾、暴雨和暴风雪等恶劣气候条件下，不应进行高处的施工作业。台风、暴雨及暴风雪过后，应对高处作业的安全防护设施进行全面检查；当有变形、损坏、松动和脱落等现象时，应立即进行修复。

25.2.6 水上作业时的施工安全应符合下列规定:

1 在通航的江河上施工时,水上交通的安全应符合现行《内河交通安全管理条例》的规定。

2 水上施工的船舶应经船检部门检验合格后方可使用,不得带病作业。作业前应随时掌握当地的气象和水文情况,遇有大风时应检查并加固船舶的锚缆等设施;雨、雾天视线不清时,船舶应显示规定的信号;气候恶劣易发生事故时,应停止作业或航行。交通船应按规定的载人数量渡运,严禁超员强渡。

3 在施工船舶作业前,应了解作业区域的水深、流速及河床地质等情况,抛锚、定位时应保持船体稳定;作业船锚链后,应设置警示标志。

4 各种用于水上施工作业的船舶均应配备救生和消防设施。水上作业的施工人员必须穿救生衣。

25.2.7 施工现场的用电安全应符合下列规定:

1 临时用电设备在5台及以上或设备总容量在50kW及以上者,宜编制用电组织设计;当低于上述要求时,可仅制订安全用电技术方案和电气防火方案。

2 施工用电应采用中性点直接接地的380/220V三相四线制低压电力系统;且应采用总配电箱、分配电箱、开关箱三级配电装置,开关箱以下应为用电设备。电力系统应采用TN-S接零保护和二级漏电保护。采用自备电源时,发电机组的电源应与外电线路联锁,严禁并列运行;发电机组应采用三相四线制中性点直接接地系统,并应独立设置,与外电源隔离。

3 配电线路应架空架设,且应采用绝缘导线经横担和绝缘子架设在专用电杆上;当采用电缆线路时,应采用五芯电缆,且电缆线路应采取埋地或架空的方式敷设,不得沿地面明设,电缆直接埋地敷设的深度不宜小于0.7m,并应在其路径上设方位标志。配电线路严禁架设在树木、脚手架或其他设施上,各种线路均应有短路和过载保护。

4 现场电源线的接头应采用绝缘胶带包扎良好,不得采用塑料胶带或其他非绝缘胶带包扎,接头不得随意放置在潮湿的地面上或水中。

5 施工用电的动力配电箱与照明配电箱宜分箱设置,当合置于同一箱内时,动力与照明应分路配电;动力开关箱与照明开关箱必须分设。配电箱和开关箱应装设在干燥、通风、无外来物体撞击的地方,箱内应设置电源隔离开关、短路保护器和过载保护器,总配电箱和开关柜中还应设置漏电保护器;箱内所使用的各种电器必须可靠、完好,严禁使用破损、不合格的电器。每台用电的设备应有各自专用的开关箱,严禁使用同一个开关箱(或插座)直接控制2台及以上的用电设备。

6 对施工现场的起重机、龙门吊等机械设备,以及钢支架、钢管脚手架和正在施工的工程金属结构,当位于相邻构筑物防雷装置接闪器的保护范围以外时,应按有关规定安装防雷装置。防雷装置的避雷针(接闪器)可采用长度为1~2m的ϕ20mm钢筋;当利用金属构架做引下线时,应保证构架之间的电气连接;防雷装置的冲击接地电阻值应不大于

30Ω。当最高机械设备上避雷针（接闪器）的保护范围能覆盖其他设备，且又最后退出现场时，则其他设备可不设防雷装置。

7　施工照明的供电电压在一般场所应为220V，在高温、潮湿、有导电灰尘及容易触及照明线路等特殊场所，应使用安全特低电压的照明器。照明器具的形式和防护等级应与环境条件相适应，不得使用绝缘老化或破损的器具。使用220V碘钨灯照明时应固定安装，其安装高度应不低于3m，距易燃物应不小于500mm，并不得直接照射易燃物；220V碘钨灯不得作为移动照明使用。夜间施工对可能影响行人、车辆、船舶、飞机等安全通行的施工部位、设施及设备，应设置红色警戒照明灯。

8　施工现场的用电应由专职电工进行操作，电工应通过相关的安全教育和专业技术培训，持证上岗；操作时应按安全用电的规定穿戴劳动安全保护用品。

25.2.8　起重吊装的施工安全应符合下列规定：

1　起重吊装作业前应详细勘察现场，根据工程特点及作业环境编制专项施工方案，方案应经审核批准后方可实施。

2　起重使用的机械设备进入现场后应经检查验收，并应按规定进行试运转和试吊，对各种安全装置应进行灵敏度、可靠度的测试，必要时应进行静载和动载试验，确认符合要求后方可使用。起重吊装采用的索具、吊具等在使用前应按施工方案要求的设计承载力逐件进行检查验收；各种防护措施的用料、脚手架的搭设及危险作业区的围挡等准备工作应符合施工方案的规定。对起重机运行的道路和作业区域在施工前应进行检查，地基承载力不能满足作业要求时应采取铺设路基箱等措施。

3　起重吊装作业前应对作业人员进行安全技术交底。起重吊装的施工人员应持证上岗。

4　当进行高处吊装作业或司机不能清楚地看到作业地点或信号时，应设置信息传递人员；起重吊装时在高处的作业人员应携带工具袋，工具和零配件在操作结束后应及时装入工具袋内，并不得随意向下方抛掷物品。

5　采用龙门吊、桅杆吊、缆索吊、架桥机、悬臂吊机等进行起重吊装作业时，除应符合上述各款的规定外，尚应根据不同吊机的特点，采取相应的安全防护措施。

25.2.9　工地现场的防火安全应符合下列规定：

1　工地施工现场应建立消防安全管理制度和易燃易爆物品的管理办法，并应按不同的施工规模建立消防组织，配备义务消防人员，进行必要的消防知识培训，定期组织进行演习。

2　工地应按照总平面布置图划分消防安全责任区，并应根据作业条件合理配备消防器材，对各类消防器材应定期检查和维护保养，保证其使用的有效性。各类气瓶应单独存放，存放的库房应通风良好，各种设施应符合防爆的规定。

3　当发生火险时，应迅速准确地向当地消防部门报警，并应及时清理通道上的障碍，组织灭火。

25.2.10 季节性施工安全应符合下列规定:

1 工地现场应按照施工作业的条件,并针对季节性施工的特点,制订相应的安全技术方案。

2 雨季施工作业时应采取防雨、防洪、排水及防雷电的安全防护措施。傍山的施工现场应采取防滑坡、塌方的措施;各种临时设施包括支架、模板和脚手架等应有防强风的措施;雷雨季节到来之前,应对现场防雷装置的完好性进行检查,防止造成雷击伤害。

3 冬期施工应采取防滑、防冻的安全防护措施;对采用加热法养护混凝土的现场应有防火措施;用于冬期取暖的设施应符合防火和防煤气中毒的规定。

4 高温季节施工时,应按劳动保护的规定采取防暑降温措施,作业时宜避开高温时段。

25.2.11 爆破施工时,爆破方案的设计与实施作业应符合现行国家标准《爆破安全规程》(GB 6722)的规定。

25.2.12 在高原、高寒、沙漠等地区进行桥涵工程施工时,应根据环境和气候特点采取相应的特殊安全技术措施。

25.3 环境保护

25.3.1 公路桥涵工程的施工应按照"预防为主、防治结合、综合治理"的原则,结合工程特点,对在施工中可能对环境造成的不利影响,制订具体的预防方案并付诸实施,减少对原生态环境的改变,降低对环境的污染。施工过程中应实施文明施工;工程完成后,应及时清理各种施工垃圾,做到工完场清。

25.3.2 桥涵工程施工时,应采取有效措施防止水土的污染和流失,并应符合下列规定:

1 施工现场临时设施的用地,应结合当地土地利用的规划,统筹综合考虑。选址和布局应有利于少占耕地、保护植被和保持原有的地形地貌。

2 施工时应严格控制污染源。施工废水、污水应进行沉淀处理后方可排放;含有有害物质的废水和污水不得排入禁排区域;对施工废油及生活污水应集中回收处理。施工船舶不得随意向江河和海洋中排放污染物、废弃物、压载水及其他有害物质。严禁向水域、自然保护区、风景区、农田、草地、下水管道内等环境敏感区倾倒或排放危险废物,防止污染水质和土地。

3 水中的筑岛在工程施工完成后,应及时将填筑土挖掘清除,并应运至指定地点堆放,不得将填筑土遗留在河中堵塞河道影响行洪,或遗留在海域中造成污染。采用泥浆护壁进行钻孔桩施工时,应采取有效措施防止泥浆外溢对环境造成污染,废弃的泥浆应集中

JTG

处理。

4 对施工中产生的弃土、废渣和固体建筑垃圾,应及时运至规定的场地集中堆放和处理;废弃的钢木材料、边角料及其他物品等应集中回收处理。

5 不得在崩塌滑坡的危险区和泥石流易发区进行取土、挖砂和采石等作业;对基坑开挖及桥涵附属工程的边坡应予以防护,防止雨水冲刷造成水土流失。不宜将弃土场设置在汇水面积大且易受冲刷的沟谷内,弃土应按指定地点堆放,不得随意向江河、湖泊、水库或海域倾倒。

25.3.3 桥涵工程施工时,应对施工导致的空气污染和噪声污染进行控制,并应符合下列规定:

1 用于施工的各项临时设施、材料加工厂及混凝土搅拌站等,均宜远离居民区且宜处于下风区;当无法满足时,应采取适当的防尘、防噪措施。

2 施工现场的主要临时道路宜经常洒水降尘。对工程施工使用的粉末材料,在露天存放时应采取有效措施防止尘埃飞扬和雨水冲刷流失。

3 在城镇居民区施工时,应采取必要的措施,降低由机械设备或工艺操作所产生的噪声。

4 应控制施工设备废气排放符合国家规定的环保标准。

25.3.4 在文物、古迹保护区域内进行桥涵工程施工时,除应遵守国家相关的法律法规外,尚应符合下列规定:

1 在现有的文物、古迹附近施工时,应加强对文物、古迹的保护,施工不得损及文物和古迹;在施工中发现文物、古迹时,应立即报告当地的文物行政主管部门,并应协助文物管理部门对其进行保护。

2 在文物、古迹的保护范围内,不得违规进行爆破、钻探和挖掘等作业;当必须进行时,应制订可靠的施工方案,并经批准后方可实施。

25.3.5 桥涵施工时对自然生态环境的保护应符合下列规定:

1 在风景区、自然保护区施工时,宜保护其自然风貌和生态环境,当施工确有需要时,应采取适当的保护措施,降低或减少破坏的程度;施工结束后,应按设计要求进行必要的恢复。

2 施工中不得破坏水生、陆生野生动物生息繁衍的水域、场所和生存条件。

3 对草木、林区应严格遵守护林防火规定,防止发生火灾。

26 工程交工

26.0.1 桥涵工程完工后,应按照现行行业标准《公路工程质量检验评定标准 第一册 土建工程》(JTG F80/1)的规定进行自检、评定,满足要求后,方可申请交工验收。

26.0.2 交工验收前的准备工作应符合下列规定:

1 应对工程进行全面检查,凡不符合设计、技术标准和规范要求的质量缺陷均应进行整修和处理,保证工程的交工验收能正常进行。

2 交工验收前应恢复施工测量控制网,施工区域内的导线点、水准点,以及验收需要的测点、测桩应完好。

3 应按现行《公路工程竣(交)工验收办法》以及国家、地方档案管理部门的要求,编制完成交工资料、施工自检报告和施工总结报告等文件。

26.0.3 桥涵工程的交工验收应按照现行《公路工程竣(交)工验收办法》的有关规定进行。

26.0.4 交工验收时,应配合检测和验收部门对工程质量、施工记录等进行检查和检验。

26.0.5 对交工验收提出的工程质量缺陷等遗留问题,应采取有效措施,在规定的期限内完成。

附录 A1　焊接钢筋的质量验收内容和标准

A1.1　一般规定

A1.1.1　钢筋焊接接头或焊接制品应按检验批进行质量检验与验收。质量检验时，应包括外观检查和力学性能检验。

A1.1.2　接头连接方式应符合设计要求，并应全数检查，检验方法为观察。接头试件进行力学性能检验时，其质量和检查数量应符合本规范的规定；检验项目包括：钢筋出厂质量证明书、钢筋进场复验报告、各项焊接材料产品合格证、接头试件力学性能试验报告等。

A1.1.3　纵向受力钢筋焊接接头外观检查时，每一检验批中应随机抽取10%的焊接接头。检查结果，若外观质量各小项不合格数均小于或等于抽检数的10%，则该批焊接接头外观质量评为合格。当某一小项不合格数超过抽检数的10%时，应对该批焊接接头该小项逐个进行复检，并剔除不合格接头；对外观检查不合格接头采取修整或焊补措施后，可提交二次验收。

A1.1.4　力学性能检验时，应在接头外观检查合格后随机抽取试件进行试验。试验方法应按现行行业标准《钢筋焊接接头试验方法标准》(JGJ/T 27)有关规定执行。试验报告应包括下列内容：

1　工程名称、取样部位；

2　批号、批量；

3　钢筋牌号、规格；

4　焊接方法；

5　焊工姓名及考试合格证编号；

6　施工单位；

7　力学性能试验结果。

A1.1.5　钢筋闪光对焊接头、电弧焊接头、电渣压力焊接头、气压焊接头拉伸试验结果均应符合下列规定：

1 3个热轧钢筋接头试件的抗拉强度均不得小于该牌号钢筋规定的抗拉强度;RRB400钢筋接头试件的抗拉强度均不得小于570MPa。

2 至少应有2个试件断于焊缝之外,并应呈延性断裂。

3 当达到上述两项要求时,应评定该批接头为抗拉强度合格。

4 当试验结果有2个试件抗拉强度小于钢筋规定的抗拉强度,或3个试件均在焊缝或热影响区发生脆性断裂时,则一次判定该批接头为不合格品。

5 当试验结果有1个试件的抗拉强度小于规定值,或2个试件在焊缝或热影响区发生脆性断裂,其抗拉强度均小于钢筋规定抗拉强度的1.10倍时,应进行复验。复验时,应再切取6个试件。复验结果,当仍有1个试件的抗拉强度小于规定值,或有3个试件断于焊缝或热影响区呈脆性断裂,其抗拉强度小于钢筋规定抗拉强度的1.10倍时,应判定该批接头为不合格品。

6 当接头试件虽断于焊缝或热影响区,呈脆性断裂,但其抗拉强度大于或等于钢筋规定抗拉强度的1.10倍时,可按延性断裂(断于焊缝或热影响区之外)同等对待。

A1.1.6 闪光对焊接头、气压焊接头进行弯曲试验时,应将受压面的全面毛刺和镦粗凸起部分消除,且应与钢筋的外表齐平。弯曲试验可在万能试验机、手动或电动液压弯曲试验器上进行,焊缝应处于弯曲中心点,弯心直径和弯曲角应符合表A1.1.6的规定。

表A1.1.6 接头弯曲试验指标

钢筋牌号	弯心直径	弯曲角(°)	钢筋牌号	弯心直径	弯曲角(°)
HPB235	$2d$	90	HRB400、RRB400	$5d$	90
HRB335	$4d$	90	HRB500	$7d$	90

注:1. d为钢筋直径(mm)。

2. 直径大于25mm的钢筋焊接接头,弯心直径应增加1倍钢筋直径。

A1.1.7 弯曲试验结果,当弯至90°,有2个或3个试件外侧(含焊缝和热影响区)未发生破裂时,应评定该批接头弯曲试验合格;当3个试件均发生破裂(试件外侧横向裂纹宽度达到0.5mm时,应认定已经破裂时),则一次判定该批接头为不合格品。当有2个试件发生破裂时,应进行复验,复验时,应再切取6个试件;复验结果,当有3个试件发生破裂时,应判定该接头为不合格品。

A1.2 钢筋闪光对焊接头

A1.2.1 闪光对焊接头的质量检验,应分批进行外观检查和力学性能检验,并应符合下列规定:

1　在同一台班内，由同一焊工完成的300个同牌号、同直径钢筋焊接接头应作为一批。当同一台班内焊接的接头数量较少时，可在一周之内累计计算；累计仍不足300个接头时，应按一批计算。

2　力学性能检验时，应从每批接头中随机切取6个接头，其中3个做拉伸试验，3个做弯曲试验。

3　焊接等长的预应力钢筋（包括螺丝端杆与钢筋）时，可按生产时同等条件制作模拟试件。

4　螺丝端杆接头可仅做拉伸试验。

5　封闭环式箍筋闪光对焊接头，以600个同牌号、同规格的接头作为一批，可仅做拉伸试验。

A1.2.2　闪光对焊接头外观检查结果，应符合下列规定：

1　接头处不得有横向裂纹。

2　与电极接触处的钢筋表面不得有明显烧伤。

3　接头处的弯折角不得大于3°。

4　接头处的轴线偏移不得大于钢筋直径的0.1倍，且不得大于2mm。

A1.2.3　当模拟试件试验结果不符合要求时，应进行复验。复验应从现场焊接接头中切取，其数量和要求与初始试验相同。

A1.3　钢筋电弧焊接头

A1.3.1　电弧焊接头的质量检验，应分批进行外观检查和力学性能检验，并应符合下列规定：

1　应以300个同牌号钢筋、同形式接头作为一批，不足300个时仍应作为一批，每批应随机切取3个接头，做拉伸试验。

2　钢筋与钢板电弧搭接焊接头可仅进行外观检查。

3　在同一批中若有几种不同直径的钢筋焊接接头，应在最大直径钢筋接头中切取3个试件（以下电渣压力焊接头、气压焊接头取样均同）。

A1.3.2　电弧焊接头外观检查结果，应符合下列规定：

1　焊缝表面应平整，不得有凹陷或焊瘤。

2　焊接接头区域不得有肉眼可见的裂纹。

3　咬边深度、气孔、夹渣等缺陷允许值及接头尺寸的允许偏差，应符合表A1.3.2的规定。

4　坡口焊、熔槽帮条焊和窄间隙焊接头的焊缝余高不得大于3mm。

表 A1.3.2 钢筋电弧焊接头尺寸偏差及缺陷允许值

项目		单位	接头形式		
			帮条焊	搭接焊钢筋与钢板搭接焊	坡口焊、窄间隙焊、熔槽帮条焊
棒体沿接头中心线的纵向偏移		mm	0.3d	—	—
接头处弯折角		°	3	3	3
接头处钢筋轴线的位移		mm	0.1d	0.1d	0.1d
焊缝厚度		mm	+0.05d −0	+0.05d −0	—
焊缝宽度		mm	+0.1d −0	+0.1d −0	—
焊缝长度		mm	−0.3d	−0.3d	—
横向咬边深度		mm	0.5	0.5	−0.5
在长2d焊缝表面上的气孔及夹渣	数量	个	2	2	—
	面积	mm^2	6	6	—
在全部焊缝表面上的气孔及夹渣	数量	个	—	—	2
	面积	mm^2	—	—	6

注:d 为钢筋直径(mm)。

A1.3.3 当模拟试件试验结果不符合要求时,应进行复验。复验应从现场焊接接头中切取,其数量和要求与初始试验时相同。

A1.4 钢筋焊接骨架和焊接网

A1.4.1 焊接骨架和焊接网的质量检验应包括外观检查和力学性能检验,并应符合下列规定:

1 凡钢筋牌号、直径及尺寸相同的焊接骨架和焊接网应视为同一类型制品,且每300件应作为一批,一周内不足300件的亦应按一批计算。

2 外观检查应按同一类型制品分批检查,每批抽查5%,且不得少于5件。

3 力学性能检验的试件,应从每批成品中切取;切取过试件的制品,应补焊同牌号、同直径的钢筋,其每边的搭接长度不应小于2个孔格的长度;当焊接骨架所切取试件的尺寸小于规定的试件尺寸,或受力钢筋直径大于8mm时,可在生产过程中制作模拟焊接试验网片[图 A1.4.1a)],从中切取试件。

4 由几种直径钢筋组合的焊接骨架或焊接网,应对每种组合的焊点做力学性能检验。

5 热轧钢筋的焊点应做剪切试验,试件应为3件;冷轧带肋钢筋焊点除做剪切试验外,尚应对纵向和横向冷轧带肋钢筋做拉伸试验,试件应各为1件。剪切试件纵筋长度应大于或等于 290mm,横筋长度应大于或等于 50mm[图 A1.4.1b)];拉伸试件纵筋长度应大于或等于 300mm[图 A1.4.1c)]。

6 焊接网剪切试件应沿同一横向钢筋随机切取。

7 切取剪切试件时,应使制品中的纵向钢筋成为试件的受拉钢筋。

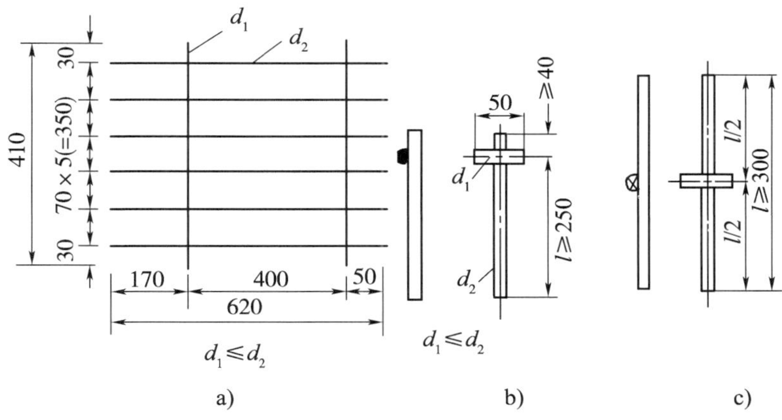

图 A1.4.1 钢筋模拟焊接试验网片与试件(尺寸单位:mm)

a)模拟焊接试验网片简图; b)钢筋焊点剪切试件;c)钢筋焊点拉伸试件

A1.4.2 焊接骨架外观质量检查结果,应符合下列规定:

1 每件制品的焊点脱落、漏焊数量不得超过焊点总数的 4%,且相邻两焊点不得有漏焊及脱落。

2 应量测焊接骨架的长度和宽度,并应抽查纵、横方向 3~5 个网格的尺寸,其允许偏差应符合表 A1.4.2 的规定。

3 当外观检查结果不符合上述要求时,应逐件检查,并剔除不合格品。对不合格品经整修后,可提交二次验收。

表 A1.4.2 焊接骨架的允许偏差

项目		允许偏差(mm)
焊接骨架	长度	±10
	宽度	±5
	高度	±5
骨架箍筋间距		±10
受力主筋	间距	±15
	排距	±5

A1.4.3 焊接网外形尺寸检查和外观质量检查结果,应符合下列规定:

1 焊接网的长度、宽度及网格尺寸的允许偏差均应为 ±10mm;网片两对角线之差不得大于 15mm ;网格数量应符合设计规定。

2 焊接网交叉点开焊数量不得大于整个网片交叉点总数的1%,且任一根横筋上开焊点数不得大于该根横筋交叉点总数的1/2;焊接网最外边钢筋上的交叉点不得开焊。

3 组成焊接网的钢筋表面不得有裂纹、折叠、结疤、凹坑、油污及其他影响使用的缺陷,但焊点处可允许有不大的毛刺和表面浮锈。

A1.4.4 剪切试验时应采用能悬挂于试验机上的专用剪切试验夹具(图A1.4.4);或采用现行行业标准《钢筋焊接接头试验方法标准》(JGJ/T 27)中规定的夹具。

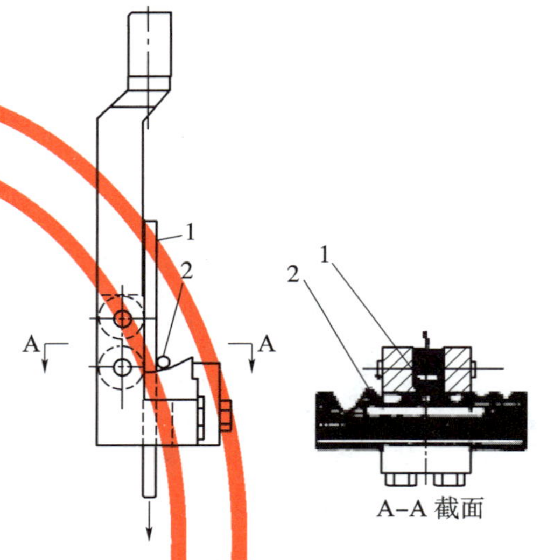

图 A1.4.4 焊点抗剪试验夹具
1-纵筋;2-横筋

A1.4.5 钢筋焊接骨架、焊接网焊点剪切试验结果,3个试件抗剪力平均值应符合下式规定:

$$F \geqslant 0.3A_0\sigma_s \quad (A1.4.5)$$

式中:F——抗剪力(N);

A_0——纵向钢筋的横截面面积(mm^2);

σ_s——纵向钢筋规定的屈服强度(MPa)。

注:冷轧带肋钢筋的屈服强度按440MPa计算。

A1.4.6 冷轧带肋钢筋试件拉伸试验结果,其抗拉强度不得小于550MPa。

A1.4.7 当拉伸试验结果不合格时,应再切取双倍数量试件进行复检;复验结果均合格时,应评定该批焊接制品焊点拉伸试验合格。当剪切试验结果不合格时,应从该批制品中再切取6个试件进行复验;当全部试件平均值达到要求时,应评定该批焊接制品焊点剪切试验合格。

A1.5 钢筋电渣压力焊接头

A1.5.1 电渣压力焊接头的质量检验,应分批进行外观检查和力学性能检验。检验应以300个同牌号钢筋接头作为一批;当不足300个接头时,仍应作为一批。每批应随机切取3个接头做拉伸试验。

A1.5.2 电渣压力焊接头外观检查结果,应符合下列规定:

1 四周焊包凸出钢筋表面的高度不得小于4mm。

2 钢筋与电极接触处,应无烧伤缺陷。

3 接头处的弯折角不得大于3°。

4 接头处的轴线偏移不得大于钢筋直径的0.1倍,且不得大于2mm。

A1.6 钢筋气压焊接头

A1.6.1 气压焊接头的质量检验,应分批进行外观检查和力学性能检验。检验应以300个同牌号钢筋接头作为一批;当不足300个接头时,仍应作为一批。外观检查应逐个接头进行;并应从每批接头中随机切取3个接头做拉伸试验;在梁、板的水平钢筋连接中,应另切取3个接头做弯曲试验。

A1.6.2 气压焊接头外观检查结果,应符合下列规定:

1 接头处的轴线偏移 e 不得大于钢筋直径的0.15倍,且不得大于4mm[图A1.6.2a];当不同直径钢筋焊接时,应按较小钢筋直径计算。当大于上述规定值,但在钢筋直径的0.3倍以下时,可加热矫正;当大于0.3倍时,应切除重焊。

2 接头处的弯折角不得大于3°;当大于规定值时,应重新加热矫正。

3 镦粗直径 d 不得小于钢筋直径的1.4倍[图A1.6.2b)];当小于上述规定值时,应重新加热镦粗。

4 镦粗长度 l 不得小于钢筋直径的1.0倍,且凸起部分应平缓圆滑[图A1.6.2c)];当小于上述规定值时,应重新加热镦长。

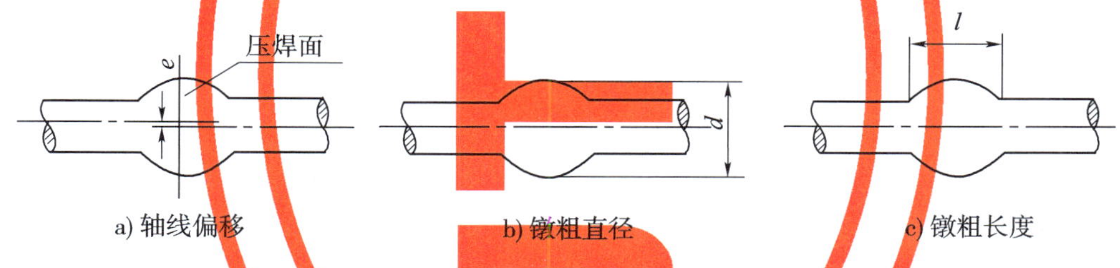

图A1.6.2 钢筋气压焊接头外观质量图解

A1.7 预埋件钢筋T形接头

A1.7.1 预埋件钢筋T形接头的外观检查,应从同一台班内完成的同一类型预埋件中抽查5%,且不得少于10件。

A1.7.2 当进行力学性能检验时,应以300件同类型预埋件作为一批;一周内连续焊接时,可累计计算;当不足300件时,亦应按一批计算。应从每批预埋件中随机切取3个接头做拉伸试验,试件的钢筋长度应大于或等于200mm,钢板的长度和宽度均应大于或等于60mm(图A1.7.2)。

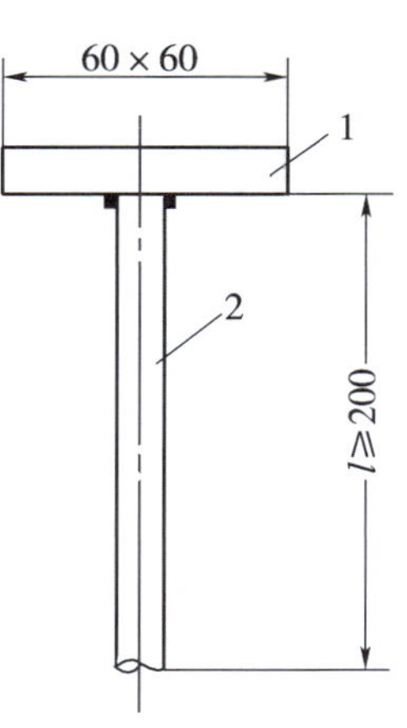

图A1.7.2 预埋件钢筋T形接头拉伸试件(尺寸单位:mm)
1-钢板;2-钢筋

A1.7.3 预埋件钢筋手工电弧焊接头外观检查结果,应符合下列

规定:

1 当采用 HPB235 钢筋时,角焊缝焊脚 k 不得小于钢筋直径的 0.5 倍;采用 HRB335 和 HRB400 钢筋时,焊脚 k 不得小于钢筋直径的 0.6 倍。

2 焊缝表面不得有肉眼可见裂纹。

3 钢筋咬边深度不得超过 0.5mm。

4 钢筋相对钢板的直角偏差不得大于 3°。

A1.7.4 预埋件钢筋埋弧压力焊接头外观检查结果,应符合下列规定:

1 四周焊包凸出钢筋表面的高度不得小于 4mm。

2 钢筋咬边深度不得超过 0.5mm。

3 钢板应无焊穿,根部应无凹陷现象。

4 钢筋相对钢板的直角偏差不得大于 3°。

A1.7.5 预埋件外观检查结果,当有 3 个接头不符合上述规定时,应全数进行检查,并剔除不合格品。不合格接头经补焊后,可提交二次验收。

A1.7.6 预埋件钢筋 T 形接头拉伸试验结果,3 个试件的抗拉强度均应符合下列规定:

1 HPB235 钢筋接头不得小于 350MPa。

2 HRB335 钢筋接头不得小于 470MPa。

3 HRB400 钢筋接头不得小于 550MPa。

4 若试验结果,3 个试件中有小于规定值的,则应进行复验。复验时,应再取 6 个试件。复验结果,其抗拉强度均达到上述要求时,应评定该批接头为合格品。

附录 A2　钢筋机械连接接头的设计原则与性能等级

A2.0.1　钢筋机械连接接头的设计应满足强度及变形性能的要求。

A2.0.2　接头连接件的屈服承载力和受拉承载力的标准值应不小于被连接钢筋的屈服承载力和受拉承载力标准值的 1.10 倍。

A2.0.3　接头应根据其性能等级和应用场合，对单向拉伸性能、高应力反复拉压、大变形反复拉压、抗疲劳等各项性能确定相应的检验项目。

A2.0.4　接头应具有残余变形小、高延性及反复拉压性能。对Ⅰ级接头，其抗拉强度应不小于被连接钢筋的实际抗拉强度或 1.10 倍钢筋抗拉强度标准值；Ⅱ级接头的抗拉强度应不小于被连接钢筋的抗拉强度标准值。

A2.0.5　接头性能应符合表 A2.0.5 的规定。

表 A2.0.5　钢筋接头的性能

<table>
<tr><td colspan="3">接头等级</td><td>Ⅰ级</td><td>Ⅱ级</td></tr>
<tr><td colspan="3">抗拉强度</td><td>$f_{mst}^{0} \geqslant f_{stk}$　断于钢筋
或 $f_{mst}^{0} \geqslant 1.10 f_{stk}$　断于接头</td><td>$f_{mst}^{0} \geqslant f_{stk}$</td></tr>
<tr><td rowspan="3">单向拉伸</td><td rowspan="2">残余变形(mm)</td><td>$d \leqslant 32$</td><td>$u_0 \leqslant 0.10$</td><td>$u_0 \leqslant 0.14$</td></tr>
<tr><td>$d > 32$</td><td>$u_0 \leqslant 0.14$</td><td>$u_0 \leqslant 0.16$</td></tr>
<tr><td colspan="2">最大总伸长率(%)</td><td colspan="2">$A_{sgt} \geqslant 6.0$</td></tr>
<tr><td>高应力反复拉压</td><td colspan="2">残余变形(mm)</td><td colspan="2">$u_{20} \leqslant 0.3$</td></tr>
<tr><td>大变形反复拉压</td><td colspan="2">残余变形(mm)</td><td colspan="2">$u_4 \leqslant 0.3$；$u_8 \leqslant 0.6$</td></tr>
</table>

注：f_{mst}^{0}——接头试件实测抗拉强度；

f_{stk}——钢筋抗拉强度标准值；

d——钢筋公称直径；

u_0——接头试件加载至 $0.6 f_{yk}$ 并卸载后在规定标距内的残余变形；

f_{yk}——钢筋屈服强度标准值；

A_{sgt}——接头试件的最大力总伸长率；

u_4 ——接头试件经大变形反复拉压4次后的残余变形;

u_8 ——接头试件经大变形反复拉压8次后的残余变形;

u_{20} ——接头试件经大变形反复拉压20次后的残余变形。

A2.0.6 对直接承受动力荷载的结构或构件,其接头应满足设计要求的抗疲劳性能要求;当无专门要求时,接头的疲劳应力幅限值应不小于普通钢筋疲劳应力幅限值的80%。

附录 B1　掺合料技术要求

B1.0.1　拌制混凝土和砂浆用粉煤灰的技术要求应符合表 B1.0.1 的规定。

表 B1.0.1　拌制混凝土和砂浆用粉煤灰的技术要求(GB/T 1596—2005)

名　称		粉煤灰等级质量指标		
		Ⅰ	Ⅱ	Ⅲ
细度(45μm 方孔筛筛余,%)		≤12.0	≤25.0	≤45.0
比表面积(m^2/kg)		≥600	≥400	≥150
烧失量(%)		≤5.0	≤8.0	≤15.0
需水量比(%)		≤95	≤105	≤115
含水率(%)		≤1.0		
游离氯化钙(%)	F 类粉煤灰	≤1.0		
	C 类粉煤灰	≤4.0		
SO_3(%)		≤3.0		
安定性(雷氏夹沸煮后增加距离,mm)(C 类粉煤灰)		≤5.0		
均匀性		单一样品的细度不应超过前 10 个样品细度平均值的最大偏差		
总碱量		当粉煤灰用于活性集料混凝土,需要限制掺合料的含碱量时,由买卖双方协商确定		

注:1. F 类粉煤灰指由无烟煤或烟煤煅烧收集的粉煤灰。C 类粉煤灰指由褐煤或次烟煤煅烧收集的粉煤灰。

2. 拌制混凝土和砂浆的粉煤灰试验结果符合表中技术要求时为等级品。其中任一项不符合要求允许在同一编号加倍取样复验全部项目,复验不合格可降级处理。凡低于表中最低级别要求的为不合格产品。

3. 表中比表面积要求为旧规范的要求,作为参考。

B1.0.2　磨细矿渣的技术要求应符合表 B1.0.2 的规定。

表 B1.0.2　磨细矿渣技术要求(GB/T 18046—2008)

名　　称		级　　别		
		S105	S95	S75
密度(g/cm^3)		≥2.8		
比表面积(m^2/kg)		≥500	≥400	≥300
活性指数(%)	7d	≥95	≥75	≥55
	28d	≥105	≥95	≥75
流动度比(%)		≥95		
含水率(质量分数,%)		≤1.0		
SO_3(质量分数,%)		≤4.0		
氯离子(质量分数,%)		≤0.06		
烧失量(质量分数,%)		≤3.0		
玻璃体含量(质量分数,%)		≥85		
放射性		合格		

B1.0.3　硅灰的技术要求应符合表 B1.0.3 的规定。

表 B1.0.3　硅灰技术要求

名　　称		质量指标
比表面积(m^2/kg)(BET 氮吸附法)		≥15 000
烧失量(%)		≤6
含水率(%)		≤3
Cl^-(%)		≤0.02
SiO_2(%)		≥85
混合砂浆性能	需水量比(%)	≤125
	28d 活性指数(%)	≥85
总碱量		注明测定数值

注:本表摘自《公路工程水泥混凝土外加剂与掺合料应用技术指南》。

附录 B2　混凝土配制强度计算

B2.0.1　混凝土的施工配制强度$f_{cu,0}$，可根据强度标准差的历史平均水平按下式计算确定：

$$f_{cu,0} \geqslant f_{cu,k} + 1.645\sigma \qquad (B2.0.1)$$

式中：$f_{cu,0}$——混凝土配制强度（MPa）；

$f_{cu,k}$——混凝土立方体抗压强度标准值（MPa）；

σ——混凝土强度标准差（MPa）。

B2.0.2　混凝土强度标准差宜根据同类混凝土统计资料计算确定，并应符合下列规定：

1　计算时，强度试件组数应不少于 25 组。

2　当混凝土强度等级为 C20 和 C25，其强度标准差计算值小于 2.5MPa 时，计算配制强度用的标准差应取不小于 2.5MPa；当混凝土强度等级大于或等于 C30，其强度标准差计算值小于 3.0MPa 时，计算配制强度用的标准差应取不小于 3.0MPa。

3　当无统计资料计算混凝土强度标准差时，其值可按表 B2.0.2 取用。

表 B2.0.2　σ 值

混凝土强度等级	< C20	C20 ~ C35	> C35
σ（MPa）	4.0	5.0	6.0

注：在采用本表时，可根据实际情况对 σ 值作适当调整。

附录 B3 混凝土电通量快速测定方法

B3.1 适用范围

1 本方法通过测定混凝土在直流恒电压作用下通过电量值的大小来评价混凝土原材料和配合比对混凝土抗渗性能的影响,也可用来间接评价混凝土的密实性。

2 本试验方法适用于直径为 95 ~ 102mm、厚度为 51mm ±3mm 的素混凝土芯样。

3 本试验方法不适用于掺亚硝酸钙的混凝土。掺其他外加剂或表面处理过的混凝土,当有疑问时,应进行氯化物溶液的长期浸渍试验。

B3.2 试验设备及材料

1 仪器设备及材料应满足下列规定:

1)直流稳压电源,可输出 60V 直流电压,精度 ±0.1V;

2)带有注液孔的塑料或有机玻璃试验槽;

3)20 目铜网;

4)数字式直流表,量程 20A,精度 ±1.0%;

5)真空泵,真空度可达 133Pa 以下;

6)真空干燥器,内径不小于 250mm。

2 试验应采用下列材料:

1)用分析纯试剂配制的 3.0% 氯化钠溶液;

2)用分析纯试剂配制的 0.3mol/L 氢氧化钠溶液;

3)硅橡胶或树脂密封材料。

B3.3 试验步骤

1 在规定的 56d 试验龄期前,对预留的试块进行钻芯制件,试件直径为 95 ~ 102mm,厚度为 51mm,试验时以 3 个试件为一组。

2 将试件暴露于空气中至表面干燥,以硅橡胶或树脂密封材料涂于试件侧面,必要时填补涂层中的孔道以保证试件侧面完全密封。

3 测试前应进行真空饱水。将试件放入 1 000mL 烧杯中;然后一起放入真空干燥器中，启动真空泵，数分钟内真空度达133Pa以下；保持真空3h后，维持这一真空度并注入足够的蒸馏水，直至淹没试件；试件浸泡1h后恢复常压，再继续浸泡18h±2h。

4　从水中取出试件，抹掉多余水分；将试件安装于试验槽内，用橡胶密封环或其他密封胶密封，并用螺杆将两试验槽和试件夹紧，以保证不会渗漏；然后将试验装置放在20～23℃的流动冷水槽中，其水面宜低于装置顶面5mm。试验应在20～25℃恒温室内进行。

5　将浓度为0.3%的氯化钠和0.3mol/L的氢氧化钠溶液分别注入试件两侧的试验槽中，注入氯化钠溶液的试验槽内的铜网连接电源负极，注入氢氧化钠溶液的试验槽中的铜网连接电源正极。

6　接通电源，对上述两铜网施加60V直流恒电压，并记录电流初始读数。通电并保持试验槽中充满溶液，开始时每隔5min记录一次电流值；当电流值变化不大时，每隔10min记录一次电流值；当电流变化很小时，每隔30min记录一次电流值，直至通电6h。

B3.4　试验结果计算

1　绘制电流与时间的关系图。将各点数据以光滑曲线连接，对曲线作面积积分，或按梯形法进行面积积分，即可得到试验6h通过的电量。

2　取同组3个试件通过电量的平均值，作为该组试件的电通量。

附录 C1　预应力筋平均张拉力的计算

预应力筋平均张拉力应按下式计算：

$$P_{\mathrm{P}} = \frac{P(1 - e^{-(kx+\mu\theta)})}{kx + \mu\theta} \tag{C1}$$

式中：P_{P}——预应力筋平均张拉力(N)；

P——预应力筋张拉端的张拉力(N)；

x——从张拉端至计算截面的孔道长度(m)；

θ——从张拉端至计算截面曲线孔道部分切线的夹角之和(rad)；

k——孔道每米局部偏差对摩擦的影响系数,参见表 C1；

μ——预应力筋与孔道壁的摩擦系数,参见表 C1。

注：当预应力筋为直线时 $P_{\mathrm{P}} = P$。

表 C1　系数 k 及 μ 值表

管道成型方式	k	μ 值	
		钢丝束、钢绞线	螺纹钢筋
预埋铁皮管道	0.003 0	0.35	0.4
预埋钢管	0.001 0	0.25	—
抽芯成型孔道	0.001 5	0.55	0.60
预埋金属波纹管	0.001 5	0.20～0.25	0.50
预埋塑料波纹管	0.001 5	0.14～0.17	0.45

附录 C2　预应力损失的测试

C2.1　锚圈口摩阻损失的测试

采用油压千斤顶测试时,可在张拉台上或用一根直孔道钢筋混凝土柱进行。两端均用锥形锚时,其测试步骤如下:

1　两端同时充油,油表数值均保持 4MPa;然后将甲端封闭作为被动端,乙端作为主动端,张拉至控制吨位。设乙端控制吨位为 N_a 时,甲端相应吨位为 N_b,则锚圈口摩阻力:

$$N_0 = N_a - N_b \tag{C2.1-1}$$

克服锚圈口摩阻力的超张拉系数:

$$n_0 = \sqrt{\frac{N_a}{N_b}} \tag{C2.1-2}$$

测试反复进行 3 次,取平均值。

2　乙端封闭,甲端张拉,同样按上述方法进行 3 次,取平均值。

3　两次的 N_0 和 n_0 平均值,再予以平均,即为测定值。

C2.2　孔道摩阻损失的测试

采用千斤顶测试曲线孔道摩阻时,测试步骤如下:

1　梁的两端装千斤顶后同时充油,保持一定数值(约 4MPa)。

2　甲端封闭,乙端张拉。张拉时分级升压,直至张拉控制应力。如此反复进行 3 次,取两端压力差的平均值。

3　仍按上述方法,但乙端封闭,甲端张拉,取两端 3 次压力差的平均值。

4　将上述两次压力差平均值再次平均,即为孔道摩阻力的测定值。如两端为锥形锚,上述测定值应扣除锚圈口摩阻力。

附录 C3　后张预应力孔道压浆浆液流动度试验

C3.1　试验仪器

1　流动度测试仪:流动锥,其装置如图 C3.1 所示。

2　流动锥的校准:1 725mL ±5mL,水流出的时间应为 8.0s ±0.2s。

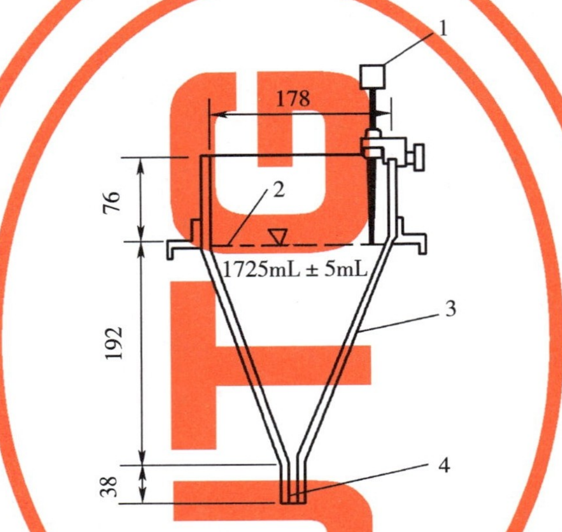

图 C3.1　流动锥装置示意图(尺寸单位:mm)

1-点测规;2-水泥浆浆体表面;3-不锈钢制容器(壁厚 3mm);4-流出口(内径 13mm)

C3.2　流动度试验方法

测定时,先将漏斗调整放平,关上底口活门,将搅拌均匀的浆液倾入漏斗内,直至表面触及点测规下端(1 725mL ±5mL 浆液);打开活门,让浆液自由流出,浆液全部流完时间(s)称为压浆浆液的流动度。

附录 C4　压浆浆液自由泌水率和自由膨胀率试验

C4.1　容器

试验容器如图 C4.1 所示，用有机玻璃制成，带有密封盖，高 120mm，置放于水平面上。

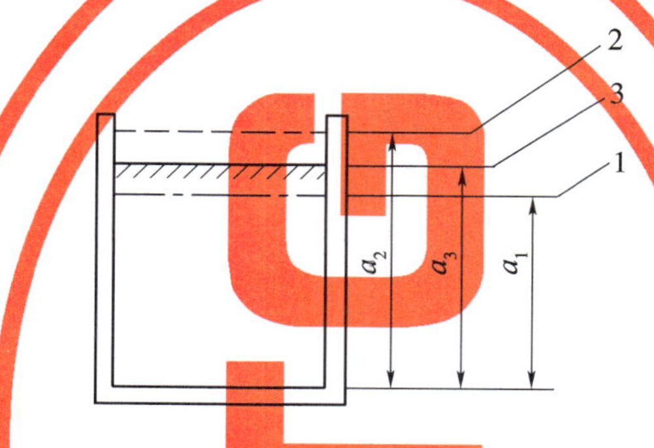

图 C4.1　浆液泌水率和膨胀率试验容器

1-最初填灌的浆液面；2-水面；3-膨胀后的浆液面

C4.2　试验方法

往容器内填灌浆液约 100mm 深，测填灌面高度并记录，然后盖严。置放 3h 和 24h 后量测其离析水水面和浆液膨胀面，然后按下列公式计算泌水率及膨胀率：

$$泌水率 = \frac{a_2 - a_3}{a_1} \times 100\% \tag{C4.2-1}$$

$$膨胀率 = \frac{a_3 - a_1}{a_1} \times 100\% \tag{C4.2-2}$$

附录 C5　钢丝间泌水率试验

C5.1　容器

试验容器如图 C5.1 所示,用有机玻璃制成,带有密封盖,内径为 100mm,高为 160mm。在容器中间置入一根 7 丝钢绞线。钢绞线在容器顶露出的高度为 10 ~ 30mm。

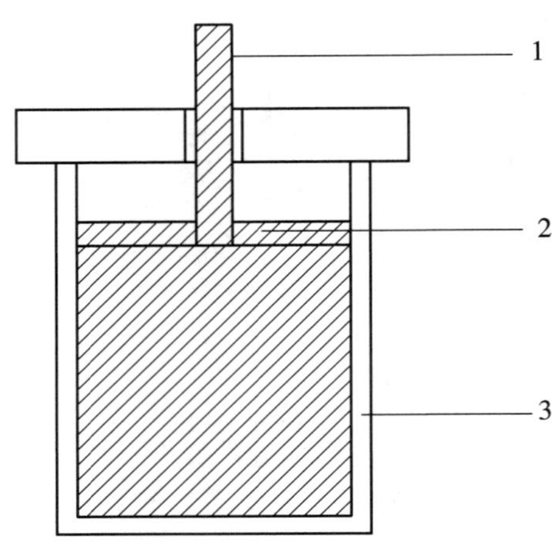

图 C5.1　钢丝间泌水试验示意图

1-7 ϕ5mm 钢绞线;2-静置一段时间后的泌水;3-压浆料

C5.2　试验方法

试验容器静置于水平面上,将搅拌均匀的浆液注入容器中,注入浆液体积约 800mL,并记录浆液准确体积;然后将密封盖盖严,并在中心位置插入钢绞线至容器底部;静置 3h 后用吸管吸出浆液表面的离析水量,移入 10mL 的量筒内,测量泌水量 V_1。

$$泌水率 = \frac{V_1}{V_0} \times 100\% \tag{C5.2}$$

式中:V_1 ——浆液上部泌水的体积;

V_0 ——测试前浆液的体积。

附录 C6 压力泌水率试验

C6.1 试验仪器

1 一个包含 2 块压力表的 CO_2 气瓶，外侧压力表最大读数不小于 1.0MPa，最小分度值为 0.02MPa，级别为 1.5 级。

2 压力泌水容器为内径 50mm、容积 400mL 的圆柱形不锈钢压力容器，需要进行压力试验，在 0.8MPa 压力下不会破裂。其尺寸如图 C6.1 所示。

3 10mL 的量筒，分度值为 0.2mL。

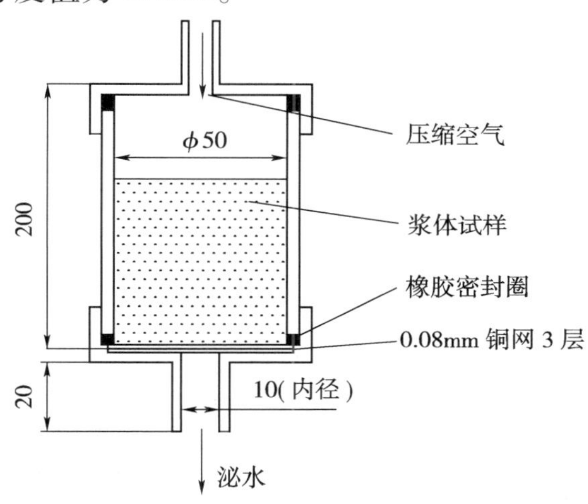

图 C6.1 压力泌水容器示意图(尺寸单位:mm)

C6.2 试验方法

将搅拌均匀的浆液在自加水开始的 7min 内倒入容积为 400mL 的压力容器过滤漏斗中，倒入的浆液体积为 200mL。安装并旋紧上端盖，静置 10min，上端连接压缩空气，开启压缩空气阀，迅速加压至试验压力。保持试验压力 5min 后，关闭压缩空气阀卸压，使漏斗下部泌水管中的泌水全部流出，记录泌水体积，精确至 0.2mL。压力泌水率按下式计算：

$$泌水率 = \frac{V_1}{V_0} \times 100\% \qquad (C6.2)$$

式中：V_1 ——泌水体积；

V_0 ——测试前浆液的体积。

附录 C7　充盈度试验

C7.1　试验仪器

试验仪器如图 C7.1 所示,内径为 40mm 的透明有机玻璃管,两端的直管夹角为 120°,每部分长度为 0.5m,两部分通过黏结剂密封黏结,将有机玻璃管固定在固定架上。

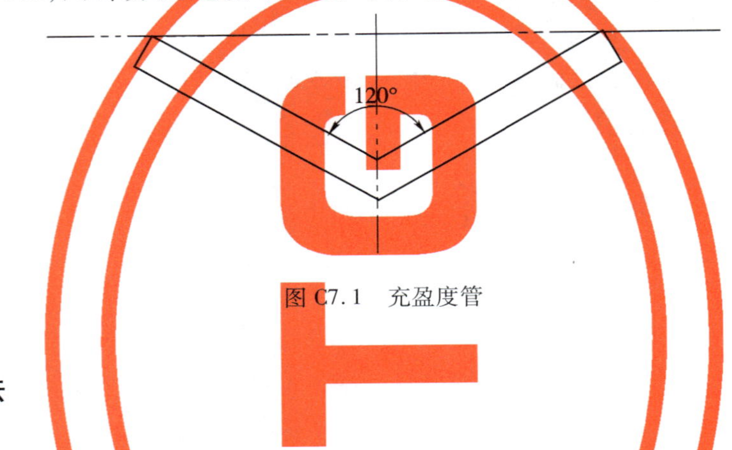

图 C7.1　充盈度管

C7.2　试验方法

按规定的方法拌制好浆液后,静置 1min,通过流动锥将浆液灌入固定在固定架上的充盈度管中。充完浆液后,用塑料薄膜封闭圆管的两端。在 20℃ ±3℃ 的条件下放置 7d,观察管内部是否有直径大于 3mm 的气囊或水蒸气,在管道的两端是否有泡沫层。

C7.3　充盈度判定

如果存在厚度超过 1mm 的泡沫层,或存在直径大于 3mm 的气囊,或存在体积大于 1mL 的水,则判定充盈度指标不合格。

附录 D 泥浆各种性能指标的测定方法

D.1 相对密度 ρ_x

可采用泥浆相对密度计测定。将需要量测的泥浆装满泥浆杯,加盖并洗净从小孔溢出的泥浆,然后置于支架上,移动游码,使杠杆呈水平状态(即气泡处于中央),读出游码左侧所示刻度,即为泥浆的相对密度。当工地无以上仪器时,可用一口杯,先称其质量设为 m_1,再装清水称其质量为 m_2,倒去清水,装满泥浆并擦去杯周溢出的泥浆,称其质量为 m_3,则 $\rho_x = \dfrac{m_3 - m_1}{m_2 - m_1}$。

D.2 黏度 $\boldsymbol{\eta}$(s)

工地采用标准漏斗黏度计测定,黏度计如图 D.2 所示。用两端开口量杯分别量取 200mL 和 500mL 泥浆,通过滤网滤去大砂粒后,将泥浆 700mL 均注入漏斗,然后使泥浆从漏斗流出,流满 500mL 量杯所需时间(s),即为所测泥浆的黏度。

校正方法:漏斗中注入 700mL 清水,流出 500mL,所需时间应是 15s,如偏差超过 ±1s,则量测泥浆黏度时应校正。

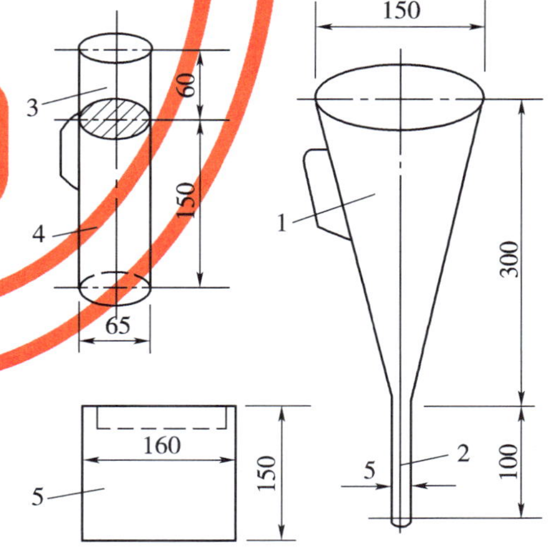

图 D.2 黏度计(尺寸单位:mm)

1-漏斗;2-管子;3-量杯 200mL 部分;4-量杯 500mL 部分;5-筛网及杯

D.3 含砂率(%)

工地用含砂率计测定,含砂率计如图 D.3 所示。量测时,将调制好的泥浆 50mL 倒进含砂率计,然后再倒 450mL 清水,将仪器口塞紧,摇动 1min,使泥浆与水混合均匀,再将仪器竖直静放 3min,仪器下端沉淀物的体积(由仪器上刻度读出)乘 2 即为含砂率(%)。(另有一种大型的含砂率计,容积 1 000mL,从刻度读出的数不乘 2 即为含砂率。)

D.4 胶体率(%)

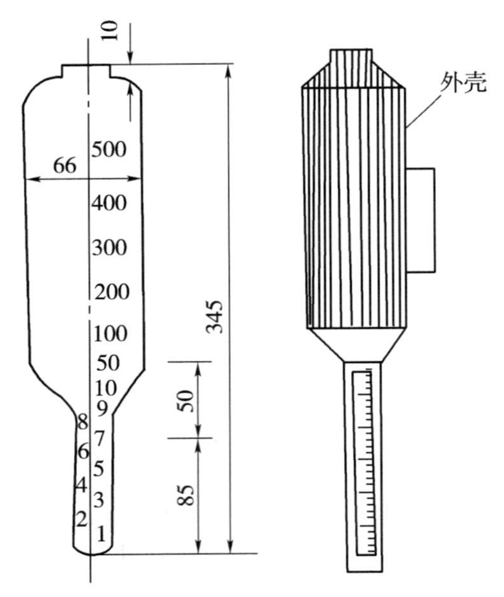

图 D.3 含砂率计(尺寸单位:mm)

亦称稳定率,用于评价泥浆中土粒保持悬浮状态的性能。测定方法:可将 100mL 的泥浆放入干净量杯中,用玻璃板盖上,静置 24h 后,量杯上部的泥浆可能澄清为透明的水,量杯底部可能有沉淀物。以 100 -(水 + 沉淀物)体积即等于胶体率。

D.5 失水量(mL/30min)和泥皮厚(mm)

用一张 120mm × 120mm 的滤纸,置于水平玻璃板上,中央画一直径 30mm 的圆圈,将 2mL 的泥浆滴于圆圈中心,30min 后,量算湿润圆圈的平均半径减去泥浆坍平成为泥饼的平均半径(mm),算出的结果(mm)值代表失水量,单位:mL/min。在滤纸上量出泥饼厚度(mm)即为泥皮厚。泥皮愈平坦、愈薄,则泥浆质量愈高,一般不宜厚于 2 ~ 3mm。

附录 E 试桩试验办法

E.1 一般规定

E.1.1 本办法适用于施工阶段检验性的试桩，其内容包括工艺试验、动力试验及静压、静拔和静推试验。但在多年冻土、湿陷性黄土等地层的试桩试验，不适用本办法。

E.1.2 试桩的位置应符合设计规定；设计未规定时，宜选择在有代表性地质的地方，并尽量靠近地质钻孔或静力触探孔，其间距宜为 1 ~5m。试桩的桩径、桩长和测试内容应符合设计要求。

E.1.3 施工阶段的试桩数量应符合下列规定：

1 静压试验应按施工合同规定的数量进行试桩，并应按下列要求进行：

1）试桩的数量宜根据设计要求和工程地质条件确定，但不宜少于 2 根。

2）位于深水处的试桩，应根据具体情况，由主管部门研究确定。

2 静拔、静推试桩试验的数量宜根据合同要求进行。

3 工艺试验应由施工单位拟定，报主管部门批准。

E.1.4 试桩前应进行下列准备工作：

1 试桩的桩顶如有破损或强度不足时，应将破损和强度不足段凿除后，修补平整。

2 做静推试验的桩，如系空心桩，则应在直接受力部位填充混凝土。

3 做静压、静拔的试桩，当在原地面处施加荷载时，对承台底面以上部分或局部冲刷线以上部分设计不能考虑的摩擦力应予扣除。

4 做静压、静拔的试桩，对桩身需通过尚未固结新近沉积的土层或湿陷性黄土、软土等土层对桩侧产生向上的负摩擦力部分，应在桩表面涂设涂层，或设置套管等方法予以消除。

5 在冰冻季节试桩时，应将桩周围的冻土全部融化，其融化范围：静压、静拔试验时，离试桩周围不应小于 1m；静推试验时，不应小于 2m。融化状态应保持到试验结束。在结冰的水域做试验时，桩与冰层间应保持不小于 100mm 的间隙。

E.2 工艺试验和冲击试验

E.2.1 施工阶段的工艺试验和冲击试验的主要目的:

1 选择合理的施工方法和机具设备。

2 检验桩沉入土中的深度能否达到设计要求。

3 选定锤击沉桩时的锤垫、桩垫及其参数。

4 利用静压试验等方法,验证选用的动力公式在该地质条件下的准确程度。

5 选定射水设备及射水参数(水量、水压等)。

6 确定沉桩时有无“假极限”或“吸入”现象,并确定是否需要复打以及决定复打前的“休止”天数。

7 确定施工工艺和停止沉桩的控制标准。

E.2.2 冲击试验应符合下列规定:

1 采用柴油锤、振动锤沉桩时,应记录桩身每下沉1.0m的锤击(或振动)时间和全桩的总锤击(或总振动)时间。

2 当桩沉至接近设计高程附近(约1.0m左右)时,采用柴油锤、振动锤沉桩的,应记录每100mm的锤击(或振动)时间,算出最后100mm每分钟平均值(以mm/min计),作为停锤贯入度。

3 冲击(复打)试验应符合下列规定:

1)冲击试验的复打应经过“休止”后进行,“休止”时间宜按土质不同而异,由试验确定。一般情况下,当桩穿过砂类土,或桩尖位于大块碎石土、紧密的砂类土或坚硬的黏质土上时,不宜少于1d;在粗、中砂和细砂中时,不宜少于3d;在黏质土和饱和的粉质土中时,不宜少于6d。

2)沉桩时应采用能达到与最后贯入度相同的功能(采用柴油锤时,应使落锤高度相同;采用振动锤时,应使其各项技术条件相同)和相同的设备(包括桩锤规格、桩帽、锤垫、桩垫等)进行锤击或振动。

3)采用柴油锤、振动锤沉桩时,应取其最后100mm的锤击、振动时间的每分钟平均贯入度作为最终贯入度;贯入度的单位分别为mm/击、mm/min。

4 冲击试验应填写试验记录。

E.3 静压试验

E.3.1 试验目的:通常用来确定单桩承载力和荷载与位移的关系,以及校核动力公式的准确程度。

E.3.2 试验方法:采用慢速维持荷载法;若设计无特殊要求时,可采用单循环加载试验。

E.3.3 试验时间:静压试验应在冲击试验后立即进行。对钻(挖)孔灌注桩,应待混凝土达到能承受设计要求荷载后,方可进行试验。

E.3.4 试验加载装置:一般采用油压千斤顶加载。千斤顶的反力装置可根据现场的实际条件选用下列三种形式之一:

1 锚桩承载梁反力装置:锚桩承载梁反力装置能提供的反力,应不小于预估最大试验荷载的1.3~1.5倍。锚桩宜采用4根,如入土较浅或土质松软时可增至6根。锚桩与试桩的中心间距,当试桩直径(或边长)小于或等于800mm时,可为试桩直径(或边长)的5倍;当试桩直径大于800mm时,上述距离不得小于4m。

2 压重平台反力装置:利用平台上压重作为对桩静压试验的反力装置。压重不得小于预估最大试验荷载的1.3倍,压重应在试验开始前一次加上。试桩中心至压重平台支承边缘的距离应与上述试桩中心至锚桩中心距离相同。

3 锚桩压重联合反力装置:当试桩最大加载量超过锚桩的抗拔能力时,可在承载梁上放置或悬挂一定重物,由锚桩和重物共同承受千斤顶反力。

E.3.5 测量位移装置:测量仪表必须精确,一般使用1/20mm光学仪器或力学仪表,如水平仪、挠度仪、偏移计等。支承仪表的基准架应有足够的刚度和稳定性。基准梁的一端在其支承上应能自由移动,不受温度影响引起上拱或下挠。基准桩应埋入地基表面以下一定深度,不受气候条件等影响。基准桩中心与试桩、锚桩中心(或压重平台支承边缘)之间的距离宜符合表E.3.5的规定。

表E.3.5 基准桩中心至试桩、锚桩中心(或压重平台支承边缘)的距离

反力系统	基准桩与试桩	基准桩与锚桩(或压重平台支承边缘)
锚桩承载梁反力装置	≥4d	≥4d
压重平台反力装置	≥2.0m	≥2.0m

注:表中为试桩的直径或边长d≤800mm的情况;若试桩直径d>800mm时,基准桩中心至试桩中心(或压重平台支承边缘)的距离不宜小于4.0m。

E.3.6 加载方法应符合下列规定:

1 加载重心应与试桩轴线相一致。加载时应分级进行,使荷载传递均匀,无冲击。加载过程中,不应使荷载超过每级的规定值。

2 加载分级时,每级加载量宜为预估最大荷载的1/10~1/15。当桩的下端埋入巨粒土、粗粒土以及坚硬的黏质土中时,第一级可按2倍的分级荷载加载。

3 预估最大荷载:对施工检验性试验,可采用设计荷载的2.0倍。

E.3.7 沉降观测应符合下列规定:

1 下沉未达稳定时不得进行下一级加载。

2 每级加载的观测时间规定为:每级加载完毕后,每隔15min观测1次;累计1h后,每隔30min观测1次。

E.3.8 稳定标准。每级加载后的下沉量，在下列时间内如不大于0.1mm时即可认为稳定：

1 桩端下为巨粒土、砂类土、坚硬黏质土，最后30min。

2 桩端下为半坚硬和细粒土，最后1h。

E.3.9 加载终止及极限荷载取值应符合下列规定：

1 总位移量大于或等于40mm，本级荷载的下沉量大于或等于前一级荷载的下沉量的5倍时，加载即可终止。取比终止时荷载小一级的荷载为极限荷载。

2 总位移量大于或等于40mm，本级荷载加上后24h未达稳定，加载即可终止。取比终止时荷载小一级的荷载为极限荷载。

3 巨粒土、密实砂类土以及坚硬的黏质土中，总下沉量小于40mm，但荷载已大于或等于设计荷载×设计规定的安全系数，加载即可终止。取此时的荷载为极限荷载。

4 施工过程中的检验性试验，一般加载应继续到桩的2倍设计荷载为止。如果桩的总沉降量不超过40mm，且最后一级加载引起的沉降不超过前一级加载引起的沉降的5倍，则该桩可以予以检验。

5 极限荷载的确定困难时，应绘制荷载—沉降曲线(P-s曲线)、沉降—时间曲线(s-t曲线)确定，必要时还应绘制s-lg$t$曲线、s-lg$P$曲线(单对数法)、s-$[1-P/P_{max}]$曲线(百分率法)等进行综合比较，确定比较合理的极限荷载取值。

E.3.10 桩的卸载和回弹量观测应符合下列规定：

1 卸载应分级进行，每级卸载量宜为两个加载级的荷载值。每级荷载卸载后，应观测桩顶的回弹量，观测办法与沉降相同。直到回弹稳定后，再卸下一级荷载。回弹稳定标准与下沉稳定标准相同。

2 卸载到零后，至少应在2h内每30min观测1次。如果桩尖下为砂类土，则开始30min内，每15min观测一次；如果桩尖下为黏质土，第1h内，每15min观测1次。

E.3.11 试验记录：所有试验数据应按表E.3.11及时填写记录，绘制静压试验曲线，如图E.3.11所示，并编写试验报告。

表E.3.11 静压试验记录表

____线____桥____号试桩　　地质情况________

沉桩方法及设备型号________　　桩的类型、截面尺寸及长度________

桩的入土深度____(m)　　设计荷载____(kN)　　最终贯入度____(mm/击)

加载方法________　　加载顺序________

荷载编号	起止时间			间歇时间(min)	每级荷载(kN)	各表读数(mm)			平均读数(mm)	位移(mm)			气温(℃)	备注
	日	时	分			1号	2号			下沉	上拔	水平		

其他记录：

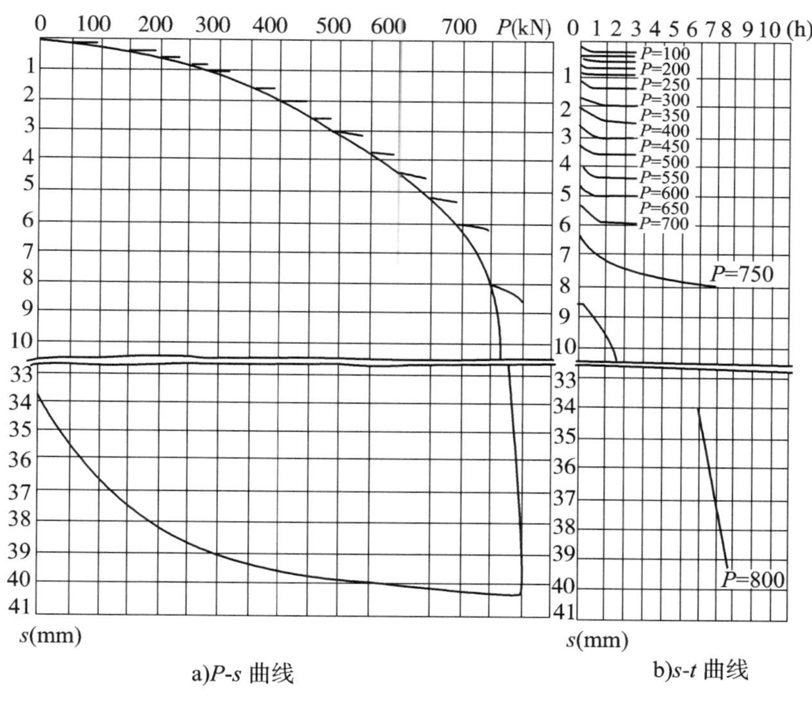

a)P-s 曲线　　b)s-t 曲线

图 E.3.11　静压试验曲线

E.4　静拔试验

E.4.1　试验目的：在个别桩基中设计承受拉力时，用以确定单桩抗拔容许承载力。

E.4.2　试验时间：一般可在复打规定的"休止"时间以后进行。对于钻（挖）孔灌注桩，应待灌注的混凝土强度达到设计要求的强度后方可进行。静拔试验也可在静压试验后进行。

E.4.3　加载装置：可采用液压千斤顶加载。千斤顶的反力装置宜采用两根锚桩和承载梁组成，试桩和承载梁采用拉杆连接，将千斤顶置于两根锚桩之上，顶推承载梁，引起试桩上拔。试桩与锚桩间的中心距离可按本规范附录第 E.3.4 条第 1 款确定。

E.4.4　加载方法：一般采用慢速维持荷载法进行。施加的静拔力必须作用于桩的中轴线。加载应均匀、无冲击。每级加载量宜不大于预计最大荷载的 1/10 ~ 1/15。

E.4.5　位移观测：应符合本规范附录第 E.3.7 条沉降观测的规定。

E.4.6　稳定标准：位移量小于或等于 0.1mm/h，即可认为稳定。

E.4.7　加载终止：勘测设计阶段，总位移大于或等于 25mm，加载即可终止；施工阶段，加载不应大于设计容许抗拔荷载。

E.4.8 试验记录:所有试验观测数据应按本规范表 E.3.11 及时填写记录,并绘制如图 E.3.11 所示曲线(代表拔出位移的纵坐标改为向上)。

E.5 静推试验

E.5.1 试验目的:试验目的主要是确定桩的水平承载力、桩侧地基土水平抗力系数的比例系数。

E.5.2 试验方法:对于承受反复水平荷载的基桩,采用多循环加卸载方法;对于承受长期水平荷载的基桩,采用单循环加载方法。

E.5.3 加载装置的设置应符合下列规定:

1 一般采用两根单桩通过千斤顶相互顶推加载;或在两根锚桩间平放 1 根横梁,采用千斤顶向试桩加载;有条件时可利用墩台或专设反力座以千斤顶向试桩加载。在千斤顶与试桩接触处宜安设一球形铰座,保证千斤顶作用力能水平通过桩身轴线。

2 加载反力结构的承载能力宜为预估最大试验荷载的 1.3 ~ 1.5 倍,其作用方向的刚度不应小于试桩。反力结构与试桩之间的净距应按设计要求确定。

3 固定百分表的基准桩宜设在桩侧面靠位移的反方向,与试桩的净距应不小于试桩直径的 1 倍。

E.5.4 多循环加卸载试验法按下列规定进行:

1 加载分级:可按预计最大试验荷载的 1/10 ~ 1/15,一般可采用 5 ~ 10kN,过软的土可采用 2kN 级差。

2 加载程序与位移观测:各级荷载施加后,恒载 4min 测读水平位移,然后卸载至零,2min 后测读残余水平位移,至此完成一个加载循序,如此循环 5 次,完成一级荷载的试验观测。加载时间应尽量缩短,测量位移间隔时间应严格准确,试验不得中途停歇。

3 当出现下列情况之一时即可终止加载:

1)桩顶水平位移超过 20 ~ 30mm(软土取 40mm);

2)桩身已经断裂;

3)桩侧地表明显裂纹或隆起。

E.5.5 多循环加卸载法的资料整理应符合下列规定:

1 单桩水平静推试验可参照表 E.5.5 的格式进行记录。

2 应根据试验记录绘制水平荷载—时间—桩顶位移关系曲线(H-t-x 曲线),如图 E.5.5-1 所示;水平荷载—位移梯度关系曲线(H-$\Delta x/\Delta H$ 曲线),如图 E.5.5-2 所示。

表 E.5.5　单桩水平静推试验记录

试桩号：　　　　　　　　　　　　　　　　　　　　　　　　上下表距：

荷载（kN）	观测时间 d/h/min	循环数	加载		卸载		水平位移（mm）		加载上下表读数差	转角	备注
			上表	下表	上表	下表	加载	卸载			

试验____________　　记录____________　　校核____________　　施工负责人____________

3　当桩身具有应力量测资料时，尚应绘制应力沿桩身分布和水平力—最大弯矩截面钢筋应力关系曲线（H-σ_g 曲线），如图 E.5.5-3 所示。

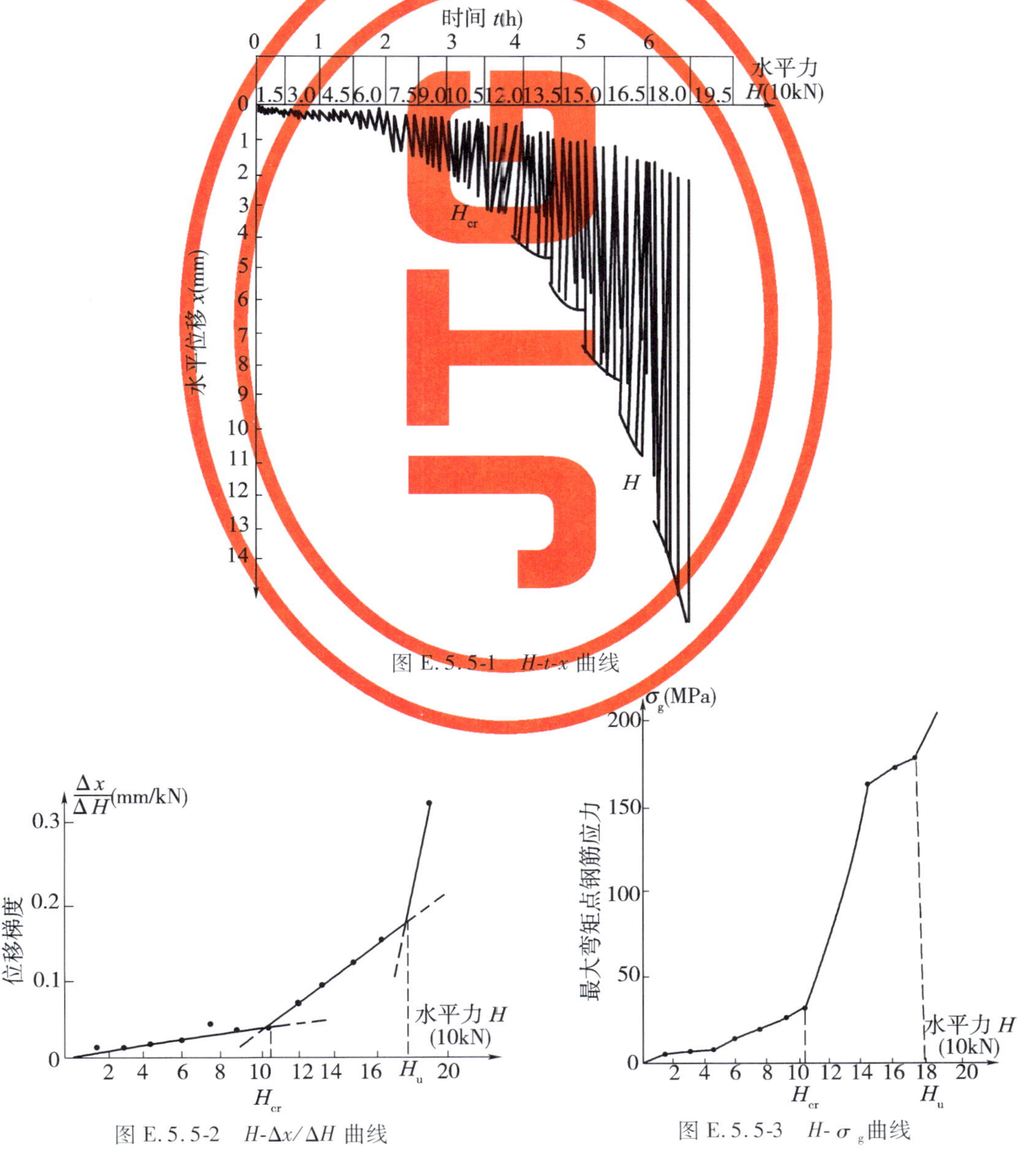

图 E.5.5-1　H-t-x 曲线

图 E.5.5-2　H-$\Delta x/\Delta H$ 曲线

图 E.5.5-3　H-σ_g 曲线

E.5.6 多循环加卸载临界荷载 H_{cr}、极限荷载 H_u 及水平抗推容许承载力的确定应符合下列规定:

1 临界荷载 H_{cr},相当于桩身开裂,受拉混凝土不参加工作时的桩顶水平力,其数值可按下列方法综合确定:

1)取 $H\text{-}t\text{-}x$ 曲线出现突变点的前一级荷载;

2)取 $H\text{-}\Delta x/\Delta H$ 曲线的第一直线段的终点所对应的荷载;

3)取 $H\text{-}\sigma_g$ 曲线第一突变点对应的荷载。

2 极限荷载 H_u,其数值可按下列方法综合确定:

1)取 $H\text{-}t\text{-}x$ 曲线明显陡降的前一级荷载;

2)取 $H\text{-}t\text{-}x$ 曲线各级荷载下水平位移包络线向下凹曲的前一级荷载;

3)取 $h\text{-}\Delta x/\Delta h$ 曲线第二直线终点所对应的荷载;

4)桩身断裂或钢筋应力达到流限的前一级荷载。

3 水平抗推容许荷载:为水平极限荷载除以设计规定的安全系数。

E.5.7 单循环加载试验法应符合下列规定:

1 加载分级与多循环加卸载试验方法相同。

2 加载后测读位移量与静压试验测读的方法相同。

3 静推稳定标准:如位移量小于或等于0.05mm/h即可认为稳定。

4 终止加载条件:勘测设计阶段的试验,水平力作用点处位移量大于或等于50mm,加载即可终止;施工检验性试验,加载不应超过设计的容许荷载。

5 试验记录:所有试验观测数据应填写记录,并绘制如本规范图E.3.11所示曲线图。将水平位移量改为横坐标,荷载改为纵坐标。

附录 F1　焊接工艺评定

F1.1　一般要求

F1.1.1　焊接工艺评定(以下简称“评定”)是编制焊接工艺的依据。

F1.1.2　评定条件应与产品焊接条件相对应,评定应使用与产品相同牌号和质量等级的钢材及焊接材料。

F1.1.3　首次使用的钢材和焊接材料应进行评定;已评定并批准的工艺,可不再进行评定。遇有下列情况之一者,应重新进行评定:

1　钢材牌号或质量等级改变;

2　焊接材料改变;

3　焊接方法或焊接位置改变;

4　衬垫改变;

5　焊接电流、焊接电压或焊接速度改变 ±10% 以上,或焊接线能量增大 10% 以上;

6　坡口形状和尺寸改变(坡口角度减少 10°以上,钝边增大 2mm 以上,根部间隙减小 2mm 以上);

7　预热温度低于规定值下限温度 20℃;

8　电流种类及极性改变或电弧金属过渡方式改变;

9　加入或取消粉状或粒状填充金属或切断的金属丝;

10　母材焊接部位涂车间防锈漆时。

F1.2　试板

F1.2.1　试板宜选用碳当量偏标准上限的母材制备,其试验条件应考虑约束状态。

F1.2.2　对接接头试板、熔透或部分熔透的角接接头和 T 形接头试板应根据设计图选择有代表性的板厚 t 进行评定试验,经核准后其评定对满足 $0.75t_1 \leqslant t \leqslant 1.5t_1$ 条件的产品厚度有效(t 为试板厚度,t_1 为产品厚度),但产品的接头形式、坡口形状及钝边尺寸应与试板相一致。

F1.2.3 角焊缝试板可按每一焊脚尺寸选定一种板厚组合进行评定试验,经核准后其评定对同一焊脚尺寸的各种板厚组合均有效。

F1.2.4 试板长度应根据样坯尺寸、数量(含附加试样数量)等因素予以综合考虑,自动焊不得小于600mm,手工焊、CO_2 气体(混合气体)保护焊不得小于400mm。

F1.3 试验及检验

F1.3.1 焊缝的外观质量应符合本规范第19.6.1条的规定。

F1.3.2 评定试板应沿焊缝全长进行超声波探伤,质量等级应符合本规范第19.6.2条的规定。

F1.3.3 力学性能试验取样应按照现行国家标准GB/T 2650～2653的规定,样坯截取位置应根据焊缝外形及探伤结果,在试件的有效利用长度内作适当分布。试样加工前允许对样坯进行冷矫正。

F1.3.4 T形接头和角接接头熔透焊缝冲击试样取样方法:当未开坡口侧板厚 $t \geq$ 30mm时,应按图F1.3.4-1和图F1.3.4-2进行;当未开坡口侧板厚 $t < 30$mm时,可用同样坡口的对接焊缝代替。

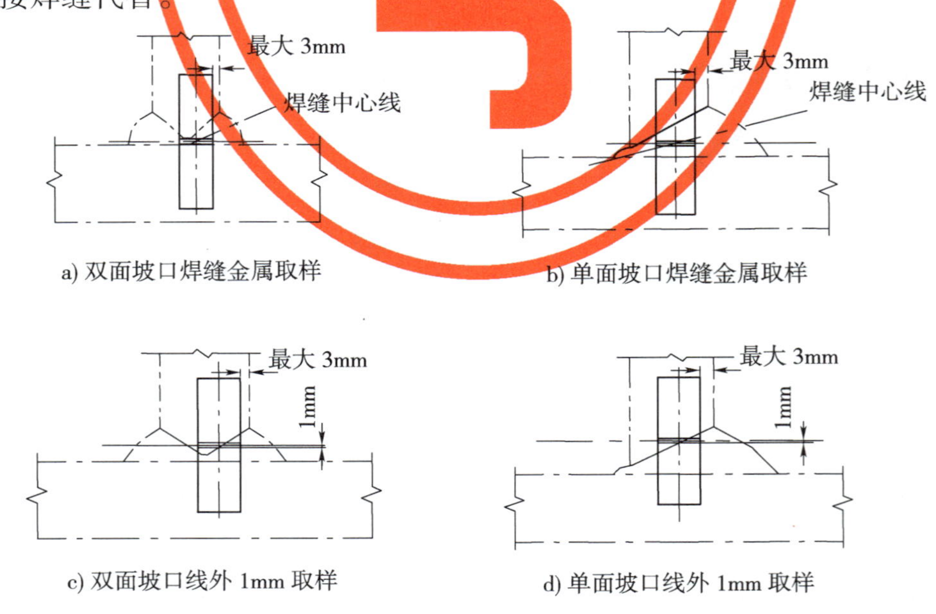

图F1.3.4-1 T形接头熔透焊缝的冲击试样取样

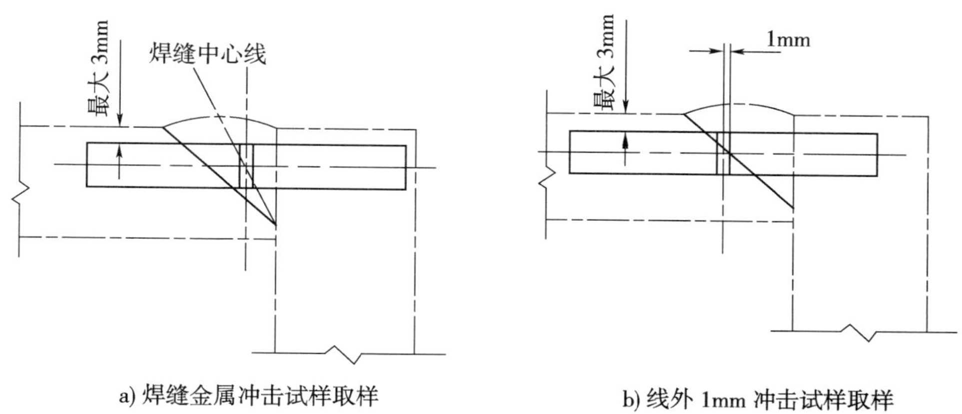

a) 焊缝金属冲击试样取样　　b) 线外 1mm 冲击试样取样

图 F1.3.4-2　角接接头熔透焊缝的冲击试样取样

F1.3.5　力学性能试验项目、试样数量及试验方法应符合表 F1.3.5 的规定。

表 F1.3.5　力学性能试验项目、试样数量(个)及试验方法

试件形式	试验项目		试样数量	试验方法
对接接头试件	接头拉伸(拉板)		1	GB/T 2651
	焊缝金属拉伸		1	GB/T 2652
	接头弯曲		1	GB/T 2653
	低温冲击	焊缝金属	3	GB/T 2650
		熔合线外 1.0mm 或 0.5mm	3	
	接头硬度		1	GB/T 2654
T 形接头和角接接头熔透角焊缝试件	焊缝金属拉伸		1	GB/T 2652
	低温冲击	焊缝金属	3	GB/T 2650
		熔合线外 1.0mm 或 0.5mm	3	
	接头硬度		1	GB/T 2654
T 形接头角焊缝试件	焊缝金属拉伸		1	GB/T 2652
	接头硬度		1	GB/T 2654

注:1. 接头弯曲试验的弯曲角 $\alpha = 180°$,弯心直径应符合母材标准规定。
2. 粗丝埋弧焊时为熔合线外 1.0mm,手工电弧焊或 CO_2 气体保护焊或细丝埋弧焊时为熔合线外 0.5mm。
3. T 形接头角焊缝的焊脚尺寸小于或等于 8mm 时可用焊脚尺寸为 10mm 的试验结果代替。

F1.3.6　力学性能试验验收应符合下列规定:

1　拉伸试验结果(屈服强度、抗拉强度及延伸率)不低于母材标准值时,判为合格;当试验结果低于母材标准值时,允许从同一试件上再取一个试样重新试验,若重新试验的结果不低于母材标准值,则仍可判为合格,否则判为不合格。

2　接头弯曲试验结束后,试样受拉面没有裂纹,或仅在棱角处有撕裂且裂纹长度不大于 3mm 时,判为合格;当试验结果未满足上述要求时,允许从同一试件上再取一个试样重新试验,若重新试验的结果满足上述要求,则仍可判为合格,否则判为不合格。

3　设计文件未对冲击功作规定时,按设计文件中所规定的最低环境温度下的冲击功试验值应为27J。若一组(3个)冲击试验结果的平均值不低于规定值,且每个试验值都不小于规定值的70%时,判为合格;当试验结果未满足上述要求时,允许从同一试件上再取一组(3个)附加试样重新试验,若总计6个试验值的平均值不小于规定值,且低于规定值的试验值不多于3个(其中,不得有2个以上的试验值低于规定值的70%,也不得有任一试验值低于规定值的50%),则仍可判为合格,否则判为不合格。

4 在宏观断面上做焊接接头的硬度试验并记录测试结果,要求EV≤380。

5 力学性能试验结束后,当发现试样断口上有超差的缺陷时,应查明产生该缺陷的原因并决定试验结果是否有效。

F1.3.7 每一评定应做一次宏观断面酸蚀试验,试验方法应符合现行国家标准《钢的低倍组织及缺陷酸蚀检验方法》(GB 226)的规定;焊缝成型系数应为1.3~2.0。

F1.3.8 不同材质焊接接头的拉伸、冲击、弯曲等力学性能应按性能要求较低的材质进行评定。

F1.4 焊接工艺评定报告

"评定"报告应包括下列内容:

1 母材和焊接材料的牌号、规格、化学成分和力学性能等;

2 试板图;

3 试件的焊接条件、施焊日期、工艺参数;

4 焊缝外观和无损检验结果;

5 力学性能试验及宏观断面酸蚀试验结果;

6 结论及评定人员签字。

附录 F2　超声波探伤

F2.0.1　超声波探伤的距离—波幅曲线灵敏度应符合表 F2.0.1 的规定。

表 F2.0.1　距离—波幅曲线灵敏度

焊缝质量等级	板厚(mm)	判　废　线	定　量　线	评　定　线
对接焊缝Ⅰ、Ⅱ级	8～100	$\phi3\times40-4$dB	$\phi3\times40-10$dB	$\phi3\times40-16$dB
角焊缝Ⅱ级	8～25	$\phi1\times2$	$\phi1\times2-6$dB	$\phi1\times2-12$dB
	>25～100	$\phi1\times2+4$dB	$\phi1\times2-4$dB	$\phi1\times2-10$dB
全熔透角焊缝	8～100	$\phi3\times40-4$dB	$\phi3\times40-10$dB	$\phi3\times40-16$dB
	8～100	$\phi6$	$\phi3$	$\phi2$

注:1. 角焊缝超声波探伤采用铁路钢桥制造专用柱孔标准试块或与其校准过的其他孔形试块。

2. 当允许未焊透尺寸不大于 7mm 时,采用与探测距离等距的槽形对比试块进行纵波扫查,槽形对比试块的槽形宽度为允许的未焊透尺寸;当允许未焊透尺寸大于 7mm 时,采用半波高度法界定未焊透尺寸。

3. 如超声波探伤已可准确认定焊缝存在裂纹,则应判定焊缝质量不合格。

4. $\phi6$、$\phi3$、$\phi2$ 表示纵波探伤的平底孔参考反射体尺寸。

F2.0.2　超声波探伤缺陷等级评定应符合表 F2.0.2 的规定,判断为裂纹、未熔合、未焊透(对接焊缝)等危机性缺陷者,应判断为不合格。

表 F2.0.2　缺陷等级评定

评 定 等 级	板　厚(mm)	单个缺陷指示长度
对接焊缝Ⅰ级	8～100	$t/3$,最小可为 10, 最大不超过 30
对接焊缝Ⅱ级		$2t/3$,最小可为 12,最大不超过 30
全熔透角焊缝Ⅰ级		$t/3$,最小可为 10,最大不超过 30
全熔透角焊缝Ⅱ级		$2t/3$, 最小可为 12,最大不超过 30
角焊缝Ⅱ级		$t/2$,最小可为 10,最大不超过 30

注:1. 母材板厚不同时,按较薄板评定。

2. 缺陷指示长度小于 8mm 时,按 5mm 计。

附录 F3 高强度螺栓连接抗滑移系数试验方法

F3.0.1 基本要求应符合下列规定:

1 制造厂和安装单位应分别以钢结构制造批为单位进行抗滑移系数试验。制造批可按单位工程划分规定的工程量每 2 000t 为一批,不足 2 000t 的也视为一批。选用两种及两种以上表面处理工艺时,每种处理工艺应单独检验。每批 3 组试件。

2 抗滑移系数试验应采用双摩擦面的两栓或三栓拼接的拉力试件(图 F3.0.1)。

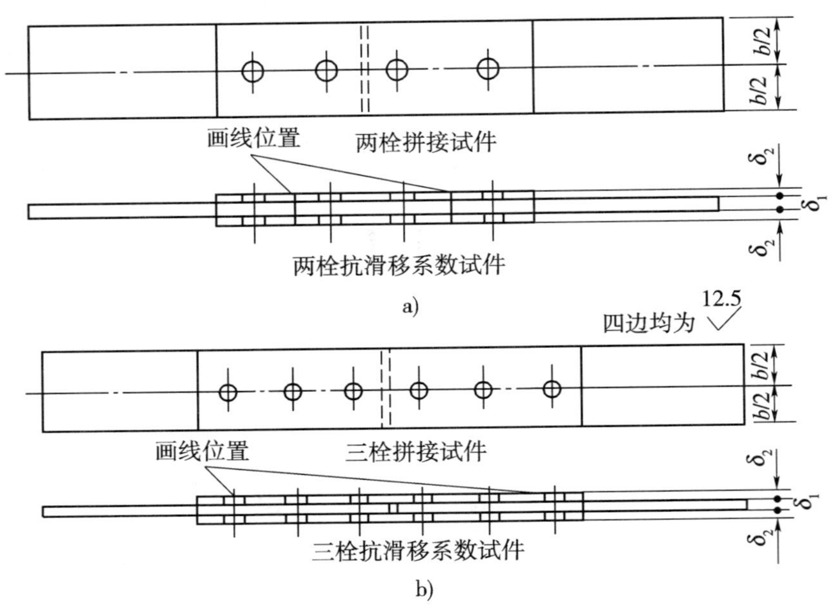

图 F3.0.1 抗滑移系数试件的形式和尺寸

F3.0.2 试验方法应符合下列规定:

1 试验用的试验机误差应在 1% 以内。

2 试验用的贴有电阻片的高强度螺栓、压力传感器和电阻应变仪应在试验前采用试验机进行标定,其误差应在 2% 以内。

3 测定抗滑移系数的试件为拉力试件。

4 测定抗滑移系数的试件应由钢桥制造厂加工,试件与所代表的钢桥应为同一材质、同批制作、同一摩擦面处理工艺,使用同一性能等级和同一直径的高强度螺栓连接副,并在相同条件下运输、存放。

5 测定抗滑移系数的试件为双面拼装试件,其试件尺寸如图 F3.0.1 所示。

6 试件的钢板厚度 δ_1、δ_2 应为所代表的钢桥中有代表性部件的钢板厚度,试件的宽

度 b 应按表 F3.0.2 确定。

表 F3.0.2 试件板的宽度

螺栓直径 d(mm)	16	20	22	24
板宽 b(mm)	60	75	80	85

7 试件加工应符合图 F3.0.1 的规定。

8 试件板面应平整,无油污、孔边,板面无飞边、毛刺。

9 按图 F3.0.1 所示进行试件组装,先打入冲钉定位,然后逐个换成贴有电阻应变片的高强度螺栓(或用压力传感器),拧紧高强度螺栓的预应力达到(0.95 ~1.05)P(P 为高强度螺栓设计预拉力)。

10 将试件装在试验机上,使试件的轴线与试验机夹具中心线严格对中,在试件侧面画直线,画线位置如图 F3.0.1 所示,测出高强度螺栓预拉力实测值,然后进行拉力试验,平稳加载,加载速度为 3 ~5kN/s,拉至滑动测得滑动荷载 N。

11 在试验中发生以下情况之一时,认为达到滑动荷载:

1)试验机发生回针现象;

2)X-Y 记录仪中变形发生突变;

3)试件测面画线发生错动。

F3.0.3 抗滑移系数 f 按下式计算,取两位有效数字:

$$f=\frac{N}{m\sum P} \tag{F3.0.3}$$

式中:N——由试验机测得的滑动荷载(kN,取 3 位有效数字);

m——摩擦面数,取 $m=2$;

$\sum P$——与试件滑动荷载对应一侧的高强度螺栓预拉力实测值之和(kN,取 3 位有效数字)。

本规范用词用语说明

1　为便于在执行本规范条文时区别对待,对要求严格程度不同的用词说明如下:

1)表示很严格,非这样做不可的用词:

正面词采用“必须”;

反面词采用“严禁”。

2)表示严格,在正常情况下均应这样做的用词:

正面词采用“应”;

反面词采用“不应”或“不得”。

3)表示允许稍有选择,在条件许可时首先这样做的用词:

正面词采用“宜”;

反面词采用“不宜”。

4)表示允许有选择,在一定条件下可以这样做的用词:

采用“可”。

2　条文中指明应按其他有关标准、规范执行时,写法为“应按……执行”或“应符合……要求或规定”;非必须按指定的标准、规范的规定执行时,写法为“可参照……”。

附件

《公路桥涵施工技术规范》

（JTG/T F50—2011）

条 文 说 明

1 总则

1.0.1 本条为制定本规范的目的。技术规范不仅要适应我国公路桥涵工程建设的需要,同时还应起到促进施工技术水平的提高,以及保证工程施工的质量和安全的作用。

1.0.2 本条是本规范的适用范围。原规范条文未提“扩建”,而是在条文说明中解释“改建”的含义包括了“扩建”,本次修订将“扩建”直接列出,使适用范围更加明确。本次修订将“公路桥涵大、中修工程可参照执行”的规定取消,原规范对此规定的解释是“大、中修是指各省市利用养路费改造原有桥涵的项目”,当前的情况是,养路费已经取消,所谓的大、中修更多是对危旧桥涵工程的维修加固,而公路桥涵加固工程的施工有专门的行业标准,故取消该规定。需进一步说明的是,虽然明确了适用范围,但对位于高原、高寒、冻土、沙漠等特殊地区的公路桥涵工程,其施工的某些特殊要求可能不被本规范的条文所包含,遇到这种情况时可以制定或参照有关专门标准执行;对特大型或特殊结构的桥梁工程,则可依据本规范制定更详细的专用技术规范指导施工。

1.0.3 本条的规定是公路桥涵工程施工应达到的基本要求。条文所指的文明施工,主要是相对于野蛮施工、混乱施工而言。文明施工有广义和狭义两种理解,广义的文明施工,简单地说就是科学地组织施工;本规范所强调的文明施工是从狭义上理解的,是指在施工现场管理中,应按现代化施工的客观要求,使施工现场始终保持良好的施工环境和施工秩序。能否做到文明施工是施工企业各项管理水平的综合反映。

1.0.4 国务院发布的《建设工程质量管理条例》、交通部发布的《公路工程质量管理办法》,都是国家有关建设工程质量方面非常重要的法律法规,在公路桥涵工程的施工中应得到严格遵守和认真贯彻执行,以保证工程的施工质量。

1.0.5 《中华人民共和国安全生产法》自 2002 年 11 月 1 日起施行,该法制定的目的是加强安全生产监督管理,防止和减少生产安全事故,保障人民群众生命和财产安全,促进经济发展。在公路桥涵工程的施工中,安全生产法应得到严格遵守。关于安全操作的要求,本规范在有关章节中,对极易发生安全事故的施工作业,作出了必要的规定。

1.0.6 环境保护是我国的一项基本国策,是关系民族和子孙后代生存的极为重要的问题,也是关系到可持续发展、建立和谐社会的大事。我国除在宪法中对环境保护有专门的条文规定外,还颁发有《中华人民共和国环境保护法》(1989 年 12 月 26 日)、《中华人民共和国水污染防治法》(2008 年 6 月 1 日)、《中华人民共和国固体废物污染环境防治法》(2005 年 4 月 1 日)、《中华人民共和国水土保持法》(1991 年 6 月 29 日)、《工业“三废”排放试行标准》(1974 年 1 月 1 日)等法律法规,这些法律法规均应在公路桥涵工程的施工中得到遵守。规定桥涵工程施工应节约用地、少占农田,主要是指施工时占用的生产和施工人员生活的临时用地。对该类临时用地,在施工结束后,应与弃土等及时进行清理,交还原主,但工程施工所占的临时用地,虽经过处理,有些土地恢复至原来的农产量已较为困难,或需增加大量农业投入,根据国家的国土资源政策,要求桥涵工程施工应节约用地、少占农田是非常必要的。

1.0.7 技术创新是国家创新体系的重要组成部分,提倡和鼓励技术创新,对实现公路桥涵施工的现代化、推动技术进步不仅是必要的,同时也是公路桥涵施工企业的一种客观要求。但在推广使用“四新”时,应采取既积极又稳妥的方针,应提前做好论证工作,先做试验,确认可靠后方可采用,以防止发生质量、安全事故,对于大型桥梁工程更应慎重。原规范规定“……应积极推广使用成熟的新技术、新工艺、新材料、新设备”,本次修订将“成熟的”改为“可靠的”,因为“四新”不一定是成熟的,但必须可靠。

2 术语

本次修订将原规范中的术语作了较大调整,调整的原则是:将与桥涵施工有关的或施工特有的术语予以保留,而将常见的、不致引起歧义的部分术语取消。保留19条,取消65条,新增加了7条,修订后共26条术语。

2.0.3 增加本条术语,是因为近年来在我国的一些大型桥梁工程中,钻孔灌注桩的长度已近150m,大大超出了普通的桩基长度,亦超出了常用钻孔设备的施工能力。超长桩对施工的工艺及其他临时设施有特殊的要求,为避免引起对超长桩定义的混乱,有必要对其进行界定,以统一说法。需进一步说明的是:本规范所界定的超长桩的含义仅限于其施工的技术难度与普通桩基有区别,而与桩的受力无关。

2.0.6 对大体积混凝土的定义应作如下理解:

大体积混凝土与普通混凝土的区别表面上看是结构的尺寸不同,但其实质的区别是由于混凝土中水泥的水化要产生热量,而大体积混凝土内部的热量不如表面的热量散失得快,造成内表温差较大,由此所产生的温度应力可能会使混凝土开裂。因此判断是否属于大体积混凝土既要考虑结构尺寸这一因素,又要考虑水泥的品种和强度等级、每立方米水泥用量等因素。比较准确的方法是通过计算水泥水化热所引起的混凝土的温升值与环境温度的差值大小来判别,一般情况下,当其差值小于25℃时,其所产生的温度应力将会小于混凝土本身容许的抗拉强度,不会造成混凝土的开裂;当差值大于或等于25℃时,其所产生的温度应力有可能大于混凝土本身容许的抗拉强度,造成混凝土的开裂,此时就可判定该混凝土为大体积混凝土。

3 施工准备和施工测量

3.1 施工准备

3.1.5 潜在风险主要是指自然环境条件可能会给工程施工带来的各种危害,规定对其应进行分析、评估,并制订必要的突发风险应急预案,目的是防患于未然,保证施工的安全。

3.1.10 “四通”是指水通、电通、通信通、路通;“一平”是指场地平整。

3.2 施工测量

3.2.4 2 特大跨径一般指单跨跨度1 000m及以上的桥梁。

表3.2.4-2中的“高架桥”是指跨越建筑物群、地质不良地段等中小跨径的旱地桥。该类型桥梁由于跨径较小,结构简单,施工测量条件相对较好,因此控制网精度要求适中,根据实际应用经验确定高架桥的平面控制测量的等级应达到四等。

5 规定在布设平面控制点时,四等及以上平面控制网中相邻点之间的距离不得小于500m,是因为一般的桥梁在进行平面控制测量时,点间距以500m比较适宜,太长不便于实际施工中使用,太短则不利于控制导线测量的质量。“平均边长”是指相邻点间的平均距离,其值是根据各个等级适用的范围确定的。

3.2.5 5 在桥涵施工现场,施工机械和已完工程对施工测量的障碍和干扰较多,为了减少转测环节,方便使用,增加检核条件,因此规定“大桥和特大桥的每端应至少设置2个水准点”。

3.2.6 与相邻工程项目接合处的平面位置和高程,在以往的工程施工中经常有衔接不上的情况,故对此作出规定。

4 钢筋

4.1 一般规定

4.1.1 本条所指“相应产品标准”,应理解为该产品相应的国家标准或行业标准;对国外进口的产品,则应是合同规定的标准。

4.1.2 不论大、中、小桥,使用的钢筋均应具有如条文所述的出厂质量证明书;对无出厂质量证明书或经检验验收不合格的钢筋,不得使用。

4.1.6 在施工中,若缺乏设计图中所要求的钢筋种类、级别或规格时,可进行钢筋的代换,但应遵守代换的原则,以满足原结构设计的要求,同时应得到设计方的同意。

4.1.7 规定本条的目的主要是为保证构件在吊装时的安全。

4.2 钢筋的加工

4.2.2 用冷拉法调直 HPB235 钢筋,可同时去掉钢筋表面锈皮,提高除锈工作效率。冷拉率的大小以能将钢筋调直并去掉锈皮为宜,不必也不宜过多地提高冷拉率。因为目前国内生产的 HPB235 钢筋多属 12mm 以下的光圆钢筋,且多用于箍筋或构造钢筋,没有必要通过冷拉来提高它的强度,故其冷拉率以不过多超过钢筋的屈服点时的伸长率为宜。

4.2.4 本条所指钢筋主要是受力主筋,其弯制的形状由设计规定。为了防止弯钩加工时弯钩部分发生裂纹,降低弯钩部分的抗拉强度,规定了各级钢筋弯钩的最小半径。有些受压截面上的变形钢筋,设计上认为其黏结力已够,可不设弯钩。有些主钢筋在梁跨部位弯起,规定其弯曲最小半径是为了防止弯曲处的混凝土被钢筋的合成应力压碎。一般主钢筋末端除应做弯钩外,尚应有适当的锚固平直长度,以便发挥其受力作用。

4.3 钢筋的连接

4.3.3 3 钢筋接头如采用搭接或帮条电弧焊接而做成单面焊缝时,钢筋产生偏心应力,对钢筋受力情况不利,故应尽量采用双面焊缝。有时由于钢筋布置密集,双面帮条摆不下去,或其他原因无法进行焊接,才允许做成单面搭接焊或单面帮条焊。

4.3.4 本次修订取消了原规范中的锥螺纹接头,增加了镦粗直螺纹和滚轧直螺纹两种接头。

1 《钢筋机械连接技术规程》(JGJ 107—2010)将机械连接接头分为Ⅰ、Ⅱ、Ⅲ三个性能等级,考虑到桥涵结构基本上都要承受动力荷载并有各级抗震要求,所以规定应选用Ⅰ级或Ⅱ级的接头。

4.4 钢筋的绑扎与安装

4.4.3 钢筋的混凝土保护层厚度,对防止钢筋锈蚀、保证结构的耐久性具有重要的作用。本条就垫块的制作、设置、固定等方面作出了相应规定,其最终目的是保证钢筋的混凝土保护层厚度满足设计要求。

4.4.7 1 在钢筋骨架内设置十字撑或其他形式的加强钢筋,对增加骨架的刚度,防止变形是有好处的。

5 模板、支架

5.1 一般规定

5.1.1 “常备式定型钢构件”系指万能杆件、装配式公路钢桥中的贝雷桁片、钢管脚手架等钢构件。

5.1.2 本条为模板、支架应达到的基本要求。

5.1.3 规定本条的目的是为了保证工程的质量和施工安全,模板失效、支架坍塌的现象在施工中时有发生,故予以强调。

5.1.4 禁止采用冷加工钢筋制作吊环,是因为这种钢筋在承受荷载时容易产生脆断,造成事故。

5.2 模板、支架设计

5.2.2、5.2.3 由于模板、支架及地基与基础的结构形式多种多样,并无统一的模式,而现行的国家标准和行业标准中均无专门的临时性结构的设计规范,故只能规定按永久结构的相关标准规范执行。

5.2.5 1 几何不变体系是支架构造设计中应遵循的最基本的原则,支架构造如设置成几何可变体系,即使杆件的强度足够,亦会导致其稳定性不足,造成失稳、坍塌等事故。

2 在支架的立杆之间设置水平向和斜向的连接杆件,是增强支架整体刚度和稳定性的有效途径,为保证支架的受力和安全,故规定应根据其受力要求和结构特点进行设置。

3、4 因碗扣式钢管脚手架目前应用较广泛,故对其作支架时的构造要求给出了较详细的规定。门式或扣件式钢管脚手架作支架时的构造要求则可直接按其相应的规范执行。

5.3 模板的制作与安装

5.3.1 2 钢木组合模板是指背楞用钢材、面板用木材或防水胶合板的模板。对这种模板,钢与木的紧密结合可保证其整体性好。

3 木模的转角加嵌条或做成斜角(钝角),可使拆模时构造物的转角处不易损伤破裂,且较美观。

5.3.2 3 规定本款的目的,主要是为防止在模板安装过程中发生事故。

5.4 支架的制作与安装

5.4.1 1 支架主要有满布式支架、梁式支架及特殊支架等几大类。不论采用何种类型的支架,标准化、系列化、通用化都是简化制作拼装工序、加快进度、保证工程质量和施工安全的重要手段,因此推荐在实际施工中采用。

2 木支架的接头是受力的薄弱点,而且耗用材料多,故规定接头应尽量减少。相邻立柱的接头如设在同一水平面上,对承受水平方向的力不利,故规定应尽量分设在不同的水平面上。

5.4.2 2 支架的稳定性是在设计和使用中应引起高度重视的问题,尤其对高支架更应慎重。支架在构造上的不合理是导致其失稳的一个重要原因,因此规定应加强水平向和斜向的必要连接,以增强其整体稳定性,保证施工安全。

5.4.3 1 梁、板等结构在施工时所设置的预拱度一般包括两部分:①结构本身需要的预拱度;②施工需要设置的预拱度。前者是结构在规定的使用荷载作用下会产生挠度,为抵消该挠度对结构正常使用的影响,应设置一预留拱度,该部分预拱度的具体量值宜由设计单位提供;后者是在施工中,由于施工荷载的作用,使得模板、支架产生压缩、变形及地基的沉降等问题,为抵消模板、支架的弹性变形、非弹性变形和地基沉降的影响,则应设置一定的预拱度,这一部分预拱度的量值应由施工单位通过计算或试验确定。

5.5 模板、支架的拆除

5.5.2 为保证非承重的侧模板在拆模时混凝土表面及棱角不致因拆模而被损坏、断裂,或混凝土本身不能支持自重而变形、坍塌,这就要求拆模时混凝土的抗拉强度和抗剪强度要大于模板与混凝土间的脱模(黏结)力,其抗压强度则应能支持其自重。试验证明混凝土的抗拉强度一般为其抗压强度的1/10~1/16,抗剪强度为抗压强度的1/4~1/6,因此,为控制拆模时混凝土的抗拉强度和抗剪强度,拆模前应测定其抗压强度。一般情况下,抗压强度达到2.5MPa时,可满足拆除模板时所需的各项强度。

5.5.7 卸落模板、支架时，总的原则要求是由变形最大处向变形最小或无变形处过渡，对称、少量、多次、逐渐完成，使结构物逐步承受荷载，其目的是为避免结构物在卸落模板、支架的过程中发生开裂等质量事故。

5.5.8 在低温、干燥或大风环境下拆除模板时，外界的不良环境会使混凝土的内表温差过大或使混凝土的表面过快失水，从而导致混凝土的表面出现裂纹，严重者会产生裂缝，故规定应采取必要的措施予以防止。

6 混凝土工程

6.1 一般规定

6.1.2 如果忽视原材料在使用前和使用过程中的检验和复验,将会给结构带来隐患,故强调混凝土工程所用的各种原材料(水泥、粗集料、细集料、拌和水、外加剂、掺合料等)均应在进场时分批进行检验,检验结果应符合现行国家或行业标准的规定。

6.1.4 由于蒸养及掺合料的影响,掺加矿物掺合料的混凝土强度增长时间的关系曲线与普通混凝土的关系曲线有较大的出入。与普通混凝土不同的是,掺粉煤灰的混凝土标准养护28d后,强度仍有较大的增长,因此其强度可按设计规定的龄期取值。

6.1.5 碱—集料反应对一些地区的桥梁结构物曾造成过严重的破坏,特别是近年来部分水泥的含碱量增加及含碱外加剂的应用使得混凝土含碱量剧增,往往会超过引发碱—集料反应的临界值。混凝土含碱量在超过临界值后会导致化学反应,使混凝土结构发生不均匀膨胀、产生裂缝、抗压强度和弹性模量下降等不良现象,从而危及结构安全,缩短工程的使用寿命。为了避免这种危害的发生,在条件具备时,公路桥涵的混凝土结构中宜使用非碱活性集料,但就现状而言,要完全做到这一点尚存在一定困难,故规定应对结构混凝土中的最大碱含量进行总量控制。

6.2 水泥

6.2.1 我国的水泥按现行国家标准《通用硅酸盐水泥》(GB 175)的分类有:硅酸盐水泥、普通硅酸盐水泥、矿渣硅酸盐水泥、火山灰质硅酸盐水泥、粉煤灰硅酸盐水泥和复合硅酸盐水泥等。其中矿渣硅酸盐水泥、火山灰质硅酸盐水泥、粉煤灰硅酸盐水泥、复合硅酸盐水泥等四种硅酸盐水泥允许掺入20%以上的不同矿物混合物等量取代熟料,掺加后其性能随之产生变化。为了有效控制混凝土的质量,当采用掺入外加剂与掺合料来配制桥涵结构的混凝土时,适用的水泥一般应为硅酸盐水泥或普通硅酸盐水泥;大体积混凝土适用的水泥宜为中热硅酸盐水泥、低热矿渣硅酸盐水泥、粉煤灰硅酸盐水泥或矿渣硅酸盐水泥。对于粉煤灰硅酸盐水泥、矿渣硅酸盐水泥不宜再掺入相应的矿渣、粉煤灰。

水泥含碱量的控制主要是从碱—集料反应的角度考虑。工程实践中发现有的结构混凝土的开裂是由于水泥的高含碱量所引起的收缩所致，为防止碱促进混凝土的开裂，根据现行国家标准《通用硅酸盐水泥》（GB 175）的规定及公路桥涵结构使用的实际情况，规定了若混凝土中使用碱活性集料时，水泥的含碱量应不大于0.6%的要求，水泥的碱含量按氧化钠当量计（$Na_2O + 0.658K_2O$）。这个碱含量的限值是国际上公认的安全指标。

6.3 细集料

6.3.1 原规范对细集料（包括粗集料）的技术指标不作类的区别，本次修订按现行国家标准《建筑用砂》（GB/T 14684）、《建筑用卵石、碎石》（GB/T 14685）及行业标准《普通混凝土用砂、石质量及检验方法标准》（JGJ 52）的有关规定进行了分类，施工中应根据混凝土的强度选择适用的技术指标类别。对细集料中有害物质含量的限值，本次修订根据原规范并参照有关规定作了相应的修改。

6.3.3、6.3.4 细度模数仅反映了砂的全部颗粒粗细程度，而不能反映颗粒级配程度。细度模数相同而级配不同的砂，会具有不同的混凝土配制性质。有关资料表明，合格粒径与良好级配的集料可使混凝土用水量降低约20%，有可能减小收缩值约100×10^{-6}。因此，条文列入了各种级配区的级配，如条文中的表6.3.4，其中Ⅰ区基本属于粗砂范畴，Ⅱ区基本属于中砂范畴，Ⅲ区基本属于细砂范畴。为了保证混凝土结构物的质量，重要工程的混凝土用砂宜选用中砂，细度模数宜为2.9～2.6。

6.4 粗集料

6.4.1 本次修订列入了集料的表观密度、松散堆积密度和空隙率等指标，它间接地反映了集料的级配情况。原规范规定"岩石的抗压强度与混凝土强度等级之比对于大于或等于C30的混凝土，不应小于2，其他不应小于1.5"。这在当时混凝土强度等级普遍在C50及以下的情况是适用的，但随着设计和施工的技术水平及材料性能的不断提高，C60甚至更高强度等级的混凝土已应用于工程实践中，而在工程实践中，有些地区实际上很难找到相应高强度的岩石加工成集料。因此，本次修订参照相关的行业标准，如《铁路混凝土与砌体工程施工规范》（TB 10210—2001）及《高性能混凝土应用技术规程》（CECS 207：2006）等均规定了"在保证其他要求的条件下，采用岩石的抗压强度与混凝土强度等级之比不应小于1.5倍"，对原规范的规定作出了相应调整。对C80及以上的超高强度混凝土，岩石的抗压强度与混凝土强度等级之比建议可采用《普通混凝土用砂、石质量及检验方法标准》（JGJ 52—2006）规定的1.2倍。

6.4.3 粗集料的级配和粒径不好，必然要加大混凝土的胶凝材料总量和用水量，从而增加混凝土的收缩、增加混凝土的渗透性等不良性,为了提高混凝土的耐久性,要求采用良好的级配。粗集料的良好级配应使孔隙小、水泥用量少、不易离析及和易性好。连续级配粗集料的分级尺寸互相衔接,每级均占一定数量,天然卵石属此种级配,拌制混凝土时和易性好,不易发生离析;单粒级的集料分级尺寸不相衔接,拌制混凝土时用水泥多,易离析,捣固较困难,只有在特殊的情况下,并经拌制混凝土试验,无离析现象时方考虑采用单粒级配。

6.4.4 粗集料最大粒径的规定,主要是为了防止集料过大被卡在钢筋的间隙、施工运输设备内,同时也为了保证混凝土结构物的密实度和外观质量。

6.4.5 本条的规定是基于“对检测为有潜在危害的集料”应及时采取措施,防止混凝土因碱集料的活性反应对结构造成破坏。

6.5 水

6.5.1 本条按现行行业标准《混凝土拌和用水标准》(JGJ 63)的规定,对原规范的要求作了相应的变动。

6.6 外加剂

6.6.1、6.6.2 与水泥和矿物掺合料之间的良好相容性是选用外加剂时的首要条件,应引起高度重视,不相容的外加剂不得使用。不同品种的外加剂有其各自的特性,故应根据使用要求、工程材料和施工条件等因素,通过试验确定其品种及适宜的掺量。

6.7 掺合料

6.7.1 2006年交通部以交工便字〔2006〕02号文颁布了《公路工程水泥混凝土外加剂与掺合料应用技术指南》,该指南对公路混凝土工程中最常用的10类19种外加剂和4类掺合料,从主要品种、使用范围、性能指标、施工注意事项、检验要求到质量监控等各个环节均有较详细的规定。在公路桥涵的混凝土工程中使用掺合料(包括外加剂)时,可参照该指南的规定执行。

6.8 混凝土配合比

6.8.1 混凝土所用的各种原材料其质量差异很大,故配合比除应按规定进行设计计算外,更重要的是应通过实际配制试验确定。

6.8.3 原规范仅规定最大水胶比及最小水泥用量。根据现行行业标准《公路钢筋混凝土及预应力混凝土桥涵设计规范》(JTG D62—2004)表1.0.7对结构混凝土耐久性的基本要求,本次修订时作了相应调整:增加了对混凝土的最低强度等级、最大氯离子含量等的要求。

6.8.5 混凝土中产生碱—集料反应一般认为有三个必备条件:集料具有碱活性、混凝土中碱总量大于3.0 kg/m^3、结构处在有足够湿度的环境中。在三个条件共同作用下混凝土会发生碱—集料反应,对此施工中应特别引起重视,严加控制。混凝土总碱含量不宜超过3.0kg/m^3,是防止碱—集料反应的一个重要临界控制指标,对特大桥、大桥、重要桥梁的含碱量应更加严格一些。

6.10 混凝土运输

6.10.1 混凝土拌和物运输时间过长,将增加离析和降低坍落度,从而影响拌和物的质量,故规定混凝土运到浇筑地点时仍应保持均匀性和规定的坍落度。

6.10.2 混凝土在运输过程中出现离析等现象时,允许进行二次搅拌,但不得采用改变水胶比的办法进行处理,因为这样会降低混凝土的强度等性能。

6.11 混凝土浇筑

6.11.3 混凝土一般是分层浇筑的,但为使上下层成为整体,避免形成接缝,浇筑上层时插入式振动器应伸入到下层一定深度(50~100mm),同时下层混凝土应仍保持一定的塑性,因此规定应在下层混凝土初凝或重塑以前浇筑完成上层混凝土。重塑试验方法:用插入式振动器靠自重插入混凝土中,振动15s后,周围100mm内能泛浆,并在拔出振动器时,不留孔洞者即认为能重塑。

6.11.5 混凝土的浇筑工作在正常情况下应连续进行,但遇到停电、搅拌机故障、下雨等意外情况时,间断时间如超过已浇筑前层混凝土的初凝时间或重塑时间,则应按工作缝处理。如不作处理继续浇筑时,上下两层或前后两段结合不好,浇筑振动还会破坏下层刚凝结的混凝土,影响混凝土的整体质量。允许时间是指从混凝土加水搅拌起计,包括拌和及运输时间、前层混凝土浇筑时间和后一层混凝土浇筑振捣时间。

6.11.6 1 规定应将松弱层凿除,是为避免影响混凝土的整体强度。条文根据凿除机具和方法规定了处理层混凝土应达到的强度,以免处理层下面的混凝土受损伤。

3 施工缝的抗剪强度较差,规定重要部位和有抗震要求的施工缝应插埋锚固钢筋,是为增强其抗剪强度。斜面凿成台阶是为了防止滑移,增强抗剪力。

6.12 混凝土养护

6.12.1 温度、湿度和时间是混凝土养护的三大要素,因此在对新浇筑混凝土进行养护时,应满足其要求。

6.12.3 水仍然是混凝土最好的养护剂。决定混凝土养护所需时间的原则,是以混凝土获得正常强度,停止养护后表面不再产生干缩裂纹时为标准,正常强度值大小与水泥品种、气候条件及养护方法有关。规定洒水保湿养护的时间应不少于7d是根据现行国家标准《混凝土结构工程施工质量验收规范》(GB 50204)确定的。为了保证养护质量,要求混凝土表面应始终处在湿润状态下而非干湿交替状态。当气温低于5℃时,混凝土的水泥水化凝结速度大为降低,其中的水分也不易蒸发出来,混凝土不会发生脱水(失水)现象,故规定不得向混凝土表面洒水,而应覆盖保温,以加快混凝土中水泥水化凝结速度。

6.12.4 当混凝土未达到一定强度之前,与流动的地表水或地下水接触的混凝土结构有被冲刷、侵蚀的危险,故应采取如临时排水、堵塞水流、设置防水围堰、设置防水层或其他防水措施。混凝土强度达到设计强度的50%和7d时间的规定,是考虑到此时混凝土已有抗水流冲刷的能力;如果水的流速过大,使用缓凝性水泥或水温低,则临时防水时间应酌予延长。条文中提及的侵蚀性地下水,系指一般有海水渗入的地下水。如地下水中含有硫酸盐等侵蚀性较强的物质,则除按条文规定的时间和混凝土强度要求外,结构混凝土尚应采用抗硫酸盐水泥。

6.13 大体积混凝土、抗冻混凝土和抗渗混凝土

6.13.1 本条为大体积混凝土在选用原材料、进行配合比设计时应遵循的一般原则。

6.13.2 1 大体积混凝土在浇筑初期水泥产生大量水化热,内部温度迅速升高,体积膨胀,在凝结后混凝土表面就会出现开裂,而新浇筑的混凝土底部虽然由于受基岩或先期混凝土的约束随即产生压应力,但在混凝土硬化后期冷却收缩时,将产生拉应力,且拉应力将大于升温膨胀产生的压应力值。当拉应力超过混凝土的极限抗拉应力时,也就会在其内部产生裂缝,并可能发展成为贯穿裂缝,对结构造成较大的危害,因此大体积混凝土的施工应进行温度控制,使内部的最高温度及内表温差控制在设计要求以内。

2 大体积混凝土的浇筑是否分层或分块,应考虑能否满足温控的要求、浇筑能力的大小及施工工艺等因素综合确定,本规范对此未作硬性规定。

3 混凝土浇筑的间歇期越短,则各层混凝土的龄期差越小,对结构越有利,因此,在大体积混凝土的浇筑施工中,应加强施工的组织管理,使其间歇期尽可能缩短。

4 在结构相对薄弱的部位设置后浇段,对防止因拉应力过大而产生温度应力裂缝是

必要的;后浇段应在先行施工混凝土的温度场趋于稳定后浇筑,是为使其不承受额外的拉应力。

6 “内降外保”是大体积混凝土实施温度控制的基本原则,其目的是使混凝土的内部温度与外表温度之间的差值不致偏离过大,过大则将产生温度应力裂缝,进而发展成贯通裂缝。蓄水保温可利用内部冷却降温的循环水,因经内部循环后的水,其温度可基本满足外表混凝土保温的要求。

6.14 高强度混凝土

6.14.2 2、3 配制高强度混凝土时,对集料的含泥量指标应按条文规定严格控制。当泥为非黏土质石粉时,允许含量可适当放宽。

5 用作高强度混凝土掺合料的粉煤灰一般应选用Ⅰ级灰,且应尽可能选用需水量较小且烧失量低的粉煤灰。

6.15 高性能混凝土

6.15.1 对高性能混凝土(HPC)与高强度混凝土(HSC),目前国内外工程界存在两种不同的观点:第一种观点认为两者是等同一致的;第二种观点则认为两者是有区别的,不可混淆其概念。出现第一种观点的主要原因是由于近年来在高强度混凝土的配制中,不仅加入了超塑化剂,往往也掺入一些活性磨细矿物掺合料,与高性能混凝土的组分材料相似,因此国内外有些学者将两者的概念等同一致。而第二种观点则认为,高性能混凝土是在高强度混凝土基础上的发展和提高,也可以说是高强度混凝土的进一步完善。高强度混凝土仅仅是以强度的大小来表征或确定何谓普通混凝土、高强度混凝土或超高强度混凝土,且其强度指标随着混凝土技术的进步而不断有所变化和提高;高性能混凝土则由于其技术物性的多元化,诸如良好的工作性、体积稳定性、耐久性及物理力学性能等,而难以用定量的性能指标给其一非常准确的定义。第二种观点同时认为,尽管高强度混凝土具有较高的强度和较低的渗透性,但并不具有所需要的综合耐久性,即单纯的高强度不一定具有高耐久性,如果强调高性能混凝土必须在C60以上,则必然大大限制了高性能混凝土的应用范围,大量处于严酷环境中的结构物,有些对混凝土强度的要求并不高(C30左右),但对耐久性要求却很高,而高性能混凝土恰能满足此要求。

本规范认同上述的第二种观点。因为混凝土的技术进步不能仅以高强为目标,而应是高性能,单纯以高抗压强度来表征混凝土的高性能是不确切的,应根据工程结构的要求,采用包括不同强度等级的高性能混凝土,如普通强度的高性能混凝土及高强高性能混凝土。故本次修订将高强度混凝土和高性能混凝土各自单列为一节。

6.15.4~6.15.8 这5条是对高性能混凝土所用的水泥、集料、外加剂和矿物掺合料等原材料品质的要求,施工中选用这些材料时应严格按条文的规定执行和控制,因为原材料的品质不佳将难以配制出质量优良的高性能混凝土。

6.15.9 本条规定了高性能混凝土配合比设计与配制的原则，主要依据来源于现行行业标准《公路工程混凝土结构防腐蚀技术规范》(JTG/T B07-01)及《混凝土结构耐久性设计与施工指南》(CCES 01)等的相关规定。

6.16 质量检验

6.16.6 1 验收批的批量不宜过大，因为批量过大，一旦检验不合格，需作处理的混凝土量太大，造成不必要的经济损失，而应根据对混凝土取样频率的要求和检验评定方法的规定，结合本单位的总体生产条件来确定。同一个验收批的时间范围以不超过一个季度，且日平均气温之差小于15℃为宜。

2、3 依据新颁布的国家标准《混凝土强度检验评定标准》(GB 50107—2010)，对原规范中的数理统计方法和非数理统计方法进行了修改。混凝土强度的评定应尽可能采用数理统计评定方法进行，只要强度相同、龄期相同、生产工艺条件和配合比相同，且符合条文规定的组数时，均应采用数理统计方法进行评定，这样能较真实地反映混凝土质量的实际情况。

6.16.7 对高性能混凝土，主要增加了耐久性质量指标的检验，且分为对混凝土拌和物的抽检及对实体结构混凝土的检验。

2 对实体结构混凝土主要应检验其混凝土保护层的厚度、密实性和渗透性三项指标，因该三项指标是混凝土耐久性的具体标志。钻芯取样测定混凝土的含气量和气泡间距系数、抗冻等级或耐久性指数DF、氯离子扩散系数等指标，只有在对上述三项指标有怀疑时方进行。

7 预应力混凝土工程

7.1 一般规定

7.1.2 安全防护措施包括三个方面的内容:作业人员的人身安全、操作设备的安全以及结构物本身的安全。为保证施工作业安全地进行,应制定安全作业操作细则,创造良好的工作环境。实际上,为预应力混凝土工程施工提供良好的工作环境也是保证最终产品优质的前提。

7.2 预应力筋及其制作

7.2.1 公路桥涵预应力混凝土结构主要采用钢丝、钢绞线和螺纹钢筋三大类产品作为预应力筋。对其中的预应力混凝土用螺纹钢筋(亦称精轧螺纹钢筋),原规范主要参考有关企业标准,本次修订依据新颁布的国家标准《预应力混凝土用螺纹钢筋》(GB/T 20065—2006)。

7.2.2 为保证用于工程中的预应力材料的品质能达到相应国家标准的要求,在进场时对其进行质量验收是有必要的。

5 “重要桥梁工程”是指高速公路和一级公路上、国防公路上及城市附近交通繁忙公路上的桥梁。“用量较少”的含义是指其用量远少于验收批的重量,如不足正常验收批的20%;“一般桥梁工程”是指二级及以下等级公路中的中、小桥,且设计无特殊要求的桥梁工程。

7.2.4 3 如采用电弧切断预应力筋,在高温下将使预应力筋的抗拉强度降低,故作此规定。

7.2.6 不同生产厂所生产的挤压锚具其尺寸是有差异的,挤压力亦有差异,因此规定模具与挤压锚应配套使用。钢绞线压花锚具是依靠梨形头及直线段裸露的钢绞线与混凝土的黏结而锚固的,因此要求钢绞线的表面应保持清洁,不能有污物,更不能有油脂,否则将会影响其锚固性能。

7.2.7 编束时,梳理顺直,可防止钢丝或钢绞线在穿束、张拉时由于互相缠绕紊乱而导致的受力不均匀现象;当受力不均匀时,将使有的钢丝或钢绞线达不到张拉控制应力,而有的则可能被拉断。

7.3 锚具、夹具和连接器

7.3.1~7.3.4 该4条是对锚具、夹具和连接器的基本性能要求,且均应符合现行国家标准《预应力筋用锚具、夹具和连接器》(GB/T 14370)的规定。在第7.3.2条中,规定了锚具的锚口摩擦损失不宜大于6%,原因如下:张拉端锚具处的预应力筋由孔道伸入喇叭管时将有一个转角,安装锚具后再次出现一个转角,因而张拉时在转角处均会产生摩擦损失;当采用限位自锚张拉工艺时,尚存在由于夹片逆向刻划预应力筋而引起张拉应力的损失,上述损失统称为锚口摩阻损失。锚口摩阻损失集中在锚圈口,直接降低了预应力混凝土结构或构件的有效预应力,所以应设法降低该值,且应计入设计计算中。锚口摩阻损失的大小应由生产厂通过产品体系试验获得并明示,如果实际测试所得的锚口摩阻损失率大于6%,则应由设计人员对设计结果进行验算确认或调整张拉控制应力。

7.3.5 本条对锚垫板和螺旋筋的性能提出了要求,并强调应与锚具或连接器配套使用。传力性能是指通过传力性能试验检验预加力从锚具通过垫板传递到混凝土结构时的局部承压区的性能,实际上就是对预应力体系的性能要求。锚固区传力性能试验应在产品定型时由生产厂委托有相应资质的检测机构进行。

7.3.6 本条所指的进场检验,实际上是对生产厂已进行产品出厂检验合格后的复验,复验有3项主要内容:外观检查、硬度检验和静载锚固性能试验。

4 “锚具用量较小”的含义为锚具的用量远小于验收批的数量,如不足正常验收批的20%;“一般中、小桥梁工程”是指二级及以下等级公路中的且设计无特殊要求的中、小桥梁;“有效的静载锚固性能试验合格的证明文件”是指试验时间不超过1年,且由具有相应资质的检测单位提供的试验报告。

7.3.8 预应力筋用锚具、锚垫板和螺旋筋等产品,是生产厂通过锚固区荷载传递试验得到的能够保证其工作性能和安全性的匹配性组合,并能在工程应用中保证锚固区的性能,因此应配套使用。规定在同一结构或构件中应采用同一生产厂的产品,主要是为了保证受力的一致以及在工程产生质量问题后产品的可追溯性。由于工作锚和工具锚的设计性能不同,工作锚的重复使用会导致其锚固效率降低,形成工程隐患,故规定工作锚不得作为工具锚使用。不同生产厂的产品其设计参数是有区别的,特别是夹片式锚具,张拉时限位板的限位槽深度直接影响预应力的施加效果,因此必须配套使用。

7.4 管道

7.4.2 1 条文中要求金属波纹管宜采用镀锌钢带制作，是基于提高管道及预应力筋的防锈蚀性能来考虑的。规定平滑钢管的壁厚不小于2mm和金属波纹管的壁厚不宜小于0.3mm的理由是：为防止空管在安置和浇筑混凝土的过程中变形和挠曲；抵抗较高的压浆压力；防止由于特殊的环境造成管道损坏。

7.6 施加预应力

7.6.1 2 张拉设备（千斤顶、油泵和压力表等）应配套标定，以确定它们之间的关系曲线，这种关系对应于特定的一套张拉设备，故应配套使用。由于千斤顶主动工作和被动工作时，压力表读数与千斤顶输出力之间的关系是不一致的，因此要求标定时，活塞的运行方向应与实际张拉工作状态一致。考虑到目前实际工程中预应力张拉的次数较以往增加较多，故将原规范的200次调整为使用300次后应进行重新标定。

7.6.3 2 对于后张法结构或构件，设计规范规定了锚下的预应力筋的张拉控制应力，加上锚圈口预应力损失值才是最大张拉控制应力。张拉如超过设计规定的最大张拉控制应力，则其钢束预应力筋的安全储备为零，对结构是非常不利的。

3 原规范规定实际伸长值与理论伸长值的差值应控制在6%以内，但在执行中往往对6%的含义存在误解，故本次修订明确为±6%。对某些特殊部位（如索塔的拉索锚固区）且曲率半径较小的预应力束，工程实践表明其预应力筋的实际伸长值与计算伸长值的相对偏差不能满足±6%的规定，故规定此类预应力筋宜通过试验确定其实际控制伸长值。

4 条文中式（7.6.3-1）及附录式（C1）为后张法预应力筋张拉理论伸长值的精确计算公式，公式中考虑了孔道局部偏差的摩阻影响和曲线孔道的摩阻影响。当预应力筋为直线且无摩阻影响时，$P_P = P$，L为预应力筋长度，得公式$\Delta L_L = PL/(A_P E_P)$；对由多曲线组成的曲线预应力筋，或由直线与曲线混合组成的预应力筋，其伸长值宜分段计算，然后叠加。

5 最初张拉时各根预应力筋的松紧、弯直程度不一定一致，所以初应力时的伸长值不宜采用量测方法，而宜采用推算的方法。推算时，可采用相邻级的伸长值，例如初应力σ_0为$10\% \sigma_{con}$时，其伸长值可采用由10%张拉到20%的伸长值。预应力筋张拉时，一般先张拉到初应力后再正式分级张拉和量测预应力筋伸长值，而量测的伸长值并未包括从零张拉到初应力时的伸长值，因此，在确定实际伸长值时，除量测的伸长值外，还应计入初应力时的伸长值，以便与理论伸长值相对应。对初应力的确定，条文给出了一个10%～25%的范围，但在实际的张拉操作中，应根据实际情况进行取舍：钢束长度30m以下时，初应力宜取10%～15%；钢束长度30～60m时，宜取15%～20%；钢束长度大于60m时，宜取上限25%控制应力作为初应力;钢束长度超过100m时,25%的上限亦有可能达不到初应力的目的,对这种情况,则应通过现场的试验来确定其初应力的大小。

7 预应力筋锚固后,如需要放松,无论后张法或先张法,都必须使用专门的放松设备缓慢地放松,如此规定是为了保证施工的安全。

8 本款的规定主要是为保证施工的安全,防止发生人员伤亡事故。

7.7 先张法

7.7.3 3 使用夹片式等具有自锚性能的锚具时,因预应力筋按1.05σ_{con}实施超张拉后,由于该类锚具具有的自锚性能,在千斤顶回程时预应力筋即被锚固而不便放松回零,故规定将普通松弛预应力筋从初应力分级张拉至1.03σ_{con}后锚固;低松弛预应力筋从初应力分级张拉至σ_{con}且持荷5min后即可锚固。原规范规定持荷时间为2min,不利于调整力筋的松弛和均匀性,本次修订改为应持荷5min。初应力程序的目的是在多根预应力筋同时张拉时,调整其每根预应力筋的应力,使其一致。表7.7.3-1中注2规定超张拉值超过第7.6.3条的限值时,应按该条规定的限值进行张拉,这主要是为安全起见,以避免预应力筋被拉过屈服点或屈服强度。

7.7.4 1 预应力筋放张时构件混凝土应达到的强度,原规范规定为不低于设计强度的75%,本次修订调整为80%;对混凝土应达到的弹性模量,原规范未作规定,近年来的工程实践表明,放张时仅强调强度而忽视混凝土的弹性模量的做法对构件而言是不利的,故本次修订将混凝土弹性模量亦作为一项控制指标,且在不低于28d弹性模量的80%时方可进行放张作业。因此,预应力筋能否放张应由构件混凝土的强度和弹性模量两项指标进行双控制。对混凝土的弹性模量,在工地试验室对该指标进行试验检测时较为复杂,存在一定困难,故亦可以龄期代替弹性模量指标,其理由为:对混凝土早期抗压强度和弹性模量的试验研究表明,混凝土的弹性模量随龄期单调增长,与龄期呈指数函数关系,但其增长速度渐减并趋于收敛,混凝土的强度等级越高则早期弹性模量发展越快,但差异不是很大,且其变异系数有随龄期的增长而减小的趋势。通常情况下,C40混凝土3d弹性模量约为28d弹性模量的84%,7d弹性模量可为28d弹性模量的95%;C50混凝土3d弹性模量约为28d弹性模量的90%,7d弹性模量可为28d弹性模量的95%,因此,通过对混凝土龄期的控制代替对弹性模量的控制是可行的。但应采用多长的龄期进行控制,这需要考虑到既要满足弹性模量的要求,同时应防止早期混凝土长时间不放张或不张拉而导致开裂。通常情况下,混凝土的龄期不宜少于7d,最短不宜少于5d。

3、4 先张法构件放张的原则,就是要防止在放张过程中构件发生翘曲、裂纹及预应力筋断折等现象。如果采用骤然切断的方法,会使构件两端受到冲击力而出现裂纹,均匀地放松可防止发生这些现象。

6 规定由放张端开始依次切向另一端,是为防止切断过程中发生预应力筋自行拉断现象。

7.8 后张法

7.8.1 1 管道内横截面积的大小与穿束的难易程度和是否能正常压浆作业有关，既不能过小亦不应过大，过小则穿束与压浆均较困难，过大则会削弱结构或构件的正常断面，因此应采用适宜的内横截面积。

3 管道的接头如处理不当，很容易造成漏浆，因此连接管应具有一定长度，并应有足够的密封性能防止水泥浆浸入。

4 压浆孔用于将浆液注入管道内；排气孔用于排出空气、水、浆液和泌水。当认为需要时，可在管道的每个低点设置排水孔以防止水的积存，排水孔宜保持开放直至压浆开始。压浆孔和排气孔的位置与浆体流动的方向、管道的倾斜度、锚具和接头及允许的压浆压力有关，在某些情况下，它们应可以互换使其可用以压浆和再次压浆。

7.8.3 1、2 在混凝土浇筑之前或浇筑之后穿束，将预应力筋逐根穿入或编束后整体装入管道中，这些方式都是允许的，但宜优先采用编束后整体穿入的方法，因为梳理编束后可有效防止预应力筋之间的相互缠绕，而单根穿入时存在相互缠绕的可能性。

3 尽管如本条第1款所规定，预应力筋可在混凝土浇筑之前穿入管道，但要注意在穿束期间和穿束后应对预应力筋进行保护，使其力学性能保持不变。因此在施工中由于管道和预应力筋安装后放置时间过长而需采取额外的防锈蚀措施时，穿束宜尽量推迟，以使穿束与压浆之间的间隔尽可能缩短。当在某种特殊情况下必须这样做时，则应严格执行条文规定的时限，否则应对预应力筋采取防止锈蚀或其他防腐蚀的措施。

4 预应力筋装入管道后，湿气的大量进入将会使其加速锈蚀，故规定如条文。

5 被电火花损伤的钢丝或钢绞线在张拉时可能会产生断裂，管道则会因溅上焊渣出现孔洞而在浇筑混凝土时漏浆，故作此规定。

7.8.4 1 锚垫板上的对中止口易于保证锚具与垫板对中，有利于锚具和预应力筋的受力，但如使锚板偏出止口，则反而会形成不利的支撑状态。

2 凡利用螺母锚固的锚具，一般是张拉至规定控制应力时在负荷状态下拧紧螺母，所以要求在安装锚具之前应逐个检查螺纹的配合情况，保证在张拉锚固时能顺利拧紧。

7.8.5 2 对本款的解释见第7.7.4条第1款。

3 后张法多根(束)预应力筋张拉时，应使张拉的合力作用线处在结构或构件的核心截面以内，以防止截面产生过大的偏心受压和边缘拉力，因此，张拉宜分批、分阶段、对称地进行。

4 在各种预应力体系中，对同一束中的预应力筋均应采取整束张拉锚固的方式，以使所建立的预应力达到均匀。对扁平管道中平行排放的预应力筋，因不会产生相互叠压，故允许采取单根张拉，但单根张拉时会产生分批张拉预应力损失，因此在确定张拉力时应将此损失计算在内。

5　曲线预应力筋锚固时由于孔道反向摩擦的影响,张拉端的预应力损失最大,并沿构件长度逐步减小至零。因此,是否采取两端张拉,主要依照锚固损失的影响长度确定。

6　对本款的解释见第7.7.3条第3款。

9　预应力筋锚固后的外露长度,主要考虑到热影响不波及锚固部位和外露部分不影响构件的安装。

7.9　后张孔道压浆及封锚

7.9.1　后张预应力孔道压浆的目的,主要是防止预应力筋锈蚀,并通过凝结后的浆体将预应力传递至混凝土结构中。对防锈蚀而言,孔道的压浆越早越好,且可防止预应力筋的松弛,使构件尽快安装。条文规定张拉锚固后的48h内完成孔道的压浆在实际施工中是可以做到的。

7.9.2　专用压浆料是指由水泥、高效减水剂、膨胀剂和矿物掺合料等多种材料干拌而成的混合料,在施工现场按一定比例加水并搅拌均匀后,用于充填后张预应力孔道的压浆材料;专用压浆剂是指由高效减水剂、膨胀剂和矿物掺合料等多种材料干拌而成的混合剂,在施工现场按一定比例与水泥、水混合并搅拌均匀后,用于充填后张预应力孔道的压浆材料。所谓专用,是指专门用于后张预应力孔道的压浆,且均应由工厂化制造生产。本规范推荐并倡导这种做法的目的在于其更能保证后张孔道压浆的质量、可靠性和耐久性。实际上,本条对后张孔道压浆所用原材料品质的要求与高性能混凝土所用原材料的品质要求是一致的。

7.9.3　本次修订对后张孔道压浆浆液的性能指标作了较大的调整,提出了较高的技术要求,这是基于近年来对桥梁中预应力混凝土结构的安全性、可靠性和耐久性有全新的认识和更高的要求。为保证后张预应力孔道压浆的质量和耐久性,所用压浆浆液的性能应具备以下特征:①具有高流动度;②不泌水,不离析,无沉降;③适宜的凝结时间;④在塑性阶段具有良好的补偿收缩能力,且硬化后产生微膨胀;⑤具有一定的强度。

7.9.4　采用性能良好的设备是保证压浆质量的重要手段和前提,因此在实际施工时应选择满足性能要求的制浆和压浆设备。

3　压浆泵有活塞式和风压式两类,后者可能使空气窜入水泥浆中产生气孔,故条文规定应使用前者,不得使用后者。

7.9.6　因为空气和水的密度较压浆浆液小,压浆时由最低的压浆孔压入,可使空气和水聚集在上面,逐步由最高点的排气孔排除;如从高点压入,则空气易窜入浆液内形成气塞,阻碍压浆浆液的流动,并在其凝结后产生气孔。先压注下层孔道的好处是下层的预应力筋抗弯力矩较大,先压浆,使其松弛损失少一些,对结构较为有利。

7.9.7 压浆材料加水拌制成浆液后,应尽快使用,如延续时间过久,将降低其流动度,增加压注时的压力,且不易密实。条文规定在压注前和压注过程中对浆液应连续搅拌,是为防止其流动度降低。

7.9.8 压浆泵需要的压力,以能将浆液压入并充满孔道孔隙为原则,一般在出浆口应先后排出空气、水、稀浆及浓浆。为保证孔道压浆的充盈度符合要求,在封闭出浆口后,应保持不小于0.5MPa 的压力3~5min 后再对压浆口进行封闭。对稳压的时间,原规范规定不宜少于2min,本次修订调整为3~5min,当孔道长度小于60m 时,可取下限;孔道长度大于或等于60m 时,宜取上限。

7.9.9 目前真空辅助压浆技术已逐步应用于后张预应力混凝土结构,并取得了一定的效果。其原理是:压浆前在出浆口采用真空泵抽吸预应力孔道中的空气,使孔道内达到-0.06~-0.10MPa的真空度,然后在孔道的另一端采用压浆泵将水泥浆浆液压入孔道中,以此提高孔道压浆的充盈度和密实度。但需指出的是:真空压浆并不能解决压浆的所有质量问题,工程实践证明,在孔道的两端高差较大时,真空压浆的效果甚至要差于采用常规压浆工艺的效果,即孔道最高点的顶部仍有可能会出现空洞;在孔道有倾角时,在倾角处浆体会产生先流现象。因此,尽管采用了真空辅助压浆工艺,仍需对其工艺进行严格控制,方能获得良好的压浆效果。

7.9.10 原规范规定压浆浆液试件的尺寸为70.7mm×70.7mm×70.7mm,本次修订由于增加了对浆体抗折强度的要求,故将试件尺寸调整为40mm×40mm×160mm,且对其强度的试验方法明确应按现行国家标准《水泥胶砂强度检验方法(ISO 法)》(GB/T 17671)的规定执行。

7.9.11 温度对压浆的影响主要有两个方面:其一是对浆液流动度的影响。通常情况下,温度对初始流动度无明显影响,但对30min 后的流动度有明显影响,且不同温度条件下其影响程度亦不同。常温时(如10℃左右),水泥的水化速度较慢,随着时间的延长,高性能减水剂仍然在发挥其减水功能,浆液中自由水增多,流动性的变化幅度较小;而在高温时(如50℃左右),随着时间的延长,水泥的水化速度较常温时相同时间内的水化量多,由于水化作用会消耗浆体中的水,导致自由水减少,浆液的流动性将大幅度降低。其二是对浆体强度的影响。浆液的硬化在于水泥的水化作用,周围的环境温度对水泥的水化速度影响显著,温度升高则水化速度加快;温度降低则水化速度亦降低,浆体的强度增长缓慢。当温度降至0℃以下时,浆体中的水大多已结冰,水泥颗粒不能继续水化,强度停止增长,且孔隙内的水分结冰会引起膨胀而作用在空隙毛细管的内壁,导致浆体内部的结构遭到破坏,已经获得的强度亦受到损失,在反复冻融的情况下,浆体内部的微裂将逐渐扩大,使其强度逐渐降低。因此,为保证压浆浆液的性能指标及压浆的质量和耐久性,应严格执行条文的规定。

7.9.13 后张预应力筋的锚具一般布置在结构或构件的端部,是受环境影响较大的部位,且锚具又处于高应力状态,因此对其进行封闭保护是非常重要的一项工作。

7.9.14 本条是针对将构件安装就位后再压浆的错误施工方法的一项限制性规定。

7.10 无黏结预应力

7.10.3 4 当集束配置多根无黏结预应力筋时,如出现相互扭绞将会影响到预应力张拉的效果,故应保持平行走向。

8 钻(挖)孔灌注桩

8.2 钻孔灌注桩

8.2.1 浮式平台一般用于静水中较为适宜,水流速度过大、水位变化频繁均会对平台的稳定和准确定位造成不利影响,故在这些水域中不应采用浮式平台。

8.2.4 1 护筒亦可采用钢筋混凝土护筒,但与钢护筒相比,其使用效果和成本均不如钢护筒,故规定护筒宜采用钢板卷制。护筒内径的大小与钻头在桩孔内的摆动程度有关,条文规定护筒内径应大于桩径至少200mm,是在一般情况下的最低要求,实际施工时可酌情增大。护筒的壁厚与护筒的直径大小、入土的深度和方式有关,因此在确定壁厚时应区别对待。

2 在深水中设置护筒时,其定位的准确性较陆地上差,施工难度亦较大,故规定其在平面位置上的偏差可适当放宽。采用挖坑埋设法设置护筒时,护筒的底部和外侧四周如填压不实,很容易在施工过程中造成穿孔,故应采用不透水的黏质土回填并分层夯实。

3 护筒顶的高程主要与施工期间的最高水位有关,因此应按施工期最高水位再加上安全高度来确定,对有波浪的水域,尚应考虑波浪的高度。孔内有承压水时,护筒顶高程应按稳定后的承压水位考虑,否则容易造成坍孔。

8.2.5 1 钻机的选型是钻孔桩施工前一项非常重要的工作,合理的选型对保证工程质量、加快施工进度具有重要作用,因此予以强调。

3 减压钻进可使钻杆在整个钻进过程中维持竖直状态,使钻进回转平稳,避免或减少斜孔、弯孔和扩孔等现象。

7 规定本款的目的是为了防止坍孔时将钻头埋在孔内。

8.2.6 1 泥浆的性能可通过现场试验确定,不宜硬性规定指标,但应与钻孔方法和土层情况相适应。根据这一原则,本次修订对原规范的条文规定作了适当调整。当缺乏泥浆的性能指标参数时,可参照表8-1选用。

泥皮的厚薄与失水量大小有很大关系。泥浆失水量小者,泥皮薄而致密,有利于巩固孔壁;失水量大者易形成厚泥皮,在泥(页)岩地层易造成地层软化膨胀,产生缩颈或坍孔。

表 8-1 泥浆性能指标

钻孔方法	地层情况	泥浆性能指标							
		相对密度	黏度(Pa·s)	含砂率(%)	胶体率(%)	失水率(mL/30min)	泥皮厚(mm/30min)	静切力(Pa)	酸碱度(pH)
正循环	一般地层	1.05~1.20	16~22	8~4	≥96	≤25	≤2	1.0~2.5	8~10
	易坍地层	1.20~1.45	19~28	8~4	≥96	≤15	≤2	3~5	8~10
反循环	一般地层	1.02~1.06	16~20	≤4	≥95	≤20	≤3	1~2.5	8~10
	易坍地层	1.06~1.10	18~28	≤4	≥95	≤20	≤3	1~2.5	8~10
	卵石土	1.10~1.15	20~35	≤4	≥95	≤20	≤3	1~2.5	8~10
旋挖	一般地层	1.02~1.10	18~22	≤4	≥95	≤20	≤3	1~2.5	8~11
冲击	易坍地层	1.20~1.40	22~30	≤4	≥95	≤20	≤3	3~5	8~11

注:1. 地下水位高或其流速大时,指标取高限,反之取低限。
2. 地质状态较好时,孔径或孔深较小的取低限,反之取高限。

8.2.7 2 本规范不硬性规定采用何种清孔方法,但强调在清孔时需要严格控制孔内水头,目的是为防止在清孔过程中产生坍孔。

4 加深钻孔深度,以较厚的孔底沉淀来满足设计桩底高程,减少或避免清孔,这种做法是本规范所不允许的,故作此规定。

8.2.8 规定应在孔口地面上设置扩大受力面积的装置吊挂钢筋骨架,主要是因为在陆上或筑岛处设置的护筒其长度一般较短,如将钢筋骨架吊挂在其上,骨架的重量会使护筒产生沉陷;而在孔口地面上设置吊挂装置时,同样有使地面产生沉陷的可能,所以应扩大受力面积。

8.2.9 准备工作充分,对避免或减少灌注过程中的事故至关重要,故应按本条的规定做好灌注前的各项准备工作。

1 灌注设备的能力和完好率对施工有直接影响,为防万一,应配备必要的备用设备。

2 导管的内径一般宜为 200~350mm,施工时可视桩径的大小酌情增减。

8.2.11 5 灌注水下混凝土时,特别在潮汐地区或水位涨落甚急的河流和有承压力地下水地区,其水位高涨时,将使护筒内水头不足,而导致孔壁坍塌,故条文规定应保持孔内的水头高度。水下混凝土在灌注过程中导管的最小埋置深度,从理论上说应与灌注深度(漏斗底口至混凝土表面深度)成正比,灌注深度较大时,超压力和冲击力也较大,导管最小埋深宜较大一些,以缓和超压力和冲击力,使冲出导管底口的混凝土拌和物缓缓上升,否则,新灌注的混凝土有可能冲破首批混凝土,冒到其上面,将泥浆沉淀物裹入桩中,形成夹层而导致断桩。条文规定的最小埋深 2m 是根据文献“水下灌注预防断桩夹层及钢筋顶托上升技术研究报告”的试验结果并考虑适当的安全系数确定的,与常用的经验数据相符。灌注后期,虽然灌注深度小,超压力减小,但最小埋深亦不宜小于2m,这是因为灌注后期,首批混凝土表面的泥浆沉淀增厚,有时还夹有少量坍土,若导管埋深太小,特别是在探测混凝土表面高度不精确时,容易造成导管提漏、进水,造成夹层而断桩。为了防止埋管事故,导管的埋深不宜过大,条文规定为6m,现场实际施工时可根据桩径、混凝土供应能力、混凝土性能、混凝土灌注速度等情况,适当放宽导管的埋深要求。

6 规定本款的目的是为了防止钢筋骨架被混凝土拌和物从漏斗向下灌注混凝土的冲击力转化为向上的顶托力而上升。

8 护筒底口以上积存的混凝土高度不能太小,因为筒外与井壁之间有一定的空隙,护筒壁本身也有一定的体积,护筒提升后,护筒内的混凝土要填充此空隙,可能使混凝土表面突然下降,甚至降至护筒底口以下,使护筒进水或涌入泥砂,故对护筒内的混凝土灌注高度,不仅要考虑导管及护筒将提升的高度,还要考虑因上拔护筒引起的混凝土面的降低。

9 混凝土灌注接近桩顶时,导管内混凝土的压力趋小,如不采取措施,则桩顶部分混凝土的密实性会较差,甚至可能出现松散等现象。

8.3 岩溶、采空区和其他特殊地区的钻孔灌注桩

8.3.1 在岩溶地区和采空区进行钻孔灌注桩的施工时,对地质情况的了解程度是施工成败的关键,地质情况不明确就盲目施工,将会给工程带来灾难性的后果,故应探明情况后再施工。

8.3.2 有应急预案及适当的抢险准备,在发生小事故后可迅速地进行处理,避免事故扩大,保证施工安全。

8.4 大直径桩、超长桩

从钻孔灌注桩的施工原理上讲,大直径桩和超长桩与普通桩相比并无本质上的区别,但由于桩径大、桩孔深,其施工的难度要比普通桩大得多,所采用的机具设备、施工方法和施工工艺也不尽相同。因此本节的内容是针对大直径桩和超长桩的一些特殊需要进行规定的,常规的做法仍应符合本章的相关规定。

8.4.1 2 钢护筒的直径和长度越大,则其壁厚亦应厚一些,才能满足施工时不变形的要求,壁厚尺寸的大小按刚度要求经计算确定是比较可靠的方法。

8.4.2 高性能优质泥浆是一个笼统的概念,本规范的条文不对泥浆的性能指标作硬性规定,只要对桩孔的护壁能起到有效的、良好的作用,以及对桩身混凝土不会产生不利影

响,各种类型的泥浆均可采用。采用泥水分离装置对泥浆进行循环,其目的是保证泥浆的重复使用性能,并减少排放量。

8.4.3 对大直径桩和超长桩,钻杆扭矩的大小是进行钻机选型的一个关键技术参数。反循环有泵吸反循环和气举反循环两种类型,宜根据施工的具体情况进行选用;但本条的规定并不限制在有较高强度的岩层时采用冲击钻机的可能性。

钻孔施工时不同阶段的泥浆性能指标可参照表 8-2 选用。

表 8-2 钻孔施工不同阶段泥浆性能指标

性　能	①基浆	②鲜浆	③钻进	④回流	⑤清孔	⑥弃用
	膨润土+碱	①+PHP	②与钻屑混合	③净化+②	④+②	④沉淀中
相对密度	<1.05	<1.04	<1.2	<1.08	<1.06	>1.3
黏度(Pa·s)	20~22	26~35	25~28	24~26	22~24	>42
含砂率(%)	<0.3	<0.3	<4	0.5~1.0	<0.3	>10
胶体率(%)	>98	100	96	98	100	<90
失水率(mL/30min)	15	<10	<18	<15	<10	>25
泥皮厚(mm/30min)	1.5	≤1	2	1.5	≤1	>5
酸碱度(pH)	9~10	10~12	9~10	9~10	8~9	<7 >14
静切力(Pa)	2~4	4~6	3~5	3~5	3~5	<1
说明	可少量掺用 c.m.c 改善性能	要用专门的制浆设备及储存设备,用泵运输	钻进中出口泥浆指标不宜在回流泥浆中调整	通过除砂器后在循环池中沉淀,再加新浆回流孔内	清孔后用正循环法在桩底注入 5m 高鲜浆作隔离层	在循环池中清除固相沉淀

8.4.5 3 对大直径桩,首批灌注混凝土数量大,为保证其灌注后能有效地埋住导管 1m 以上,有必要采用大、小储料斗同时储料,在满足灌注数量的前提下进行灌注。

8.5 桩底后压浆

8.5.3 1 压浆管的接头如不密封而漏水,将会导致压浆失败,因此在布设时应注意检查,保证可靠。

3 采取压浆量与压力双控的做法,主要是为保证压浆施工的安全,因为压浆量虽不够但压力过大时,亦容易造成事故。

4 桩底后压浆时,其压力一般较大,故压浆泵的能力应有可靠保证。

5　设置在压浆管底部的单向阀门应及时开启，否则在桩身混凝土凝固后将会无法打开，但打开的时机应掌握好。

8.6　挖孔灌注桩

8.6.1　本条为挖孔灌注桩的适用范围。在地下水位过高、流量太大的地层中挖孔时，排水较困难，操作人员常在水中作业不安全，且进度亦慢；而在松散的土层中挖孔则有坍塌的危险；孔内空气如有超过规定的有害气体将会危及操作人员的生命安全。对上述情况均不应采用人工挖孔施工。岩溶地区和采空区不宜采用人工挖孔施工同样是出于安全的考虑。

8.6.2　本条为新增内容，施工时应严格执行，保证安全。

5　关于挖孔桩的平面尺寸，《公路桥涵地基与基础设计规范》（JTG D63—2007）第5.2.1条规定：挖孔桩直径或最小边宽度不宜小于1.2m。人工挖孔时要考虑到孔壁的支护及操作人员在孔内便于挖掘，故应比1.2m大。挖孔的深度一般不宜大于15m（地质条件好时可适当放宽），因为孔深达10m时，孔底空气的自然流动条件变坏，空气中CO_2含量逐渐积累，当达到3%时，会导致人的呼吸系统紊乱，产生头疼、呕吐等症状；为保证安全和提高工效，当孔内的CO_2含量达到3%时，必须采取机械通风的措施，但一般工地很少配备气体化学分析仪器，因此可按挖掘深度达10m时，即采用机械通风。孔深大于15m时，一方面通风较为困难，操作人员施工危险性大；另一方面，工效亦大为降低，故超过15m时一般不宜采用人工挖孔，如必须采用时，则应采取加强机械通风和施工安全的可靠措施，保证安全，否则应改为机械钻孔。

8.6.3　1　对孔壁的支护方式，一般多采用钢筋混凝土或混凝土护圈，钢护筒亦可采用，不论采用何种方式，均应通过计算确定其护壁的厚度。为保证操作人员的安全，均应设置孔壁支护。

2　规定孔口应设置高出地面至少300mm的护圈，是为了防止施工时物体掉入孔内，危及操作人员的安全。

4　本款提及的冒险行为在以往的实际施工中时有发生，故应严格禁止。

8.7　质量检验与质量标准

8.7.2　钻杆测斜法的量测方法为：将带有钻头的钻杆放入孔内封底，在孔口处的钻杆上装一个与孔径或护筒内径一致的导向环，使钻杆保持在桩孔中心线位置；然后采用带有扶正圈的钻孔测斜仪对钻杆进行分点测斜，并将测得的各点数值在坐标仪上描点作图，即求得桩孔的偏斜值。

8.7.3 对清孔后的泥浆指标进行检测,其目的是保证灌注水下混凝土前泥浆指标能够符合表内各项要求,以保证水下混凝土的灌注质量。表注中“有特定要求的钻孔桩”一般指孔内有承压水、遇透水性很强的地层易坍孔、孔深超过50m、柱桩等对泥浆有特定要求的钻孔桩。

8.7.4 2 低应变无破损检测可参照现行行业标准《桩基低应变动力检测规程》(JGJ/T 93)的规定执行;需要钻取芯样鉴定的数量和合格的规定可参照现行行业标准《钻芯法检测混凝土强度技术规程》(CECS 03:2007)的规定执行。规定对柱桩钻取芯样时应钻至桩底0.5m以下,主要是为检验桩底沉淀及桩与地层的结合情况;如果仅为检验桩本身的局部缺陷(如断桩、空洞、夹层等),则不一定钻至桩底以下。

9 沉入桩

9.2 桩的制作

9.2.2 2 混凝土方桩或矩形桩连接用的法兰盘,一般可采用角钢增焊加劲肋钢板制成。制作时将角钢的一肢焊接在纵向主钢筋上,另一肢位于桩的连接平面端上,桩连接时利用法兰盘将两连接端的连接肢用螺栓连接。

9.4 试桩与基桩承载力

9.4.1 沉桩施工前先进行试桩,主要是解决下列问题:

1 提供桩—土体系荷载承载力的正确资料,以检验所需要的桩长是否适宜,确定桩尖进入持力层的深度和最后的贯入度,且在经济与技术上是否达到合理。

2 了解采用的沉桩工艺及配套的沉桩机具是否合适。

3 有无假极限或吸入情况,确定是否复打等。

对于一般中、小桥梁,由于沉桩的数量少,地质情况不复杂,若均进行试桩,有时在经济上和施工进度上不一定合理,故规定如有可靠数据和实践经验,在能保证质量的前提下,可以不做试桩;对于特大桥、大桥和地质复杂的中桥,为了做到经济上合理、技术上可靠,则要求在施工前应先做试桩。

9.5 沉桩

9.5.2 在一定范围内沉入较多的桩时,桩会将土体挤紧或使土体上拱,因此沉桩的顺序对能否正常施工是一个非常重要的问题。如采用先由四周向中间沉桩,由于中间土被挤紧,可能中间桩很难沉入到要求的高程,甚至沉不下去,导致工后基础的不均匀下沉,故在一般情况下宜由一端向另一端连续进行,这样做还可减少桩架的迁移工作量,加快沉桩速度。当桩基平面较大,桩数较多或桩距较小时,宜由中间向两端或四周沉入,以降低后续桩沉入的难度,并减小土体被挤紧或上拱的现象。先沉深的后沉浅的桩,可以防止后沉桩极限承载力的降低,否则应对先沉桩进行复打。在斜坡地带,先沉坡顶后沉坡脚的桩,可使坡顶先沉入的桩在土中起加固作用,以减小土的侧向总压力。

9.5.4 7 在饱和的细、中、粗砂中连续沉桩时,易使流动的砂紧密挤实于桩的周围,妨碍砂中水分沿桩上升,在桩尖下形成水压很大的“水垫”,使桩产生暂时的极大贯入阻力,休息一定时间之后贯入阻力降低,这种现象称为桩的“假极限”。在黏性土中连续沉桩时,由于土的渗透系数小,桩周围水不能渗透扩散而沿桩身向上挤出,形成桩周围的滑润套,使桩周围摩阻力大为减小,但休息一定时间后,桩周围水消失,桩周围摩阻力恢复增大,这种现象称为“吸入”。桩的上浮有两种情况,被锤击的桩上浮和附近的桩上浮。对于前者,如使用桩锤时,可将桩锤停留在桩头上时间长一些;当用柴油锤时,如为空心管桩,桩尖不要封闭,将桩内土排除,可减少桩的上浮。锤击沉桩发现上述情况时,均应进行复打,以确定桩的实际承载力。

9.5.6 1 在黏性土中采用射水法沉桩,土经射水后破坏严重,即使经过长期恢复,也远不能达到原来的强度。曾经在黏土中采用射水法沉下的桩周围,钻孔取土样进行试验(经过 60~120d 恢复期),射水后桩侧土比射水前原状土性质要差得多。因此规定在黏性土中,应以锤击为主;只有在锤击困难时,才可酌情射水辅助沉桩。

10 沉井

10.1 一般规定

10.1.2 沉井施工前补充地质钻探的目的，是为了查清下沉沉井时可能遇到诸如大孔隙漏水土层、承压水层、硬质胶结层，或大孤石、树根、铁件等障碍物，以及岩面高差、断层、溶洞等情况，以防施工时临时采取措施进行处理，延误施工工期。此种事例在以往的沉井施工中时有发生，故予以强调。水中特大沉井的施工，受水流影响很大，在下沉及着床过程中，水流断面受到压缩或阻挡，局部流速增大，河床冲刷和淤积现象较为严重，为保证沉井着床的准确及下沉过程中尽可能减少冲淤影响，故规定应事先进行数学模型分析计算，必要时应做水工模型的模拟试验，从而保证沉井施工的质量。

10.1.3 沉井下沉时，对邻近的土体可能会产生影响，土体影响范围内的堤防、建筑物和施工设备将受到危害，因此应采取有效的昉护措施。一般情况下不宜采用排水除土下沉的施工方法，因为井外与井内的水位压力差太大时，井外的土、砂容易涌进井内而使附近的地面产生下沉，即使采用不排水除土的下沉方法，亦应维持沉井内水位不低于沉井外水位，防止井外的土、砂涌进井内而使地面下沉，故规定施工时应对沉井附近堤防、建筑物等的沉降和位移进行监控，保证其安全。

10.2 沉井制作

10.2.1 本条是对陆上或浅水区筑岛就地制作下沉沉井适用条件的规定。

10.2.4 沉井分节太高，不仅施工不便，且易失稳；太低则重力小，下沉慢，且又增加接高次数，影响施工进度。特别对于底节沉井的高度更应注意，若太低，在抽除支垫或下沉沉井时，沉井部分被搁支，部分悬空，可能会使沉井开裂，故底节沉井的高度需要满足在最不利的刃脚支承条件下，能有足够的竖向抗挠强度。一般情况下，在稳定条件许可时，沉井分节制作高度应尽可能高一些，一般以 3 ~5m 为宜。对位于松软地基上的底节沉井，其重力不宜过大，一般以高度不超过 0.8 倍沉井宽度为宜。

10.2.5 本条为新增内容，是针对钢沉井的加工、焊接等制作工艺提出要求。

10.3 沉井浮运与就位

10.3.1 1 浮式沉井在浮运、就位、下沉和着床时,受到风力或其他外力因素的影响,易倾斜而丧失稳定,故条文规定应对其稳定性进行验算。沉井浮运时的受力情况如图10-1所示。图a)中沉井重心G在浮心B之上,且G与B处于平衡位置(浮力作用总是通过浮心B)。在此种情况下,风浪作用时所产生的力偶易使沉井倾覆。图b)中沉井重心G在浮心B之下,风浪作用时沉井发生倾斜,沉井重力W通过G点作用,总浮力F_w通过瞬时新浮心B'作用,则产生一扶正力矩$M=We$,使稳定沉井。

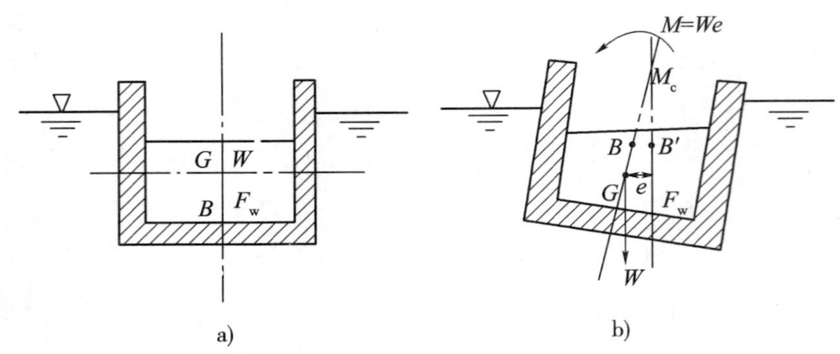

图10-1 浮式沉井浮运时的受力情况

沉井重心G可由沉井的全部构件对沉井顶或底力矩之和求得;沉井浮心B可由沉井外侧的水面到被浸没面积中心的垂直距离求得;沉井的定倾中心M_c是通过瞬时的新浮心位置B'作用的总浮力和沉井的原始中线相交点求得;定倾中心至重心的距离M_cG可按式(10-1)和式(10-2)求得:

$$M_cB = \frac{I}{V_s} \tag{10-1}$$

式中:M_cB——沉井定倾中心至浮心的距离(m);

I——沉井平面面积对旋转轴的惯性矩;

V_s——沉井沉没部分的体积。

$$M_cG = M_cB \pm GB \tag{10-2}$$

式中:GB——沉井重心至浮心的距离(m),如果G在B以上,则用"-"号,在B以下则用"+"号。当M_c在G以上时,沉井是稳定的;当M_c在G以下时,沉井是不稳定的。

沉井底节在入水前应按其工作压力进行水压试验,以防止底节入水下沉时产生渗水现象。其他节段需灌水下沉各节,因不便做水压试验,故规定仅做水密性试验。

10.4 沉井下沉与着床

10.4.1 1 沉井不排水进行挖基,是沉井下沉的基本方法,故条文推荐优先采用;在稳定的土层中也可以采用排水人工开挖下沉沉井的方法，但首先必须确定是在稳定的土层中，而且应采取必要的安全措施方可实施。还有一种“降排水下沉”的方法，即先采用井点降水法降低井内的水位，井内干开挖到一定高程后，再在井内水中开挖下沉。当采用这种方法时，同样应采取保证施工安全的措施。

下沉沉井时，一般不宜使用爆破方法助沉；只有在特殊情况下，如遇大漂石、硬层（包括风化石）等，用一般方法无法清除或清除困难，或当刃脚下土已掏空，采取其他措施不能克服井壁土的摩阻力时，不得已方可采用爆破方法。因此规定除应得到批准外，还应严格控制炸药用量和操作方法，这主要是出于安全施工的考虑。

10.4.4 沉井下沉遇到倾斜岩层时，为了防止沉井滑移，应将层面尽量整平。但实际上要全部整平岩层是很难办到的，故条文规定，对于刃脚部分至少应使刃脚周长2/3以上搁在岩层上，且嵌入岩层深度不宜小于0.25m。

10.5 基底检验与沉井封底

10.5.1 清理后基底的有效面积是指沉井底面积扣除在刃脚下一定宽度不可能完全清理干净的面积。

10.5.2 本条规定沉井封底时若每分钟渗水上升速度不大于6mm时，可按一般无水浇筑混凝土的方法进行封底。这是因为渗水量不大时，浇筑的混凝土可以压住渗水上升的水头压力。

10.5.3 在确定沉井封底混凝土的厚度时，应根据沉井是空心的还是实心的而定。空心沉井是在井孔内用砂等填充料填满，或不填填充料，其封底厚度按沉井基础全部荷载所产生的基底反力计算确定，井孔内填砂时应扣除其重力；实心沉井是在井孔内浇筑混凝土（或片石混凝土），其封底厚度按基础设计的最大基底反力，并计入井孔内填充物的重力计算确定。封底后抽水时，封底混凝土承受基底水和土的向上反力，此时混凝土因龄期不足，应考虑其强度的降低。由计算所确定的封底厚度，除应满足其顶面高出刃脚根部至少0.5m外，一般尚不宜小于1.5倍井孔直径或短边边长。

10.5.5 1 每根导管开始灌注混凝土时所采用的混凝土坍落度宜采用下限，是因为沉井底面积大，若坍落度大，则落下的混凝土流动范围大，不能使水下混凝土面形成一定的坡率，甚至埋不住管底口，难以保证水下混凝土的质量。

3 导管最小埋入深度应与灌注深度相适应，因为若灌注深度大，而导管埋入深度过浅，则后灌注的混凝土将冲破先灌注的混凝土而与水接触，发生夹层，导致质量事故，故规定如表10.5.5-1。导管埋深还应与两根导管的间距相适应，若导管间距过远，而导管埋入过浅，则由于混凝土表面的流动坡度为1/6～1/4，两根导管间会流布不到或混凝土厚度不够,故规定如表10.5.5-2。施工时应根据具体情况,对导管埋入深度采用两表的较大值;但导管埋深也不宜过大,过大时,则混凝土流布速度降低,延长灌注时间,甚至使超压力过小,混凝土从导管中流不出来(参见第8章条文说明)。

11 地下连续墙

11.1 一般规定

11.1.1 《公路桥涵地基与基础设计规范》(JTG D63—2007)已将地下连续墙列入其中,并将其分为两类:一类用作基坑开挖时的临时支护结构;另一类用作桥梁结构的基础。故本章对其适用范围亦作出相应调整。

11.2 施工平台与导墙

11.2.1 平台的平面尺寸应满足施工需要系指应满足施工设备作业、运输车辆通行及人员作业和行走的需要。其中施工设备的选择受地层、工期等客观条件的影响,不同的施工设备和工艺对平台平面尺寸特别是宽度的要求差别很大,故在此对平台宽度不宜作出统一的规定。

11.2.2 导墙具有施工导向、蓄积泥浆并维持其表面高度、支承挖槽机械设备和其他荷载、维护槽顶表土层的稳定及阻止地面水流入沟槽等功能,因此当采用泥浆护壁挖槽构成地下连续墙时应先构筑导墙。

2 导墙内侧间距宜比地下连续墙墙体稍宽,是考虑用各种形式的成槽机挖槽时,虽然挖槽机上部一般都设有导向装置,但仍难免有些摆动,为了避免机械摆动时导致槽壁坍塌,故规定导墙内侧间距比地下连续墙墙体厚度宜稍增大些。导墙内部每隔1.0~1.5m设置一道支撑,可防止导墙被外侧土压力挤夸。

3 对导墙底部土层的要求是为了防止导墙沉陷和漏失护壁泥浆。基底土为软弱土层或松散砂类土时,一般应进行地基加固或换土处理,对松散土可采用振冲碎石桩,对软弱土可采用深层搅拌桩或粉喷桩,其他方法还有水泥灌浆和高压喷射灌浆等,加固深度应视地质条件而定。导墙顶面要求高出原地面是为了防止地面污水流入槽坑,破坏泥浆的性能;要求高出地下水位1.5m以上是为了增加泥浆水头,加大槽壁的抗坍塌能力。

11.3 地下连续墙施工

11.3.1 近年来,越来越多的先进设备应用于地下连续墙施工中,但任何先进设备均有其局限性,同一设备不可能在所有地层中都可以达到高效施工,如先进的液压铣槽机在均质砂层中成槽效率明显高于抓斗,但不能处理地层中的孤石,所以,在地质条件复杂的地层中构筑地下连续墙,有必要选用多种设备组合施工,以发挥各自优势,提高施工效率。

11.3.3 选择钻头直径时应考虑地层特点,使其既能满足墙厚的要求,又不加大扩孔系数,以避免造成混凝土严重超方。如两期槽孔同时施工并相距过近,在成槽施工或槽孔浇筑过程中,两槽间的土体可能会坍塌或被混凝土挤穿,而造成槽孔连通的事故,故应合理选择副孔的长度且宜在主孔终孔后再劈打副孔。

11.3.4 采用钻抓法施工时,在槽孔的两端必须钻凿主孔,其目的主要是保证墙段连接的质量。槽孔中间可根据地层情况决定是否再钻凿主孔,其目的是为抓斗导向,便于切割土体。

11.3.5 采用抓取法和铣削法施工时,规定副孔长度宜为主孔长度的1/2 ~2/3,是为了使抓斗施工副孔时,便于切割土体,并可保证槽孔的连通。

11.3.10 地下连续墙的墙体截面都是窄而长的矩形,而导管灌注的水下混凝土从导管底部流出以后,向周围成圆形状分布。规定单元槽段长度超过4m时,宜采用2或3根导管同时灌注,是按灌注半径为2.5m时考虑的;采用多根导管灌注时,导管间的混凝土宁可使其重叠,也不可脱节成凹形,故规定导管净距不宜大于3m;规定导管距节段端部不宜大于1.5m,是考虑接头管(箱)拔出来后留下的空隙,应以混凝土填充。

12 明挖地基

12.1 一般规定

12.1.1 施工前进行基坑边坡稳定的验算，对确定合理的开挖和支护方案、加快施工进度、保证施工安全具有重要作用，尤其是深大基坑的开挖，更应通过施工前的验算以确定合理的施工方案和施工工艺。

12.1.2 不论基坑大小，在施工过程中对其边坡的稳定性进行监测都是有必要的，只不过采用的监测方法和手段可视现场的实际情况区别对待。基坑较小时，可安排有经验的施工人员目测或采用简易的观测手段进行监测。特大型深基坑系指如悬索桥锚碇的基坑或其他类型的基坑。对该类基坑的施工，应建立较完善的监控系统对其进行监测和控制，其目的是为保证施工安全。

12.2 土石围堰

12.2.1 1 本款所指的施工期间，是指从围堰填筑完成，进行挖基、排水、构筑基础，直至墩台身的施工高出施工水位或堰顶高程后，可以拆除围堰时为止，在此期间可能出现的最高水位即可作为决定堰顶高程的依据。

2 不同围堰的外形对水流产生的影响是不同的，土石围堰的影响主要有：压缩河床断面、改变水流的方向和增加流速、增加对河床的冲刷、航道宽度缩小等。土石围堰的堰身断面较大，压缩河床断面过多，故填筑时应满足河道的泄洪等要求。

12.2.2 3 筑堰土料的采用原则是不渗水、易压实，遇水不致泡软成泥浆，因此纯黏土并非最理想的土料；砂土亦不应作为筑堰土料，因为砂性土不仅渗水量大，增加挖基时排水的工作量，而且排水时，因其黏聚力小，堰下砂土极易发生管涌、翻砂，使堰下基底沉陷，毁坏围堰。填筑围堰的程序从上游开始至下游合龙，可减小围堰填筑过程中的水流冲刷，易于填筑牢固。

12.2.3 1 采用草袋、麻袋、玻璃纤维袋和无纺塑料袋等装土码叠而成的围堰统称为土袋围堰。规定水深3.0m以内，流速1.5m/s以内时，可筑土袋围堰，是考虑到超过上述规定后,施工难度增大,亦不经济。

2 规定装土量宜为土袋容量的60%左右,是因为装土过少,用袋太多,不经济;装土过多,则堆码不平稳,空隙多,易渗漏。

12.2.4 2 竹笼、木笼、铅丝笼及钢笼围堰适用于较大水深。钢笼是指采用型钢制作的笼体。随着水深增加,水流冲击增大,竹笼、木笼、铅丝笼及钢笼的高度与宽度相应增加,围堰的侧压力亦增大,故笼体的制作应坚固。

12.2.5 3 膜袋围堰亦称为"大型土工织物充填袋围堰",与其他围堰相比,其适用于更大的水深。由于围堰受较大的水压,因此要求袋的缝合应牢固严密,并尽可能降低膜袋内充填物中的水分,保证围堰的稳定。

4 围堰沉降稳定后,抵抗外力的能力可得到提高;控制排水时的水位降速,有利于基坑内的安全。

12.3 基坑

12.3.1 基坑开挖时其坑壁是否需要采取支护措施,应在施工前即确定,否则不仅会影响施工的工期,且容易发生坑壁坍塌的安全事故。

12.3.3 1 根据土力学原理,斜坡的稳定与斜坡度大小、地质条件、斜坡高度、坡顶有无附加荷载及荷载类别等因素有关。若其余因素相同时,则各因素影响斜坡的稳定规律为:斜坡度越平缓越稳定,越陡峭越易坍塌;土的黏聚力大的(如岩石、稳定土)比黏聚力小的(如砂土)较稳定;土的含水率较小的较稳定;坡顶有荷载特别是动荷载的较不稳定。表12.3.3是根据土力学斜坡稳定理论、施工经验和适当的安全系数规定的,适用于基坑深度在5m以内的情况。在天然含水率范围内时,砂类土的天然坡度大致等于其计算的内摩擦角;黏性土在天然含水率范围内的天然坡度,除考虑其计算的内摩擦角外,还要考虑黏聚力、孔隙比、塑限含水率、重度等因素。

12.4 挖基和排水

12.4.1 1 无论哪种基坑的开挖,开工后都应连续不断地快速施工。但比较而言,天然地基的挖基和排水对连续快速施工的要求尤为重要,因为基坑排水时如水泵停止工作,水将会渗满基坑,重新排水时不仅费工费时,且基坑壁经水浸泡后极易坍塌。

2 随着基坑水位的降低,坑壁失去了水压,对于不良地质条件的基坑坑壁,有可能失稳引起坑壁坍塌,因此排水前应确认坑壁及坑壁支护的稳定性。

4 无论何种土质,一经暴露于空气中或浸泡在水中很容易降低其承载力,故挖到基坑的设计高程,经检验符合要求后,应立即进行基础施工。

12.4.3 3 采用井点降水法排水时，地基的沉降及边坡位移有可能危及邻近构筑物的安全，故应进行监测并在必要时采取防护措施，保证其安全。

12.4.4 1 渗透系数是表示岩土透水性能的数量指标，亦称为水力传导系数，可由达西（Darcy）定律：$q = KI$ 求得。式中，q 为单位渗流量，也称渗流速度（m/d）；K 为渗透系数（m/d）；I 为水力坡度，无量纲。当 $I = 1$ 时，表明渗透系数在数值上等于水力坡度，即通过单位面积的渗流量。岩土的渗透系数越大，透水性越强，反之越弱。渗透系数的单位有 m/d、cm/s 等，条文中采用法定计量单位 mm/s。

12.5 地基处理

12.5.4 1 风化岩层暴露在空气或水中后将加速其风化，故基坑底（包括基础外围的土体）的风化岩层均应以混凝土封闭，防止其继续风化。

13　扩大基础、承台与墩台

13.2　扩大基础

13.2.1　在天然地基上浇筑墩台基础混凝土时,过干的地基将吸收混凝土中的水分,直接影响混凝土的性能。浇筑混凝土垫层的目的:一是为了方便基础支模施工和绑扎钢筋的需要,不致发生局部沉降;二是为了保证基础底面的平整。

13.3　承台

13.3.4　钢围堰是承台等基础施工时重要的挡水或挡土的临时结构,虽然是临时结构,但在水文、地质条件相对较为复杂的地区,其实施效果的好坏会直接影响到桥梁主体工程施工的成败。鉴于其在基础工程中的重要性,故规定应进行专项设计。

1　在潮汐地区,潮位的不断变化对围堰结构的受力影响较大,对施工亦会造成不利影响,故在设计时应充分考虑这些因素。

4　内支撑的设置会对承台及墩身的施工产生不便,但内支撑是钢围堰中最有效的支撑方式,因此在设计时,应考虑到内支撑对施工的干扰和影响,合理布置,方便施工。

13.3.6　1　采用锁口钢管桩围堰时,锁口的止水效果如何,是这种围堰的关键所在,因此不仅锁口的方式应合理设计,还应采取可靠的措施对锁口进行止水处理。

13.3.7　1　有底钢套箱围堰的底面一般高于河床面,故会产生较大的浮力,在套箱内排干水后的工况下,其浮力达最大值,故施工设计时应对该工况进行抗浮验算。

13.3.8　1　在双壁之间设互不相通隔水舱的目的,是为了钢围堰在下沉过程中分舱对称地进行注水、加砂砾石或浇筑混凝土,增加钢围堰的自重,利于下沉。

13.4　桥墩与桥台

13.4.1　3　对分节段施工的墩台身,如首节模板定位不准确,将会给后续节段的模板安装造成困难,且不易保证墩台身的外形尺寸和垂直度。

4 对承台基础上的首节墩台身,如在施工中不采取有效措施,该处的混凝土非常容易产生裂缝,尤其为薄壁墩身时更易发生。因此除设计上宜考虑将该处的墩身设计为实心段,逐渐过渡到空心段外,施工时尚应将首节墩台身与承台之间的施工间歇期尽量缩短,以避免因混凝土龄期相差过大而产生裂缝。

13.5 墩台帽和盖梁

13.5.2 支架直接支承在承台顶部的好处是可以避免沉降,但在承台平面尺寸较小或下部结构不设承台的情况下,支架不可避免地要支承在地基上,而此处的地基因为是开挖后再回填的,往往比较软弱,有时可能还会出现支架一部分支承在刚性的承台顶部,另一部分则支承在基坑的回填土上,使得地基软硬不均,很容易产生不均匀沉降。因此规定当支架支承在承台以外的软弱地基上时,首先应对基坑的回填进行妥善加固处理;为保证沉降均匀,还应对支架进行必要的预压。

13.6 片石混凝土

片石一般指采用爆破或楔劈法开采的石块。

14 砌体

14.1 一般规定

14.1.1 本次修订依据《公路圬工桥涵设计规范》(JTG D61—2005)的规定，对材料的要求作了适当调整，增加了加筋土桥台的施工规定。挡土墙的内容在《公路路基施工技术规范》(JTG F10—2006)中已有详细规定，故本规范不再列入。

14.2 材料

14.2.1 1 抗冻性差的石料，含有一定水分时，经过多次冻结与融化，将会产生脱层、裂缝等损伤，因此寒冷地区所用石料需具备一定的抗冻性。

2~4 片石、块石、粗料石规格的划分，主要依石料的形状、尺寸而定。以同样强度砂浆砌筑的3种石料，其砌体抗压强度依次递增。块石和粗料石加工的形状要求分别如图14-1和14-2所示。

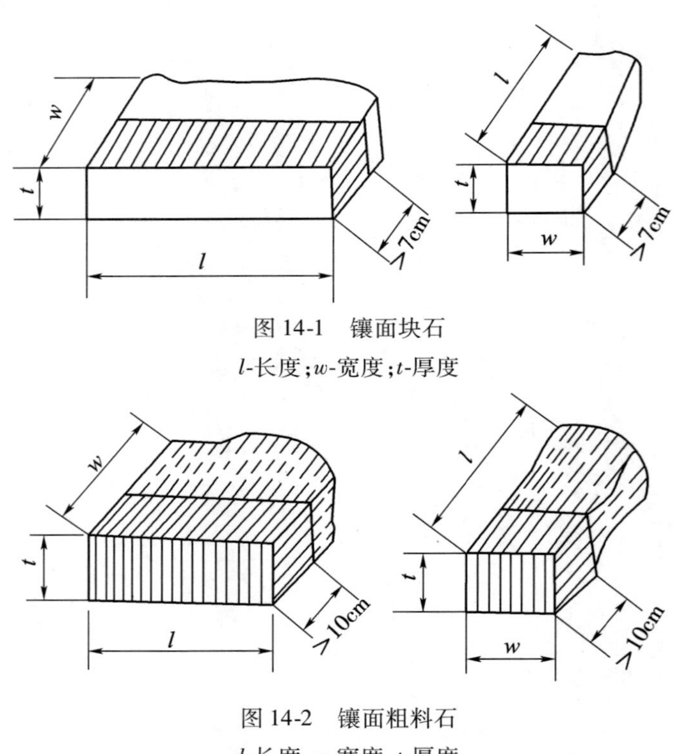

图14-1 镶面块石

l-长度；w-宽度；t-厚度

图14-2 镶面粗料石

l-长度；w-宽度；t-厚度

14.3 圬工墩台

14.3.1 4 位于流冰或有漂流物河流中的墩台所受撞击力较大,故规定表面应采用较硬石料或较高强混凝土预制块。

14.3.2 3 在石块下面如用高于砂浆砌缝的小石片支垫,则石块重力集中在小石片上,易将小石片压碎,使石块倾斜不稳,影响结构的安全稳定。

14.3.3 1 块石一般由成层的岩石开出,再按需要尺寸断开成长条形。此种石料如条文规定采取平砌时,则每层高度可基本一致,这对结构物的稳固和承受竖向荷载均有利。砌筑时按丁顺相间或两顺一丁相间,则结构物内外咬合较紧密;上下层竖缝错开距离较大,荷载自上向下传递时,可分布在较大面积上,否则,易造成自上而下的通缝,构造物基础不能均匀受荷,且可能产生不均匀沉陷。

15 拱桥

15.1 一般规定

15.1.1 拱桥的结构形式较多,其施工方法亦较多,本规范难以将所有类型的拱桥及其施工方法全部涵盖,故规定采用其他方法施工的拱桥可参照本章的相关规定执行。

15.1.3 灾害性天气对拱桥施工,特别是采用无支架缆索吊装时影响很大,故规定关键工序的施工应尽可能避开灾害性天气。

15.2 拱架

15.2.1 由于拱架具有特殊性,故规定拱架应进行专门的设计计算。

2 拱圈的自重荷载宜乘以 1.2 倍系数,是因为拱在浇筑或预制过程中常有超重现象。

15.2.2 2 拱式拱架在拼装过程中其横向稳定性较差,因此应有保证其稳定的措施。

4 拱圈的实际轴线是否符合设计轴线,直接影响拱圈受力,因此拱架安装完毕后,应对拱架各控制点的平面位置、高程等进行检查。

15.2.3 拱架拆卸时造成坍塌的事故时有发生,其原因多为不遵守规定所致,因此施工时应严格按本条的规定执行,防止发生事故。

15.3 现浇混凝土拱圈

15.3.1 当跨度较大时,为避免先浇混凝土因拱架下沉而开裂,应沿拱跨方向分段浇筑;规定在段与段之间应预留间隔槽,是为避免拱圈产生裂缝。

15.3.4 大跨径拱圈采用分环(层)、分段法浇筑混凝土时,如纵向钢筋为整根钢筋,将随拱架的下沉而使拱圈产生附加应力和变形,故规定不宜采用整根钢筋,宜采用分段钢筋。

15.3.6 在施工中，实际合龙温度与计算温度往往不能吻合，因此可选择夜间气温较稳定时进行合龙，使合龙段混凝土浇筑之后气温逐渐上升，以避免合龙段混凝土开裂。

15.4 无支架和少支架施工

15.4.3 缆索吊装系统一般为非定型产品，多由施工单位自行设计，故应按第15.4.2条的规定，进行专门设计。以下给出其设计时的要求和有关数据，供参考：

缆索吊装系统的设计文件宜包括下列内容：缆索吊装系统设计图和说明书，计算书，拼装、使用、拆卸的安全技术操作规程等。

计算荷载应包括：拱段自重、缆索自重、吊具自重等，同时还应根据实际情况，考虑作用在缆索吊装系统上的风力等荷载。

设计计算时各种材料的安全系数：主缆、抗风钢丝绳的安全系数应不小于3；起吊钢丝绳安全系数应不小于6；牵引钢丝绳安全系数应不小于4；扣索钢丝绳安全系数应不小于5；钢绞线安全系数应大于2；锚碇抗拔、抗滑安全系数应不小于2。

4 试吊是检验缆索吊装系统是否符合设计要求、是否安全可靠的重要手段，故规定如条文。

5 扣索位置如果偏移拱肋的竖直面，会使所扣挂的拱肋偏移设计位置，带来不利结果，故作此规定。

15.4.4 1 多节段拱圈吊装时，一般将风缆作为结构的一部分，且需进行专门设计。

15.4.5 所谓双肋合龙松索成拱，即当第一根拱肋合龙并校正拱轴线、楔紧拱肋接头缝后，稍松扣索和起重索，压紧接头缝，但不卸掉扣索和起重索，待第二根拱肋合龙，两根拱肋所有纵、横向接头都可靠联结并拉好风缆后，再同时松卸两根拱肋的扣索和起重索。

15.4.7 拱肋吊装在松索、合龙过程中，各段的松索量、各接头的高程控制非常重要，故对此作出详细规定。

15.4.8 拱肋接头一经焊接，则拱轴线和中线就已固定，不能再调整。因此规定应在轴线、中线调整之后进行焊接，焊接之后再全部松索成拱。

15.4.9 采用少支架方法施工，以支架代替了扣索，使拱肋在吊装过程中的稳定性和安全性得到提高，在能方便搭设支架的情况下可采用此法进行施工。

15.5 转体施工

15.5.3 7 实际施工时可按计算牵引力的1.5～2.0倍配置牵引设备。

15.6 劲性骨架拱

15.6.1 劲性骨架拱属钢—混凝土组合结构,其劲性骨架多采用型钢结构,劲性骨架的加工制作标准可比常规钢结构略低,故可参照其执行。

15.6.2 1 对劲性骨架或劲性骨架与混凝土的组合结构,加载顺序的不同,拱的受力也有较大的区别,故应根据实际情况确定适宜的浇筑方法。

2 分环多工作面浇筑劲性骨架混凝土拱圈的关键是分次多点均衡加载,使劲性骨架变形均匀,并有效地控制结构内力和稳定性。

3 水箱压载法,即在拱圈顶部布置水箱,随着混凝土浇筑面从拱脚向拱顶推进,根据拱圈应力和变形观测值,通过对水箱注水加载和放水卸载来实现对拱轴线竖向变形的控制。

4 斜拉扣挂法,是在拱圈适当位置选取扣点,用钢绞线作为扣索,在混凝土浇筑过程中,根据各断面的应力情况进行张拉或放松,实现从拱脚到拱顶连续浇筑混凝土。

15.7 悬臂浇筑拱

15.7.2 1 挂篮是悬臂浇筑拱圈的重要设备,故应根据拱桥的特点保证其稳定性,且应具有良好的调节性能。

4 拱桥悬浇的节段一般较长,如底模不设为可调节式的弧形模板,将影响到拱圈的线形,且会带来拱圈重量增加等诸多问题。

15.8 钢管混凝土拱

15.8.1 1 规定宜采用符合国家及相关行业标准的成品焊接管,是因为其质量和精度更有保证。

6 因相贯线及坡口的加工精度直接影响其焊缝的熔透深度和内在质量,成为结构承载力的保证条件,故对加工方式予以限制。主管与腹管采用相贯连接时,因系无节点板结构,主管应力复杂,再加上闭合型焊接,接头区易造成粗晶硬化和焊接缺陷,接头韧性常成为控制结构承载的关键,因此规定了在焊接材料的选择和焊接工艺的控制上应遵循的原则。

8 哑铃形钢管拱截面压注腹箱混凝土时,腹箱钢板容易受挤压变形,故应加设内拉杆。

15.8.2 3 扣索一般采用多根钢绞线或高强钢丝束,考虑不均衡受力和冲击荷载等因素,要求其强度安全系数应大于2,是为了保证施工安全。

15.9 装配式混凝土桁架拱和刚架拱

15.9.1 4 由于拱片较高,竖立运输容易倾倒,故应采用平卧方式运输。

15.9.2 3 拱片在吊装或预应力张拉时均有可能产生横向失稳的问题,故规定在成拱过程中应有横向稳定的措施。

15.11 石拱桥

15.11.2 拱圈承受的压力较墩台及基础、挡土墙大,故设计要求拱石材料和砌筑砂浆的最低强度等级较高,因而对拱石的施工要求亦相应较高。无论采用何种规格的石材,其层面均应尽量与拱轴线垂直,以免产生切向分力。粗料石拱石要求做成楔形,就是这个原因。拱石的形状要求如图 15-1 所示,图中 t_1 为厚度较小的一端。

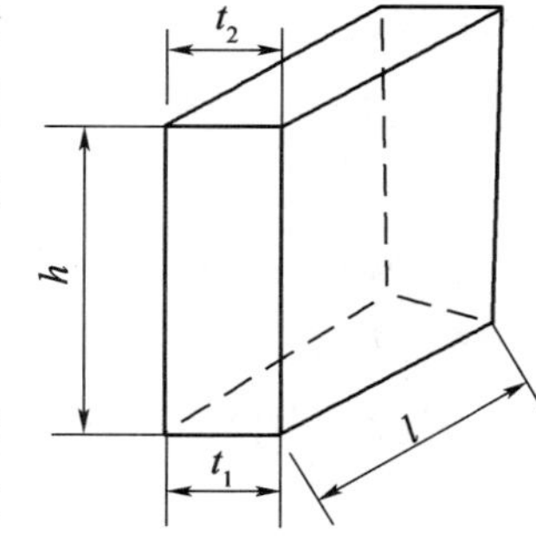

图 15-1 拱石

15.11.3 1 拱圈放样时应设置的预拱度,可根据跨度大小、拱架类型、拱架刚度、地质情况及荷载大小等因素确定,一般取计算跨度的 1/400 ~ 1/800。拱桥的预拱度一般在拱顶为其总量,拱脚为零,拱顶至拱脚则按抛物线计算分配于各节段;对跨径小于 20m 的拱圈,亦可简化按直线比例分配。

3 拱圈砌筑时的错缝规则如图 15-2 所示。

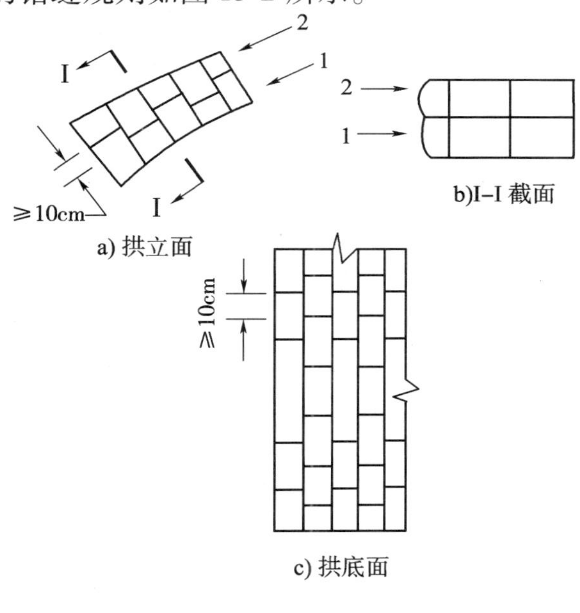

图 15-2 拱圈错缝

1-下层;2-上层

15.11.4 1～4 拱圈的砌筑程序,除应考虑对称、均衡外,还应考虑拱圈逐步砌筑时砌块加在拱架上的重力逐步增加而使拱架沉降。满布式拱架和拱式拱架的沉降情况是不一样的,对前者拱圈跨径间的立柱较多,砌块荷载大部分通过其拱架下的立柱传到地基,对其周围拱架沉降的影响较少;后者一般仅在两墩旁有立柱支承,每一砌块的荷载均需通过拱架传到墩旁立柱后再传到地基,因此每一砌块的加载都会影响全拱架的挠度,且可能有下沉或上凸两种情况。故条文对两种拱架的砌筑程序分别予以规定。

5 多孔连续拱桥的施工,由于存在连拱的影响,故相邻孔的施工顺序不仅应按设计规定的控制条件确定,且应相互平衡由于施工所产生的水平推力,以保证加载过程中拱圈和桥墩的安全。

15.11.5 砌筑拱圈无论是分段还是不分段,从拱脚砌至拱顶时都需要在节段间或拱脚处设置空缝;当拱架变形时,拱圈各节段有一相对活动余地,从而可避免拱圈开裂。

15.11.8 一般砌筑用的小石子混凝土其强度等级较水泥砂浆高,砌体极限强度也较高,因此采用小石子混凝土砌筑拱圈时,其砌缝可比采用砂浆的宽一些。

15.12 拱上结构

15.12.2 大跨径拱桥的拱上结构较重,纵向分配较长,故施工时应严格遵守设计规定的加载程序,使施工过程中的实际拱轴线与设计拱轴线尽量接近,以防止拱的纵向失稳。

15.12.3 对下承式或中承式拱桥,其悬吊桥面系的混凝土在拱架拆除后施工,可避免拱架对施工的干扰,防止桥面系完成后拆除拱架时引起拱肋变形,影响桥面系的质量。

15.13 施工控制

15.13.1 使实际拱轴线符合设计拱轴线,是拱桥施工中的关键;拱桥是以受压为主的结构,对于施工过程中结构的稳定性、拱圈(或拱肋)的变形和内力应予以充分重视。这些均应通过施工过程控制来实现。

15.13.2 拱式桥与梁式桥相比,不仅在外形上不同,而且在受力性能上存在本质上的差别。在竖向荷载作用下,拱的两端支承处除竖向反力外,还有水平推力,因此拱桥的施工控制方法应根据其结构特点和受力特性,按照不同的施工方法及施工环境条件等因素综合选择确定。大跨径拱桥的施工一般依赖于特殊的施工方法,且跨度增大后,其结构体系变柔、拱肋轴力增大,结构的几何非线性表现突出,再加上组成拱肋和主梁构件截面的复杂性,都会给施工带来难度,因此对大跨径拱桥进行施工过程控制是非常有必要的。

15.13.3 大跨径拱桥的施工控制首先应对构件(或结构)无应力状态下的尺寸进行严格控制,然后,应按本条规定的控制目标进行。

16 钢筋混凝土和预应力混凝土梁式桥

16.2 支架上现浇梁式桥

16.2.1 2 满布支架的地基如不设置防排水设施,则很容易受到雨水的冲刷和浸泡。在雨季或多雨的地区,这种情况经常发生,严重者会将地基冲刷淘空,使支架失去支撑而发生坍塌事故,故规定应有防排水的措施。规定支架位于坡地上时宜将地基坡面挖成台阶,其目的是使支架的受力更合理。软弱地基的承载力一般不能满足施工要求,故应进行换填或加固处理。

3 拱式支架的受力与水平设置的梁式支架的受力是不相同的,故一般不宜将梁式支架设计成拱式结构;当必须采用时,应严格按条文的规定执行。

16.3 移动模架逐孔现浇施工

16.3.1 移动模架分为上行和下行式两种类型,因其机械化程度较高,故均宜采用定型产品。非定型产品一般指自制模架,仅宜用于中小跨径梁的施工,故应按条文规定进行专门的设计计算与荷载试验。

16.3.2 对模架进行试压的目的主要有:消除模架结构的各种非弹性变形,检验承重钢梁和支撑系统的承载能力、刚度和安全性,观测模架结构的弹性变形以了解其挠度值在施工中的变化情况等。

16.3.6 模架在移动过孔时,对称、同步是必须严格遵守的一项原则;规定应有限位和紧急止动装置,是为防止模架在移动时失控。

16.3.7 模架的拆除工作经常是在高处悬空状态时进行,在这种情况下,施工的安全是拆除工作中的重点,故应有可靠措施。

16.4 装配式桥施工

16.4.3 1 后张预应力梁、板在施加预应力后,其两端为主要受力点,该处的地基可能需承受较大的荷载,故应进行特殊加固处理。

3 在台座上设置反拱的条件是预计的上拱度值较大时。所谓“较大时”,即其上拱将会对桥面铺装的施工产生不利影响时。在这种情况下,可考虑在预制台座上设置反拱,以消除其影响。

16.4.5 T形梁和I形梁由于高宽比较大,如施工措施不当,梁体很容易产生侧向弯曲,因此预应力的施加应对称、均衡进行;同时在其他施工环节上亦应采取有效措施,防止其产生侧向弯曲。

16.4.6 1 对后张预应力混凝土梁、板构件的移运原则,原规范未作规定,本次修订对孔道压浆前和压浆后的移运作出了较明确的规定,施工中应严格执行;同时应禁止将构件安装就位后再进行预应力孔道压浆的错误做法,除非构件是在墩顶原位预制。

16.4.7 4 水平多层叠放构件时,层与层之间以垫木隔开极为重要(因采取垫木隔开的方式可以明确构件的支搁位置在设计支点附近),否则会由于构件的上下面不平整,凸出处成为支点,使构件产生负弯矩,造成顶面开裂或折断等事故。支垫位置应靠近设计点(即吊点),上下各层垫木应在同一条竖直线上,也是为了防止构件的开裂或折断。

16.4.9 5 规定梁、板等构件在安装施工期间,包括架桥机移动过孔时,其桥下严禁通行,主要是为防止发生安全事故。

7 同一孔跨的梁、板,如预制施工的龄期相差过大,其拱度的相对偏差会较大,将会造成桥面铺装的厚度不同,故应对其龄期进行控制。

16.5 悬臂浇筑

16.5.4 1 对称、平衡浇筑是为了不产生或产生较小的扭矩、力矩,施工时不可能做到绝对平衡,但其偏差应不超过设计规定或梁段重的1/4。

2 施工过程控制以变形控制为主,但亦应兼顾内力,以达到双控的目的。

16.5.5 2 长束的张拉,最易发生的问题是预应力筋的伸长值达不到设计要求,这与管道的安装定位不准确导致摩阻力加大等因素有关。对此,可采取诸如补张拉、反复张拉、增加持荷时间的措施予以解决,但最好的办法是将管道的安装定位准确,减小管道的摩阻损失。竖向预应力因钢束相对较短,张拉后预应力筋的回缩足以抵消其拉出的量,从而造成回缩的损失,故可采取反复张拉的方式予以解决。

16.5.6 4 在浇筑合龙段混凝土前将两端悬臂临时刚性连接的目的,是为保护合龙段混凝土在形成强度之前不会承受额外的拉压应力。

5　预应力混凝土连续梁在悬臂浇筑施工时，是静定结构体系，梁与墩是临时固结；合龙后转换为超静定结构体系。因此在转换体系时，应将临时固结尽快解除，将梁落于永久支座上，并按高程调整支座高度和反力。这些工作均应按设计的规定进行。

16.6　悬臂拼装

16.6.1　采用逐跨拼装方法施工的连续梁，除在拼装方式和体系转换上与悬臂拼装施工略有不同外，其余基本相同，故可参照本节的规定执行。

16.6.3　测量控制网对于保证节段预制的精度有非常重要的作用，因此应按条文规定认真对待。

16.6.4　预制节段拼装的桥梁，其成桥线形基本上是由预制节段的形状、尺寸决定的，拼装阶段只能作很小的调整。实际上，节段预制拼装桥梁的精度很大程度上取决于节段预制的精度，故规定节段预制时应对其预制线形进行控制。

16.6.5　节段的预制精度，需要有刚度大的模板予以保证；采用短线法预制节段时，模板需多次重复使用，因此要求模板应在多次重复使用过程中不会产生变形。

2　对端模的要求应更严格一些，因节段的端部是拼装时的接触面，且有大量的剪力键；如端面混凝土不平整，将会给拼装带来不利影响。

16.6.10　4　预制节段的存放期应满足其完成混凝土的大部分收缩和徐变，故在设计未规定时不宜少于28d。

16.6.13　2　节段在预制完成至拼装期间，会受到各种因素的影响，使其发生空间扭曲及尺寸上的变化，这将影响到现场拼装的质量与进度，故需进行试拼装。

3　胶黏剂涂抹在接缝表面后，会形成一层明露在空气中的黏结薄膜，其硬化速度大大加快，因此应在其失去黏结能力之前进行胶结并施加临时预应力进行挤压。本款规定了有效工作时间的范围，这一时间范围不仅与胶黏剂产品的性能有关，亦与节段的拼装速度及预应力施工的速度有关。胶黏剂在梁体的全断面挤出，可有效地保证接缝的密闭效果。

16.6.14　3　每一节段在拼装过程中，起重吊钩应始终保持悬挂着节段，当节段预应力钢束按设计要求张拉后，能保证稳固时才允许放松吊钩，以免发生节段掉落事故。

16.7　顶推施工

16.7.1　钢梁的顶推施工与预应力混凝土连续梁的顶推施工大同小异，其顶推原理是相同的，因此可参照本节的规定执行。

16.7.5 顶推施工的预应力混凝土连续梁，由于在顶推过程中，各截面要多次承受交替变化的正负弯矩，因此梁段中的预应力束有些是从顶推开始到连续梁就位都必须具有的永久钢束；有些是在顶推过程中所必需的，但在连续梁顶推就位后必须拆除的临时束；还有一些是为了减小在顶推过程中产生过大的反向弯矩，适当地减少张拉束数，待全梁顶推就位后再按需要添加的补充束。以上3种预应力钢束均应严格按照设计规定进行穿束张拉或拆除，不得随意增减或漏拆。

16.7.6 1 导梁与梁体连接处的刚度如不协调，将造成导梁个别杆件局部变形，使连接处的梁体混凝土开裂，影响顶推工作的正常进行。

16.7.7 3 计算顶推力是按多种因素都较为理想的情况下考虑的，为了防止因发生意外使水平顶力过小而影响顶推工作的顺利进行，故实际顶推力应按计算顶推力的2倍考虑。多点顶推时，纵向各墩的水平千斤顶如不同步运行，将加重早启动千斤顶的负担，甚至超过其顶推能力，从而使顶推工作不能顺利进行，故要求千斤顶应同步运行。

4 在顶推过程中，往往由于左右两条顶推线未能完全同步，各墩顶滑动装置的摩阻力也不一致，使梁体偏离中轴线，故需采用导向装置纠偏。

5 采用竖向千斤顶将梁顶高的最大升高必须有所限制，否则梁被顶高时将产生临时局部弯矩，此值如过大就可能使箱梁顶板和底板的上缘产生裂纹。规定对起顶反力值和起顶高度值的限值，主要是为了控制主梁竖向位移所产生的附加应力，防止梁体开裂。

16.8 整孔预制安装箱梁

16.8.2 虽然整孔预制箱梁的预制场地与一般梁的预制场地并无本质上的区别，但由于整孔预制箱梁的体积庞大，且重量远大于一般梁，因此对场地布置及地基的承载力等有着更高的要求，场内的移运和各个工序的施工亦更复杂，大型化、工厂化是整孔预制箱梁的显著特点。

16.8.7 对预应力钢束进行初张拉的目的是防止箱梁混凝土在低龄期时产生裂缝。

16.8.10～16.8.12 对于体积和重量均较大的梁体而言，施工中的任何疏忽都会导致严重的后果。条文对整孔预制箱梁的场内移运、场外运输及架设安装等关键工序的规定，均以保证施工安全和结构安全为目的。

16.9 斜腿刚构

16.9.1 斜腿无支架施工时,主要靠拉杆平衡其水平分力,由于在不同的施工阶段,水平分力不同,因此应分阶段进行计算调整,其目的即为防止斜腿产生过大的局部应力或变形。

16.9.2 2 主梁的悬臂施工与连续梁桥悬臂施工的方法基本相同,不同之外在于"墩身"为斜腿。斜腿一般采用支架或拉杆来平衡其水平力,因此应特别注意斜腿支架或拉杆的刚度与强度,应能抵抗悬臂施工中的不平衡荷载。对于V形支撑的连续斜腿刚构桥,V形墩顶梁段形成闭合三角形后,其水平方向上的力得以平衡,有利于主梁的施工,但在合龙闭合时,应选择合适的温度,以防闭合后温度应力过大,对结构产生破坏。

16.10 拓宽改建梁桥拼接施工

16.10.2 4 拓宽改建期间,原有的桥梁大多尚在通行车辆,因此应通过交通导流和安全防护,保证交通安全和施工安全。

16.10.3 在既有桥梁上进行部分凿除或拆除时,如不采取有效措施,很容易对拟保留的部分及其拼装面造成损伤或破坏,故规定如条文。既有桥梁的承载能力能否承受大型施工机具置于其上进行作业,只有通过验算方可确定。

17 斜拉桥

17.1 一般规定

17.1.1 本次修订适当扩大了适用范围。但由于近年来各种新型结构不断出现，本规范不可能将所有结构形式的斜拉桥全部包括在内，有些斜拉桥是通过不同结构的组合而形成的，对此类斜拉桥，其施工应符合本规范的相关规定。

17.2 索塔

17.2.1 大型斜拉桥的索塔施工均应设置塔吊、工作电梯和安全通道，并应经过安全度验算；对规模较小的斜拉桥，当索塔高度不超过 50m 时，可视现场的实际情况确定是否设置工作电梯，但塔吊及安全通道不可缺少。

17.2.2 2 塔座、塔柱的实心段混凝土设计强度高，水泥用量多，其内部产生的水化热亦较高，属大体积混凝土的范畴，因此规定施工时应采取降低水化热和温度控制的措施，防止该部位的混凝土产生温度应力裂缝。规定间歇期的目的是：新老混凝土的浇筑时间间隔过长，容易使后浇的混凝土产生裂缝，故应对间歇期进行控制。实际施工时，间歇期越短越好。

3 斜拉桥一般是按先塔后梁的顺序施工，因索塔与主梁交叉施工存在较多的安全方面的隐患，故正常情况下应尽量避免采用这种方式施工；必须这样做时，则应采取可靠措施，尤其是安全方面的措施。

5 对倾斜塔柱，在塔柱和横梁异步施工，以及分高度设置主动横撑或拉杆时，应对塔柱的悬臂施工高度进行适当控制，并应在上述几种工况条件下对塔柱进行验算。验算的原则为：控制塔柱根部混凝土的拉应力以不超过 1MPa 为宜，同时应控制塔柱施工的悬臂端产生不可恢复的位移。

8 在拉索预埋导管定位安装的施工实践中，出现过未考虑拉索垂度修正的现象，其后果是严重的，故予以强调。规定上塔柱钢锚箱安装时，吊装宜在风速 10m/s 以下时段内进行，是根据苏通长江大桥的施工经验拟定的。

17.2.3 2 规定施工前应编制吊装施工工艺，是为了在正式施工时保证架设的安全和工程质量。稳定性验算包括塔吊等起吊设备的稳定性和索塔塔柱的稳定性，各关键部位指塔吊的附墙杆、构件的吊耳、吊具等。

5　钢索塔的架设一般是通过塔吊吊装,为了限制塔吊支柱的最大自由长度,在塔吊和钢索塔之间设有连接附墙。由于钢索塔自身的阻尼较低,在施工过程中,钢索塔和塔吊之间会发生相互作用的振动;在钢索塔安装完成后至斜拉索开始施工期间,钢索塔处于裸塔状态,这时更容易发生风振。如果施工过程中钢索塔发生振动,不仅要考虑钢索塔自身的强度问题,还要考虑与之相连的塔吊的强度问题,以及影响施工作业的速度问题。因此在施工期间对其采取抑振措施是非常有必要的。

6　恶劣的天气会对钢索塔的架设安装作业造成安全隐患,故在施工时应充分考虑天气的影响。

17.3　主梁

17.3.1　强调主梁应严格按照预定的程序、方法和措施进行施工,是保证斜拉桥成桥后的线形、内力和变形符合设计期望要求的重要前提。设置塔梁临时固结装置,是为保证主梁在施工期间不会因不平衡荷载或其他原因产生位移,故对飘浮或半飘浮体系的斜拉桥,设置该装置是必要的。

17.3.2　2　主梁悬浇施工的挂篮除应满足与梁式桥悬浇挂篮相关的一般要求外,还应满足斜拉桥施工的特殊要求,如挂索、张拉等工序要求,故规定应进行专门设计。

17.3.3　1　梁段不论采取何种台座进行预制,均应保证其质量和精度,因为主梁拼装的精度在很大程度上依赖于预制的精度。规定预制梁段的混凝土端面应密实饱满,不应随意修补,其目的是保证梁段能顺利拼装并满足精度要求。

17.3.4　本条所指的钢主梁,一般包括钢箱梁、钢桁梁两种形式。钢箱梁为全焊结构;钢桁梁为栓焊结构。

1　规定构件上的吊点、导向件及临时匹配件宜在工厂加工制造时设置,主要是考虑在工地现场设置不易保证焊接质量,严重的会导致发生吊装安全事故。

17.3.5　本条所指钢—混凝土组合梁,主要包括钢箱与混凝土桥面板、钢桁架与混凝土桥面板,以及钢箱—钢桁架与混凝土桥面板,通过剪力连接装置进行组合而成的梁。施工时,一般将钢箱或钢桁架先进行悬拼安装,然后在其上先安装预制混凝土桥面板再浇筑湿接缝,或现浇混凝土桥面板。

1　在钢—混凝土组合梁中,混凝土桥面板的开裂是较为普遍存在的一种现象,如何有效地避免其开裂是设计和施工都必须认真对待的一个关键问题。虽然混凝土桥面板的开裂主要是由结构的特点和受力特性所决定的,且造成这一病害的原因多种多样,但其力学行为特征与具体桥梁中的设计和施工特点也是密切相关的。因此,有必要在施工前通过相对准确的预测、严密的施工计算，以及对施工技术和施工工艺的改进，确定其施工程序和施工工艺，避免混凝土桥面板开裂。

2　预制台座的表面平整度是施工中必须保证的一个关键指标，因其会直接影响到预制桥面板是否能与钢梁顶部紧密贴合的问题，如不能紧密贴合，有可能会使桥面板与钢梁之间产生脱空现象，导致桥面板受力不均匀而开裂。如果钢筋、预应力管道的定位不准确，桥面板在安装时将会比较困难，故规定侧向模板的设置应保证钢筋及预应力管道的定位准确。

3　养护对混凝土而言是一项非常重要的工作，且桥面板一般较薄，更应加强养护，并应保证养护的时间和质量，方可使其不致因混凝土的早期收缩而开裂。要求严格凿毛是为使桥面板在浇筑湿接缝后彼此能有效地结合，如结合不好，很可能在接缝处产生裂缝。

4　要求预制桥面板的存放时间不宜少于6个月，其目的是为减小混凝土的收缩徐变对结构受力的影响，以降低混凝土的开裂风险。研究和经验均表明：存放期的增加对混凝土徐变效应的减小起着很大的影响作用，因为混凝土的徐变特性与其加载龄期有密切关系，加载龄期的延长可以较显著地减小徐变。后期结构中如果存在较大的桥面板徐变变形，会导致桥面板分担的体系应力减小，混凝土的应力向钢梁上转移；由于徐变对桥面板应力的松弛效应，使得斜拉桥桥面板体系中预存的压应力水平下降，从而降低了桥面板抵抗荷载拉应力的能力，同时也就降低了混凝土桥面板的抗裂性能。

5　桥面板在预制时宜进行编号管理，并宜对号入座，先预制的先行安装，这样可以使桥面板的存放期尽量延长。在以往的工程实践中，经常会发生因桥面板安装时就位困难，施工人员为能顺利安装而随意切除剪力钉的现象，对这种错误做法应予以禁止。桥面板在安装时就位困难，主要是因为预制时钢筋和预应力管道的定位不准确，或桥面板尺寸的偏差过大等原因所造成的，因此预制施工时应严格执行本条第2款的规定，保证预制的精度。

6　湿接缝是连接各桥面板单元并与钢梁之间形成组合梁的关键部位，因此对混凝土的配合比应有较高的要求，并应对浇筑施工的程序、工艺及养护等予以高度重视，防止其开裂是施工的关键所在。

17.3.6　钢—混凝土混合梁，是指钢梁与混凝土梁通过纵向结合而形成的梁体。钢梁和混凝土梁的结合处是混合梁施工的关键和难点之一，对保证桥梁的安全度及耐久性起着非常重要的作用，因此施工时应采取适当措施，严格控制焊接、填充混凝土的密实性和连接预应力筋的施工质量。

17.3.8　大跨径斜拉桥在主梁悬臂施工期间，长悬臂施工状态持续的时间越长，其危险性越大，所以应避免在不利的大风或台风季节进行长悬臂状态下的主梁施工，或尽量缩短其持续时间；另外，斜拉桥施工时对风的影响非常敏感，因此在主梁施工期间应予以高度重视，应采取必要的临时措施减少风振对结构的不利影响，保证结构在施工过程中的安全。

17.3.9　1　主梁合龙是斜拉桥施工中的一道关键工序，精度要求很高，并关系到全桥的结构体系是否能满足设计的要求，因此在施工前需要制订合理的、详细的合龙工艺才能保证其顺利进行。主梁的合龙首先应符合设计规定的顺序,其次应按照施工控制的要求进行,应确定施工程序并进行合龙施工计算,同时还应制订各项保障方案。合龙一般有自然升温合龙和自然降温合龙两种方法供选择,合龙一般选择在一天中气温较为稳定且持续时间较长的时段内进行,以便合龙完成后在温度再次出现急剧变化前留出足够的时间去完成塔梁临时固结装置的解除,使全桥能安全地完成体系转换。自然升温合龙的方法由于在实施合龙后,气温的升温速度一般较快,温度稳定的时段相对较短,可能会导致塔梁临时固结装置来不及在要求时间内拆除,从而对结构体系带来不利影响;自然降温合龙则可避免上述情况,气温在一天中的降温一般在夜间发生,而夜间的气温较为稳定且持续时间较长,因此更有利于合龙的施工。

4　如不对临时施工荷载进行严格控制,将会对合龙施工产生不利影响,故予以强调。

5　主梁合龙后如果塔梁临时固结装置未及时解除,将有可能因气温的变化而导致在结构中产生较大的温度应力,对结构的体系转换带来极不利的影响,因此应按照预定的合龙程序,在规定的时间内及时解除。

17.4　拉索

17.4.2　目前主要有平行钢丝和钢绞线两种拉索体系,因两种拉索体系的安装施工方法是不完全相同的,故规定施工前应按设计要求制订相应的施工方案和工艺措施。拉索预埋导管的位置发生较大偏差时,会导致拉索索体与导管之间产生摩擦,这将直接影响到拉索的受力状况和耐久性,因此在拉索安装施工前,应对预埋拉索导管的位置进行一次全面检查复测,如有问题应及时处理,安装后发现问题再进行处理是非常困难的。

17.4.3　拉索的安装和张拉属高空作业,因此规定应采用专门设计制作的施工平台及其他辅助设施进行操作,保证施工安全,特别是施工操作人员的安全。要求张拉机具的能力应大于最大拉索所需要的张拉力,主要是考虑到施工时有可能需要超张拉,且在任何情况下均能满足施工的要求。

17.4.4　拉索的张拉以在塔端张拉的占多数,但也有在梁端张拉的。两种张拉的方式虽位置不同,但其效果并无太大区别,因此两种方式都是允许的,施工时可按设计要求进行选择。对称同步是拉索张拉时的基本原则,一般均应遵守,设计上有特殊规定的可从其规定。以索力为主延伸值作为校核是拉索张拉的一般原则,但有的设计也可能会采取以延伸值为主而以索力作为校核的做法;在设计无特殊规定时,应按本条的要求进行控制。

17.4.5　2~4　此3款的规定主要是针对拉索在安装施工过程中,应采取有效措施进行保护的要求。如不注意保护,很容易造成对拉索的损伤、污染和腐蚀,影响到拉索的耐久性。

17.4.7　1　防松装置的作用是压紧夹片,限制夹片的位移,防止在特殊情况下夹片出现失锚,保证拉索锚具在任何工况下锚固的可靠性。

2 本次修订对索力误差的要求进行了适当调整，对单根和整体钢绞线索力的离散误差分别予以规定。此规定与FIP的规定一致。

3 强调此项工作应及时进行，是因为组装及抗震防护与防腐处理的效果将直接影响到拉索体系的耐久性。

17.5 上部结构施工控制

17.5.1 对施工过程的控制，是保证斜拉桥特别是大跨径斜拉桥能否按设计期望成功建成的一项必要条件，故规定如条文。

17.5.2 本条的规定是通常情况下应遵循的原则。一般来说斜拉桥施工时，在主梁悬臂施工阶段保证主梁线形平顺、正确是第一位的，施工中宜以高程控制为主，但“高程控制为主”并非仅控制主梁的高程，而不顾及拉索索力的偏差，因此施工中应根据结构本身的特性，以及施工方法的不同，采取相应的控制策略。二期恒载施工阶段以控制索力为主，是为保证结构的整体内力和变形处于理想的状态。

17.5.3 监控测试是施工控制的重要组成部分。通过测试所获得的斜拉桥在施工各阶段结构内力和变形的第一手资料，是施工控制、调整的主要依据，同时也是监测施工、改进设计、保证结构在施工过程中安全的重要手段。环境条件对测试数据的准确性和可靠性有直接的影响，温度变化特别是日照温差的变化对于斜拉桥结构内力和变形的影响尤其显著，因此在对施工过程进行监控测试时，应满足环境条件的要求，最大限度地保证施工测试实测值的真实性。

17.6 矮塔斜拉桥

17.6.2 采用劲性骨架施工定位，便于索鞍的调整就位以及模板的调整。

17.6.5 由于矮塔斜拉桥的索塔不高，塔的刚度较大，拉索与主梁的夹角较小，依靠拉索的索力来调整主梁高程，效果不明显，故规定如条文。

17.7 无背索斜拉桥

17.7.1 在索塔的倾斜角度不大时一般采取先塔后梁的方法施工，角度较大时则采取先梁后塔的方法，故具体采用何种方法宜根据索塔的倾斜程度确定。

17.7.2 倾斜索塔与直立索塔相比，各部位的几何尺寸和角度有一定的变化，因此在施工时应充分考虑其带来的影响。

18 悬索桥

18.1 一般规定

18.1.3 悬索桥的施工精度要求很高,每个环节都不能忽视,因此,为保证成桥线形和内力符合设计期望,应进行施工过程控制。

18.4 索鞍

18.4.2、18.4.3 索鞍的吊装具有重量大、提升高度大等特点,这两条的目的均为保证索鞍吊装时的安全。

18.4.4 本条的规定是为保证主索鞍钢格栅的安装精度。在塔顶位置应预留槽口,在钢格栅安装调整完成并进行全桥联测无误后,再浇筑槽口混凝土,可有效地保证钢格栅的安装精度。

18.4.5 索鞍安装时的预偏量是为调整主缆拉力而设置的。悬索桥主缆在空缆状态下索塔两侧的水平拉力是平衡的,但在上部构造施工过程中,这种平衡很难保持,尤其是单跨悬索桥在加劲梁架设及桥面铺装时,中跨主缆拉力明显加大,这将导致索塔受弯,而弯曲量过大时将会危及索塔结构的安全。通过设置预偏量,逐渐调整索鞍位置,可以不断调整主缆拉力,达到保证结构安全的目的。

18.5 猫道

18.5.1 猫道是为悬索桥主缆工程及其他工程施工而设置的非常重要的临时结构,在施工中起着举足轻重的作用,因此猫道除应具有足够的强度和抗风稳定性外,设计时还应考虑施工的方便、操作空间及放置机械的需要而确定其高程和宽度。

1 要求猫道线形与主缆空载时的线形保持平行,主要是为方便施工。

18.5.2 猫道承重索可采用钢丝绳或钢绞线。钢丝绳受力后非弹性变形较大,如果不进行预张拉,其线形很难控制,因此要求进行预张拉。条文中规定的预张拉荷载的大小、持续时间及进行的次数是工程实践后的经验数据。

18.5.4 加劲梁开始架设后,主缆因受集中荷载,线形会发生突变。为适应这种情况,要求在吊装加劲梁前应将猫道改挂于主缆上,使猫道线形与主缆线形保持一致。

18.6 主缆工程

18.6.3 1 预制平行钢丝索股在架设牵引安装时,常用的方法是拽拉器牵引和轨道小车牵引。本规范不限制方法,规定宜结合工程特点、施工安全、工艺水平及环境条件等因素综合确定。

18.6.5 索股垂度调整的精度标准是参考国内外几座已建成悬索桥确定的。

18.7 索夹与吊索

18.7.2 1 目前在设计主缆时,其弹性模量基本是采用主缆高强钢丝的弹性模量,实际上主缆与主缆钢丝的弹性模量有一定差别,另外还有索股制作及架设所产生的误差,导致实际的空缆线形与设计的空缆线形不一致。因此在确定索夹位置前,必须先测定实际的主缆线形,对原理论空载线形进行修正,相应修正其索夹位置。

18.8 加劲梁

18.8.1 加劲梁安装时,自然环境条件的各种因素是不可忽视的问题,特别在风环境恶劣时,将会给安装施工带来非常不利的影响,故应对安装的方法、程序和工艺等进行专门研究。

18.8.2 对高空、水上作业及台风季节施工时的规定,其目的均为保证施工安全。

18.8.4 1 试吊是检验非定型吊机是否安全、可靠的最直接的手段,故除应进行专门设计外,在安装前还必须进行试吊。

18.9 自锚式悬索桥

18.9.8 自锚式悬索桥主缆锚固系统的形式多种多样,本规范仅对钢导管散开锚固结构进行了规定;当采用其他锚固系统时,如直接锚固、环绕式锚固等,其施工应参照相应的规定或符合设计要求。

18.9.10 2 主缆为空间线形的自锚式悬索桥,索夹的定位安装非常复杂,设计、监控应模拟体系转换过程进行仿真计算,提供主缆空载状态下索夹安装位置及偏角数据;同时在索夹结构设计时就应考虑这一特点,采取措施降低安装难度。

18.9.11 1 自锚式悬索桥吊索的安装和张拉是主缆和加劲梁从单独受力转成共同受力的体系转换过程,是区别于一般悬索桥的主要特点之一。在体系转换过程中,各部位的受力比较复杂,因此要求吊索张拉前应确定张拉施工方案。

18.9.12 桥面铺装等二期恒载的施工过程是一个对结构进行加载的动态过程,施工的顺序将直接影响到结构的受力和变形,因此规定应对其施工顺序进行重点控制。

19 钢桥

19.1 一般规定

19.1.1 目前,钢桥的杆件、梁段在工厂内制造多以焊缝连接;在工地安装分为焊接、铆接和高强度螺栓连接三大类,铆接已基本不采用,故本章规定的适用范围如条文所述。若个别钢桥需采用铆接工艺时,应另按有关标准执行。

19.1.2 工厂对设计文件进行的工艺性审查包括以下内容:

(1)杆件发送单元是否符合运输条件;

(2)杆件是否标准化、通用化,以减少工装的制造量;

(3)工厂现有设备和条件是否满足生产加工的需要;

(4)焊缝布置是否合理以及焊接变形对质量的影响;

(5)选用钢材的品种规格在国内市场是否能够满足;

(6)制造数量、质量要求、发送方法是否明确。

设计文件由制造厂转化为加工图,将结构分解为杆件和零件以便于生产加工。而加工图及工艺文件是钢桥制造的依据,必须严格执行。

19.1.3 钢桥的制造,其零件和杆件的精确度要求很高,若制造时使用的计量器具精度不符合要求,极易发生工地无法安装的事故,故规定如条文。

19.1.4 焊接虽然有工艺评定作为保证其质量的前提条件,但仍需通过焊工的具体施焊来实现,且焊工施焊工艺水平的高低直接影响到焊接质量的优劣,故规定参加钢桥施焊工作的焊工应通过考核并取得资格证书后持有效证件上岗;同理,无损检测人员亦应通过考核合格方可上岗。

19.1.5 钢桥工程施工需要使用的标准很多,不可能在条文中一一列出,现将引用的国家标准和重要的行业标准列入本说明,以减少条文的篇幅。下列标准通过本规范的引用而成为本规范的条款,不论注明日期或不注明日期的引用文件,其最新版本均适用于本规范。

GB/T 222—2006　钢的成品化学成分允许偏差

GB/T 226—1991　钢的低倍组织及缺陷酸蚀检验法
GB/T 228—2002　金属材料　室温拉伸试验法
GB/T 229—2007　金属材料　夏比摆锤冲击试验方法
GB/T 232—1999　金属材料　弯曲试验方法
GB/T 700—2006　碳素结构钢
GB/T 714—2008　桥梁用结构钢
GB/T 985.1—2008　气焊、焊条电弧焊、气体保护焊和高能束焊的推荐坡口
GB/T 986—1988　埋弧焊焊缝坡口的基本形式和尺寸
GB/T 1228—2006　钢结构用高强度大六角头螺栓
GB/T 1229—2006　钢结构用高强度大六角螺母
GB/T 1230—2006　钢结构用高强度垫圈
GB/T 1231—2006　钢结构用高强度大六角头螺栓、大六角螺母、垫圈技术条件
GB/T 1591—2008　低合金高强度结构钢
GB/T 2650—2008　焊接接头冲击试验方法
GB/T 2651—2008　焊接接头拉伸试验方法
GB/T 2652—2008　焊缝及熔敷金属拉伸试验方法
GB/T 2653—2008　焊接接头弯曲试验方法
GB/T 2654—2008　焊接接头硬度试验方法
GB/T 2970—2004　厚钢板超声波检验方法
GB/T 2975—1998　钢及钢产品　力学性能试验取样位置及试样制备
GB/T 3077—1999　合金结构钢
JB/T 3223—1996　焊接材料质量管理规程
GB 3323—2005　金属熔化焊焊接接头射线照相
GB/T 3632—2008　钢结构用扭剪型高强度螺栓连接副
GB/T 4336—2002　碳素钢和中低合金钢火花源原子发射光谱分析方法(常规法)
GB/T 4956—2003　磁性基体上非磁性覆盖层　覆盖层厚度测量　磁性法
GB/T 5210—2006　色漆和清漆　拉开法附着力试验
GB/T 5117—1995　碳钢焊条
GB/T 5118—1995　低合金钢焊条
GB/T 5293—1999　埋弧焊用碳钢焊丝和焊剂
GB 5313—1985　厚度方向性能钢板
GB/T 1031—2009　产品几何技术规范(GPS)表面结构　轮廓法　表面粗糙度、参数及其数值
GB/T 6060.5—1988　表面粗糙度比较样块　抛(喷)丸、喷砂加工表面
GB/T 8110—2008　气体保护电弧焊用碳钢、低合金钢焊丝
GB/T 8923—1988　涂装前钢材表面锈蚀等级和除锈等级
GB/T 9286—1998　色漆和清漆　漆膜的划格试验

GB/T 9793—1997　金属和其它无机覆盖层　热喷涂　锌、铝及其合金
GB/T 10045—2001　碳钢药芯焊丝
GB/T 10433—2002　电弧螺柱焊用圆柱头焊钉
GB 11345—1989　钢焊缝手工超声波探伤方法和探伤结果分级
GB 11373—1989　热喷涂金属件表面预处理通则
GB/T 11374—1989　热喷涂涂层厚度的无损测量方法
GB/T 13288—1991　涂装前钢材表面粗糙度等级的评定（比较样块法）
GB/T 13312—1991　钢铁件涂装前除油程度检验方法（验油试纸法）
GB/T 12470—2003　埋弧焊用低合金钢焊丝和焊剂
GB/T 14957　熔化焊用钢丝
GB/T 14958　气体保护焊用钢丝
GB/T 14977—2008　热轧钢板表面质量的一般要求
GB 50205—2001　钢结构工程施工质量验收规范
JT/T 722—2008　公路桥梁钢结构防腐涂装技术条件
JB/T 6061—2007　无损检测　焊缝磁粉检验
TB/T 1527—2004　铁路钢桥保护涂装
TB 2137—1990　铁路钢桥栓接板面抗滑移系数试验方法
TB 10212—2009　铁路钢桥制造规范
TB J214—1992　铁路钢桥高强度螺栓连接施工规定

19.2　材料

19.2.1　钢桥制造所用材料的质量如不合格，将直接影响到结构的受力和耐久性，故规定如条文。

19.2.2　为使钢桥制造所用钢材质量得到保证，本条对钢材抽验的数量给予明确规定。当采用进口钢材时，应按条文规定进行化学成分和力学性能检验，特别应注意其可焊性是否符合要求。

19.3　零件制造

19.3.2　5　工程实例和试验表明，精密切割面的质量达到表 19.3.2-1 的规定，硬度不超过 HV350 时，钢材（热轧或正火状态）的疲劳强度和其他力学性能不低于加工时的水平。

19.3.3　2　对冷矫正和冷弯曲的最低环境温度进行限制，是为了保证钢材在低温加工时，不致产生冷脆裂。在低温下钢材进行矫正或弯曲而脆断比冲孔和剪切加工更敏感，故

环境温度限制较严。

3　冷矫正和冷弯曲的最小半径是为了保证成形后的外观质量和防止产生裂纹而规定的。

4　热矫温度的控制是指低于此温度时不宜进行热矫正。实践证明,加工温度低于700℃时,加工困难;低于600℃加工,钢材容易出现蓝脆。

19.3.4　1　规定零件边缘的加工深度不应小于3mm,是为了消除切割加工对钢材造成的冷作硬化和热影响区的不利影响。

3　一般箱形梁是指中、小跨径的钢箱梁;大型箱形梁是指用于大跨径斜拉桥、悬索桥或拱桥中的钢箱梁。

19.4　组装

19.4.4　杆件组装按条文规定的顺序和在工艺装备内进行,可减少焊接变形和矫正工作量。

19.5　焊接

19.5.1　1　焊接工艺评定是保证钢桥焊缝质量的前提。通过焊接工艺评定选择最佳的焊接材料、焊接方法、焊接工艺参数、焊后热处理等,可保证焊接接头的力学性能达到设计要求。

3　在工厂内制造钢桥杆件时,规定宜在室内或在条文规定的环境条件下进行焊接,是可以做到的,这样做焊接质量容易得到保证。主要杆件在组装后24h内焊接可防止焊缝坡口锈蚀,保证焊接质量。

4　焊接时禁止在母材的非焊接部位引弧,是为了防止电弧烧伤、弧坑及裂纹出现在母材上,而影响焊件的质量。多层焊焊接如连续施焊,可避免因焊件温度降低而需预热焊件的麻烦。为清理焊接熔渣或缺陷,可能会出现间断,应使这种间断的次数和时间降低到最低程度。清理药皮、熔渣、溢流等缺陷的目的是防止产生夹渣,影响焊缝质量。

19.5.2　定位焊的难度较大,易出现裂纹和未焊透、气孔等缺陷,故条文对坡口尺寸、焊接材料、定位焊的位置和长度等均有严格规定。如发现焊接缺陷,应按照条文规定,查明原因,清除缺陷后重焊。

19.5.3　规定埋弧自动焊应在距杆件端部80mm以外的引板上起弧、熄弧,是为了防止弧坑缺陷出现在构件应力集中的端部。

19.5.4　圆柱头焊钉零件尺寸小、数量多,焊接作业时其焊接质量容易被忽视,为此对圆柱头焊钉的施焊条件、环境和操作要求作出了较严格的规定。

19.5.5 焊缝焊接完毕必须将焊缝表面磨修平整，本条第2款规定了磨修焊缝表面的具体要求。焊缝表面和内部如发现质量缺陷应按本条第3、4款进行返修焊。焊缝返修影响了焊缝整体质量，会增加局部应力，故规定同一部位的返修焊不宜超过两次。

19.7 杆件矫正

19.7.1 杆件焊接时，由于焊接受热的高温区金属产生膨胀力，而使相距较远的低温区金属产生压应力，导致杆件在两力交界处的组织松疏。一旦高温区急冷，无热量供给，松疏组织使其收缩复原而产生拉应力，有时会出现应力大于金属材料屈服点的变形，故在矫正时应符合第19.3.3条的规定。冷矫是在室温下对变形的杆件施加外力，使其恢复原状，有一定的局限，因此对杆件的冷矫要求严格些。

19.8 高强度螺栓连接副与摩擦面处理

19.8.1 高强度螺栓连接副的制造精度要求高，使用数量较大，故规定应在专门螺栓厂制造。高强度螺栓的螺栓杆、螺母和垫圈在工地拼装使用后，其孔内部分难于涂装防护，故规定宜进行防锈处理。

19.9 试拼装

19.9.1 试拼装的目的是校核钢桥各部位的制造尺寸、精度和配合能否满足设计要求和工地安装的要求，是钢桥制造过程中一项非常重要的工序，故规定应按试装图进行厂内试拼装。

19.10 表面清理和厂内涂装

19.10.2 为防止锈蚀，保证其使用寿命，钢桥必须进行涂装。涂装分为厂内涂装和工地涂装两道工序，涂装方案一般应由设计提出。

19.13 工地安装

19.13.1 3 钢桥在运输、存放、吊装过程中，涂装层难免被损伤，故规定应予以补涂。

19.13.2 1 钢桥安装采用先在地面上将杆件组拼成扩大单元(构件)可以减少高空安装的工作量。对容易变形的构件进行强度和稳定性验算，可防止构件在吊装过程中局部受力过大而变形,需要时应采取临时加强措施,如增加起吊桁架、铁扁担、滑轮组等。清除杆件表面的附着物是为了防止增加施拧时的摩阻力。钢桥杆件对温差的影响特别敏感,天气变化使杆件时冷时热产生温差,如日照、焊接等。这些温差变化不仅使钢材产生局部应力,而且影响构件安装尺寸,故条文规定应采取相应的调整措施。

2　在支架上拼装钢梁时,因钢梁自重支承在支架上,故冲钉和粗制螺栓总数不少于孔眼总数的1/3 即可,其中冲钉占2/3。此处冲钉承受剪力作用,粗制螺栓只起夹紧板束的作用。按照《螺栓技术条件》(GB/T 38)的规定,螺栓名称未注明“粗制”的,均为精制螺栓。精制与粗制是按尺寸精度、表面光洁度及技术要求划分的,与生产工艺无关。悬臂法拼装钢梁时,悬臂部分的重力由节点处的冲钉、螺栓承受,故所需冲钉、螺栓数量应按所承受的荷载计算确定。

19.13.3　1　高强度螺栓连接处节点的各杆件的应力都是通过摩擦力传递的,如果抗滑移系数达不到设计要求,就会使节点处的安全和稳定发生问题,故杆件摩擦面处的抗滑移系数不论是厂内处理的或工地处理的,在组拼安装前均应进行复验,以求达到设计要求。

3　螺栓长度过长不仅浪费钢材,且有时螺栓虽长,而螺纹长度不够,螺母拧不到板面。螺栓穿入方向一致可便于扳手操作,且较美观。强行穿入螺栓会损伤螺纹,改变扭矩系数,甚至螺母不能拧上。

4　高强度螺栓不得作为临时安装螺栓使用的理由有三:①防止屡次穿入扳束又拔出来损伤螺纹;②从杆件组装到螺栓拧紧要经过一段时间,是为防止高强度螺栓的扭矩系数、标准偏差、预拉力和变异系数发生变化;③钢桥用的高强度螺栓杆比普通螺栓小1~2mm,比栓孔小2~3mm,作为组拼螺栓不能准确固定板块连接位置。故条文规定高强度螺栓不能兼作临时安装螺栓。

8　高强度螺栓施拧用的扳手,在班前和班后均应进行扭矩校正。班前校正是为保证施拧的扭矩可靠;班后校正是确认该班使用的此扳手在操作过程中的扭矩未发生变化。如班后校正时发现扭矩误差超过允许范围,则该班用此扳手施拧的螺栓全部判为不合格,应重新校正扳手,并重新施拧。

19.13.4　钢桥构件在工厂焊接后运到工地,再全部用焊接组装成钢桥,称为工地全焊连接;若在工地部分构件用高强度螺栓连接,另一部分用焊缝焊接组装成钢桥,则称为合用连接。

20 海洋环境桥梁

20.1 一般规定

20.1.1 海洋环境下的桥梁施工侧重于两个方面:一为海上桥梁的特殊施工要求;二为海洋腐蚀环境条件下结构的耐久性要求。因此其他腐蚀环境条件下的桥梁施工可参照本章的相关规定执行。

20.1.3 由于海上的自然环境条件相对于陆上更为复杂,如台风、季风、波浪、海流、大雾等均会对桥梁的施工产生不利影响,其施工风险远大于陆上。为保证海上施工的安全,有必要对可能产生的风险进行评估,并有针对性地制订相应的对策措施。钢制的临时承重结构和构件,在海洋腐蚀环境条件下如使用时间较长,会产生比较严重的锈蚀或腐蚀,大大降低其受力性能,危及施工安全,故应采取必要的临时防腐措施。

20.2 环氧涂层钢筋

20.2.3 环氧涂层钢筋之间由绝缘的涂层隔开,缺乏电连续性,如采用外加电流阴极保护,不仅会降低其保护效果,且在涂层的局部损伤处会产生杂散电流,导致严重的电腐蚀问题,故不得与阴极保护联合使用。

20.2.4~20.2.6 环氧涂层钢筋在运输、装卸、存放、加工制作及绑扎安装等过程中,所有不当的方式均会使涂层受到损伤而降低其防腐蚀性能,涂层的局部损伤是钢筋腐蚀破坏的根源,故在使用过程的各个环节中均应采取必要的防护措施,保证其应有的正常防腐性能。

20.2.7 环氧涂层钢筋与混凝土之间的黏结与无涂层的普通钢筋相比,黏结性能减弱,黏结强度降低10%~20%,故其锚固长度和受拉绑扎搭接长度应大些。

20.3 混凝土工程

20.3.3 因高性能混凝土的拌和物比较黏稠,为保证其搅拌均匀,故规定应采用性能良好、搅拌效率高的搅拌机,且投料的顺序与常规混凝土应有所区别,并应适当延长搅拌时间。

20.3.4 钢筋的混凝土保护层厚度,是指箍筋外缘至混凝土表面的距离。保护层厚度的施工偏差不应出现负误差,这是高性能混凝土与常规混凝土的不同之处,在执行条文时应予以重视。

20.3.5 高性能混凝土浇筑时对振捣质量的控制是施工中的一项重要工作,既要保证振捣均匀密实,又要防止过度振捣。这需要预先制订振捣方案、加强现场的施工管理及采取适宜的措施来予以保证。

20.3.6 养护质量对任何混凝土都是至关重要的,而高性能混凝土的质量更依赖于其养护的质量,特别是对抗氯离子渗透性能的影响十分明显。对高性能混凝土的养护应注重以下几个方面:及时、保持适当的温度和湿度、时间。

20.4 基础和墩台

20.4.2 海上桥梁钻孔桩钻孔施工时,宜优先采用淡水泥浆;只有在淡水供应困难时,方考虑采用符合条文规定的优质海水泥浆,并应具有不分散、低固相和高黏度的性能。

20.4.5 透水模板衬里多采用聚丙烯纤维熔粘成具有大量微孔的透水毡片面层,中间夹有蓄水性颗粒经压制而成。支立模板时,将衬里固定在模板内面,聚集在模板—混凝土界面上的气泡和水分,能自动地从振捣液化的混凝土拌和物表面透过网片衬里逸出,或吸入毡片衬里的蓄水层,使表面混凝土含水率有控制性地降低而使混凝土致密化。粘片衬里的水还对混凝土有保水作用,当需要时可在拆除模板时继续保持该衬里于混凝土表面。因此浪溅区上界以下的墩身模板宜采用透水模板衬里。

20.7 海上施工安全

20.7.2 海上桥梁的施工风险远大于内河和陆上桥梁,故在施工前应做好如条文规定的各项准备工作,防患于未然。

20.7.6 1 在台风季节进行海上施工,其危险性极大,故应按条文规定预先采取措施,保证安全。

21 桥面及附属工程

21.1 一般规定

21.1.2 本规范所指的产品标准,均应理解为该产品相应的国家标准或行业标准。

21.2 支座

21.2.2 规定支座在使用前应对其规格和技术性能进行核对检查,是为了避免用错。如果支座不符合设计要求而用于工程中,很容易造成损坏,而且支座的更换是比较困难的。

21.2.5 1 板式橡胶支座在安装时,经常有将方向反置的情况,故本款强调应加强检查核对。

21.2.6 2 盆式支座的聚四氟乙烯板与不锈钢板的滑动面,以及密封在钢盆内的橡胶垫块均不能有污物和损伤,否则将影响支座的使用寿命。

4 对称间断焊接的目的主要是为避免因焊接而产生过大的变形。锚固螺栓外露螺杆的高度不得大于螺母的厚度,是因为支座滑动部件会因螺栓的阻碍而影响安装。

5 跨数较多的连续梁桥,当连续长度很长时,由于梁体受各种因素的影响,其伸缩变化较大,有可能会使支座上的顶板偏出支座中心过多。当有这种可能时,应考虑将支座顶板加工得比普通支座的顶板长一些。

21.3 伸缩装置

21.3.3 采用反开槽的方式安装伸缩装置,可以保证伸缩装置的高程和线形与桥面铺装相适应,相对误差较小,亦可提高行车的舒适性,故在施工时应优先考虑采用此种方式。

21.3.7 3 如果模板的缝隙封堵不严密,混凝土浇筑时很容易渗入位移控制箱内,而如不及时清除,将会严重妨碍伸缩装置的有效工作。

21.6 钢桥面铺装

21.6.1 钢桥面铺装实际上是指在钢箱梁顶面的铺装。由于该项技术目前在国内还处于摸索完善阶段,仍在不断总结经验,因此在执行本节的规定时,可根据当地实际,结合国内外的成功经验,通过研究与试验进行施工。

21.6.5 钢桥面铺装施工过程中,上一层铺装施工前,其下层保持干燥和整洁非常重要,施工时若下层有任何锈蚀、油污或水分等,都将严重影响层与层之间的黏结效果,从而影响铺装层的使用寿命。故在进行任何一道工序前,都应对下层界面进行检查,只有当检查合格并经认可后方可进行下一道工序的施工。车辆在铺装层上快速行驶、紧急制动或掉头,会对防锈层、防水层或黏结层造成损害,因此应规定一定的时限,禁止车辆在施工完成的铺装层上通行;即使允许施工车辆在铺装层上通行时,车轮亦应保持干净,并应避免在铺装层上紧急制动或掉头,且速度不得超过5km/h。

21.7 桥面防护设施

21.7.1 2 当混凝土防撞护栏的连续长度过长时,容易产生裂缝,故规定宜间隔一定的距离设断缝或假缝。

5 现浇混凝土防撞护栏的质量通病是表面气泡,故在混凝土的浇筑施工中应采取措施,避免或减少气泡的产生。

22 涵洞

22.1 一般规定

22.1.1 位于地形、线形复杂处的涵洞，其平面定位容易出现差错，故规定应先绘制定位详图，再依图放样施工。

22.1.2 规定涵洞应设置沉降缝的目的是为防止基底受力不均而引起基础的不均匀沉降，使涵洞的洞身产生开裂。

22.1.3 涵洞两侧回填土的方法和压实度，直接影响着涵洞的施工质量、承载能力、使用寿命以及行车的平稳和舒适性。如果使用大型机械施工，靠近涵台进行强力振动和挤压，这样将对涵台产生较大的土压力，甚至导致涵台被破坏，若是拱涵还有可能引起拱圈开裂。因此涵洞两侧回填土时，应从涵洞两侧同时对称、均衡地水平分层碾压施工，同时应根据施工现场的具体情况采用人工配合小型机械夯填，使回填土达到设计要求的密实度。

22.1.4 涵洞进出水口水流不畅，直接影响到涵洞的宣泄能力，增加涵前壅水高度，导致淹没区面积增大，严重时可迫使河流改道损害路堤、农田、村舍等；出水口水流受阻，还将使涵洞淤塞。故规定应保证流水顺畅。

22.2 混凝土管涵

22.2.2 管节的管壁一般较薄，受到碰撞、挤压时易发生裂纹、损坏，并且难于修补，故应采取必要措施，保证管节不受损伤。

22.2.3 管涵的管座担负着支承涵管的作用，若管座与涵管密贴不好，会形成支承反力集中，有可能造成涵管开裂。因此不论涵管搁置在混凝土、砌体基础还是天然地基上，都要求管座混凝土或填土弧形管座表面与管身密贴，这样可使管节受力均匀。

22.3 波形钢涵洞

22.3.1 2 由于波形钢管涵的材料为金属,故需对管节、块件及连接螺栓等作防腐处理,以满足耐久性的要求。

22.3.4 规定波形钢管不得直接置于岩石地基或混凝土基座上,是因为过于刚性的支承,不仅会降低管壁本身所具有的良好柔性,同时会降低其承载能力。在寒冷地区,规定应对换填深度、砂砾垫层材料的最大粒径和粉黏粒含量进行控制主要是为了避免冻害。

22.3.6 2 规定上游管节的端头应置于下游管节的内侧,其目的是为防止管内流水渗入接缝而将地基土淘空,导致全管涵破坏。

5 因埋设于一般土质地基上的波形钢管,在受力并经过一段时间后,经常会产生一定的下沉,而且是管道中部大于两端,所以铺设于路堤下的波形钢管管身需要设置预拱度。预拱度通常可为管长的0.6%~1.0%,最大不宜超过2.0%,以保证管道中部不出现凹陷或逆坡为准。

22.3.7 4 实践表明,直径1.25m以上的波形钢管涵在填土过程中易产生变形,且管顶的下沉量通常都大于管侧,使圆管变成扁管。故规定管顶填土前宜在管内设置临时支撑,防止其产生过大变形。

22.4 倒虹吸管

22.4.1 倒虹吸管过水时,压力水流充满管内,容易渗漏到路基中,而影响路基的稳定和强度。因此要求管节接头及进出水口砌缝应特别严密,不渗水。

22.4.2 倒虹吸管一般不宜在冰冻期施工。当必须在冰冻期施工时,应将管内积水排出,否则管内积水结冰后体积膨胀,将会使涵管冻裂。

22.4.3 因倒虹吸管的直径一般比较小,而水渠的流水中会有秸秆和杂草,极易堵塞倒虹吸管和竖井,一旦堵塞很难处理。

22.5 拱涵、盖板涵

22.5.3 规定现浇拱圈混凝土时,应对称浇筑,最后浇筑拱顶或在拱顶预留合龙段,其目的是为了减少拱圈混凝土收缩对拱圈截面应力的不利影响。

22.5.4 采用全填土胎施工的条件是干旱性沟渠,从施工开始到拱圈完工期间,不会发生洪水冲毁土胎。但在采用这种方法施工时,必须有可靠的措施保证工程的质量。

22.5.5 安装预制盖板时发生上下方向错误,或斜交盖板发生斜交角方向错误的事故,在以往的施工中时有发生,故条文提示应注意避免。

22.5.7 考虑到拱架拆除后,拱圈会产生较大的水平力,故规定在拱架拆除时应先完成拱脚以下部分回填土的填筑,以平衡拱圈的水平力。

22.7 涵洞接长

22.7.3 对有流水的涵洞进行接长施工与直接新建涵洞施工不同,新建涵洞可方便地将涵洞处的流水临时改道进行导流,而接长涵洞直接进行导流则难以实现。故规定施工前应据实际情况制订可行的排水措施。

23 通道桥涵

23.1 桥涵顶进施工

23.1.1 本节规定的适用范围较原规范有所扩大。

23.1.2 原规范未对施工计算作出明确要求,在本次修订中予以规定。本条虽然针对容易出现问题的方面列举了计算项目,但在实际工作中,应结合工程要求进行包括但不限于所列项目的设计计算,以保证顶进工作的顺利和安全。

23.1.3 桥涵的顶进在雨季或在复杂条件下施工时,容易发生坍塌等事故,规定本条的目的是为保证施工的安全。

23.1.7 施工监控是顶进施工质量保证的重要手段,在顶推过程中应实时进行监测与控制,及时分析测量数据,随时准确掌握顶进桥涵主体结构的状态,预测其发展趋势。发生左右偏差时,可采用挖土校正法和千斤顶校正法调整;发生上下偏差时,可采用调整刃角挖土量、铺筑石料、基底注浆法、插入小桩等方法调整。

24 冬期、雨期及热期施工

24.1 一般规定

24.1.1 不同季节有其不同的气候和气温特点，故应采取有针对性的措施，方能保证工程质量和施工安全。

24.1.2 对突发的灾害性天气，及时掌握预报信息，是制订应急预案、做好防范工作、避免发生事故的重要前提，因此应通过各种渠道及时获得。

24.2 冬期施工

24.2.1 日平均气温是指一天24h的平均气温。气象学上通常用一天中02:00、08:00、14:00及20:00四个时刻气温的平均值，作为一天的平均气温(即四个气温相加除以4)。在夏季一般是以日最高气温作为衡量天气的标准，如果日最高气温达到35℃，即为高温天气；而冬季的日平均气温如果低于5℃，则为低温天气。在这两种情况下，气象部门都会发布高温或低温警报。

24.2.4 1 风力超过4级时，一般应采取挡风措施。环境温度低于-20℃时，焊接不能保证质量，故不宜施焊。

2 一般情况下，钢筋的冷拉通常是对小直径的HPB235钢筋采取的措施。钢筋冷拉是以超过钢筋屈服点的拉应力拉伸钢筋，使钢筋产生塑性变形，以提高屈服点强度，节约钢材。低温时钢筋的屈服点强度较常温时略有提高，而拉伸率与常温时相差不大，故条文规定低温时冷拉控制应力应酌予提高，否则就达不到冷拉钢筋提高屈服点强度的目的。但提高值应经试验确定，因为拉应力过大可能会产生冷脆拉断，过小则达不到目的。

3 预应力筋不论是钢丝、钢绞线或螺纹钢筋，其屈服点强度与抗拉极限强度相差均较小，常温时张拉就应注意安全，低温下张拉时安全性更差，因此规定张拉时气温应不低于-15℃。

24.2.5 1 混凝土冬期施工选用水泥的原则是早期强度宜较高，能较快达到耐冻所需的强度。采用矿渣硅酸盐水泥拌制的混凝土当采用蒸汽养护时，其后期强度不降低，故采取蒸汽养护混凝土时,宜选用矿渣硅酸盐水泥。采用高铝水泥拌制的混凝土在硬化过程中,环境温度如超过25~30℃,则由于水化作用将形成水化铝酸三钙,使强度大大降低,故禁止采用。

4 表24.2.5中规定水泥不应与80℃以上的水直接接触,是因水泥与高于80℃以上的水接触时,将使水泥发生假凝现象,影响水泥颗粒的分散与集料充分包裹,从而降低混凝土的强度。

24.2.7 1 根据现行行业标准《建筑工程冬期施工规程》(JGJ 104)的规定,采用硅酸盐水泥或普通硅酸盐水泥配制的混凝土的抗冻临界强度为设计混凝土强度标准值的30%,采用矿渣水泥配制的混凝土的抗冻临界强度为设计混凝土强度标准值的40%。考虑公路桥涵冬季施工的气温、湿度等环境条件较差,因此本规范将抗冻强度各提高10%,故分别定为40%和50%。

2 蓄热法是混凝土冬期施工养护的主要方法,当满足条文所列要求时,应优先采用。

24.2.11 2 混凝土表面温度与环境温度相差大于20℃时,如对拆模后的混凝土表面不加以覆盖,则混凝土表面冷却过快,将会产生收缩裂缝,故规定如条文。

24.2.17 5 蒸汽加热养护的混凝土采用不适宜的水泥时,后期强度可能降低,因此条文规定应增加与结构同条件养护后再标养到28d的试件,以检验和保证其强度。

24.3 雨期施工

24.3.2 雨期施工时,主要应从防雨、防潮、防洪、防风和防雷击等几个方面,对工程的材料、机具设备、临时设施及结构进行有针对性的防护,保证施工期间的质量和安全。

24.3.4 1 基坑在雨期开挖施工时,最常见的问题是边坡处理不当或开挖后未及时进行基础的连续施工,使边坡造成坍塌或被水浸泡,故应按照条文规定组织施工。

24.4 热期施工

24.4.1 对日平均气温的解释见第24.2.1条的说明。

24.4.2~24.4.5 热期混凝土施工时,对混凝土的原材料、机具设备、配制、搅拌、运输、浇筑及养护等,均应以降低混凝土的入模温度为原则,入模温度低对控制混凝土的内部最高温度是有利的。

25 安全施工与环境保护

25.2 安全施工

25.2.1 “安全第一、预防为主”是我国安全生产工作的基本方针，应贯穿于施工的全过程。安全事故的预防与控制分安全技术、安全教育和安全管理三个方面。安全技术主要解决物的不安全状态问题；安全教育和安全管理主要解决人的不安全行为问题。由于自然、人为或技术等原因，当事故或灾难不可能完全避免时，建立重大安全事故应急预案，组织及时有效的应急救援行动，是抵御事故或控制灾害蔓延、降低危险后果的关键。

25.2.2 1 在有危险的地点设立临时设施，一旦发生自然灾害，会造成重大人员伤亡和财产损失，所以应避开。

4 隔离的目的是为了保证所有进入施工区域的人员和机械设备等得到有效管理和控制，同时也可防止施工区域内的物体侵入周边环境。

25.2.3 1 《中华人民共和国安全生产法》、《中华人民共和国劳动法》、《特种设备安全监察条例》等法律法规对特种设备的安全管理均有明确的规定，施工时应遵照执行。

2 国家经贸委2000年颁布的《劳动防护用品配备标准(试行)》，规定了国家各种分类目录中的116个典型工种的劳动防护用品配备标准，应按照规定管理和正确使用。施工区域是指由业主提供的或经有关部门批准的、专门用于工程建设施工的地域和空间。

3 安全技术交底的目的，是使施工作业人员在工程施工前了解工程的特点、操作工艺中的安全注意事项，防止在作业过程中发生安全事故。

25.2.5 本条所称的高处作业，是指符合现行国家标准《高处作业分级》(GB 3608)规定的“在坠落高度基准面2m以上(含2m)，有可能坠落的高处进行的作业”。

25.2.6 本条主要是针对内河水上作业的施工安全作出的相应规定，海上的施工作业安全见本规范第20章的规定。

25.2.7 2 低压是指交流额定电压在1kV及以下的电压。TN-S表示工作零线与保护零线分开设置的接零保护系统。

3 规定配电线路严禁沿脚手架等设施架设,是为了防止电缆因机械损伤而导致其带电。

25.2.8 5 龙门吊、桅杆吊、缆索吊、架桥机、悬臂吊机等起重吊装设备,其结构和受力的方式均有其各自的特点,故规定应采取相应的安全防护措施。

25.3 环境保护

25.3.3 3 公路桥涵施工的地域广、范围大、环境多样,因此在施工中应采取必要的措施,降低或减小噪声,尽量避免干扰沿线居民的正常生活、工作和学习。

26 工程交工

26.0.2 3 交工资料、施工自检报告和施工总结报告等文件，对桥涵工程的运营、维护和管理非常重要，故应按验收办法及档案管理的要求认真编制。

公路工程现行标准、规范、规程、指南一览表

（2018年1月）

序号	类别		编　号	书名（书号）	定价（元）
1	基础		JTG 1001—2017	公路工程标准体系（14300）	20.00
2			JTG A02—2013	公路工程行业标准制修订管理导则（10544）	15.00
3			JTG A04—2013	公路工程标准编写导则（10538）	20.00
4			JTJ 002—87	公路工程名词术语（0346）	22.00
5			JTJ 003—86	公路自然区划标准（0348）	16.00
6			JTG B01—2014	★公路工程技术标准（活页夹版，11814）	98.00
7			JTG B01—2014	★公路工程技术标准（平装版，11829）	68.00
8			JTG B02—2013	公路工程抗震规范（11120）	45.00
9			JTG/T B02-01—2008	公路桥梁抗震设计细则（13318）	45.00
10			JTG B03—2006	公路建设项目环境影响评价规范（13373）	40.00
11			JTG B04—2010	公路环境保护设计规范（08473）	28.00
12			JTG B05—2015	★公路项目安全性评价规范（12806）	45.00
13			JTG B05-01—2013	公路护栏安全性能评价标准（10992）	30.00
14			JTG B06—2007	公路工程基本建设项目概算预算编制办法（06903）	26.00
15			JTG/T B06-01—2007	★公路工程概算定额（06901）	110.00
16			JTG/T B06-02—2007	★公路工程预算定额（06902）	138.00
17			JTG/T B06-03—2007	★公路工程机械台班费用定额（06900）	24.00
18			交通部定额站2009版	公路工程施工定额（07864）	78.00
19			JTG/T B07-01—2006	公路工程混凝土结构防腐蚀技术规范（13592）	30.00
20			JTG/T 6303.1—2017	收费公路移动支付技术规范　第一册　停车移动支付（14380）	20.00
21			交通运输部2015年第40号	★收费公路联网收费多义性路径识别技术要求（12484）	40.00
22			JTG B10-01—2014	公路电子不停车收费联网运营和服务规范（11566）	30.00
23			交通运输部2011年	公路工程项目建设用地指标（09402）	36.00
24	勘测		JTG C10—2007	★公路勘测规范（06570）	40.00
25			JTG/T C10—2007	★公路勘测细则（06572）	42.00
26			JTG C20—2011	公路工程地质勘察规范（09507）	65.00
27			JTG/T C21-01—2005	公路工程地质遥感勘察规范（0839）	17.00
28			JTG/T C21-02—2014	公路工程卫星图像测绘技术规程（11540）	25.00
29			JTG/T C22—2009	公路工程物探规程（1311）	28.00
30			JTG C30—2015	★公路工程水文勘测设计规范（12063）	70.00
31	设计	公路	JTG D20—2017	公路路线设计规范（14301）	80.00
32			JTG/T D21—2014	公路立体交叉设计细则（11761）	60.00
33			JTG D30—2015	★公路路基设计规范（12147）	98.00
34			JTG/T D31—2008	沙漠地区公路设计与施工指南（1206）	32.00
35			JTG/T D31-02—2013	★公路软土地基路堤设计与施工技术细则（10449）	40.00
36			JTG/T D31-03—2011	★采空区公路设计与施工技术细则（09181）	40.00
37			JTG/T D31-04—2012	多年冻土地区公路设计与施工技术细则（10260）	40.00
38			JTG/T D31-05—2017	黄土地区公路路基设计与施工技术规范（13994）	50.00
39			JTG/T D31-06—2017	季节性冻土地区公路设计与施工技术规范（13981）	45.00
40			JTG/T D32—2012	★公路土工合成材料应用技术规范（09908）	50.00
41			JTG D40—2011	★公路水泥混凝土路面设计规范（09463）	40.00
42			JTG D50—2017	★公路沥青路面设计规范（13760）	50.00
43			JTG/T D33—2012	公路排水设计规范（10337）	40.00
44		桥隧	JTG D60—2015	★公路桥涵设计通用规范（12506）	40.00
45			JTG/T D60-01—2004	公路桥梁抗风设计规范（13804）	40.00
46			JTG D61—2005	公路圬工桥涵设计规范（13355）	30.00
47			JTG D62—2004	公路钢筋混凝土及预应力混凝土桥涵设计规范（05052）	48.00
48			JTG D63—2007	公路桥涵地基与基础设计规范（06892）	48.00
49			JTG D64—2015	★公路钢结构桥梁设计规范（12507）	80.00
50			JTG D64-01—2015	公路钢混组合桥梁设计与施工规范（12682）	45.00
51			JTG/T D65-01—2007	公路斜拉桥设计细则（1125）	28.00
52			JTG/T D65-04—2007	公路涵洞设计细则（06628）	26.00
53			JTG/T D65-05—2015	公路悬索桥设计规范（12674）	55.00
54			JTG/T D65-06—2015	公路钢管混凝土拱桥设计规范（12514）	40.00
55			JTG D70—2004	公路隧道设计规范（05180）	50.00
56			JTG/T D70—2010	★公路隧道设计细则（08478）	66.00
57			JTG D70/2—2014	公路隧道设计规范　第二册　交通工程与附属设施（11543）	50.00

续上表

序号	类别		编　　号	书名(书号)	定价(元)
58	设计	桥隧	JTG/T D70/2-01—2014	公路隧道照明设计细则(11541)	35.00
59			JTG/T D70/2-02—2014	公路隧道通风设计细则(11546)	70.00
60		交通工程	JTG D80—2006	高速公路交通工程及沿线设施设计通用规范(0998)	25.00
61			JTG D81—2017	公路交通安全设施设计规范(14395)	60.00
62			JTG/T D81—2017	公路交通安全设施设计细则(14396)	90.00
63			JTG D82—2009	公路交通标志和标线设置规范(07947)	116.00
64		综合	交办公路〔2017〕167 号	国家公路网交通标志调整工作技术指南(14379)	80.00
65			交公路发〔2007〕358 号	公路工程基本建设项目设计文件编制办法(06746)	26.00
66			交公路发〔2015〕69 号	公路工程特殊结构桥梁项目设计文件编制办法(12455)	30.00
67	检测		JTG E20—2011	公路工程沥青及沥青混合料试验规程(09468)	106.00
68			JTG E30—2005	公路工程水泥及水泥混凝土试验规程(13319)	55.00
69			JTG E40—2007	★公路土工试验规程(06794)	90.00
70			JTG E41—2005	公路工程岩石试验规程(13351)	30.00
71			JTG E42—2005	公路工程集料试验规程(13353)	50.00
72			JTG E50—2006	★公路工程土工合成材料试验规程(13398)	40.00
73			JTG E51—2009	公路工程无机结合料稳定材料试验规程(08046)	60.00
74			JTG E60—2008	公路路基路面现场测试规程(07296)	50.00
75			JTG/T E61—2014	公路路面技术状况自动化检测规程(11830)	25.00
76	施工	公路	JTG F10—2006	公路路基施工技术规范(06221)	50.00
77			JTG/T F20—2015	★公路路面基层施工技术细则(12367)	45.00
78			JTG/T F30—2014	公路水泥混凝土路面施工技术细则(11244)	60.00
79			JTG/T F31—2014	公路水泥混凝土路面再生利用技术细则(11360)	30.00
80			JTG F40—2004	★公路沥青路面施工技术规范(05328)	50.00
81			JTG F41—2008	公路沥青路面再生技术规范(07105)	40.00
82		桥隧	JTG/T F50—2011	★公路桥涵施工技术规范(09224)	110.00
83			JTG/T F81-01—2004	公路工程基桩动测技术规程(14068)	30.00
84			JTG F60—2009	公路隧道施工技术规范(07992)	55.00
85			JTG/T F60—2009	公路隧道施工技术细则(07991)	70.00
86		交通	JTG F71—2006	★公路交通安全设施施工技术规范(13397)	30.00
87			JTG/T F72—2011	公路隧道交通工程与附属设施施工技术规范(09509)	35.00
88	质检安全		JTG F80/1—2017	公路工程质量检验评定标准　第一册　土建工程(14472)	90.00
89			JTG F80/2—2004	公路工程质量检验评定标准　第二册　机电工程(05325)	40.00
90			JTG G10—2016	公路工程施工监理规范(13275)	40.00
91			JTG F90—2015	★公路工程施工安全技术规范(12138)	68.00
92	养护管理		JTG H10—2009	公路养护技术规范(08071)	60.00
93			JTJ 073.1—2001	公路水泥混凝土路面养护技术规范(13658)	20.00
94			JTJ 073.2—2001	公路沥青路面养护技术规范(13677)	20.00
95			JTG H11—2004	公路桥涵养护规范(05025)	40.00
96			JTG H12—2015	公路隧道养护技术规范(12062)	60.00
97			JTG H20—2007	公路技术状况评定标准(13399)	25.00
98			JTG/T H21—2011	★公路桥梁技术状况评定标准(09324)	46.00
99			JTG H30—2015	公路养护安全作业规程(12234)	90.00
100			JTG H40—2002	公路养护工程预算编制导则(0641)	9.00
101	加固设计与施工		JTG/T J21—2011	公路桥梁承载能力检测评定规程(09480)	20.00
102			JTG/T J21-01—2015	公路桥梁荷载试验规程(12751)	40.00
103			JTG/T J22—2008	公路桥梁加固设计规范(07380)	52.00
104			JTG/T J23—2008	公路桥梁加固施工技术规范(07378)	40.00
105	改扩建		JTG/T L11—2014	高速公路改扩建设计细则(11998)	45.00
106			JTG/T L80—2014	高速公路改扩建交通工程及沿线设施设计细则(11999)	30.00
107	造价		JTG 3810—2017	公路工程建设项目造价文件管理导则(14473)	50.00
108			JTG M20—2011	公路工程基本建设项目投资估算编制办法(09557)	30.00
109			JTG/T M21—2011	公路工程估算指标(09531)	110.00
110			JTG/T M72-01—2017	公路隧道养护工程预算定额(14189)	60.00
1	技术指南		交公便字〔2006〕02 号	公路工程水泥混凝土外加剂与掺合料应用技术指南(0925)	50.00
2			交公便字〔2009〕145 号	公路交通标志和标线设置手册(07990)	165.00

注:JTG——公路工程行业标准体系;JTG/T——公路工程行业推荐性标准体系;JTJ——仍在执行的公路工程原行业标准体系。批发业务电话:010-59757973;零售业务电话:010-85285659(北京);网上书店电话:010-59757908;业务咨询电话:010-85285922。带"★"的表示有勘误,详见 www.ccpress.com.cn 人民交通出版社网站首页。